复杂艰险山区高速公路建设技术与管理丛书

高速公路PPP项目总承包管理体系与应用实践

普利坚　白晓波　魏家旭 / 编　著

朱红兴 / 主　审

西南交通大学出版社

·成　都·

图书在版编目（CIP）数据

高速公路PPP项目总承包管理体系与应用实践 / 普利坚，白晓波，魏家旭编著. —成都：西南交通大学出版社，2020.11
ISBN 978-7-5643-7714-4

Ⅰ. ①高… Ⅱ. ①普… ②白… ③魏… Ⅲ. ①政府投资－合作－社会资本－应用－高速公路－道路建设－研究－中国 Ⅳ. ①U412.36

中国版本图书馆CIP数据核字（2020）第189887号

Gaosu Gonglu PPP Xiangmu Zongchengbao Guanli Tixi yu Yingyong Shijian

高速公路PPP项目总承包管理体系与应用实践

普利坚　白晓波　魏家旭　编著

责任编辑	李晓辉
助理编辑	韩洪黎
封面设计	GT工作室
出版发行	西南交通大学出版社 （四川省成都市金牛区二环路北一段111号 西南交通大学创新大厦21楼）
邮政编码	610031
发行部电话	028-87600564　　028-87600533
网址	http://www.xnjdcbs.com
印刷	成都勤德印务有限公司
成品尺寸	185 mm×260 mm
印张	18.75
字数	467千
版次	2020年11月第1版
印次	2020年11月第1次
书号	ISBN 978-7-5643-7714-4
定价	188.00元

图书如有印装质量问题　本社负责退换

本书编委会

前　言　Foreword

高速公路作为综合交通运输的一种方式，具有车速快、通行能力大、运输效率高等优点，在各种运输方式中占有十分重要的地位，是衡量一个国家或地区经济实力的重要标志。云南省高速公路建设起步较晚，1994 年才开始第一条高速公路的建设，然而近年来云南省高速公路建设发展迅猛，而 PPP 融资模式的应用对于云南省高速公路建设规模的快速增长发挥了重要的作用。高速公路投资是重要的基础设施投资，兼有公共物品和商品两种属性，这种投资既不同于一般的市场投资行为，也不同于纯粹的公共物品投资。高速公路属于准公共产品，兼备市场性和公益性两个特性，这也为其可在政府参与的情况下由市场进行调节，同时又引入私营资本提供了必要条件，因此 PPP 模式在高速公路项目中得到迅速的推广运用。

PPP 模式下的高速公路总承包管理具有与其他模式总承包管理不一样的组织边界和组织模式，参建各方的关系也发生了较大的变化。因此，在施工管理过程中，不能直接套用以前的总承包管理经验，尚需根据高速公路 PPP 项目的特点，进一步探索和完善总承包管理体系，对管理职责、管理流程等进行进一步的梳理和调整，以便更好地激发参建各方的积极性，提高各方的合作效率。

在这种背景下，云南建投集团结合香丽高速公路的总承包管理实践，对高速公路 PPP 项目总承包的管理模式、支撑体系、目标控制、文化建设、绩效管理等方面进行了系统的梳理和总结，以期为后续类似工程的管理提供参考。

作　者

2020 年 8 月

目录 Contents

1 PPP 模式及其在我国高速公路建设中的应用 ……001
1.1 PPP 模式概述 ……001
1.2 PPP 模式在我国高速公路建设中的应用分析 ……011
1.3 依托工程—— 香丽高速公路简介 ……023
2 高速公路 PPP 项目的总承包管理模式 ……030
2.1 基于交易成本理论的 PPP 项目总承包管理模式优点分析 ……030
2.2 基于项目治理理论的 PPP 项目总承包管理模式缺点分析 ……039
2.3 香丽高速公路总承包管理的原则与目标 ……043
2.4 香丽高速公路总承包管理组织管理模式 ……045
2.5 香丽高速公路参建各方责任区分 ……063
2.6 香丽高速公路发包、总包、分包及供应管理 ……068
3 高速公路 PPP 项目总承包管理的支撑体系 ……070
3.1 高速公路总承包的系统规划与统筹管理 ……070
3.2 高速公路 PPP 项目总承包合同管理 ……080
3.3 高速公路 PPP 项目总承包业务流程优化 ……085
3.4 高速公路 PPP 项目总承包协调管理 ……089
3.5 高速公路 PPP 项目总承包信息管理 ……104
3.6 高速公路 PPP 项目总承包队伍管理 ……110
3.7 高速公路 PPP 项目总承包风险管理 ……115
3.8 高速公路总承包标准化施工管理 ……124
3.9 高速公路 PPP 项目物资供应管理 ……127
3.10 高速公路征迁保通、综治维稳管理 ……131

4 高速公路 PPP 项目总承包的目标管理 ······ 135
4.1 高速公路 PPP 项目总承包质量管理 ······ 135
4.2 高速公路 PPP 项目施工总承包安全管理 ······ 163
4.3 高速公路 PPP 项目施工总承包进度管理 ······ 186
4.4 高速公路 PPP 项目施工总承包成本控制 ······ 194
4.5 高速公路 PPP 项目施工总承包环境保护管理 ······ 202
4.6 高速公路 PPP 项目施工总承包技术与创新管理 ······ 214

5 高速公路 PPP 项目文化建设 ······ 222
5.1 工程项目文化建设概述 ······ 222
5.2 高速公路项目文化建设的必要性及内容 ······ 227
5.3 香丽高速公路项目文化建设的具体措施 ······ 234

6 高速公路 PPP 项目绩效管理 ······ 238
6.1 项目组织绩效内涵 ······ 238
6.2 项目组织绩效管理 ······ 240
6.3 项目组织绩效考评与改进 ······ 247
6.4 香丽高速公路的绩效考核与管理 ······ 254

7 高速公路 PPP 项目总承包管理模式的发展与完善 ······ 268
7.1 高速公路 PPP 项目总承包管理模式的对比分析 ······ 268
7.2 高速公路 PPP 项目总承包管理多重项目治理机制的运用 ······ 273
7.3 高速公路 PPP 项目总承包管理的风险分担 ······ 275
7.4 高速公路 PPP 项目总承包管理能力的提升途径 ······ 284

参考文献 ······ 289

1 PPP 模式及其在我国高速公路建设中的应用

1.1 PPP 模式概述

公私伙伴关系，又称为公私合作制（Public Private Partnerships，PPP），20 世纪 90 年代开始在西方流行，目前已经在全球范围内被广泛应用，并正在成为各国提升公共服务水平的重要理念和措施。在首倡 PPP 模式的英国，PPP 模式被认为是政府提供现代、高质的公共服务以及提升国家竞争力的关键因素，是政府现代化的基石。

公私伙伴关系是一个比较新的概念，它在不同的经济、文化背景以及不同的应用场合中具有不同的内涵。美国民营化大师 E.S.Savas 将这一概念归为三个层次：首先，它在广义上指公共和私人部门共同参与生产和提供物品和服务的任何安排；其次，它指一些复杂的、多方参与并被民营化了的基础设施项目；第三，它指企业、社会贤达和地方政府官员为改善城市状况而进行的一种正式合作。

1.1.1 PPP 模式的基本概念、意义、内涵

1. PPP 模式的概念

在欧盟发布的《公私伙伴关系与共同体公共合同与特许法律绿皮书》中，公私伙伴关系是这样被定义的：公私伙伴关系是指公共机构与商业社会之间为了确保基础设施的融资、建设、革新、管理与维护或服务的提供而进行合作的形式。美国也有相似的认识：公私伙伴关系是指公共机构（联邦、州和地方）与营利性公司之间的一个协议。通过协议，公私两个部门共享彼此的技术、资产来为公众提供服务和设施。除了共享资源外，它们还要共同承担提供服务和设施的风险，并分享服务和设施带来的收益。

PPP 模式指在公共服务领域，政府采取竞争性方式选择具有投资、运营管理能力的社会资本，双方按照平等协商原则订立合同，由社会资本提供公共服务，政府依据公共服务绩效评价结果向社会资本支付对价。PPP 模式鼓励私营企业、民营资本与政府进行合作，参与公共基础设施的建设。PPP 是指政府公共部门与私营部门合作过程中，让非公共部门所掌握的资源参与提供公共产品和服务，从而实现各方合作比单独行动更为有利的目的。与 BOT（Build Operate Transfer）相比，狭义 PPP 的主要特点是政府对项目中后期建设管理运营过程参与更深，企业对项目前期科研、立项等阶段参与更深。政府和企业都是全程参与，双方合作的时间更长，信息也更对称。PPP 以市场竞争的方式提供服务，主要集中在纯公共领域、准公共领域。PPP 不仅是一种融资手段，而且是一次体制机制变革，涉及行政体制改革、财政体制改革、投融资体制改革。

2. PPP 模式的意义

政府和社会资本合作模式是在基础设施及公共服务领域建立的一种长期合作关系。通常是由社会资本承担设计、建设、运营、维护基础设施的大部分工作，并通过“使用者付费”及必要的“政府付费”获得合理投资回报；政府部门负责基础设施及公共服务价格和质量的监管，以保证公共利益最大化。当前，我国正在实施新型城镇化发展战略。城镇化是现代化的要求，也是稳增长、促改革、调结构、惠民生的重要抓手。立足国内实践，借鉴国际成功经验，推广运用政府和社会资本合作模式，是国家确定的重大经济改革任务，对于加快新型城镇化建设、提升国家治理能力、构建现代财政制度具有重要意义。

（1）推广运用政府和社会资本合作模式，是促进经济转型升级、支持新型城镇化建设的必然要求。政府通过这种模式向社会资本开放基础设施和公共服务项目，可以拓宽城镇化建设融资渠道，形成多元化、可持续的资金投入机制，有利于整合社会资源，盘活社会存量资本，激发民间投资活力，拓展企业发展空间，提升经济增长动力，促进经济结构调整和转型升级。

（2）推广运用政府和社会资本合作模式，是加快转变政府职能、提升国家治理能力的一次体制机制变革。规范的政府和社会资本合作模式能够将政府的发展规划、市场监管、公共服务职能，与社会资本的管理效率、技术创新动力有机结合，减少政府对微观事务的过度参与，提高公共服务的效率与质量。政府和社会资本合作模式要求平等参与、公开透明，政府和社会资本按照合同办事，有利于简政放权，更好地实现政府职能转变，弘扬契约文化，体现现代国家治理理念。

（3）推广运用政府和社会资本合作模式，是深化财税体制改革、构建现代财政制度的重要内容。根据财税体制改革要求，现代财政制度的重要内容之一是建立跨年度预算平衡机制、实行中期财政规划管理、编制完整体现政府资产负债状况的综合财务报告等。政府和社会资本合作模式的实质是政府购买服务，要求从以往单一年度的预算收支管理，逐步转向强化中长期财政规划，这与深化财税体制改革的方向和目标高度一致。推广使用“PPP”模式，是支持新型城镇化建设的重要手段。有利于吸引社会资本，拓宽城镇化融资渠道，形成多元化、可持续的资金投入机制。

3. PPP 模式的内涵

由于各国意识形态和实践需求不同，目前不同国家地区和国际组织对 PPP 模式的内涵并未达成共识。加拿大 PPP 国家委员会指出 PPP 是公共部门和私人部门之间的一种合作关系，主要强调公私部门之间的风险分担和利益共享。美国 PPP 国家委员会认为 PPP 是介于外包和私有化之间并结合了两者特点的一种公共产品提供方式，并从项目生命周期角度强调了私人部门的参与，尤其是强调了私人部门的投融资。综合以上两种观点，结合我国实践，本书认为 PPP 模式内涵应至少包含以下三种核心要素之一。

（1）融资要素。研究表明，由私人部门承担融资责任是区分 PPP 模式和传统方式的重要因素。实践中，私人部门参与投融资能有效减轻政府财政负担，加快基础设施建设。

（2）项目产权要素。此处项目产权为权利束，不仅指所有权，而且包含经营权和收益权等权利。根据产权经济学，特许私人部门拥有项目所有权或项目经营权和收益权，可以激励私人部门进行管理和技术创新，从而提高 PPP 项目的建设运营效率。同时，特许私人部门运营基础设施，有利于促进公共部门机构改革，消除冗员现象。

（3）风险分担要素。共同分担风险是 PPP 模式与传统方式的重要区别，PPP 模式中公私部门按照各自承担风险能力的大小来分担风险，不仅能够有效地降低各自所承受的风险，还能加强对整个项目的风险控制。因此，本书将 PPP 模式的内涵界定为：公共部门与私人部门之间的合作关系，在风险共担、利益共享的基础上，公共部门充分利用私人资源进行基础设施投融资、设计、建设和运营维护的全部或部分工作，以更好地为公众提供服务和满足社会公共需求。

1.1.2 PPP 模式的类型

公私伙伴关系的形式非常灵活广泛，包括特许经营、设立合资企业、管理者收购、服务与管理合同的外包、国有企业的股权转让或者对私人开发项目提供政府补贴等，不同形式下私人部门的参与程度与承担的风险程度各不相同。它可以包含介于完全由政府供给与完全由私人供给之间的所有形式的公共产品提供。根据私人部门的参与程度与承担风险程度大小列出了几种主要的公共产品提供形式，如图 1-1 所示。在 PPP 的框架下，一些原来由公共部门承担的工作转移到了私人部门，但公共部门始终承担着提供公共产品和服务的责任。即在 PPP 模式中，公共产品的生产与提供，这两个功能是分离的。政府作为公共产品的提供者的角色始终没有改变，但产品生产者的角色则由私人部门来承担，也就是说，政府从划桨人变成了掌舵人。从广义的层面讲，公私合作（PPP）应用范围很广，从短期（有或没有投资需求）管理合同到长期合同，包括资金、规划、建设、营运、维修和资产剥离。PPP 对需要高技能工人和大笔资金支出的大项目来说是有益的。它们对要求在法律上拥有服务大众的基础设施的国家来说很有用。

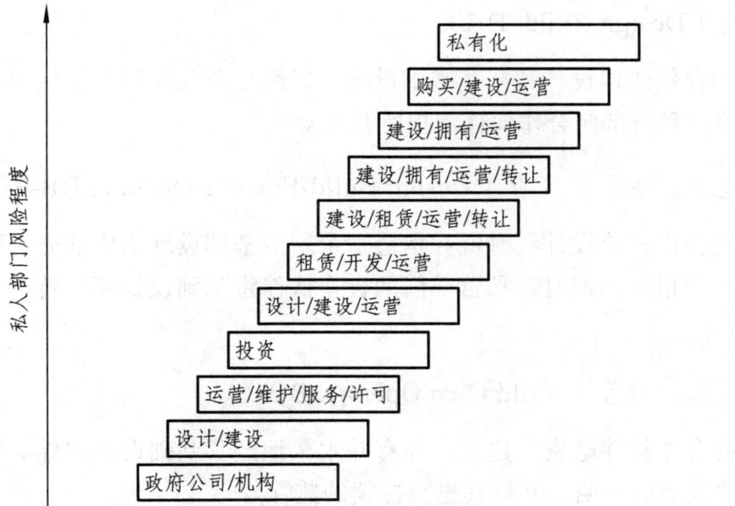

图 1-1　PPP 模式中私人参与程度

公私合作关系资金模式是由在项目的不同阶段，对拥有和维持资产负责的合作伙伴所决定。根据图 1-1 的分析，PPP 广义范畴内的运作模式主要包括以下几种：

1. 建造、运营、移交（Build Operate Transfer, BOT）

私营部门的合作伙伴被授权在特定的时间内融资、设计、建造和运营基础设施组件（和向用户收费），在期满后，转交给公共部门的合作伙伴。

2. 民间主动融资（Private Finance Initiative, PFI）

PFI 是对 BOT 项目融资的优化，指政府部门根据社会对基础设施的需求，提出需要建设的项目，通过招投标，由获得特许权的私营部门进行公共基础设施项目的建设与运营，并在特许期（通常为 30 年左右）结束时将所经营的项目完好地、无债务地归还政府，而私营部门则从政府部门或接受服务方收取费用以回收成本的项目融资方式。

3. 建造、拥有、运营、移交（Build Own Operate Transfer, BOOT）

私营部门为设施项目进行融资并负责建设、拥有和经营这些设施，待期限届满，民营机构将该设施及其所有权移交给政府方。

4. 建设、移交、运营（Build Transfer Operate, BTO）

民营机构为设施项目进行融资并负责其建设，完工后即将设施所有权移交给政府方，随后政府方再与其签订经营该设施的长期合同。

5. 重构、运营、移交（Reconstitution Operation Transfer, ROT）

民营机构负责既有设施的运营管理以及扩建/改建项目的资金筹措、建设及其运营管理，期满将全部设施无偿移交给政府部门。

6. 设计建造（Design Build, DB）

由私营部门的合作伙伴设计和制造基础设施，以满足公共部门合作伙伴的规范，这种合作往往是固定价格。私营部门合作伙伴承担所有风险。

7. 设计、建造、融资及经营（Design Build-Finance Operate, DB-FO）

由私营部门的合作伙伴设计、融资和构造一个新的基础设施组成部分，以长期租赁的形式运行和维护它。当租约到期时，私营部门的合作伙伴将基础设施部件转交给公共部门的合作伙伴。

8. 建造、拥有、运营（Build Own Operate, BOO）

由私营部门的合作伙伴融资、建立、拥有并永久地经营基础设施部件。对公共部门合作伙伴的限制，在协议上已声明，并对其进行持续的监管。

9. 购买、建造及营运（Buy Build Operate, BBO）

一段时间内，公有资产在法律上转移给私营部门的合作伙伴。

10. 只投资

私营部门的合作伙伴通常是一个金融服务公司，投资建立基础设施，并向公共部门收取使用这些资金的利息。

1.1.3 PPP 模式与 BOT 模式的比较

作为一种较成熟且应用最广的项目融资模式，BOT 在传统特许经营项目融资模式中极具代表性，因此有必要对 PPP 与 BOT 进行差异分析。BOT 是英文“Build-Operate-Transfer”的缩写，即“建设-经营-转让”，是政府将一个基础设施项目的特许权授予承包商（一般为国际财团），承包商在特许期内负责项目的设计、融资、建设和运营，并回收成本、偿还债务、赚取利润，特许期结束后将项目所有权移交政府。实质上，BOT 融资方式是政府与承包商合作经营基础设施项目的一种特殊运作模式。

PPP 模式并不是一种全新的项目融资概念，而是基于传统项目融资模式对项目生命周期过程中的组织机构设置的一种更为优化的模式。利益相关者基于某个特许经营项目而形成“双赢”或“多赢”理念的相互合作形式是 PPP 模式的核心属性。PPP 模式与 BOT 模式一样，都是为了解决公共基础设施项目资金不足及提高项目运作效率而产生的民营资本进入公共领域的新型模式，均包括融资人、出资人、担保人等融资当事人，主要依靠签订特许权协议使公共部门与私人投资者发生契约关系，并以项目本身运营的盈利偿还债务和获取投资回报。可以说，PPP 模式能够更好地弥补 BOT 模式的一些缺陷。PPP 模式与 BOT 的不同点主要如下：

1. 目标控制不同

BOT 项目主要围绕投资、进度、质量、安全四大项目管理目标进行控制。而在项目开展过程中，公共部门作为业主方项目管理，在 BOT 模式中具有公共基础设施的管理者和项目特许权授予者的双重身份，考虑的重点往往也是其自身的利益。BOT 包括公共部门与项目投资公司签订特许权协议，授予项目投资公司来负责该项目的融资、建设、经营和维护等全过程，而公共部门在此过程中仅扮演监督者的角色。公共部门的最主要目标是在特许期满之后对公共设施的最终拥有。在这种情况下，由于缺乏参与与协调，从利己心理出发，容易产生各参与方为了实现各自利益最大化而不考虑项目的整体利益的情况。

在 PPP 模式中，政府的角色从单一的项目监管者转换为项目全生命周期的合作方之一。PPP 模式更强调在目标控制的基础上，将项目各参与方的目标作为一个整体考虑，在项目实施时充分考虑项目参与各方的利益要求，通过相互协调，力争在保证项目整体利益最大化的前提下，使得各参与方各自利益最大化，致力于产生一种多赢的最优结果。

2. 组织形式不同

BOT 模式下，参与项目的公共部门和私人投资者之间是以等级式关系发生相互作用的，如图 1-2 所示。特许经营合同往往由政府部门起主导作用。公共部门授予私人投资者特许经营权之后，便以监管者身份进行监督。根据信息经济学原理，博弈各方在各自利益最大化的驱使下，最终达到“纳什均衡”，其中一方利益达到最大化是以牺牲其他参与方的利益为代价的。

BOT 模式由于缺乏有效的相互协调机制，各参与方都有自己的利益目标，且存在信息不对称，不利于项目整体利益最大化。由图 1-2、图 1-3 对比可知，PPP 模式组织形式较之 BOT 模式最显著的区别是 PPP 模式中各参与方之间存在“相互协调、共同决策、风险共担、利益共享”的核心理念。

PPP 模式的运行方式如图 1-3 所示，PPP 合同的签订必须是基于公共部门与私人投资者双方“合意”，任何一方都不能将自己的意志强加给另一方。通过各参与方在核心理念上达成共识，PPP 模式中的参与各方可以达到与预期单独行动相比更为有利的结果，虽然没有达到自身理想的最大利益，但总收益却是最大的，实现了“帕雷托”效应，即项目整体利益最大化。

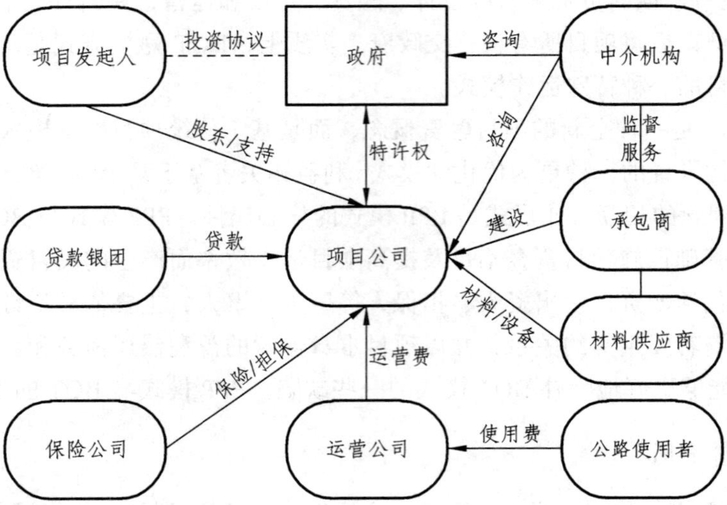

图 1-2　BOT 模式的基本组织形式

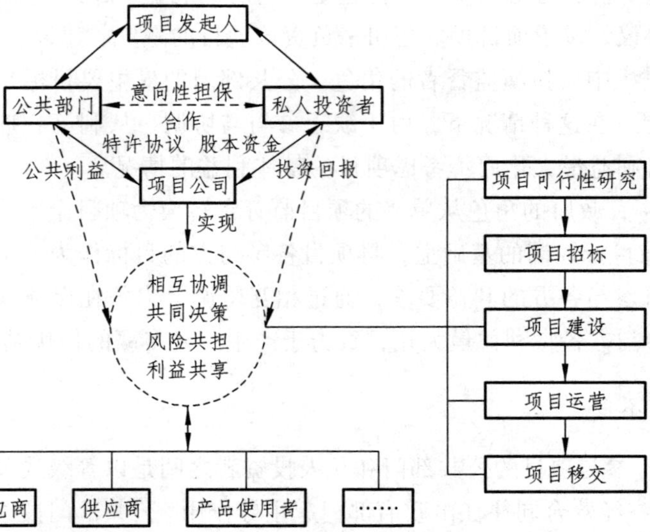

图 1-3　PPP 模式运行框架结构

3. 利益分享方式不同

在 BOT 模式中，项目可行性研究和项目招标阶段均由政府进行，在特许协议的签订上也表现为政府主导。在特许协议中，一般根据项目实施的好坏制定奖惩措施，利益一般归其中一方所有。而 PPP 模式中，由于私人投资者在项目初始阶段就介入，每个参与者能够代表自身进行谈判并签署合同，可以基于自己的利益去协商，而不是依靠权力。通过项目参与各方对共同目标的积极努力，形成 PPP 模式参与各方的伙伴关系，产生的项目利益在实施项目中被参与各方共同分享。PPP 合同中，政府部门与私人投资者合作构成互惠互利、相辅相成的态势。

4. 风险管理方法不同

在 BOT 模式下，项目的融资、建设、运营工作都为私人投资者承担，这样容易导致项目双方风险都过大，私人投资者有可能因自身能力有限而无力承担过大的风险，而政府方因将项目全过程交给了未能承担项目风险的私人投资者而蒙受项目的失败。与 BOT 模式不同，PPP 在项目初期就可以通过多方协调实现风险分配，同时由于政府分担一部分风险，使风险分配更合理，有利于提高民营企业完成项目的信心，从而降低了融资难度，提高了项目融资成功的可能性。BOT 与 PPP 风险及收益对比如表 1-1 所示。

表 1-1 BOT 与 PPP 风险及收益对比

模式	机构	风险	关系协调	控制权	获益
BOT	公共部门	小	弱	小	投资机会+项目
	私人投资者	大	弱	大	特许期运营利润+政府部门其他承诺
PPP	公共部门	共同	强	共同	投资机会+部分项目利益
	私人投资者	共同	强	共同	部分项目利益（运营利润）

综上所述，PPP 模式与 BOT 模式有着一定的相似点。但相比而言，PPP 模式克服了 BOT 模式几个主要缺点：一是项目前期工作的周期过长，二是投资方和贷款人风险过大。PPP 模式在利益分享方面也更为公平有效。可以说，PPP 模式是对 BOT 模式在实践中进行的一种改进，其继承了 BOT 模式优点，并弥补了 BOT 模式的某些缺陷，是一种较之传统特许经营项目融资更为优化的项目融资模式。

1.1.4 PPP 模式的基本特点

PPP 模式是政府公共产品提供与采购模式不断总结经验、改革创新的结果。概括起来，PPP 模式通常具有如下几个特点：

1. 伙伴关系

PPP 的特征中的伙伴关系是 PPP 最为首要的问题。政府购买商品和服务、给予授权、征收税费和收取罚款，这些事务的处理并不必然表明合作伙伴关系的真实存在和延续。PPP 中私营部门与政府公共部门的伙伴关系与其他关系相比，独特之处就是项目目标一致。公共部门之所以和民营部门合作并形成伙伴关系，核心问题是存在一个共同的目标：在某个具体项目上，以最少的资源，实现最多最好的产品或服务的供给。私营部门以此目标实现自身利益的追求，而公共部门则以此目标实现公共福利和利益的追求。形成伙伴关系，首先要落实到项目目标一致之上。但这还不够，为了能够保持这种伙伴关系的长久与发展，还需要伙伴之间相互为对方考虑问题。一般而言，PPP 项目的合同期限是根据关键设施的寿命、投资回收期等因素确定的。对于道路、燃气、电力、水等行业的典型 PPP 项目来说，一般的合同期限都在 20~30 年左右。而一些机场、港口等超大型基础设施项目，其合同期可能是 50 年甚至更长。也就是说，公私部门一旦就某项公共产品的提供建立起伙伴关系，这种关系就将是长期的。

因此，在选择私人合作伙伴的时候，公共部门必须非常慎重，需要非常关注私人部门是否具有实现长期承诺的能力，而对于私人部门而言，它在决定参与公共产品的提供时，必须考虑项目设施全部寿命的成本、适当水平的维修与维护费用、提供服务的成本与融资成本等长期总成本以及项目整个期间内可能存在的各种风险。正是因为 PPP 模式具有长期性，这使得适合于采用这种方式的公共产品类型受到一定的限制。尤其是对于那些需要私人对基础设施进行投资的项目，该项目的设施与服务必须是能够在一个长期的基础上运行的。另外，由于公私部门必须在一段相当长的期间内共事，为了保证连续地提供合格的公共产品，双方必须建立起相互合作而不是对抗的关系，共同来克服项目期间内发生的和潜在的问题。

2. 利益共享

需要明确的是，PPP 中公共部门与私营部门并不是简单分享利润，还需要控制私营部门可能的高额利润，即不允许私营部门在项目执行过程中形成超额利润。其主要原因是，任何 PPP 项目都是带有公益性的项目，不以利润最大化为目的。如果双方想从中分享利润，其实是很容易的一件事，只要允许提高价格，就可以使利润大幅度提高。但是，这样做必然会带来社会公众的不满，甚至还可能会引起社会混乱。既然形式上不能与私营部门分享利润，那么如何与私营部门实际地共享利益呢？在此，共享利益除了指共享 PPP 的社会成果，还包括使作为参与者的私人部门、民营企业或机构取得相对平和、长期稳定的投资回报。利益共享显然是伙伴关系的基础之一，如果没有利益共享，也不会有可持续的 PPP 类型的伙伴关系。

3. 风险共担

伙伴关系作为与市场经济规则兼容的 PPP 机制，利益与风险也有对应性，风险分担是利益共享之外伙伴关系的另一个基础。如果没有风险分担，也不可能形成健康而可持续的伙伴关系。无论是市场经济还是计划经济，无论是私人部门还是公共部门，无论是个人还是企业，没有谁会喜欢风险。即使最具冒险精神的冒险家，其实也不会喜欢风险，而是会为了利益千方百计地避免风险。在 PPP 中，公共部门与私营部门合理分担风险的这一特征，是其区别于公共部门与私营部门其他交易形式的显著标志。如果每种风险都能由最善于应对该风险的合作方承担，毫无疑问，整个基础设施建设项目的成本就能最小化。PPP 管理模式中，更多是要突破简单化的“融资模式”理解，上升到从管理模式创新的层面上理解和总结。

4. 灵活性

对于公共部门来说，在公共产品的采购中，保持灵活性非常重要，因为在产品提供的期间内可能会发生情况的变化。当然，这种灵活性是要受到限制的，因为一旦一项设施建成或服务安排确定，就不可避免地具有某种程度的不可变性。在 PPP 模式下，公共部门会让私人部门认识到项目期间内发生变化的可能性，并将其写入合同中。PPP 合同中通常具有一些条款来赋予公共部门保持灵活性的关键权利。除此之外，在某些国家的 PPP 实践中，公共部门甚至可以在合同期间内对产品提供重新招标。

1.1.5 PPP 模式的优缺点

1. PPP 模式的优点

近年来，在全球各个地区，通过多种多样的 PPP 方式，私营部门在基础设施领域的投资总体上持续快速增加。结合全球范围内的 PPP 项目实践，PPP 模式的优点主要体现在：更高的经济效率［物有所值（Value for Money）］、更高的时间效率、增加基础设施项目的投资、提高公共部门和私营机构的财务稳健性、基础设施/公共服务的品质得到改善、实现长远规划、树立公共部门的新形象、私营机构得到稳定发展等。

（1）PPP 模式可以实现更高的经济效率，实现物有所值。

PPP 项目依靠利益共享、风险共担的伙伴关系，可以有效降低项目的整体成本。在公共部门独立开展项目时，项目的整体成本由以下几个部分构成：项目建设成本、运营成本、维修和翻新成本、管理成本以及留存的风险。在 PPP 模式下，项目建设成本、运营成本、维修和翻新成本以及私营机构的融资成本统称为 PPP 合同约定成本，由于私营机构在建设施工、技术、运营管理等方面的相对优势得以充分发挥，PPP 合同约定成本会小于公共部门独立开展项目时的相应成本。另外，由于 PPP 项目需要协调更多参与方的利益，项目管理成本（包括公共部门对项目监管、为项目提供准备工作和支持等产生的成本）会略高于公共部门独立开展项目的成本。在风险留存方面，由于不同的风险分配给管理该类风险具有相对优势的参与方，因此项目的总体风险状况得到明显改善。各项成本的变化以及风险状况的降低，形成了 PPP 项目的优势，即所谓的“物有所值”部分。

（2）PPP 模式的效率优势不仅体现在经济效率上，还体现在时间效率上。

在传统模式下，项目完工的超时程度受项目大小影响较为严重，项目越大，工程进度延期的程度越高，但在 PPP 模式下，没有发现项目大小对工程进度的显著影响。其他机构或研究者大多得出相似的结果。

（3）PPP 模式有助于增加基础设施项目的投资资金来源。

PPP 模式下，项目融资更多地由私营机构完成，从而缓解了公共部门增加预算、扩张债务的压力，因此公共部门可以开展更多、更大规模的基础设施建设。在政府因财政紧缩，或信用降低而无法进行大规模融资时，PPP 模式可以为政府提供表外融资。PPP 模式下，政府不仅可以节省基础设施的初期建设投资支出，还可以锁定项目运行费用支出，一方面能降低短期筹集大量资金的财务压力，另一方面还能提高预算的可控性，这两个方面都有利于政府进一步扩大对基础设施的投入。PPP 的这一优势对现阶段的国内地方政府意义重大，通过推广 PPP 模式，可以化解地方政府性债务风险。

（4）PPP 模式可提高公共部门和私营机构的财务稳健性。

一方面，由于政府将部分项目责任和风险转移给了私营机构，因项目超预算、延期，在运营中遇到各种困难或有财政负债增加的风险被有效隔离；另一方面，由于 PPP 模式下的项目融资在整个项目合同期间是有保障的，且不受周期性的政府预算调整的影响，这种确定性可以提高整个项目生命周期融资计划的确定性和效率，提高公共部门的财务稳健性。此外，PPP 项目的性质决定了项目需求所产生的风险相对较低，项目的未来收入比较确定，提高了社会资本的财务稳健性。

（5）PPP 模式可使基础设施/公共服务的品质得到改善。

一方面，参与 PPP 项目的私营机构通常在相关领域积累了丰富的经验和技术，私营机构在特定的绩效考核机制下有能力提高服务质量。另一方面，PPP 模式下，私营机构的收入和项目质量挂钩：在政府付费项目中，政府可以根据项目预先设定的绩效标准而扣减实际付款；在使用者付费项目中，使用者的需求和项目的质量正相关，这就使私营机构有足够的动力不断提高服务质量。如果设施或服务由公共部门单独提供，由于其缺乏相关的项目经验，且由于其在服务提供和监督过程中既当"运动员"又当"裁判员"，绩效监控难以落到实处。

（6）PPP 模式有助于公共部门/私营机构实现长远规划。

在传统政府模式下，一个项目会被分包成很多子合同，由不同的参与者执行，这些参与者之间通常没有紧密的合作。在 PPP 模式下，由于项目的设计、建设和运营通常都由同一个联合体执行，虽然联合体也由不同的参与者构成，但由于各个参与者需要为同一个目标和利益工作，项目的不同参与者之间可以得到充分整合，实现良好的协同。此外，由于项目的收益涉及整个生命周期，在利益驱动下，私营机构将基于更长远的考虑，选择最合适的技术，实现设施长期价值的最大化和成本的最小化。而在传统政府模式下，则更多是基于短期的财政压力、政策导向和预算限制来考虑。

（7）PPP 模式有助于树立公共部门的新形象。

在 PPP 模式得到良好推广和执行的情况下，所有项目都能按时、按预算完成，而且基础设施/公共服务的品质得到有效提高，可以使政府的美誉度增加，对政府的财政管理能力信心倍增。

（8）通过推广 PPP 模式，可以使私营机构得到稳定发展。

PPP 模式为私营机构提供了风险较低、现金流稳定、由政府合同背书的长期投资机会，可以有效刺激当地产业，增加就业。

2. PPP 模式的缺点

虽然 PPP 模式上述优势得到市场的一致认可，并且大部分都有实证数据支持，但任何事情都不可能十全十美，PPP 模式在运作过程中也存在以下缺点：私营机构融资成本较高、特许经营导致的垄断性、复杂的交易结构带来的低效率、长期合同缺乏灵活性、成本和服务之间的两难选择等。

（1）PPP 模式导致私营机构融资成本较高。

与公共部门相比，金融市场对私营机构信用水平的认可度通常略低，导致私营机构的融资成本通常要高于公共机构的融资成本。

（2）PPP 模式普遍采用的特许经营制度可能导致垄断。

一方面，在 PPP 模式下，居高的投标成本和交易费用以及复杂的长期合同，导致很多规模较小的私营机构对 PPP 项目望而却步，因此减少了政府部门对社会资本的选择空间，也使招投标过程不能实现良好的竞争性；另一方面，PPP 模式普遍采用的特许经营制度，实际上使中标的投资运营商获得了一定程度的垄断性，利益基本上能得到合同保障。这种缺乏竞争的环境在某些情况下会减弱私营机构降低成本、提高服务品质的动力。

（3）PPP 项目复杂的交易结构可能降低效率。

首先，在 PPP 项目中，通常需要多个独立参与者通力合作，而多个参与者会导致整个项目的约束条件增加；其次，由于每个参与项目的商业机构都会在咨询、会计和法律等方面产生支出，这部分支出会包括在投标价格中，从而传导给公共部门；再次，复杂的交易结构需要公共部门和私营机构建立与 PPP 模式相匹配的专业能力。现阶段，国内相关方面的能力欠缺较为明显，现状的改善还需要较长时间。在这种情况下，政府部门过度依赖外部咨询机构，会导致在项目开展过程中所积累的知识和经验并没有沉淀在公共部门内部，这又减缓了公共部门提升建设相关能力的进度。

（4）PPP 的长期合同缺乏足够的灵活性。

为了项目长期运行稳定，PPP 合同可能会比较严格，灵活性不够，公共部门或私营机构在起草合同的时候，很难将未来的变化充分地考虑进来，合同条款通常只考虑当前时点的情况，导致项目后期管理不能因时制宜，而只能遵照合同条款执行，哪怕这些条款已经不再能使项目生命周期的综合成本最优化。

（5）公众使用公共产品/公共服务的成本表面上可能提高。

如果公共产品/公共服务由公共部门提供，由于公共部门的非营利性和不按全成本核算定价的特点，公众所付出的直接使用费用较低。当然，世界上不存在免费午餐，低收费最终会表现为地方政府债务的累积或公共机构的亏损，也会通过其他渠道由公众承担相关成本，甚至潜在成本可能更高。在 PPP 模式的定价机制下，私营机构需要补偿项目相关的全部成本并获得合理水平的投资收益，对产品或服务进行市场化的定价，可能增加公众的直接使用成本。

1.2 PPP 模式在我国高速公路建设中的应用分析

1.2.1 高速公路融资的特点

高速公路投资是重要的基础设施投资，兼有公共物品和商品两种属性，这种投资既不同于一般的市场投资行为，也不同于纯粹的公共物品投资，具有如下特点：

1. 投资规模巨大

高速公路每千米建设成本较高，“九五”期间为 1 750 万元，“十五”期间为 3000 万元，到 2010 年达到 9 000 万元。随着原材料、施工、管理、拆迁和征地、安全和服务设施等方面成本的提高，高速公路单位造价的水平还有较大的上升空间。目前，我国高速公路由于地区以及地理结构差异，造价差异较大，一般每千米造价在 9 000 万元至 1.5 亿元。高速公路一般长度要在 50 千米以上才能发挥其功能和效益，所以一个项目一般要投资 60 亿元以上。目前正在实施的国家高速公路网规划是一项庞大的投资工程，投资规模将极为巨大。

2. 建设周期长，投资效益滞后

据统计，一个高速公路建设项目从规划、设计、施工建设，到竣工、验收、投入运营，大约需要 5 ~ 7 年的时间。投入运营后，一般需要 3 ~ 5 年的时间项目本身才能实现扭亏为盈。因此，高速公路投资建设周期较长，投资产生经济效益需要的时间更长。由于项目通常位于传统经济走廊或国家交通运输大通道线上，交通运输需求旺盛，并随着经济的发展处于快速增长态势，因而项目建成后交通量增长较快，投资效益十分显著。进入 21 世纪后，随着建设规模的扩大，一些新建的线路或通道交通量的增长却由于沿线经济基础薄弱，建设及养护成本高，交通量及投资效益不太乐观。

3. 服务全社会，投资效益的外部性和内部性兼容

高速公路作为重要的基础设施，不仅能带来稳定的投资回报，还能带来巨大的社会效益。从运输角度来看，高速公路能成倍扩大公路通过能力、提高车辆行驶速度、明显降低运输成本、减少交通事故。从社会经济角度来看，高速公路能促进沿线产业带的形成和经济的快速增长、推动区域经济产业结构的优化、方便不同地区之间的经济和人员交流、极大地改善投资环境、有利于外向型经济的发展、带动沿线中小城镇的发展和大城市圈的形成。从文化角度来看，可以促进地区之间的文化交流，促进沿线地区人们观念的转变，帮助人们树立先进的开放意识、效率观念和时间观念，提高地区的教育水平。因此，高速公路的投资具有项目本身的微观收益、综合交通运输体系的中层提升和社会经济文化的宏观效益。

4. 新建项目影响投资效果的因素众多，投资收益率呈下降趋势

随着国家政策法规的逐步完善，尤其有关土地及环境保护的法律出台，影响高速公路投资效果的因素不断增多，征地拆迁费用不断增加，导致建设成本不断提高。高速公路建设项目投资效果取决于建设项目实施运营全过程的工作质量与效率，受到社会、政治、经济、技术、自然等条件的制约，任何一个环节的失误都会导致投资效益下降甚至投资失败。此外，受燃油成本的影响，以及其他竞争性运输方式的快速发展，出行选择余地越来越大，新建高速公路的作用及效果自然不如早先建设的高速公路明显，投资效益下降也是不争的事实。

5. 投资决策复杂、难度大

由于建设项目涉及方方面面，各种因素都对项目的实施与进展有影响，许多分析计算都要建立在对未来情况的预测估计判断的基础上。同时，项目也对各有关方面产生一定影响，而这一切都是在一个较长时期内持续存在的。未来的各种变化因素、各种不确定性，使得建设项目投资决策变得复杂、困难。由于人们对投资效果与影响的期望、对投资风险的偏好以及各自内定的目标的差异，或更明确地说由于各自利益的不同导致各种目标的不同，使得投资决策在使用有限资源满足不同目标的困难程度、复杂程度大大增加了。

1.2.2 我国高速公路融资现状及实施 PPP 模式的可行性

高速公路作为综合交通运输的一种方式，具有车速快、通行能力大、能降低运输成本等优点，在各种运输方式中占有十分重要的地位，是衡量一个国家或地区经济实力的重要标志。

我国高速公路建设起步较晚，然而随着近年来我国高速公路建设的迅猛发展，至2014年底我国高速公路建成通车里程达到 11 万千米，跃居世界第一。云南省从 1994 年 9 月开工建设第一条高速公路——昆明至嵩明高速公路，截至 2019 年底，云南高速公路通车里程已达 6000 千米，全省 90 个县市已通高速公路，实现了高速公路从无到有、从单条通车到初步成网的巨大跨越。

1. 我国高速公路融资现状及存在的问题

（1）资金短缺且融资渠道单一。

总体来看，我国基础设施建设项目都存在资金短缺、建设任务重等特征，财政拨款有限。从高速公路建设项目的实际来看，项目建设具有资金需求量大、所需资金集中、工程进度紧等特点。从我国高速公路建设项目融资模式分析，传统的融资模式仍然占主导地位，政府主导、银行提供贷款是目前普遍的资金筹集方式。由于我国高速公路建设的持续推进、项目的不断增多，银行所能提供的贷款非常有限，建设项目资金压力较大。在这种背景下，我国一些地方开始尝试引入多种融资模式到高速公路建设项目中，例如 BOT 融资模式等在解决政府融资能力不足的问题上取得了一定的成效。

（2）融资结构不合理。

如前所述，目前我国高速公路建设项目的资金来源以银行贷款为主、财政拨款为辅。研究数据表明，在高速公路建设资金中，中央政府的投资约占 13.2%，依靠银行贷款和地方筹资来的资金约为 80%。显然，这种融资结构对银行等金融机构的依赖程度大，因而风险较大。如果国家实行紧缩的货币政策，利率上升，建设单位的资产负债率可能会增加，而项目就可能会陷入债务危机。

（3）西部地区融资困难。

我国东部地区的高速公路路网发达，而中西部地区的高速公路仍需要大力完善，并且我国东部发达地区的经济实力明显强于中西部偏远地区，东部地区的基础设施融资能力远远强于中西部地区，西部地区高速公路建设的融资缺口巨大。

（4）项目融资制度及民间集资还不成熟。

近年来，我国项目融资体制已经取得较大发展，但高速公路项目融资的债权方只有特许经营权，而没有所有权和控制权。在引入社会资本时，由于高速公路项目资金回收周期长、风险大，建成后的收益率难以保证，而民营企业的风险承担能力不高，因此不利于吸引民营企业投资。

2. PPP 模式在高速公路的应用前景分析

现代经济学认为，社会产品或服务可根据其供应上是否具有排他性、消费或使用上是否存在竞争性的特点分为三种类型：公共物品、私人物品及准公共物品。公共物品不需要购买，在消费或使用上具有非竞争性、供应上具有非排他性且不可分割；私人物品具有消费或使用上的竞争性、供应上的排他性以及效用上的可分割性，谁付款谁受益；准公共物品介于公共物品和私人物品两者之间，具备不完全排他性，或者不完全的竞争性。准公共产品是政府和市场共同发挥作用的结果，具有一定的市场性，因此其供给是由市场和政府共同承担，在一定程度上可通过市场引导，同时它还具有公益性，由政府部门负担其社会效应。根据以上分析，高速公路可以被界定为准公共产品。高速公路兼备市场性和公益性两个特性，这也为其可在政府参与的情况下由市场进行调节，同时又引入私营资本提供了必要条件，因此在高速公路项目中采用 PPP 模式是可行的。

另外，我国法律体系和市场经济体制等也都在不断地丰富和完善，这就给高速公路中 PPP 模式的成功应用提供了可靠的保障，有利于调动私营部门的积极性。除此之外，公路管理体制改革的不断推进，有关高速公路特许经营的法律法规也在不断地丰富和完善，PPP 项目面临的法律风险也会随之降低。为了加快交通基础设施建设的步伐，全国各个地区已经纷纷尝试性地应用 PPP 模式进行高速公路的建设。如今越来越多的私营部门愿意参与到高速公路的建设中，PPP 模式在我国的实践也在摸索中不断前行，其中比较典型的案例有杭州湾跨海大桥、陕西西安-临潼高速公路、山东济南-青岛高速公路、四川成渝高速公路等等。这些高速公路所采用的公私合作模式的具体运作方式有 BOT、TOT 等。在这些项目中，私营部门由开始时的试探性投入到后期的不断增加规模，参与程度和参与热情均不断提高。与普通道路相比，高速公路快捷便利，不容易造成拥堵，这些优势都使得高速公路有着无与伦比的优越性，从而能够为私营部门带来较高的投资回报。另外，如果私营部门能够取得高速公路的特许经营权就相当于被授权垄断，利用高速公路的自然垄断性，可以适当收取道路通行费，投资也就意味着获得回报，这对私营部门有很大的吸引力。此外，政府公共部门给予私营部门的税收优惠、贷款担保以及高速公路沿线土地优先开发权等一些优惠措施也在一定程度上帮助私营部门提高了投资收益。公共部门与私营资本的合作能够有效利用私营部门雄厚的经济实力、丰富的管理经验以及高超的技术能力，从而可以与公共部门共担风险同时又提高了 PPP 项目的建设效率、节约项目成本，最终以更高的质量、更高的效率提供公共服务。另外，PPP 模式可以在一定范围内给予私营部门关于投资回报的保障。政府部门可以通过给予私营部门相应的政策扶持的方式作为收益补偿，例如贷款担保、税收优惠、交通量担保等等，通过实施这些优惠政策有利于增加私营部门投资高速公路项目的信心。

然而，PPP 模式在高速公路项目的应用中也存在着以下几个问题：在公私双方合作过程中，政府公共部门容易利用其自身优势将风险转移给私营部门承担，使得风险分担不合理，从而融资也出现困难；高速公路 PPP 项目涉及多个参与方，并且他们之间存在一定利益冲突，收益分配不均也会给融资制造障碍；私营部门的过度参与，容易导致政府丧失对项目的控制权。

1.2.3 我国高速公路领域推行 PPP 的优势和障碍

1. 影响高速公路融资的主要因素

（1）地区经济发展水平。

我国不同地区经济发展水平差异性很大，同一地区的不同地方也存在一定差异。高速公路项目运作过程中，选择何种融资模式，受项目所在地区经济发展水平的影响非常大。例如，在京津唐、长三角、珠三角等经济发达地区，区域经济水平较高，吸引民间资本参与高速公路建设项目具有一定的可行性，所以融资模式可以优先选择市场融资的方式；而在中西部欠发达地区，就应结合实际情况，选择由国有资本投资或由政府支持、多种渠道努力的方法筹措高速公路的建设资金。

（2）对高速公路建设融资的认识水平。

高速公路项目具有社会公益性质，理论上说，筹集建设资金，可选择国有资本，也可以选择民营资本，究竟应该怎样选择，一直有争议，主要表现为两种观点。一种观点认为，从经济学的公共产品理论来看，高速公路是一种战略资源，是社会公共产品，具有非竞争性和非排他性等特征，因此应该由政府提供。另外，还有一种观点认为，高速公路是准公共产品或混合产品，具有准竞争性，因此可通过市场选择高速公路的投资主体。以上两种观点对高速公路产品属性的认识不统一，使得我国在怎样选择高速公路投资主体，也就是选择何种投融资体制上存在争论。因此，一些地方政府或领导对市场规律的把握较好，而对高速公路建设及其融资模式的理解存在偏差，一方面因资金紧张不得不选择民间资本的进入，另一方面又担心民营资本投资高速公路后，出现建设、经营管理不善的现象，导致一些完全可以通过市场筹集建设资金的高速公路项目不能按时开工，影响到项目的建设进度。

（3）法律法规建设的滞后。

我国近年来出台了有关政府与社会资本合作的政策法规，对政府投融资体制的优化和具体实践起了推动作用。例如，2014 年的《国务院关于创新重点领域投融资机制鼓励社会投资的指导意见》（国发〔2014〕60 号）和《政府和社会资本合作项目通用合同指南》。此外，《中华人民共和国公路法》《公路经营权有偿转让管理办法》等法律法规原则上对公路经营权及其转让做了一些规定和说明。然而，从国外借鉴引入的 BOT 等融资模式又与《中华人民共和国合同法》《中华人民共和国民法通则》等法律法规存在一些矛盾之处。虽然公路建设采取项目融资模式、提高社会资本比例是必然的发展趋势，但相应的立法工作却滞后于实际工作。企业或个人的经济行为，离不开法制环境的支持和保障，法律法规的滞后，势必影响我国高速公路建设投融资的具体操作。

（4）专业人才供给不足。

随着经济的快速发展及交通科技的进步，我国的高速公路建设步伐不断加快，高速公路通车里程、建设规模都在不断扩大，各类人才队伍也在逐步成长壮大。然而，相比较高速公路的发展势头而言，工程技术、经济、金融、项目管理等各类人才仍然比较缺乏，尤其是跨行业、一专多能的复合型人才更是稀缺。在我国政府努力推进高速公路投融资体制改革的背景下，要求高速公路项目的融资渠道也要不断拓宽、避免融资模式的单一，加之未来可能逐步走向国际金融市场融资，其融资程序更加繁杂，这就对高层次、高素质的专业化、复合型人才提出了更多、更高、更全面的要求。

2. 高速公路建设领域推行 PPP 模式的优势

PPP 模式通过引入社会资本，和政府公共部门合作共同参与高速公路建设项目的筹资、建设和运营等活动，能解决政府单方面建设存在的资金不足、管理和服务滞后等问题。其主要优势包括以下几个方面：

（1）有助于充实项目资本金。

在传统融资模式下，地方政府在建设期内的出资压力较大，中西部一些财政实力较弱的省份难以落实资本金，高速公路建设缓慢。而在 PPP 融资模式下，私营企业、民营资本可公平地被引入，不仅拓宽了高速公路建设项目的融资渠道，而且大大充实了建设项目所需资金，为项目的正常运转提供保障。

（2）提高项目的还款能力。

在传统融资模式下，政府对高速公路项目的还款进行隐性担保，因而政府支出责任不明晰。而PPP融资模式要求合作双方事前在合同中确认合作关系，有助于金融机构确定各项还款来源。特别是《国务院关于加强地方政府性债务管理的意见》（国发〔2014〕43号）颁发后，PPP融资模式就成为政府增加信用的可行途径，通过将政府出资部分纳入政府财政预算，就可以更好地落实项目还款来源。

（3）明确合作双方的责权利关系。

PPP模式的主要特征是将合作双方的责任和权力契约化，也就是通过规范的合同文本和相关法律法规约束合同双方的行为，从形式上强化政府在合同框架内的责任约束，从而降低社会资本可能面临的风险。在高速公路建设过程中，政府公共部门负责具体的规划和设计工作，同时对项目运作的每一环节进行监督指导，对高速公路建设项目的立项、规模等级、质量、验收、初期维护等提出明确要求，因此政府仍然具有项目控制权，承担最主要的责任。而参与融资的企业主要负责前期资金的筹集、中期项目的建设实施以及协议期内的运营管理，也就是承担资金提供、技术支持和管理服务等责任。通过公共部门和私营企业的合作，双方的责权利都得到明确，各自的优势也能得到充分发挥，对提高高速公路建设项目质量具有重要作用。

（4）有助于提高投资效率。

传统融资模式带有浓厚的行政色彩，政府投资存在约束性不强、与市场脱节等问题。财政部于2015年发布了《政府和社会资本合作项目财政承受能力论证指引》，通过对财政承受能力论证的明确限制，从政策方面对以往政府投资的盲目性和任意性进行了削弱，进一步完善了PPP融资模式的运营机制。从高速公路建设项目来看，PPP融资运营机制的完善，有利于优化民间资本参与高速公路建设项目的运作流程，简化操作程序，有利于提高资金的筹集效率。从项目收益回收角度看，民营资本的加入导致资本金总数增加，能降低项目资产负债率，更好地保障政府与民营企业各方的利益；公共部门和私营企业构建的长期的合作关系，也有利于实现长期互利的目标，因此投资效率较高。

（5）加快高速公路的建设速度。

PPP融资模式和其他融资模式一样会不断地发展成熟，其运作模式和操作流程都会不断完善。PPP融资模式通过不断的实践和总结将会吸引更多的私营企业或私人的关注，从而拓宽融资渠道，筹集到更多资金。越来越多的民营资本进入高速公路建设项目中，保障了项目建设所需的资金，必将推动项目建设进度，缩短项目建设周期，促进各个建设项目尽快完工，从而在整体上加快高速公路的规划、设计、建设和使用速度。所以从长远来看，PPP融资模式的大力推广和应用，将加快我国高速公路建设步伐。

（6）改善高速公路的服务质量。

PPP融资模式不同于传统的融资模式，将改变政府全部负责、国有企业垄断建设和运营维护基础设施建设项目的局面。优秀的民营企业通过竞争进入高速公路设计与建造、养护维护全过程，本着利益共享和风险共担的原则，民营企业的积极性和创造性都会得到充分发挥。同时，民营企业机制灵活，管理和服务效率高，先进技术应用意识强，所以通过和政府公共部门合作共建高速公路，能把各方优势都集中体现出来，必然提高高速公路建设项目的质量、降低项目运营维护成本、提高服务标准。这又会充分发挥高速公路为社会服务的功能，服务质量得到明显改善。

3. 高速公路建设领域推行 PPP 模式的主要障碍

（1）PPP 融资相关法律法规不完善。

目前，我国有关 PPP 融资模式的法律法规还没有正式出台，仅有部分层级较低的规范性文件，这阻碍了 PPP 融资模式的发展完善和大力推广。高速公路建设中的 PPP 模式该如何操作，在合作范围、监管机制、法律属性等方面还有待进一步明确，在跨年度预算、土地使用权获取、项目行政审批等方面还需要和各部委文件进行充分衔接。需要进行立法，对 PPP 主体、项目范围、投融资模式、运营模式等进行全面的统一和规范。此外，我国政府掌握了很多资源，处于比较强势的地位，在与私营企业合作中契约意识有待进一步加强。如果政府换届，怎样保证合同顺利履行，对 PPP 模式的具体实施是一个较大的问题。如果没有解决这个问题，一旦政府履约发生风险，在法律救济措施方面保障私人资本利益就会变得困难重重。

（2）地方政府对 PPP 模式的认识不到位。

PPP 是一种新兴的项目融资模式，相比其他的融资模式，国内已有的成功的 PPP 融资模式案例较少，因而总结的成功经验也不多。关于该模式的特点、规律性及潜在风险，地方政府还认识得不够深刻，加之我国缺少专业化、复合型的人才来运作 PPP 模式，同时管理机制和契约意识等条件也不够完备，虽然该模式应用于项目建设，但进展缓慢，效果也不好。一些地方政府对 PPP 模式的推进并不主动，原因担心引入社会资本可能会增加融资成本，会削弱政府对项目的控制力。

（3）社会资本实力相对有限。

我国的民营资本主要集中在服务业、加工制造业等领域，国有资本主要集中在基础设施等领域。民营资本非常重视风险控制以及投资回报问题，因而对回收期较长的 PPP 融资模式有一定的顾虑。而且，民营企业对政府是否能完全履行合约，还持怀疑和保留态度。因此，尽管对 PPP 项目有合作意愿，但仍然比较谨慎。从地方政府的角度来看，考虑到和民营企业合作可能涉及利益输送，目前主要还是选择国有企业作为合作对象，希望重新包装地方政府投融资平台，以便于将其作为社会资本引入合作。毫无疑问，这已经背离了在高速公路等基础设施建设项目中应用 PPP 模式、引入社会资本，使公共产品和服务的管理质量和效率得到优化提升的本意和愿望。

1.2.4 高速公路 PPP 模式的项目运作分析

1. PPP 模式的项目利益关系者及其职责

工程项目利害关系者是指那些积极参与该项目或其利益受到该项目影响的个人和组织。以 PPP 模式运作的项目的利害关系者通常包括政府、特别目的公司（Special Purpose Company，SPC）、金融机构、咨询公司、工程承包公司、原材料供应商、用户等，它们的关系如图 1-4 所示。

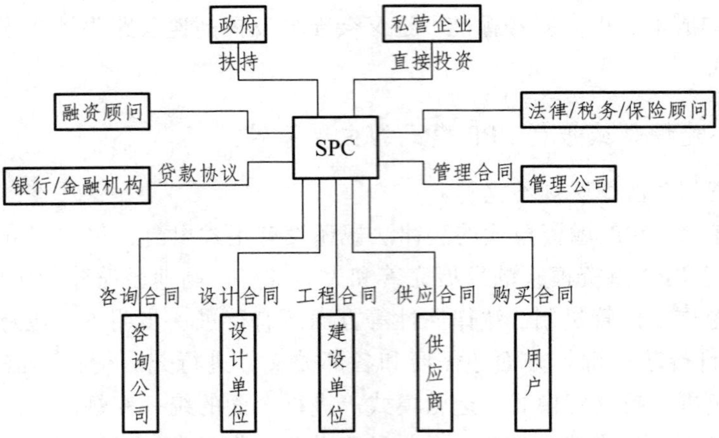

图 1-4　PPP 模式的项目利益关系者关系

（1）政府。

政府（政府机构或者政府指定的公司）通常是 PPP 模式的基础设施项目的发起人，它们在法律上既不拥有项目，也不经营项目，而是通过给予项目某些特许经营权和给予项目一定数额的项目资本金或贷款担保作为项目建设、开发和融资安排的支持。大多数模式下，政府是项目的最终所有者，在 PPP 模式的实施过程中，它的职能主要包括以下几个方面：

① 项目选择和开发主体确定。

政府是项目的选择和确定者，并不是所有的基础设施项目都适合应用 PPP 模式，因此政府需要对基础设施项目的民营化进行可行性分析，从众多项目中选择适合以 PPP 模式运作的项目，并组织项目招标，对投标的私人或私人实体进行综合权衡，确定最终的项目开发主体。

② 项目保证。

政府对项目的保证包括两个部分，即对后勤供应的保证和对项目收入的保证。后勤供应保证是指政府对 SPC 提供一定程度的后勤供应，如项目开发过程中涉及的土地、能源供应等；对项目的收入保证是指政府有时是基础设施项目的唯一购买者，政府应与 SPC 签订长期项目服务的购买协议，购买价格满足项目偿还债务和回收投资的需要。

③ 项目监督。

私营资本进入公共领域，项目开发和运营过程中的各种经济关系通常按照事先签订的合同来确定，而不能像传统项目开发那样随时由政府或有关部门进行协调。因此，政府不仅需要签订严密的合同，而且要对合同的履行情况进行监督，对违反合同的情况进行及时纠正，引导项目向预定的方向发展。

④ 直接投资和贷款。

以 PPP 模式运作的基础设施项目大多投资巨大，仅仅依靠私营企业的投资难以满足项目发展的要求，在这种情况下，政府有时会对项目直接投资作为股份参与项目的利润分配或者提供项目贷款。在项目的开发和运营过程中，应严格按照 PPP 合同的内容来运作，尽量减少政府的影响，避免行政介入，保证 SPC 运作的独立性。

⑤ 提供信用担保和承担项目风险。

政府作为项目担保人是指政府以财政资金或其他资产作为抵押向银行提供担保，以取得贷款资金的担保方式。政府担保的范围通常是非商业性风险部分，如法律风险、政策风险和金融风险等。在风险分配时，这类风险由政府承担。此外，对于有些项目来说，政府是公共产品的唯一购买者，如水处理项目生产出的净化水必须输送到政府统一的水网中，才能提供给公众。因此，政府必须与 SPC 签订长期购买协议，保证项目投资的回收以及资金运作。

⑥ 提供法律保障和政策支持。

为了促进私人资本进入公共领域，政府应该创造良好的法律环境和政策环境。首先，政府应出台专门的法律法规，规范相关部门的职责，明确项目运作的流程，使项目运作有法可依；其次，为了项目成功运作，政府还应从政策上予以支援，包括充分授权、减免税收、资本投入和相关配套设施的改革。

（2）SPC（Special Purpose Company）。

SPC（特别目的公司）是一个专门组织起来的项目投资公司，是项目的实施者，由政府和私人、私人团体联合组成。SPC 从项目所在国政府或有关机构获得建设和经营项目的特许权，负责项目的全过程运作，从项目的融资、设计、建设和运营直至项目最后的移交。SPC 主要由私人或私人实体组成，特殊情况下，政府或其他企业也可以入股，但所占股份通常比较小。SPC 通常由 1~2 个私人或私人实体作为发起人，发起人负责召集 SPC 成员。投标以前，SPC 成员就联合成立项目投资公司达成一致，以合同形式确定各自的出资比例和出资形式，并推选成员中的几人组成项目领导小组负责 SPC 正式注册前的工作。中标以后，SPC 正式注册成立，由 SPC 成员选举总经理和其他领导，负责整个项目的运作。项目特许期结束，经营权（或所有权、经营权同时）转移时，SPC 清算并解散。在项目运作过程中，SPC 主要包括以下职能：

① 投标与谈判。

在政府公开招标的有关文件以后，SPC 在咨询公司的帮助下，对项目进行可行性研究，在确认项目可行的基础上制作标书并参与投标。中标后，与政府就项目开发的相关内容进行谈判，并签订 PPP 合同（特许权合同）。

② 项目开发、运营和移交。

SPC 在合同签订后，完全负责项目的开发，通过与银行和金融机构、设计单位、建设单位、咨询单位等合作单位签订相关合同协议，完成 PPP 项目的融资、设计和建设。项目竣工后，SPC 在特许期内负责项目的运营，通过项目收益偿还贷款、上缴税金和向各成员分配利润。在特许期结束后，根据合同将项目移交给政府。

③ 确保项目的服务质量。

以 PPP 模式运作的基础设施项目的服务对象是社会大众和政府，因此在项目运营期内，SPC 应尽量满足使用者的需求，确保公共产品的服务质量。

（3）银行和金融机构。

在 PPP 模式下，向项目提供贷款的银行主要是国际金融机构、商业银行、信托投资机构等，其中政府的出口信贷机构和世界银行或地区性开发银行的政策贷款起着很重要的作用。银行和金融机构在项目中的主要职能是为项目的顺利实施提供资金支持和信用保证。

① 资金支持。

在项目的融资结构中，来自银行和金融机构的贷款和债券资金是项目顺利运作的重要保证。在 PPP 项目的资金中，来自私人或私人实体，以及政府的直接投资占的比例通常比较小，大部分的资金来自银行和金融机构，且贷款期限较长。一般情况下，由于这类基础设施项目投资额巨大，项目贷款的回收依赖于项目的长期成功运营，贷款风险很大，因此除了一般性商业银行，来自世界银行、亚洲开发银行这样的国际金融机构的资金支持也是项目成功融资的关键。

② 信用保证。

SPC 的参与者众多，这些参与者的信誉、技术能力、经济实力和履约表现直接关系到项目最后的成败。为了保证项目贷款的顺利回收，贷款人通常要求 SPC 或其参与者提供由其他银行或信誉较好的企业提供的履约保函或担保函，从而避免或减少由于开发或运营不善带来的损失。同时，贷款人为了保证贷款的安全性，通常要求 SPC 质押他们在银行的账户，如基本账户、营业收入账户、分红账户、还款账户等。这些账户必须设立在贷款人同意的银行，并由银行按贷款人的指令对账户进行控制。

此外，国家开发银行作为中国最大的政策性银行，可以在项目与政府之间起到其他商业银行不能替代的作用。开发银行可以充分发挥自身的优势，担当项目的融资顾问，也可以与其他银行合作共同为项目提供贷款支持。

（4）咨询公司。

以 PPP 模式运作的基础设施项目参与者众多、资金结构复杂、项目开发周期较长、风险较大，比传统的融资项目要复杂得多，因此在项目的全寿命期内都需要咨询公司（包括管理公司、顾问公司）的介入，指导项目的运作。咨询公司在项目中的主要职能如下：

① 为 SPC 提供政策咨询。

由于项目的运作涉及国家的产业政策、行业政策、税收、金融等各方面的政策，咨询公司可以帮助 SPC 了解这些政策，并按照政策的要求设计项目框架，规避项目的政策风险。

② 协助确定融资方案。

合理的融资方案是项目成功的重要因素。咨询公司可以充分发挥自身的专业优势，依据其掌握的市场信息和融资经验，帮助 SPC 设计适合项目特点的最佳的融资计划，确定合理的融资结构。

③ 协助制定风险管理方案。

在 PPP 模式下，项目面临的风险众多，咨询公司能够对项目全生命期内风险做出较为准确专业的判断，制定合理的风险分配方案，使项目的风险管理合理有效。

④ 协助选择合作伙伴。

项目的建设需要有众多的合作伙伴参与，包括设计单位、建设单位、监理单位等，咨询公司可以协助 SPC 选择信誉卓越、技术精专的合作伙伴，协助进行工程的合理安排，有效控制工程的进度、成本和质量。

此外，财务顾问可以为 SPC 提供长期的市场分析和预测，设计规避市场风险的有效方案。项目开发运营过程中的相关报告、文件以及会议等也都在咨询公司的协助下完成。

（5）用户。

基础设施项目的用户是社会大众和政府，用户的付费是项目收益的主要来源。在 PPP 模式下，用户在项目中享受的是有偿服务，其付费方式根据项目类型不同而有所区别。对于政府购入型项目，用户通常以税收形式付费；对于独立运营型项目，用户根据其享受的服务时间或数量直接向 SPC 交费。此外，在项目运作过程中，社会大众还可以对项目的服务质量进行监督，提出项目服务的新要求，并及时向有关部门反映，确保基础设施服务的质量。除了上述的利害关系者以外，设计单位、保险公司、运营公司、建设单位、材料供应商等也都在

PPP 模式运作过程中发挥着重要的作用，它们与 SPC 和各合作方的协调和密切配合是项目成功的重要因素。

2. 高速公路 PPP 项目的运作流程

一个完整的以 PPP 模式运作的高速公路项目可以划分为前期分析、确定 SPC、开发运营和转移中止四个阶段，如图 1-5 所示。

阶 段	流 程	政府职责	SPC职责
前期分析	项目选择 → 可行性分析	(1)项目确定； (2)对项目的民营化进行可行性分析	
确定SPC	招标 → 投标 → SPC初选 → 谈判、签约 → SPC正式注册	(1)制定发布招标文件； (2)对投标书进行评估； (3)SPC初选； (4)与SPC谈判、签订PPP协议	(1)筹备成立SPC； (2)组织进行项目的可行性研究； (3)与相关单位达成合作意向； (4)投标； (5)与政府谈判签约； (6)注册成立
开发运营	项目开发 → 项目运营	监督、支持	(1)与合作单位签订正式合同； (2)组织项目开发； (3)组织项目运营
转移终止	项目移交 → SPC清算	(1)接管基础设施； (2)自己运营或重新寻找运营商	(1)项目移交政府； (2)SPC清算解散或寻找参与新的项目

图 1-5　高速公路 PPP 项目运作流程

（1）前期分析。

在 PPP 模式中，项目的前期分析包括项目选择和可行性研究两个部分。

① 项目选择。

确定待开发的项目是项目开发的第一步，选定的待开发项目通常是政府前期规划的尚未开发的项目，或者根据实际情况的需要，由政府临时确定的项目。

② 可行性研究。

与其他项目不同，以 PPP 模式运作的项目的可行性研究的内容不仅包括对项目进行市场、技术、经济等方面的评价，还要对项目民营化的可行性进行评估，包括对民间资本的吸引力、民间资本的实力和风险承受能力等方面进行综合评价。在确认可行以后，政府开始组织招标。

（2）确定 SPC。

SPC 的选择是项目运作的重要内容，通常通过公开招标来确定。SPC 从发起到成功注册通常要经过招标、投标、SPC 初选、谈判、签约等环节。

① 招标。

以 PPP 模式运作的项目通常通过招标确定 SPC。在招标以前，政府必须制作招标文件，并提供项目的详细资料，包括项目必须达到的具体标准，如项目规模、履约标准、项目收入来源等；其次，政府将向社会公布项目信息，并邀请有意向和实力雄厚的私人或私人实体参加投标。

② 投标。

根据政府公布的项目信息和招标文件，有意向的私人和私人实体开始筹备成立 SPC，并由 SPC 成员选举领导小组，负责前期的投标工作，主要包括：组织进行项目的可行性研究，并及时向成员通报可行性研究成果，组织成员进行表决；与银行和金融机构、咨询公司、保险公司、设计和建设单位等项目参与者就融资、咨询、保险、设计、建设等事项达成合作意向；项目可行并通过成员表决通过以后，组织编写标书并进行投标；如未取得成员的表决通过，则项目小组解散，前期成本由成员分摊。

③ SPC 初选。

投标完成以后，政府部门对提交的投标书进行评估，评估小组的成员包括专业部门的政府官员和技术、财务、法律等方面的专业顾问。评估内容包括项目方案、投标人的经济、技术实力，通过评估初步选出一个或几个条件较好的 SPC 作为暂定中标者。

④ 谈判及签约。

初选结束以后，政府同暂定的中标者进行谈判，谈判顺序通常从条件最好的暂定中标者开始，谈判的内容通常包括项目开发的时间、质量、提供服务的水平、风险分担、政府提供的支援以及其他与项目有关的权责问题。如果双方就谈判的内容达成一致，并签订相关的协议以后，谈判结束，政府向社会公布中标结果。如果谈判双方未能就有关内容达成一致，则该暂定中标者被淘汰，政府要从其他暂定中标者中重新选择进行谈判。

⑤ SPC 注册成立。

谈判结束宣布中标结果以后，中标的 SPC 应在一定时间内办理好公司成立的有关事宜，包括按照事先的约定出资、召开有关会议、制定公司章程、到工商税务部门注册、在银行开设账户等。SPC 正式注册以后，开始组织有关项目参与者进行项目开发。

（3）项目建设运营。

建设运营阶段包括项目建设和项目运营两个部分。

① 项目建设。

首先，SPC 与各联合单位签订正式合同，包括贷款合同、设计合同、建设合同、保险合同以及其他咨询、管理合同等；其次，SPC 组织各相关单位进行项目开发。在开发过程中，政府随时对项目开发状况进行监督，出现不符合合同的情况及时与 SPC 沟通，并确定责任主体。工程竣工通过项目验收以后，开发阶段结束，项目进入运营阶段。

② 项目运营。

项目运营将持续到特许权协议期满，在这个阶段，SPC 直接或通过与专业管理公司签订合同并由后者运营项目。在整个项目运营期间，按照协定要求对项目设施进行维护。为了确保项目的运营和维护按协定进行，贷款人、投资者、政府和居民都拥有对项目进行监督的权利。

（4）转移中止。

转移中止是项目运作的最后一个阶段，包括项目移交和 SPC 解散等内容。

① 项目移交。

特许经营期满后，SPC 要将项目的经营权向政府移交。通常情况下，项目在策划时尽量保证 SPC 在特许经营期内，项目的现金流量能够偿还项目债务并有一定利润，这样项目最后移交给政府时一般是无偿的移交或者 SPC 象征性地得到一些政府补偿。在移交时，政府应注意项目是否处于良好状态，以便保证项目的继续运营和服务提供的质量。

② SPC 的清算。

项目移交以后，SPC 的业务随之中止，因此应到有关部门办理清算事务。在有些情况下，SPC 也可以不清算，如重新对其他基础设施项目进行投标、拥有新的项目或转型经营等，但此时应接受有关部门重新进行的资格审核以及对有关的文件进行修改等。

1.3　依托工程——香丽高速公路简介

1.3.1　香丽高速公路工程简况

1. 总体概况

根据《国家公路网规划（2013 年—2030 年）》和云南省干线公路网布局方案，香格里拉至丽江高速公路是国家高速公网北京至西藏高速的西宁—丽江联络线（G0613）的重要组成路段，本项目公路向南经大丽高速与国高网 G56 杭瑞高速相接，形成以滇西北地区的主骨架布局，后期高速公路向北经迪庆州通往西藏、青海、甘肃、四川等省区，进而连通新疆、内蒙古等地，是进出西藏的主要通道之一。本项目是云南省干线公路“9210”骨架网中昆明至德钦公路的重要组成部分，也是迪庆州与省会昆明联系的快捷公路通道。本项目的建设，对于完善国家、区域和云南省高速公路网，改善区域交通出行条件，加强滇西北旅游资源的联动开发和构筑滇川藏“大香格里拉”旅游圈，促进区域经济社会发展，加强民族团结，增强国防交通保障能力，推动云南省涉藏州县实现跨越式发展和同步建成小康社会目标等均有重要意义。

本项目线路全长 140.305 km，其中主线长 124.55 km，香格里拉连接线长 15.755 km，主线新建 118.013 km，利用大丽高速松园桥连接线 6.537 km。主线设计速度为 80 km/h，路基宽度为 24.5 m。主线上共有（含互通式立交区主线桥梁）桥梁 141 座、隧道 26 座，互通式立交 5 处，互通立交连接线约 13 km（采用二级公路标准建设），服务区 3 处，停车区 1 处，共设收费站 6 处（1 处主线收费站，5 处匝道收费站），管理中心 1 处。项目起点位于香格里拉城区以南益松村，止于大丽高速白汉场，批复的初步设计概算 210.83 亿元。

2. 主要技术标准

全线采用双向四车道高速公路标准建设，设计速度 80 km/h，路基宽 24.5 m，改扩建路段利用现有公路作为一幅，路基宽度维持 12 m，新建一幅路基宽度采用 12.25 m。桥涵设计汽车荷载等级采用公路-I 级，如表 1-2 所示。其他技术指标应符合原交通部颁发的《公路工程技术标准》的规定。

表 1-2　香丽高速公路主要技术指标

序号	技术指标名称	单位	主线			香格里拉连接线	
			规范值	采用值		规范值	采用值
				新建路段	起点利用段		
1	公路等级		高速公路			一级公路	
2	设计速度	km/h	80				
3	停车视距	m	110				
4	超车视距	m	550				
5	一般最小半径	m	400	533.893	715	400	100
6	不设超高最小半径	m	2 500				
7	最大纵坡	%	5	3.8	6	5	1.0
8	凸形一般最小竖曲线半径	m	4 500	10 454.348	8 000	4 500	35 000
9	凹形一般最小竖曲线半径	m	3 000	6 600	10 000	3 000	35 000
10	整体式路基宽度	m	24.5		—	24.5	
11	分离式路基宽度	m	2×12.25		12+12.25	2×12.25	
12	行车道宽度	m	4×3.75				
13	桥涵设计车辆荷载		公路-Ⅰ级				
14	设计洪水频率		特大桥 1/300；大、中桥、路基、涵洞：1/100				

3. 主要工程规模

主要工程规模如表 1-3 所示。

表 1-3　主要工程规模

序号	指标	单位	主线	立交连接线	香格里拉连接线
1	路线长度	km	124.55	18.46	15.76
2	占用土地	亩	8 099.84	694.93	1 009.22
3	拆迁建筑	m^2	20 651.33	15 582.92	6 201
4	路基土石方	1 000 m^3	15 011.07	899.66	1 072.64
5	边坡防护	1 000 m^2	1 222.49	964.65	53.96
6	路基防护及排水	1 000 m^3	435.25	18.35	31.72
7	路面	1 000 m^2	1 097.92	111.29	333.26
8	特大桥	m/座	2 106/2	0/0	—
9	大桥	m/座	27 661.91/111	1 508.64/8	906/1
10	中桥	m/座	1 308.16/27	330.4/5	—
11	小桥	m/座	22.04/1	52.08/2	—
12	涵洞	道	51	20	45
13	特长隧道	m/座	3 032.30/1	—	—

续表

序号	指标	单位	主线	立交连接线	香格里拉连接线
14	长隧道	m/座	27 099.26/14	—	—
15	中隧道	m/座	5 425.5/6	—	—
16	短隧道	m/座	1 035/3	—	—
17	互通式立交	处	7	—	—
18	分离式立交	处	5（公）+2（铁）	—	—
19	通道	处	91	—	—
20	天桥	座	14	—	7
21	服务区	处	3	—	—
22	停车区	处	1	—	—

注：1 亩≈666.67 平方米。

1.3.2 工程特点分析

1. 控制性工程

控制性工程主要包括“六桥六隧”，分别为虎跳峡金沙江特大桥（长 1 017 m 悬索桥）、古那湾大桥（单跨 130 m 连续刚构）、洼里别大桥（单跨 150 m 连续刚构）、上补洛大桥（单跨 150 m 连续刚构）、上元 1#大桥（单跨 130 m 连续刚构）、岩羊 1#大桥（单跨 130 m 连续刚构）、上长坪隧道（2 810 m）、开达古隧道（3 035 m）、白岩子隧道（2 523 m）、海巴洛隧道（2 325 m）、元宝山隧道（2 800 m）、小中甸隧道（2 320 m）。其中，虎跳峡金沙江大桥为特殊控制性工程。

虎跳峡金沙江特大桥全长 1 017 m，桥跨布置为 766 m 悬索桥+6×41.5 m 钢混组合梁+5 m 桥台，桥面为双向四车道，虎跳峡金沙江特大桥桥型布置如图 1-6 所示。

图 1-6 虎跳峡金沙江特大桥总体布置

虎跳峡金沙江特大桥主桥为独塔单跨钢桁梁悬索桥，主缆分跨为 766+160 m，矢跨比 1/10，主缆横向布置 2 根，主缆横桥向中心间距为 24.5 m，吊索顺桥向标准间距为 11.5 m，主跨节段划分为 13.5 m+57×11.5 m+13.5 m，钢桁梁梁高 6.615 m，梁宽 26 m，索塔为钢筋混凝土门型塔，高塔柱塔高 162.5 m（矮塔柱塔高 146.5 m），上、下共设置两道预应力混凝土等高度箱型横梁，塔基础为承台加桩基结构（桩径 2.5 m，桩长 60 m），香格里拉岸采用隧道锚形式，丽江岸采用重力式锚形式。

该区域地形艰险、地质复杂，通过认真研究分析，为了虎跳峡区域经济的可持续发展，采用了地下互通的形式（见图 1-7），这在高速公路建设中尚属首次。

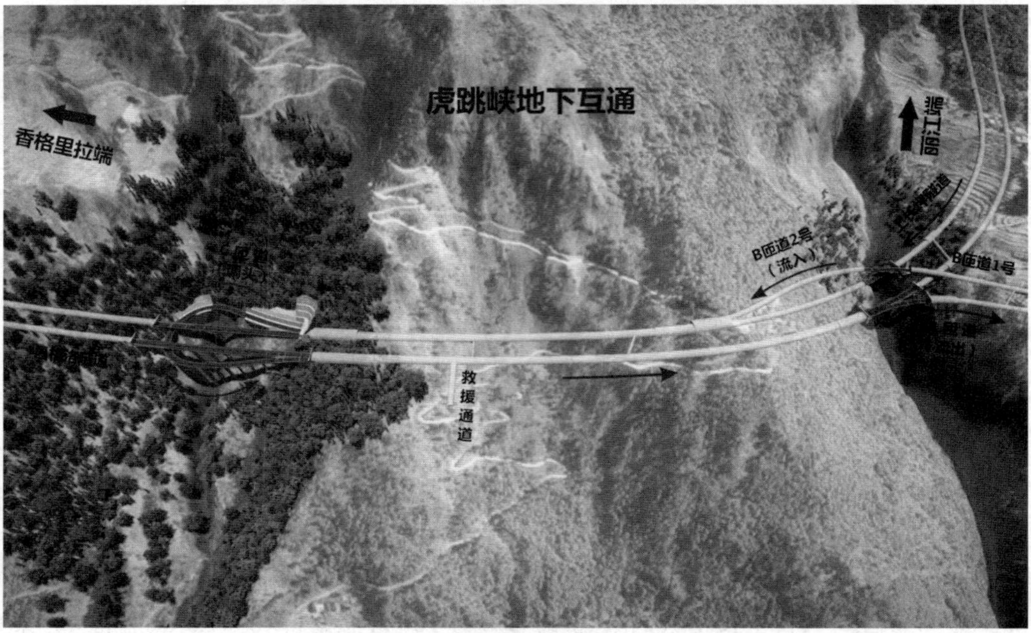

图 1-7　虎跳峡地下互通立交平面图

香丽高速五座连续刚构桥均位于桥隧相连的深谷当中，施工场地受隧道施工及陡峭山势的制约，施工组织难度极大。以上桥梁主墩均为双肢薄壁墩，墩柱高度高，拟采用液压爬模施工工艺，混凝土浇筑、墩柱测量放样工作都需要严格把控；桥梁上部结构采用挂篮悬臂施工工艺，施工用混凝土采用集中拌和后运送至现场进行泵送的方式进行，施工过程中对挂篮模板的调整及各锚固点的检查、三向预应力施工、混凝土浇筑等过程都需要严格把关；边跨现浇段及合龙段的施工工作也是全桥施工的关键，边跨现浇段施工采用支架法施工，全桥合龙意味着桥梁体系的转换，是刚构桥施工的关键所在，对施工技术提出了较高的要求。

小中甸隧道、元宝山隧道、海巴洛隧道、昌格洛隧道、上长坪隧道、开达古隧道均为长度 2 000 m 以上的长隧道。这些隧道的地质条件均非常复杂，施工场地非常狭窄，运输条件非常恶劣；隧道结构形式复杂，包含了分离式隧道、小间距隧道、连拱隧道等结构形式，施工要求高，施工难度极大。

2. 工程重点与特点分析

香丽高速公路的难点及特点可以归结为“三高”（高海拔、高差大、高地震烈度），“二复杂”（地形复杂、地质复杂），“一脆弱”（生态环境脆弱），“一艰巨”（工程极为艰巨）。

香丽高速公路处于高烈度地震区，海拔较高（最高点为 3 323 m），高差较大（2 033~3 323 m），地形陡峭，施工便道难以展线，运输条件十分恶劣，行车极为困难。如图 1-8、图 1-9 所示。

（a）　　（b）

图 1-8　香丽高速公路复杂的地形条件

（a）　　（b）

图 1-9　香丽高速公路恶劣的运输条件

该地区地质条件复杂，软弱围岩分布范围广，隧道施工过程中出现坍方、涌水现象，施工危险系数大；部分标段分布季节性冻土，处理困难。如图 1-10 所示。

（a）

（b）

图 1-10　隧道地质条件复杂

香丽高速沿线早晚温差大，生态环境脆弱；夏季雨水充沛，道路泥泞，运输困难，且极易引发各种地质灾害；冬季严寒冰冻，有效施工期短，导致施工效率降低。如图 1-11 所示。

（a）

（b）

图 1-11　沿线气候条件恶劣

1.3.3　项目施工条件

1. 自然条件

区内地貌主要为构造侵蚀、剥蚀高中山地貌与构造侵蚀、溶蚀高中山地貌。路线通过范围内以构造侵蚀、剥蚀中山地貌、盆地为主。本项目地处云南省西北部、青藏高原南东延横断山脉的中段，路线通过范围内以构造剥蚀中山、高中山、构造侵蚀高山地貌为主，地势总体北西高南东低，山川并列。

2. 工程地质与气象水文

（1）工程地质条件。

沿线地质条件复杂，多种不利地质情况对工程影响较大，施工过程中应认真做好不良地质情况下的工程施工方案。

（2）气象水文条件。

本项目水系属于长江水系，主要河流有金沙江、冲江河、白水河等，金沙江两岸大小支脉水系较多，多成树枝状发育分布，农田灌溉沟渠较多；路线附近有水库、池塘等众多地表水体，远处有拉市海、文海、纳帕海等天然湖泊。总体上地表水较充沛。由于大气降水较丰富，地质断层十分发育，地表水比较充分，公路沿线地下水总体上较丰富，但是地下水位深度随着地势变化较大。本项目属于高山地区，地势相对高差大，气候的垂直变化极为明显，属于温带和寒温带季风气候，具有季节变化不明显、年温差小、日温差大、干湿季明显等特点。对本项目影响较大的气象灾害是道路积冰、积雪、山区低云或雾，路线应注意气象选线原则，以减少气象灾害的影响。

（3）地震特征。

全线大部地震基本烈度为Ⅷ度。其中，K0+000 ~ K15+000 地震动峰值加速度为 0.30*g*，K15+000 ~ K76+000 地震动峰值加速度为 0.20*g*，K76+000 至止点及香格里拉连接线地震动峰值加速度为 0.15*g*，属于高烈度地震区，桥梁、隧道等构造物应按规定进行抗震设防。

（4）交通条件。

本项目区域内主要道路包括昆明至大理高速公路、大理至丽江公路、214 国道及 28 条进场道路，进场道路前期由省公路局招标修建了部分，但由于地质条件差、地形艰险等原因，目前未完工，进场道路后续工作由总承包单位继续修建，全部材料通过进场道路均可通过汽车运达施工现场。

（5）用水、用电条件。

用水条件：生活用水采用原有当地居民水池供水，工程用水从沿线河流、池塘供水。

用电条件：施工用电采用专线，由建设单位架设施工用电专线，总承包单位架设支线连接到施工点。同时，为确保施工的连续性，防止意外停电，每个大型施工用电点各设置 2 台内燃柴油发电机。

（6）材料供应。

全线拟布置 30 个石料场，分别位于土建和路面施工段落内，方便施工，节约投资。

沿线路段通过进场道路连接到 214 国道或地方道路，道路地质条件复杂、等级低、路况差，经过对沿线道路进行修缮后，可满足机具设备和生产生活物资的运输。

2 高速公路PPP项目的总承包管理模式

2.1 基于交易成本理论的PPP项目总承包管理模式优点分析

2.1.1 交易成本理论的基本框架

1. 交易成本的概念

交易成本理论是由诺贝尔经济学奖得主科斯（R. H. Coase）提出，交易成本理论的根本论点在于对企业的本质加以解释。由于经济体系中企业的专业分工与市场价格机能的运作，产生了专业分工的现象。但是使用市场的价格机能的成本相对偏高，而形成企业机制，它是人类追求经济效率所形成的组织体。

2. 交易成本分类

由于交易成本泛指所有为促成交易发生而形成的成本，因此很难进行明确的界定与列举，不同的交易往往就涉及不同种类的交易成本。总体而言，简单的分类可将交易成本区分为以下几项：

（1）搜寻成本：商品信息与交易对象信息的搜集。

（2）信息成本：取得交易对象信息与和交易对象进行信息交换所需的成本。

（3）议价成本：针对契约、价格、品质讨价还价的成本。

（4）决策成本：进行相关决策与签订契约所需的内部成本。

（5）监督成本：监督交易对象是否依照契约内容进行交易的成本，例如追踪产品、监督、验货等。

（6）违约成本：违约时所需付出的事后成本。

威廉姆森（Williamson）进一步将交易成本加以整理区分为事前与事后两大类。事前的交易成本：签约、谈判、保障契约等成本。事后的交易成本：契约不能适应所导致的成本；讨价还价的成本（指两方调整适应不良的谈判成本）；建构及营运的成本；为解决双方的纠纷与争执而必须设置的相关成本；约束成本（为取信于对方所需之成本）。达尔曼（Dahlman）则将交易活动的内容加以类别化处理，认为交易成本包含：搜寻信息的成本、协商与决策成本、契约成本、监督成本、执行成本与转换成本，说明了交易成本的形态及基本内涵。简言之，所谓交易成本就是指当交易行为发生时，所随同产生的信息搜寻、条件谈判与交易实施等各项成本。

3. 交易成本产生的原因

交易成本发生的原因，来自人性因素与交易环境因素交互影响下所产生的市场失灵现象，造成交易困难所致。威廉姆森指出六项交易成本的来源如下：

（1）有限理性（Bounded Rationality）：指参与交易进行的人，因为身心、智能、情绪等限制，在追求效益极大化时所产生的限制约束。

（2）投机主义（Opportunism）：指参与交易进行的各方，为寻求自我利益而采取的欺诈手法，同时增加彼此的不信任与怀疑，因而导致交易过程监督成本的增加而降低经济效率。

（3）不确定性与复杂性（Uncertainty and Complexity）：由于环境因素中充满不可预期性和各种变化，交易双方均将未来的不确定性及复杂性纳入契约中，使得交易过程增加不少订立契约时的议价成本，并使交易困难度上升。

（4）专用性投资（Specific investment）：某些交易过程过于专属性（Proprietary），或因为异质性（Idiosyncratic）信息与资源无法流通，使得交易对象减少及造成市场被少数人把持，使得市场运作失灵。

（5）信息不对称（Information Asymmetric）：因为环境的不确定性和自利行为产生的机会主义，交易双方往往握有不同程度的信息，使得市场的先占者（First Mover）拥有较多的有利信息而获益，并形成少数交易。

（6）气氛（Atmosphere）：指交易双方若互不信任，且又处于对立立场，无法营造一个令人满意的交易关系，将使得交易过程过于重视形式，徒增不必要的交易困难及成本。

2.1.2 高速公路建设项目的交易成本分析

如图 2-1 所示，根据威廉姆森的交易成本经济学，对高速公路项目交易的固有属性和人为属性两个角度进行分析，总结出高速公路项目交易性质的具体内容。

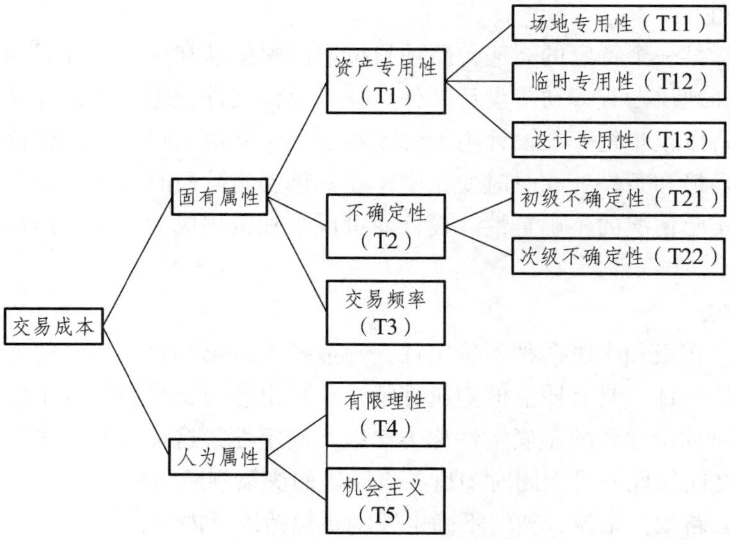

图 2-1　交易成本影响因素

1. 高速公路建设项目交易的固有属性

（1）资产专用性。

资产专用性是指在不牺牲其生产价值的前提下，某项资产能够被重新配置于其他替代用途的程度。也就是说，当资产被用于其他方面时，资产专用性越大，其给资产所有者带来的损失程度越大，反之越小。它是形成交易成本的主要原因之一。在高速公路项目中，资产专用性主要有场地专用性、临时工程专用性以及设计专用性等几种形式。

① 场地专用性。

场地专用性受高速公路项目建设的地址固定性所决定。一般情况下，业主完成项目建设用地许可，启动征地拆迁取得项目建设用地使用权后，除非重大工程地质条件变化，否则不可变更，这形成了场地的专用性。业主不可能改变高速公路建设用地范围，而承包商可以随时撤出，也可能就此坐地起价。

② 临时专用性。

临时专用性一方面是指为完成高速公路项目开工建设而准备的必要工作，这些工作专为某一特定的高速公路项目建设管理服务。例如驻地建设，施工临时便道、便桥、码头，施工临时用电专用供配电系统，施工现场的“三通一平”等，这类临时设施一旦投入就很难改作他用。另一方面，在工程项目中，时间常常与费用相提并论，虽然并非建设项目的独有特点，但工期在项目中显得尤为重要。主要有两个原因：第一，投资项目一般是根据市场需求或者社会效益进行预测筹建的，市场机会可能稍纵即逝，社会需求也可能是刻不容缓，所以如果这些工期指标完成不了，就会在经济效益、城市规划等方面大打折扣，产生不必要的交易成本；第二，时间就是价值。工程建设时间越长，所消耗的人力、物力也必然增加，同时还会增加业主的利息费用，所以工期的延期往往会对业主方造成巨大的费用支出。通常业主会给予建设单位一定的激励，比如工期提前完工的资金奖励、延期罚款等。但无论是工期延误本身导致的费用支出还是激励所付出的成本，我们都将其视为由于临时专用性而引发的交易成本。

③ 设计专用性。

设计专用性指某一个特定的高速公路项目按照国家标准和规范所开展的设计工作和形成的设计成果，例如地质勘查、初步设计文件、技术设计文件、施工图设计文件等。因为设计的针对性太强，所以很难把一个设计不做修改地运用于其他工程，因此设计具有很强的专用性。项目实施的环境和条件处在时时变化中，在具体实施阶段时设计方案与实际情况难免有出入。因此，因实际情况的不确定性，设计变更成本和费用成为设计专用性所引起的主要交易成本。

（2）不确定性。

不确定性分为初级和次级两种不确定性，一般把由市场和自然环境的变化所导致的不确定性称为初级不确定性，具有明显的随机性特征；把由参与交易的各方主体之间的信息不完全、不齐备、不对称所导致的不确定性称为次级不确定性，这种次级不确定性的存在决定了参与交易的主体之间彼此不可能同时知道各自做出的决策判断和计划。

对具体高速公路项目来说，初级不确定性主要包括以下内容：

① 政治因素。例如政局的不稳定性，战争状态、动乱、政变的可能性，国家政策及其稳定性经济的开放程度或排外性等。

② 法律风险。例如法律不健全，有法不依、执法不严，相关法律内容的变化，法律对项目的干预等。

③ 经济风险。例如国家宏观经济政策的调整，产业发展结构的变化，银根紧缩；项目产

品的市场需求发生变化；项目的承包市场、工程项目建设所需的人、机、料供应市场及价格变化、项目融资环境变化、外汇汇率大幅波动变化等。

④ 项目自然条件。例如项目所在地区发生地震、极端气候，工程施工中遇到重大的地质灾害和技术难题，工程项目的建设可能造成对自然环境的破坏，不良的运输条件可能造成供应的中断等。

⑤ 社会风险。包括宗教信仰的冲击和影响、社会治安的稳定、社会的禁忌、劳动者的文化素质、社会风气等。在我国高速公路建设中，最常见的是经济风险和自然条件的风险，例如金融形势变化导致融资成本上升，原材料和人工物价上涨增加工程建设成本，建设过程中发生各类滑坡、坍塌、涌突水等地质灾害。

次级不确定性主要包括以下内容：

① 承包商隐藏、伪装或者扭曲与资质、能力、施工相关的信息。

② 承包商之间、承包商与设备供应商串谋或者要挟业主。

③ 业主与承包商之间的理解、沟通等活动所引发的不确定性，如误解、分歧等。这些不确定性因素都给业主带来较高的交易成本。对这类不确定性通常有借牌投标、合谋欺诈、违约谈判与处罚等。

（3）交易频率。

建设项目交易频率是针对业主的交易活动而言的。业主和某个具体的交易对象的交易频率较低、具有偶然性，因为一个项目针对具体的单个承包商业主只需要签订一次合同，而且今后其他项目再次合作的机会很小，这是决定其交易规则形式的一个较为重要的因素。但在一个项目中，业主需要对各种不同的施工、采购、设计咨询等承包商进行招标和过程管理，因此业主在整个项目中需要发生较多次的交易。此外，项目建设过程中，常常发生设计变更，业主需要与设计方、施工方进行沟通，审查变更方案等，为变更支付新增投资，设计变更这也是一种交易。可以看出，在项目建设过程中业主所发生的交易频率也是相当可观的，这些交易越多，业主所付出的人力、物力、财力越大，由此引发的交易成本应当值得业主的重视，也是项目管理模式需要精简和优化的一部分。

2. 高速公路建设项目交易的人为属性

（1）有限理性。

有限理性是指人们在主观上追求理性，但客观上却只能有限做到的一种行为特征。在现实经济生活中，人们为弥补个人在外界事物不确定、复杂性时的理性不足等所付出的各种形式成本即为交易成本。具体地说，在高速公路项目建设过程中，由于决策者的有限理性，很难在信息有限的情况下对现场的情况进行最有效的管理和指挥，并且决策需要时间和空间，所以也会给业主带来额外沟通、协调的交易成本。这种有限理性贯穿于整个项目周期，会给业主带来各种各样形式的交易成本。例如业主在施工招标中的上限价编制与合同价款调整的约定，受制于对未来建设真实成本的有限判定，业主往往在招标阶段发布一个较低的投标上限价，然后依据建设过程中的具体情况按照约定的工作程序进行合同价款调整，这不仅增加了交易成本，还增加了整个项目的投资控制难度。

（2）机会主义。

机会主义被认为是交易成本产生的一个基本前提，或是一个核心因素。机会主义行为增加了市场交易的复杂性，不仅增加交易成本，影响市场效率，而且破坏市场秩序。在高速公路项目建设当中，涉及业主、施工单位、设计单位、供应商、分包商等各参建方，因此各方的博弈是相当复杂的，都存在着机会主义倾向。例如投标人为中标采取的低价恶意抢标、伪造虚假业绩证明、围标串标等行为；在施工过程中承包商希望通过设计变更中业主追加投资，以便自身获取更多的利益；施工单位降低工程质量来节约投资费用，给业主后期运营带来困难。这些都是由于无法有效遏制机会主义造成的成本。

综上所述，在高速公路项目建设中，人为因素中的有限理性和机会主义是交易成本存在的前提，而交易的三个固有属性是直接引发交易成本的重要因素。一个高速公路项目建设管理主体关系错综复杂，交易多种多样，交易成本无处不在。

3. 高速公路项目中的交易成本

由于高速公路建设项目周期一般很长，涉及的交易成本复杂多样，所以本书根据高速公路项目的价值链将项目生命周期分成筹建准备、设计阶段、施工阶段、验收阶段、营运阶段等五个阶段，并逐一分析在不同交易因素的作用下每个阶段产生的交易成本，如图 2-2 所示。

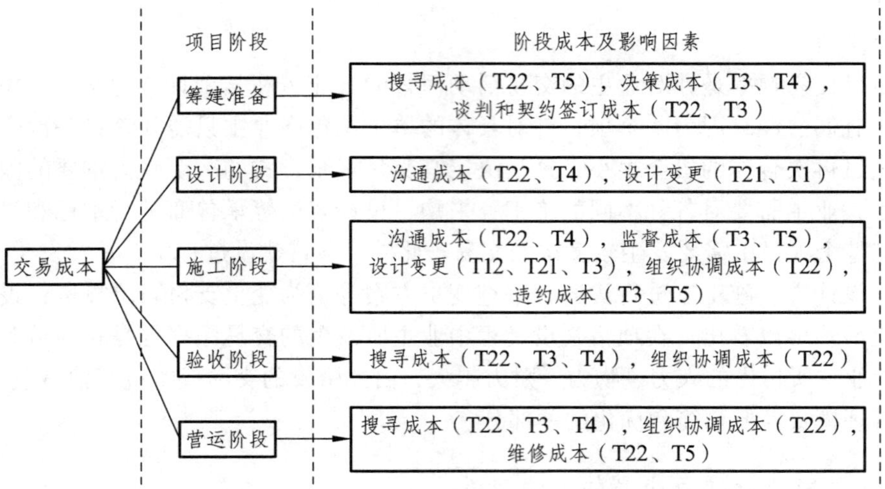

图 2-2　高速公路项目不同阶段的交易成本

（1）筹建准备阶段的交易成本。

筹建准备阶段的交易成本主要包括搜寻成本、决策成本、谈判和契约签订的成本等。

① 搜寻成本。根据高速公路建设项目基本建设程序和具体管理要求，项目业主作为项目法人需要在不同的项目管理阶段对项目咨询、设计、施工、采购、监理等进行招标或者要约来选定具体的实施主体单位。通常会对实施主体的资质、商业信誉、业务水平、技术优势、业绩等基本情况和信息进行收集和甄别。因此要涉及信息的“搜寻成本”，虽然不可能全面详尽地搜集到所有需要的信息资料，但为了减少因各方信息带来的不确定性，业主方须获得更多的信息以便能够筛选出符合要求有利于项目开展的实施主体，因此搜寻成本是在所难免的。

② 决策成本。在招标或要约阶段，项目业主如何在众多的投标人中选哪一家是一个关键性问题。业主往往会依据所搜寻到的信息对各个实施主体进行评估和研究，以此决定选择符

合业主管理要求的单位。具体地说，业主需要依据实施主体的投标价格、方案设计、履约能力以及过往表现来综合分析、评价，选出最适合的一家。这个过程中业主需要组织专门的工作机构和工作人员，还需组织专家对投标文件进行评价打分，帮助业主做出决策，以此来消除自身专业不足带来的有限理性的问题。这也会付出一定的人力、物力、财力，这会造成业主的交易成本。

③ 谈判和契约签订成本。不管是在谈判阶段还是在签订合同阶段，业主方与实施方对对方的行为和未来的项目实施情况都存在不确定性，因而会通过不断的谈判和澄清去减少不确定性，但这会带来较大的交易成本。此外，就合同条款进行谈判还会产生讨价还价成本。在实际签订合同时，虽然可以套用现成的合同通用文本，但每个高速公路项目都具有其独特的特点，因此还通常需要进行专用合同谈判。对专用合同条款，特别是一些关键性的专用条款在最终签约前需要交易双方多次谈判方能达成一致。在此过程中，交易双方的每一次谈判都要支付一定的组织准备费用、相关人员的工资及技术咨询服务费等，这些过程都会导致缔约成本的增加。

（2）设计阶段的交易成本。

设计阶段是一个承前启后的阶段，此阶段设计方案的优化与否直接关系到整个项目的完成质量与造价。据统计，在设计阶段，一个项目造价80%的确定、生产率70%~80%的确定，40%的工程质量问题与设计有关，此阶段涉及的交易成本相当可观。设计阶段的交易成本主要是项目业主在设计和施工之间协调的沟通成本。

沟通成本，包括项目业主与设计单位、设计单位与施工单位、设计单位和监理单位之间的沟通所发生的一系列成本。项目业主通过沟通传达项目设计的功能和造价需求，施工和监理单位通过沟通了解设计的目的和内涵，设计单位也通过沟通更加针对性地根据现场的情况来设计。设计过程中的“沟通成本”是设计方与项目业主、监理工程师、设备供应商、施工方等在设计过程中沟通所产生的交易成本，包括往来信件、邮件、专题会议、出差考察等费用。

在与设计相关的沟通过程中，一方面，项目业主自身是有“有限理性”的，在项目设计过程中只具备有限的设计工作信息处理能力和设计工作处理能力，在项目设计过程中有信息和设计能力优势的一方往往会出现机会主义行为。为最大程度地防止此种情况发生，在涉及每一项具体设计工作时，事前对这项工作的沟通和收集信息是必要的，由此产生的交易成本也是必要的。另一方面，如果各沟通主体之间存在工作上的误解，解决这种误解存在沟通障碍，那么设计协调组织就不能作为一个整体有效运作，会使各方的行为不确定性增加，造成设计工作的效率低下，交易成本也就相应增加了。

此外，设计变更也是设计阶段发生交易成本的主要问题之一。它主要由设计本身的专用性和环境不断变化的不确定性共同造成的。前者主要是设计一经使用就不再变更，一个项目一套设计方案和施工图，施工、采购以及后续的养护都要根据设计来安排，这使得设计具有很强的专用性。由于环境的不确定性因素，一旦项目的实施环境或者项目本身发生变化，必然需要设计变更，这需要经过相当复杂的变更流程。因此，设计变更不仅带来了较高的成本也可能延误了工期。

不同项目管理模式的设计组织和沟通方式是不尽相同的，这也决定了沟通的效率和由此而带来的交易成本会不同。也就是说，不同的管理模式其交易成本也不尽相同。

（3）施工阶段的交易成本。

项目工程施工阶段是将项目设计意图转化为工程项目实体的阶段，也即把项目的工程技术图纸变化为工程实体。这一阶段的交易成本主要来源于工程项目的施工组织与管理。如果工程项目的施工组织与管理既科学又合理，那么这个阶段不仅可以节约大量的交易成本，而且会促进项目实现整体的管理目标，是项目能否高效完成的关键。在这个阶段，交易成本主要包括沟通成本、监督成本、组织协调成本、变更成本、违约成本等。

① 沟通成本。在施工阶段，项目的参建单位会面对因项目建设而带来的诸多问题，例如征地拆迁、环境保护、地质变化带来的复杂设计变更、安全生产事故调查与处理等。为规避基于业主专业性不足带来的有限理性，在处理各种摩擦及问题时，沟通成本是不可避免的。此外，一旦沟通发生障碍，将会带来各方主体的行为不确定性，并会引发工程项目合同履行过程中的很多问题，进而增加相应的交易成本。

② 监督成本。项目业主在与各实施主体签订合同后，为保障合同执行，防止信息不对称带来的道德风险，往往会对合同执行情况采用监督措施，或在合同中约定较为严格的约束条款（比如工程施工偷工减料的处罚条款），这些均要发生交易成本。例如，桥梁隧道施工引入的专项施工监控，在施工和监理之外的引入第三方的质量检测，设备材料采购采取的工厂检验和出厂、运输，直至到达施工现场的全过程监控等，这些行为均会带来交易成本增加。

③ 组织协调成本。各实施主体自身的组织形式多种多样，不同的组织形式或者结构会影响到施工的效率以及质量，不当的组织形式会给项目业主带来不必要的损失，可能延误工期等。因此，各实施主体的组织协调也至关重要，并且影响着项目的交易费用。

④ 变更成本。这是由不确定性引起的成本，由于对实际情况的预测不可能准确，所以在施工中难免会发生变更，引起交易成本增加。很多施工单位也会故意夸大实际和计划的差异，以试图说服项目业主变更方案，以从中获取利益，导致项目业主受损。为规范变更管理行为，交通行业主管部门颁布了变更管理办法。项目业主为进一步约束变更事项和控制项目投资也会制定更为具体的变更管理办法与流程。实际中，变更的审批流程相当复杂和冗长，每个变更往往都要经历一个月的时间甚至更长。项目业主不仅需要补偿施工单位这段时间人员闲置的人工、设备维护等费用，还延误了工程项目的时间，经济效益和社会效益都受到不良影响。所以，变更成本也是项目业主在施工阶段主要的交易成本之一。

⑤ 违约成本。由于施工单位的机会主义行为，其可能单方面违约或者不遵守合同的不规范操作，项目业主需要按项目管理流程重新进行招标、更换施工单位，无论从时间上还是费用上都大大增加。因此，项目业主的违约成本也主要由机会主义和临时专用性两方面因素产生。

（4）验收阶段的交易成本。

验收阶段的交易成本主要分为交工验收和竣工验收过程中发生的交易成本。在交工验收环节，项目业主须组成验收小组，对合同的完成情况、自检报告及相关资料、实地核查数量和检验质量，以及对各实施主体单位进行评价等工作；在竣工验收环节，项目业主需要协调完成项目的竣工决算审计、质量监督机构检验工程质量、检测实体工程质量等工作。

① 组织协调成本。在这些活动中，项目业主都需要建立各单位之间的联系，使各方能够协调一致，理解彼此的行为方式以及目的，降低各方由于信息不对称带来的不确定性，这需要付出一定的组织协调成本。

② 搜寻成本。在验收阶段，由于实际情况的不确定性和项目业主专业能力有限，为了能

够准确地评价项目的真实情况，减少不确定性对项目的影响，项目业主需要抽样检验项目标段的完成情况，并根据检验报告，请相关专家做出专业的评价，这需要付出一定的搜寻成本。

（5）营运管理阶段的交易成本。

营运管理阶段的交易成本，是指项目业主在项目投入使用后对项目进行的日常维护的成本、维修成本以及沟通成本等。这个阶段项目业主要对项目的运营负责，但项目养护或维修问题可能是建设期由设计或施工原因而产生的工程缺陷，这需要项目业主去分析讨论这些缺陷产生的具体原因及责任界定，并按照合同约定去追究责任单位的具体责任。如何协调沟通解决问题，这些都需要付出一定的交易成本。

① 搜寻成本。针对具体的维修问题，项目业主需要鉴定问题的责任单位，追究其维修的责任，但由于专业能力的限制和实际问题较为复杂，往往项目业主很难能够确认最终应由哪一家单位来负责，在此过程中项目业主需要对信息获取付出一定的搜寻成本。

② 组织协调成本。在商议问题解决方案以及实施方案时，项目业主需要做好各方维修责任单位的协调；在没有实施单位承担问题责任时，项目业主也需要组织其他施工单位来解决问题，但仍要和原施工单位协调、沟通实际问题的成因和解决方案。

③ 维修成本。由于施工单位、设计单位或者材料供应单位在专业上具有信息优势，可能在与项目业主合作中存在机会主义行为，如偷工减料、以次充好等，在运营期项目业主可能已无法确认问题的责任方，就只能支付相关的维修费用，这部分不必要的维修成本也是交易成本的一部分。

2.1.3 高速公路 PPP 项目总承包管理模式下的交易成本分析

由于高速公路建设项目具有较高的资产专用性，项目建设具有高度的不确定性，参建各方之间的信息高度不对称，交易频率较低，参建各方存在机会主义行为，导致在传统的管理模式下，高速公路建设过程中产生了大量的交易成本。这些交易成本主要来源于业主方与施工方、业主方与设计方、业主方与材料设备供应方之间的搜寻成本、签约成本、协调成本、监督成本、履约担保成本、违约成本、变更成本等。在传统的建设管理模式下，业主方、施工方、设计方、材料设备供应方之间主要依靠合同来保证交易的进行，市场机制是高速公路建设项目的主要组织治理机制。契约治理机制虽然便于项目灵活配置资源，但由于高速公路建设的复杂性导致交易双方之间的契约不可能完全，契约的不完全性进一步提高了高速建设管理过程中的交易成本。

具备高速公路施工总承包资质的建筑企业承揽高速公路 PPP 项目，在降低高速公路建设项目交易成本方面具有显著的优势。建筑企业承建高速公路 PPP 项目后，业主方与施工方、业主方与材料设备供应方之间的关系由传统的企业间的合同关系转变为集团内部子公司、事业部之间的合作关系，这种转变首先导致项目治理机制发生变化。在传统的项目管理模式下，业主方与施工方、业主方与材料设备供应方之间主要依靠合同作为双方合作的依据；而建筑企业集团控制的 PPP 项目中，业主方与施工方、业主方与材料设备供应方之间由传统的市场关系转变为集团内部子公司、事业部之间的协作关系，在这种模式下项目的运行不仅依靠契约治理，关系治理、权威治理等治理机制也会发挥重要的作用，比如当项目运行过程中参加各方之间遇到协调困难时，可以依靠集团高层领导的裁决迅速解决矛盾，即通过权威治理达到迅速解决问题的目的。治理机制的变化也导致项目的交易成本产生了重大转变。两种管理模式下的交易特征与交易成本对比如表 2-1、表 2-2 所示。

表 2-1　两种管理模式的交易特征比较

交易特征		传统项目管理模式	PPP 项目总承包管理模式
资产专用性		高	高
不确定性	项目不确定性	高	高
	参建方行为不确定性	高	低
交易频率		低	高
有限理性		高	低
利益一致性	短期利益	低	低
	长期利益	低	高
信息不对称		高	低
机会主义行为		高	低

表 2-2　两种管理模式的交易成本比较

交易特征		传统项目管理模式	PPP 项目总承包管理模式
筹备阶段交易成本	搜寻成本	高	低
	决策成本	高	低
	签约成本	高	低
设计阶段的沟通成本		高	低
施工阶段	沟通成本	高	低
	监督成本	高	低
	组织协调成本	高	低
	变更成本	高	中等
	违约成本	高	低
验收阶段	组织协调成本	高	低
	搜寻成本	高	低
运营阶段	搜寻成本	高	低
	组织协调成本	高	低
	维修成本	高	低

通过上述比较分析可知，与传统的项目管理模式相比，PPP 项目的总承包管理模式在项目运行过程中，由于其运用的项目治理机制的不同使得项目在参建方行为的不确定性、参建单位的有限理性、机会主义行为、信息不对称等不利于交易的要素得到显著改善，而交易频率、长期利益等有利于交易的要素显著增强，这些交易因素的改变使得整个建设项目的交易

成本大大降低。

由表 2-2 可知，在传统的管理模式下，业主、承包商之间的关系属于典型的市场关系，因此各方面的交易成本都比较高。与传统的项目管理模式相比，建筑企业集团控制的 PPP 项目在运行过程中，由于其运用的项目治理机制的不同使得项目在参建方行为的不确定性、参建单位的有限理性、机会主义行为、信息不对称等不利于交易的要素得到显著改善，而交易频率、长期利益等有利于交易的要素显著增强，这些交易因素的改变使得项目的搜寻成本、签约成本、信息成本、监督成本、协调成本、违约成本等交易成本都显著降低，这就使得整个建设项目的交易成本大大降低。

2.2 基于项目治理理论的 PPP 项目总承包管理模式缺点分析

2.2.1 项目治理理论概要

1. 高速公路建设项目组织治理机制的类型

建设项目组织治理方式有权威治理和契约治理两种基本形式。所谓权威治理是指企业将高速公路建设各阶段的工作全部集成在企业内部完成，通过企业内部的权威治理来实现对高速公路建设全过程的组织。而契约治理，则是指高速公路建设主导企业将主要的高速公路建设工作发包给其他企业来完成，高速公路建设主导者通过契约和市场的力量来实现对工程建设过程的组织治理。介于这两种基本的组织治理模式之间，还有一种中间性组织，即关系治理模式，高速公路建设关系治理模式的主要方式是建筑企业集团内部治理。概括而言，高速公路建设项目的组织治理方式通常包括权威治理方式、契约治理方式、关系治理方式等。

（1）权威治理方式。

当高速公路的建设主体是某一个企业时，显然企业组织有着某种战略意志，因此企业有通过纵向一体化（权威治理）的模式进行创新组织治理的倾向。早期的有关企业和市场组织的研究认为，企业自然的或有效的边界由技术确定，因此企业的边界可以被看作是给定的，即简单的建设项目可以在单个企业的内部完成，如建筑施工企业的员工宿舍的建设。科层组织内部的治理机制主要为权威治理，主要依靠高层领导的权力主导组织的运行，权威治理很直接、见效快，对于复杂问题能够达到迅速决策的目的。

（2）契约治理方式。

契约治理是指通过市场的力量来保证参与交易的每一个参与者的所有权利和责任。完善的市场生成了一些机制来应对合同双方在交易中的利益冲突问题，这些问题主要有：① 信任机制。简单说来，信任机制是指在长期的经济交往中市场交易双方彼此掌握一种双向的和自动的控制对方的能力。② 部分保险或扣押机制。在保险市场上，部分保险制度十分普遍，即当保险的损失发生时，如财产保险中被保财物失窃，由被保险人先承担一部分失窃所造成的损失，当损失达到约定水平时，才由保险公司赔付。③ 筛选和信号发送机制。这一机制是指在市场交易中，不掌握信息的一方出于自身利益的考虑，有动力搜集于己有利的信息，降低信息的不对称性。

市场的本质是提供了一个交易平台，使离散的分布于不同市场主体的创新要素，通过营销的方式产生集成和融合。市场与科层组织之间的主要不同之处在于：市场比科层组织更有效地推动激励机制和限制官僚主义；市场有时能有效地积累需求，从而实现规模经济和范围经济。

（3）关系治理方式。

关系治理机制的提出主要源于对科斯将资源配置机制划分为企业和市场的结论的争论。企业内部交易发生在契约的范围之内，同时在契约之外也不可避免地受到市场交易的深刻影响，企业所用的资源往往变成计划分配和市场交易的混合体。关系治理机制首先是由斯特恩（Stern）和里夫（Reve）提出的，这个概念最先出现在政治经济模型中，然后由斯特恩和里夫将其应用于经营领域。后来科斯认识到影响资源配置的机制除企业和市场之外，还有一种混合组织，即介于市场机制和权威治理机制之间的关系治理组织，它具有多种不同的形式，包括合资企业、特许经营、管制、各种形式的长期合同等。在其他学者的研究中，这种不同于企业和市场的混合组织及其所形成的对资源配置的调节机制被定义为中间性组织，也有人将之统称为合同模式。可以用一个数轴来表示垂直协作形式的多样化。

2. 基于交易成本的组织治理方式比较

交易成本经济学从比较制度效率的角度出发，来探究组织机制，以交易成本和生产成本的节约为标准主要为交易成本的节约来评价治理机制的效率，使得具备不同特性的交易与适当的治理方式或机制相匹配，是以一种一一甄别的方式将不同特征的交易与相宜的治理形式相匹配，目的是实现成本的节约，从而实现经济组织追求的效率目标。

三种组织治理方式的差异主要表现在以下几个方面：

（1）约法的差异。

契约治理方式、关系治理方式及权威治理方式在适用的契约法则、适应性以及管理控制与激励机制等方面都有所不同。市场模式受古典契约法支持，而中间性组织受新古典契约法的支持，一体化组织则适用隐含的自制的契约法。其中，古典契约法强调法律规则、正式的文件和自我出清，而新古典契约法则包括并不涉及所有细节的长期协定，但仲裁是必须的，即需要第三方的参与，因此这样的治理机制是三边治理。自制契约法则强调争端的内部解决，即通过调节、指令等内部方式来解决争端，而不是诉诸法律。

（2）适应性。

经济组织的主要问题是适应性，哈耶克认为市场的适应能力强，而巴纳德则将焦点集中于组织内部的适应性。哈耶克所指的适应性是自发性和自主性的合作，价格给人们提供一种信息，商品的需求和供给变化反映在价格的变化上，根据价格的变化，市场参与者能够自主地采取正确的行动以最大化他们的效用和利润。在这里将这种适应性表示为适应性（A）。对这种不会引起双边依赖的随机事件，市场的价格机制是完善的。但是在存在一种长期的双边依赖关系下，市场的自发性往往导致局部利益最大化的囚徒困境，基于自我利益的讨价还价，使双方很难适应环境的变化。这就需要求助于适应内部合作的机制，这就是巴纳德所分析的适应性，即一种有意识有目的的合作，在这里将这种适应性表示为适应性（B）。对于双边或多边依赖性的交易权威关系（命令）比自主性市场有着适应性优势。

因此，市场在适应性（A）方面有着神奇的力量，面对突发事件，价格能够提供充足的数据，单个买者和卖者能够自主地做出反应，并且个人获取净收益，每一方都有强激励去减少成本和进行有效的调整。但是当存在双边依赖关系时，正式组织更能实现合作性的调整以适应环境的变化，即企业在适应性（B）方面比市场更有优势。但是这种适应性（B）优势的获得并不是无成本的。在企业内部，部门之间容易争权夺利，相互推卸责任，将成本分摊给别的部门。企业主管可以用会计系统进行战略性的再分配，实现自己的偏好。总之，内部组织降低激励强度，增加官僚成本。

对于一个固定产出水平的一体化组织，令其固定的产出水平为 $X=\bar{X}$，对应的官僚治理成本为 $B(k)$，对应的契约治理成本为 $M(k)$，其中 k 为资产专用性指数。由于在一体化组织中，当资产专用性为零时，一体化组织的官僚治理成本高于契约治理成本，于是有 $B(0)>M(0)$。由于市场组织在适应性（B）方面处于劣势，因此可假定 $M'>B'$。令 $\Delta G=B(k)-M(k)$，则一体化组织与市场组织的关系如图 2-3 所示。

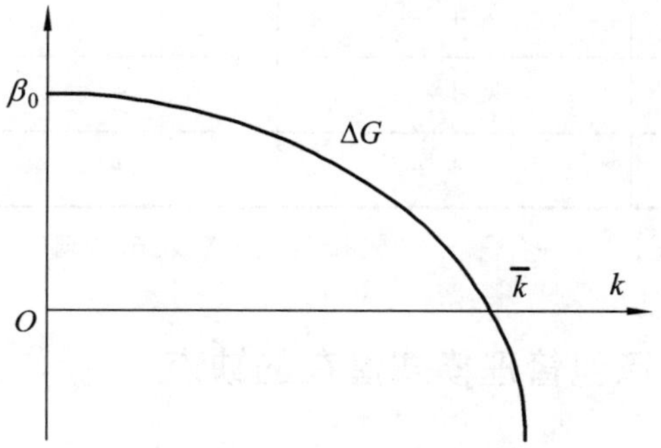

图 2-3　权威治理与市场组织治理成本比较

在资产专用性较小的地方，市场采购就是较优的供给模式，因为在这样的情况下 $\Delta G>0$，但是，在资产专用性很大的地方，内部组织的层级治理将受到青睐，因为高强度的市场激励所带来的优势并不能弥补无法对干扰进行较好的适应所带来的劣势。在 $\bar{k}$ 点处，选择一体化组织与市场组织其适应性没有区别。

（3）行政控制。

与市场相比，科层组织管理控制方面是有效率的，但激励强度较弱。从市场组织到一体组织，如图 2-3 所示，从横轴的左端向右端，一方对另一方的控制强度逐渐增加。中间性组织则体现出一种从由“看不见的手”控制的状态逐渐向层级管理过渡的状态，控制强度居于市场组织与一体化组织之间，它在激励强度、适应性和管理控制上，处于市场和企业的中间。与一体化组织相比，中间性组织保留了所有权的自主性，从而有较强的激励和能较好地适应 A 型随机事件（一方可以单方面而不需要咨询另一方实现有效的调整的随机事件）。与市场比，由于存在双边的依赖性，长期合作需要采取一系列保护措施。这些又有利于更好地实现适应性 C，但弱化了激励强度。

与中间性组织相比，一体化组织的优势在于，企业对后果严重的随机事件的调整成本较小，因为调整的提出需要较少的文件。通过命令而不是仲裁解决内部争端可以节省资源和实现较快的调整。有关的信息比较容易获得，并能够进行精确的评估。内部组织能够享受特有的激励工具，包括职业奖励、分享联合利润等。严重的随机事件靠关系治理常常导致双方关系的破裂，而在企业内部则比较容易协调。但权威治理往往导致弱的激励强度和较大的官僚成本。

总之，中间性组织具有中等强度的激励、中等程度的控制，拥有较强的两种适应性（A和B）。中间性组织在这四种属性中处于市场和层级的中间。中间性组织应用新古典契约法，不同于古典的契约法和层级制的自制契约，比古典的契约法更有弹性，比层级制更法律化，如表 2-3 所示。

表 2-3　三种组织治理方式属性区别

属性\组织治理方式	市场组织	中间性组织	一体化组织
激励强度	+ + +	+ +	+
行政控制	+	+ +	+ + +
适应性 A	+ + +	+ +	+
适应性 B	+	+ +	+ + +
法律化	+ + +	+ +	+

注：“+ + +”表示“强”，“+ +”表示“较强”，“+”表示“弱”。

2.2.2　PPP 项目总承包管理模式潜在的缺点

在 PPP 模式下，建设单位（甲方）与施工单位（乙方）之间的关系，由传统模式下的市场合作关系转化为集团内部兄弟单位之间的关系。在这种模式下，甲乙双方之间的交易成本会大大降低，但另一方面，在项目的运行过程中，由于权威治理机制、关系治理机制对契约治理机制的部分替代，使得项目的竞争机制、激励机制的正面作用被弱化，整个项目管理的正规化程度也不如传统的项目管理模式，这在一定程度上会降低各参建单位的工作积极性，在这种管理模式下，虽然项目的交易成本大大降低了，项目的运行效率也有可能相应地受到损害。

PPP 项目总承包管理模式的潜在缺点首先体现为各方的激励强度可能会削弱。在传统的市场治理模式下，各方为了争取自身利益最大化会自主地采取正确的行动以最大化他们的效用和利润；而在 PPP 模式下，如果建筑企业集团内部缺乏有效的竞争机制，而通过委派的形式直接向下属企业分配任务时，承包商的激励强度会被削弱。另一方面，在企业集团内部的组织模式下，甲方对项目的控制权被削弱，甲方的激励强度也会被削弱。

PPP 项目总承包管理模式的潜在缺点还体现在项目管理成本有可能会增加。在 PPP 模式下，参见各方之间是一种有意识、有目的的合作关系，这种合作关系相对稳定，在运行过程中的不确定性比较低，但是在集团内部，不同企业之间容易争权夺利，相互推卸责任，将成本分摊给别的企业。集团主管可以用会计系统进行战略性的再分配，实现自己的偏好。总之，内部组织降低激励强度，增加官僚成本。

2.3 香丽高速公路总承包管理的原则与目标

香丽高速公路工程项目中标后，云南省建设投资控股集团有限公司根据招投标文件、合同文本内容和有关法律、法规的要求，组织成立了云南建投香丽高速公路工程总承包项目经理部。总承包项目经理部仅作为集团内部的资源配置协调机构，不具备独立授权；受法定代表人全权授权，代表集团公司组织工程的实施；制订专门的总承包管理办法，以强化香格里拉至丽江高速公路建设全过程、全方位的总承包管理，贯彻执行国家的有关政策、方针，规范日常工作中的总承包管理行为；保证业主、监理、设计、总承包、专业分包单位在管理模式上的有机结合、信息上的有效沟通，为优质高效地完成项目建设任务提供了强有力的保障。

香丽高速公路推行的总承包管理是施工阶段对业主负总责的项目管理，总承包项目管理的组织结构包括工程总承包单位、专业分包单位和劳务分包单位。总承包对分包实行统一指挥、协调、管理和监督，专业分包企业按照专业分包合同的约定对总承包企业负责。

2.3.1 香丽高速公路总承包管理的原则

在工程总承包管理中，香丽高速公路总承包项目经理部坚持“公正、科学、统一、控制、协调”的原则，以实现各项目标，确保向业主交付满意的工程。

1. “公正”原则

在总承包管理过程中，无论是在工作安排、作业面的使用，还是在机械、库房的提供等方面，都将以业主利益、工程利益为重，所有分包商一视同仁，以确保整个工程施工的顺利进行。

2. “科学”原则

在总承包管理中，所涉及的专业多、分包单位多、系统复杂、工期紧、协调难度大。因此，只有以严谨的态度，借助科学、先进的方法、手段来进行管理协调，才能很好地实现管理目标，体现出管理的质量与水平。

3. “统一”原则

就工程的施工过程而言，总承包方将所有单位和资源纳入其统一管理体系。整个工程只有统一于总承包方的管理，才能更好地运转，才能为工程优质、高效、安全、文明地完成创造良好的环境和条件。

4. “控制”原则

设置独立的工程总承包管理部门，配备各种专业监督协调管理工程师，采用有效控制手段，对各工程进行监督控制，确保控制原则得到深入的落实和执行。

5. “协调”原则

通过协调将各个单位之间的交叉影响减至最小，将影响工程总承包管理目标实现的不利因素减至最少。

2.3.2 总承包管理目标

在实施总承包管理过程中，以集团的利益为中心，对招标范围内的所有工程项目的安全生产、质量、进度、成本、协调、文明施工、环境保护、科技创新等方面进行总体管理，如图 2-4 所示。

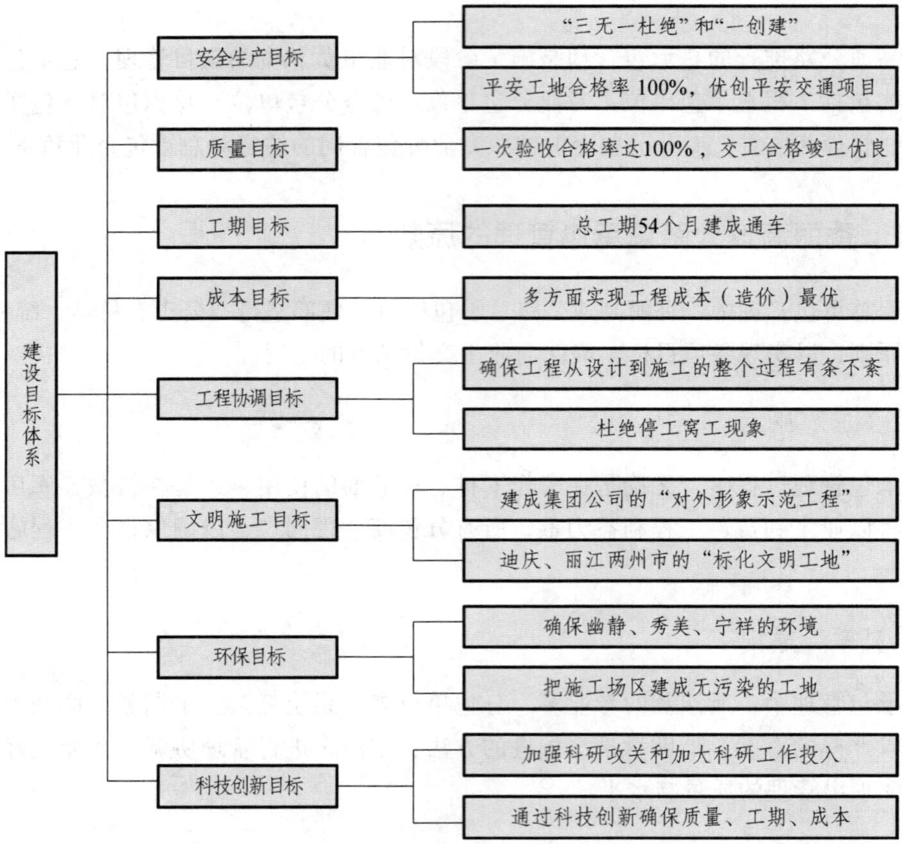

图 2-4 项目目标体系

1. 安全生产管理的目标

安全生产管理的目标是实现“三无一杜绝”和“一创建”。“三无”即无工伤死亡事故，负伤率 3‰以下，无交通死亡事故，无火灾、洪灾事故；“一杜绝”即杜绝重伤事故；“一创建”即创建安全文明工地。实现平安工地创建合格率 100%，优创平安交通项目。

2. 质量管理目标

严格按施工设计图纸及相关规范、规程规定执行，达到交工合格、竣工优良的标准，工程一次验收合格率 100%。

3. 进度管理目标

总工期 54 个月，项目具体开工时间按总监理工程师批准的日期为准。确保按合同约定工期完成工程，按期通过交（竣）工验收。

4. 工程造价管理目标（成本目标）

通过提升改进管理措施，采取先进管理经验、先进施工技术，从设计优化、施工方案优化、施工组织优化、精细化管控等多方面实现工程成本（造价）最优。

5. 工程协调管理目标

确保工程从设计到施工的整个过程有条不紊，在工程施工全过程中坚决杜绝因组织协调不力或各施工单位间相互配合不够而产生的停工窝工现象，使整个施工现场忙而不乱。

6. 文明施工管理目标

严格按照建设工程施工的各项管理规定执行，加强施工组织和现场安全文明施工管理，使香丽高速建设成为集团公司的“对外形象示范工程”和迪庆、丽江两州市的“标化文明工地”，确保达到省市级文明施工示范工地标准。

7. 环境保护目标

在施工期间，将充分做好施工噪声控制、污水排放控制、粉尘控制等各方面的具体工作，确保幽静、秀美、宁祥的环境，把施工场区建成无污染的工地。

8. 科技创新目标

针对本工程技术含量高、施工难度大的特点，加强科研攻关和加大科研工作投入对确保安全、提高工程质量、缩短工期等有着举足轻重的作用。

2.4 香丽高速公路总承包管理组织管理模式

2.4.1 香丽高速公路的项目组织架构

PPP 项目的运作相当复杂，影响因素千变万化，且涉及多个层次、多个环节、多重界面，具有典型的系统复杂性。这一系统存在众多利益相关方，各方关系紧密相连。香丽高速公路就是这样一个涉及众多利益相关方的系统。香丽高速公路系统架构如图 2-5 所示。

云南省建设投资控股集团有限公司（以下简称“云南建投”）是香丽高速公路 PPP 项目的中标单位，由于云南建投是具有公路施工总承包特级资质的大型总承包企业，按照《中华人民共和国招标投标法实施条例》第九条第（三）款之规定：“已通过招标方式选定的特许经营项目投资人依法能够自行建设、生产或者提供”，可以不进行招标。因此云南建投委托下属子公司云南建设基础设施投资股份有限公司（以下简称“云南基投公司”）代表云南建投集团承担本项目的出资、建设管理、运营管理责任，与地方投资公司合股组建香丽高速公路投资开发有限公司；委托集团下属事业部路桥总承包部作为本项目的施工总承包管理单位；集团下属多个控股子公司参加本项目的施工；集团下属子公司负责本项目的主材、部品、构件的集中供应。

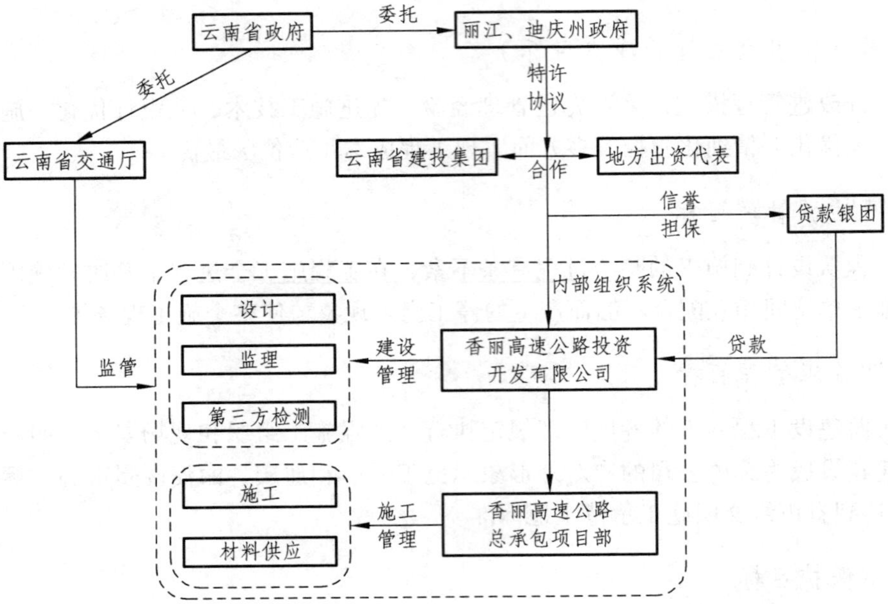

图 2-5　香丽高速公路总体系统架构

云南基投公司受云南建投委托，与地方投资代表共同组织成立了云南丽香高速投资开发有限公司，负责香丽高速公路的前期运作相关事宜及建设管理相关工作；路桥总承包部在接到集团委托后抽调精兵强将组织成立了香丽高速公路总承包项目经理部，总承包项目经理部实行项目经理负责制，在授权范围内代表集团公司履行合约，代表集团公司组织工程的实施，总承包项目部的设立在遵循项目合同和工程总承包范围内明确的权利和义务基础上，建立了符合工程建设特点的 13 个土建工区项目部及相关项目部，工区项目部主要管理人员由云南建投集团有限公司下属各分公司委派。总承包项目经理部按照工程技术标准和规范以及丽香项目投资公司提交的设计文件所确定的工程规模、技术标准实施建设。

集团下属物资公司、商品混凝土部等严格按照集团统一生产管理、统一调度、统一技术、统一配方、统一原材料的“五统一”原则，在香丽高速公路全线建成了 9 座现代化混凝土拌和站，共计 17 条现代化混凝土生产线，确保年生产能力达到 2×10^6 m^3 以上。香丽高速公路项目全线钢材、水泥、钢绞线、锚杆锚具等大宗统供物资实行统一采购、供应。沿线设有迪庆开发区老虎箐工业园区昆钢铁合金厂仓库和小中甸仓库 2 个物资储备仓库，有昆钢鸿达水泥、云南丽江西南水泥、拉法基（剑川）水泥等 3 个水泥供应合作厂家，确保物资供应。

香丽高速公路的建设管理模式如图 2-6 所示，在该模式下，项目组织内部的参建各方全部隶属于云南建投集团下属的不同子公司或者事业部。

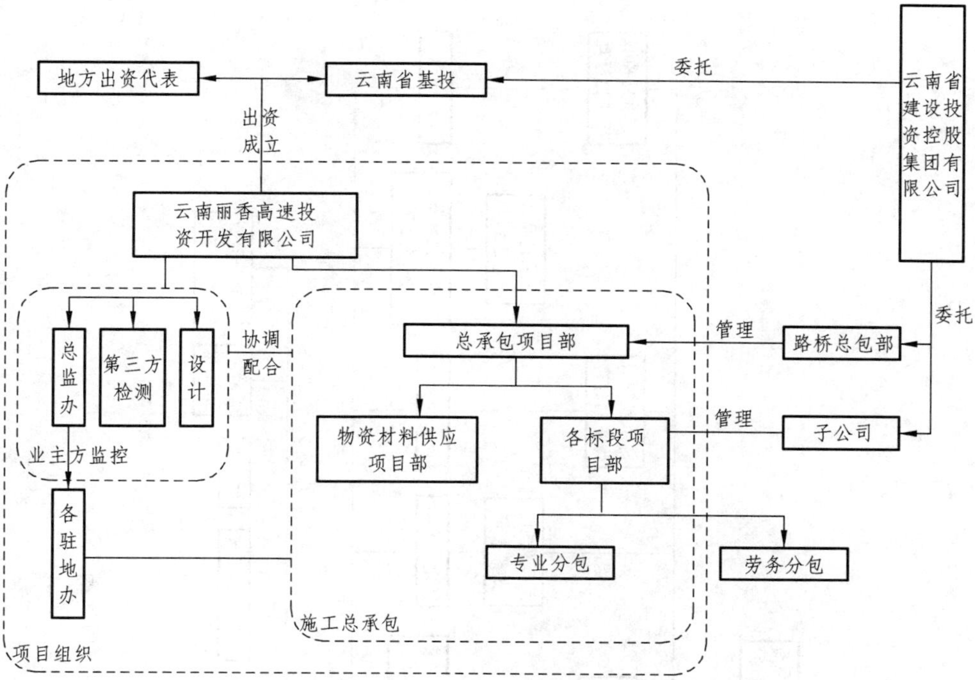

图 2-6 香丽高速公路建设管理架构

2.4.2 总承包管理组织机构的建立

项目总承包管理模式：统筹整合集团公司的优势资源，在集团公司和各职能部门的管理下实行工程总承包的管理制度，不管是从主观上（总包意识）还是从客观上（合同义务），都要求总包单位对所有与工程有关的人和事（包括业主指定分包和直接分包）进行统包统管，对从工程开工到竣工备案全过程统筹规划、统一安排。因此，本项目在管理模式上，把整个项目部作为一个项目总承包部，设工程技术处、安全管理处、质量管理处、合同处、财务处、党政综合办、物资设备处、征迁维稳办、香格里拉联络处等职能部室，对工程所有施工单位进行统一管理。

云南建投集团有限公司为香丽高速公路工程总承包单位，为了加强项目管理，全面履行合同，确保工程建设工期、质量、安全，保护生态环境，确保职工健康安全，全面实现合同目标及集团保质量、保安全、保进度、保廉政、树形象、控成本的“四保一树一控”要求，根据业主招标及合同文件的要求，由云南建投集团有限公司成立香丽高速公路工程总承包项目经理部，总承包项目经理部在授权范围内代表集团公司履行合约，代表集团公司组织工程的实施，总承包项目经理部实行项目经理负责制。

总承包项目经理部遵循项目合同和工程总承包范围内明确的权利和义务，严格执行国家及地方政府有关法律、法规，强化质量、安全管理，建立健全建设管理体系；接受迪庆、丽江两州市各级政府相关职能部门和政府方的质量、安全、进度、文明施工、风险等监督、检查工作；负责领导、指挥、协调、检查各工区项目部，对工程工期、安全、质量、文明施工、施工风险等进行直接管理，对施工现场的安全、质量、文明施工、施工风险、工期等进行直接管理，并向各工区项目部与专业分包单位依照合同支付工程款。总承包项目经理部、工区项目部组织机构如图 2-7、图 2-8 所示。

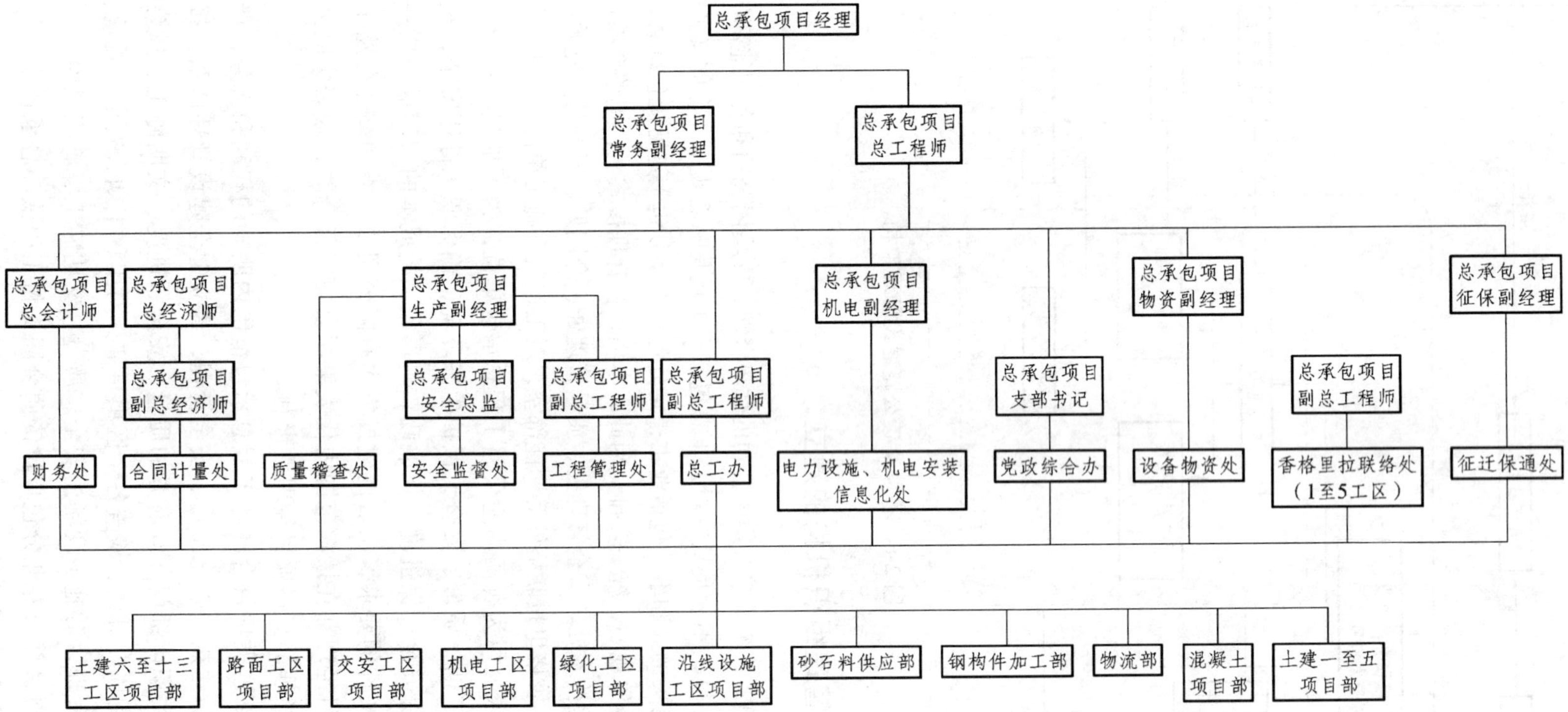

图 2-7　香丽高速施工总承包项目部组织结构

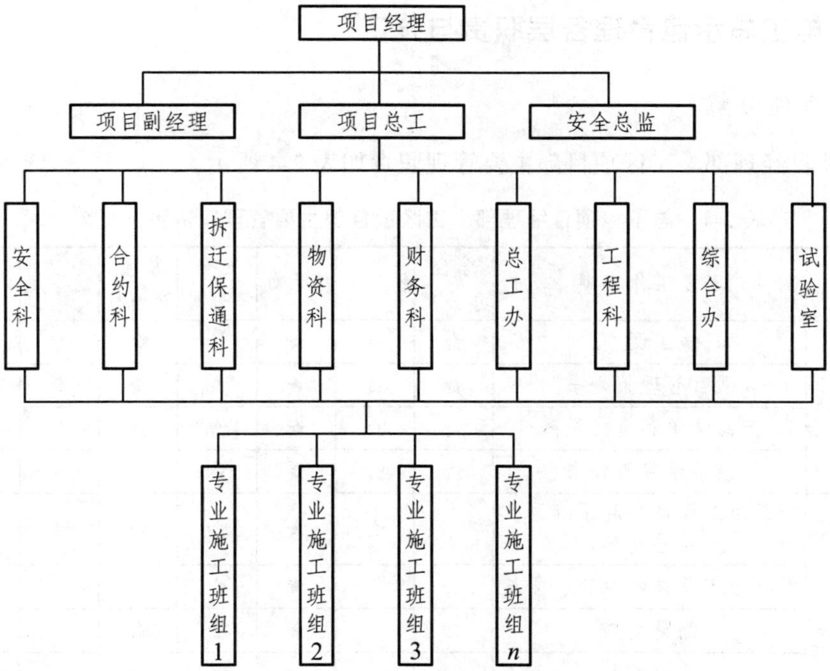

图 2-8　工区组织结构

2.4.3　总承包项目经理部管理机构职能划分

整个总承包项目部划分为决策层、管理层、执行层三个管理层次，各层人员配备及分工如下：

1. 总承包项目部管理决策层

总承包项目部管理层包括项目经理、总工程师、安全总监、党支部书记、总经济师、总会计师、项目副经理、副总工程师等。

2. 工程总承包项目部管理层

在总承包项目部决策层的领导下由财务处、合同处、工程技术处、质量管理处、党政综合办、安全管理处、设备物资处、征迁保通处、电力设施信息化办公室、香格里拉联络处组成总承包项目经理部管理层。

3. 工程总承包项目执行层

总承包项目经理部下设 13 个土建工区项目部、路面工区项目部、绿化工区项目部、机电工区项目部、交安工区项目部、沿线设施项目部，以及 5 个专业协作项目部（混凝土项目部、钢结构项目部、物流项目部、云南建投安装股份项目部、云南建投安二司项目部）。工区项目部设置财务科、合同科、工程科、质检科、综合办、安全科、物资科、征迁保通科、试验室与总承包项目经理部各处室管理层接口执行管理。

2.4.4 施工总承包管理各层职责与分工

1. 工作责任分解

总承包项目经理部、工区项目部主要管理职责如表 2-4 所示。

表 2-4 总承包项目经理部、工区项目部主要管理职责责任矩阵

序号	工作职能	必要工作事项	综合办公室	物资处	技术处	安全管理处	质量管理处	试验室	合同处	财务处
1	前期策划	施工调查	☆	☆	★	☆	☆	☆	☆	
		项目管理策划书	☆	☆	★	☆	☆	☆	☆	☆
		产品清单和责任矩阵	☆	☆	★	☆	☆	☆	☆	☆
		经济承包责任书	☆	☆	☆	☆	☆	☆	★	☆
2	技术管理	施工组织设计和施工方案、竣工文件		☆	★	☆	☆	☆	☆	
		图纸会审及技术检查、复核			★	☆	☆	☆	☆	
		测量复核			★	☆	☆			
		试验控制			☆	☆	☆	★		
		科研和“四新”技术	☆	☆	☆	☆	☆	☆	☆	
		节能减排	☆	☆	★	☆	☆	☆	☆	☆
3	安全管理	安全控制	☆	☆	☆	★	☆	☆	☆	☆
	质量管理	质量控制	☆	☆	☆	☆	★	☆	☆	☆
4	进度管理	进度控制		☆	★	☆	☆	☆	☆	☆
5	物资机械设备管理	限价、采购、租赁、核算（含合同）		★	☆	☆	☆	☆	☆	☆
		供应商管理	☆	★	☆	☆	☆		☆	
		周转材料、机械设备配置及验收		★	☆	☆	☆	☆	☆	☆
6	分包管理	分包招议标		☆	☆	☆	☆	☆	★	☆
		准入、考核评价		☆	☆	☆	☆	☆	★	☆
		合同、结算、决算	☆	☆	☆	☆	☆	☆	★	☆
7	财务管理	预算、债权债务管理	☆	☆	☆	☆	☆	☆	☆	★
		资金、税务管理	☆	☆					☆	★
		经济活动分析、财务决算	☆	☆	☆	☆	☆	☆	☆	★
8	责任成本管理	测算、分解、分析	☆	☆	☆	☆	☆	☆	★	☆
		现场量的控制	☆	☆	★	☆	☆	☆	☆	☆
		现场价的控制	☆	☆	☆	☆	☆	☆	★	☆
		现场经费控制	☆	☆	★	☆	☆	☆	★	☆
9	工程经济管理	验工计价	☆	☆	★	☆	☆	☆	★	☆
		变更索赔	☆	☆	★	☆	☆	☆	★	☆

续表

序号	工作职能	必要工作事项	综合办公室	物资处	技术处	安全管理处	质量管理处	试验室	合同处	财务处
10	后评价	后评价	☆	☆	☆	☆	☆	☆	☆	☆
11	信息化管理	信息系统建设、应用、维护	☆	☆	☆	☆	☆	☆	★	☆
		成本管理信息化	☆	☆	☆	☆	☆	☆	★	☆
12	综合管理	项目月度、季度、年度报告	☆	☆	★	☆	☆	☆	☆	☆
		绩效考核	★	☆	☆	☆	☆	☆	☆	☆
		公文、印章管理	★	☆	☆	☆	☆	☆	☆	
13	文化建设	项目文化和团队理念	★	☆	☆	☆	☆	☆	☆	
14	收尾管理	费用控制	☆	☆	☆	☆	☆	☆	★	☆
		结算	☆	☆	☆	☆	☆	☆	★	☆
		技术总结	☆	☆	☆	☆	☆	☆	☆	
		施工管理总结	☆	☆	★	☆	☆	☆	☆	☆

注：☆表示参与，★表示主导。

2. 总承包项目经理部决策层职能划分

实行总承包项目经理部在集团公司法定代表人授权下的项目经理负责制，由项目经理负责总承包项目经理部的全面工作。由总承包项目经理、项目总工、项目副经理等组成总承包项目管理决策层，履行《香丽高速公路工程总承包合同》和施工总承包的责任和义务，组织项目实施；在项目管理决策层领导下，由各专业人员组成总承包管理层，即财务处、合同处、质量管理处、安全管理处、工程技术处、香格里拉联络处、党政综合办、设备物资处、电力设施信息化办公室、征迁保通处，分别承担各专业责任，形成一个完整的管理体系，对香丽高速公路工程项目技术、质量、安全、进度、成本“五位一体”负总责。

（1）总承包项目经理部项目经理职责。

项目经理负责主持总承包项目经理部的全面工作，工作职责包括但不限于以下内容：

① 履行总承包合同、总承包项目经理部章程中规定的相关责权及组织实施总承包项目经理部决议，主持总承包项目经理部全面管理工作，贯彻执行国家和地方政府的有关法律、法规、方针、政策和强制性标准，执行建设单位和企业有关管理制度及规定，维护建设单位和企业双方的合法权益。

② 拟订总承包项目经理部职能部门的设置、职能划分方案，确定职能部门和管理人员的职责，形成考核管理制度并定期进行考核、奖惩。

③ 组织拟定总承包项目经理部的主要规章制度、组织架构、管理体系等，提交监理、业主及集团批准，并组织实施。

④ 组织起草总承包项目经理部的年度工作计划、目标责任书、年度计划等各项项目管理实施计划、资金和财务实施计划。

⑤ 依据项目法人制、工程招标制、工程监理制、合同管理制的原则，履行总承包专业分包项目招投标、施工质量、进度、安全、成本控制及资金管理的领导责任。

⑥ 根据项目建设实际情况，统筹工作安排，全面贯彻发展理念人本化、项目管理专业化、

工程施工标准化、管理手段信息化、日常管理精细化的理念，不断推动典型示范工程建设。

⑦ 依据集团公司授权处理对外关系、签署合同和其他总承包项目经理部文件；按照民主集中制的原则对总承包项目中的重大问题做出决策。

⑧ 在总承包项目部党政领导集体研究的基础上，提出内部职能机构的设置与调整方案，推荐总承包项目经理部管理干部的任命人选。

⑨ 履行安全生产第一责任人职责，严格按照国家有关安全生产的法律、法规，建立健全安全生产管理体系，确保各工区项目部做到安全生产、文明施工。加强与沿线各级政府的联系，协调好各方关系，维护沿线人民群众利益，为工区项目部创造良好的施工环境，确保工程顺利推进。

⑩ 全面抓好总承包项目的施工组织进度、质量、安全以及结（决）算和工程的交（竣）工验收组织工作，接受国家对概、预算执行情况的审计，做好善后工作。严格贯彻执行各级纪检监察部门的廉政规定，带头廉洁自律，自觉接受监督，健全与地方检察部门共建的预防职务犯罪的工作机制。

⑪ 团结带领全体干部职工，发扬无私实干的奉献精神、攻坚克难的进取精神、敢为人先的创新精神、优质快速的高效精神，全力推进总承包项目建设。

⑫ 其他依照总承包项目经理部章程规定由总承包项目经理负责的事项。

（2）总承包项目经理部总工程师职责。

领导所管部门完成质量管理、安全、技术管理等各项工作，分管质量管理处、工程技术处，工作职责包括但不限于以下内容：

① 全面主持香格里拉至丽江高速公路建设项目总承包项目经理部技术管理工作，组织建立和完善总承包质保管理体系，负责分管部门的职能制度建设工作，并落实相关制度的执行。

② 组织设计图纸会审工作，对设计图纸中需变更、完善的内容与业主协调解决，并按照相关的审批程序，组织设计变更、完善设计的申报与审核工作。

③ 负责组织质量管理工作，确保项目施工质量；负责组织总承包项目经理部质量管理处、工程技术处、工区项目部等检查工程实体质量和项目部相关技术质量管理工作，并对工区项目部实施评比和奖惩考核；负责质量专题会的检查、监督与考核管理。

④ 负责组织新工法、新工艺、新材料、新设备的应用、监测及试验等。

⑤ 负责总承包项目经理部工程施工技术组织协调管理工作。

⑥ 负责主持编制总承包项目经理部施工组织设计，组织职能部门，对工区项目部施工组织设计、施工专项方案进行审核。

⑦ 负责组织职能部门和工区项目部贯彻标准规范、施工工艺、工法、作业标准，制定新技术、新工艺、新设备、新材料应用计划，推动总承包项目经理部科技进步和产品质量的提高。

⑧ 根据国家、地方和行业的技术政策，组织制订香丽高速科研课题研究计划。

⑨ 负责组织相关部门及相关单位对设计方案、施工图、设计变更进行审查，组织汇总、整理、编制竣工资料，组织工程初验、竣工验收及竣工档案移交等工作。

⑩ 掌握全线整体的安全管理情况，定期组织对各工区项目部的安全管理工作的检查。

⑪ 签署以总承包项目经理部名义发出的技术文件。

（3）总承包项目经理部临时党支部书记职责。

① 宣传党的路线、方针、政策，研究讨论部署临时党支部建设、精神文明建设和思想政

治工作。

② 充分发挥党员的先锋模范作用，团结带领党内外干部、群众，完成公司党委下达的各项工作任务。

③ 组织党员认真学习马列主义、毛泽东思想、邓小平理论、“三个代表”重要思想和党的路线、方针、政策及决议，学习科学文化知识和业务知识。

④ 及时传达贯彻集团公司和总承包项目经理部的工作思路和工作措施，组织党员干部开展政治理论、项目管理知识学习和形势任务教育，努力建设具有学习力的工作团队。

⑤ 围绕党的工作，抓好中心党员的思想、组织、作风建设，加强党风廉政建设，执行党的纪律，监督党员严格遵守各项工作制度。

⑥ 了解党员的思想工作和学习、生活情况，发现问题及时解决，组织做好经常性的思想政治工作。

⑦ 按照上级党委部署，独立开展党支部工作。组织行之有效的党内活动，选树工程项目中涌现出的先进典型，调动党员的工作积极性，带动身边职工群众，促进工程项目各项任务的完成，努力建设具有战斗力的工作团队。

⑧ 关心总承包项目部员工的工作生活，提供帮助，解决困难。根据工程现场实际，开展形式多样、积极向上的群体活动，增进理解、促进和谐，努力建设具有凝聚力的工作团队。

⑨ 加强对党员的管理，督促党员履行义务，开展好组织生活，保障党员权利。切实开展“争先创优”活动，着力建设先进党支部。

⑩ 完成上级党委及项目经理交办的其他工作任务。

（4）经理部项目副经理（生产）职责。

协助总承包项目经理和领导所管部门完成施工管理、合同管理、安全管理、环保管理、综合事务管理、协调管理等各项工作，分管工程技术处、安全管处，工作职责包括但不限于以下内容：

① 负责分管部门的体系建设及制度建设工作，并落实相关制度的执行。

② 负责施工建设管理；负责对口管理方案的制定和落实，对口控制文件的审核和落实；负责施工组织总体策划的执行及控制；负责施工现场管理；负责项目进度计划的制定和落实，包括年、季、月度计划的制定和落实，年、季、月度计划执行情况报告等；负责组织按法定程序完成项目建设各项报建手续。

③ 负责安全监督管理工作，确保项目施工安全；负责对安全生产进行检查和考评，负责落实安全技术措施、安全文明施工等工作，负责职业健康管理工作；负责环境体系建设工作；负责对环境管理工作进行检查和考评；负责施工现场文明体系建设、文明施工的检查、考核。

④ 完成项目经理交办的其他工作。

（5）总承包项目经理部项目副经理（设备物资、征迁协调）职责。

协助总承包项目经理和领导所管部门完成物资采购、混凝土生产供应、征迁协调、工程造价成本控制、法律事务等各项工作，分管物资处，征迁处、香格里拉联络处、混凝土项目部，工作职责包括但不限于以下内容：

① 负责分管部门的体系建设及制度建设工作，并落实相关制度的执行；贯彻国家、地方行业部门的法律、法规，建立健全行之有效的规章制度、规范管理混凝土生产；策划落实混凝土产品质量管理方案、生产供应、运输方案。

② 解决混凝土生产中的技术和质量问题、重大质量事故、供应纠纷的处理解决及事故分析。

③ 推广混凝土新技术的应用和产品质量的改进。

④ 根据生产需要及时安排原材料入库备料，并对原材料试验检测情况进行监督检查。

⑤ 定期组织人员对搅拌站的生产、进度、设备、安全、质量、环境情况进行检查考核和岗位操作进行监督检查，对违反生产、质量、设备、安全相关规程规定的行为进行处理；杜绝重大质量、设备、安全事故的发生。

⑥ 负责香格里拉联络处的全面工作，包括施工过程发生的征迁、保通、施工过程中的各种问题，并及时与相关单位进行协调；负责丽江段工程建设全面协调工作，包括施工过程发生的征迁、保通、施工各种问题，及时与相关单位进行协调。

⑦ 完成项目经理交办的其他工作。

（6）总承包项目经理部项目副经理（机电）职责。

协助总承包项目经理和领导所管部门完成总承包电力设施、施工机电、交安机电管理等各项工作，分管电力设施、机电安装、信息化管理办公室，工作职责包括但不限于以下内容：

① 负责分管部门的体系建设及制度建设工作，建立健全电力设施、施工机械设备、高大模板、特种作业设备管理制度、临时场站用电制度、信息化管理制度并对执行情况监督落实。

② 负责设备的采购、运输、检查、安装、调试及试运行。规范电力设施采购管理，降低设备采购成本。

③ 负责总承包机电设备、数字信息系统设备采购、分包电力设施等招标文件编制及合同文件管理；协助业主完成电力设施、机电合同监管等相关工作。

④ 负责电力设施施工、运营和机电工程设计、安装等相关工作的协调。

⑤ 组织重大电力方案、隧道台车、五大系统、桥梁悬拼施工、特种设备关键技术工艺（方案）的审查和审批。

⑥ 负责信息化监管，指导、检查各参建单位的信息化管理工作。

⑦ 负责组织人员对电力设施安装、运行情况进行检查，对现场检查存在的问题及安全隐患及时处理。

⑧ 完成项目经理交办的其他工作。

（7）总承包项目经理部安全总监职责。

协助总承包项目经理落实和主抓安全工作，直管安全管理处，工作职责包括但不限于以下内容：

① 贯彻执行有关安全生产工作的方针、政策、法律、法规和规章制度，及时传达、落实上级有关安全生产工作的指示和决定。

② 组织编制工程总承包项目安全生产管理体系文件，制定安全生产责任制和岗位安全操作规程。

③ 编制工程总承包项目年度安全工作计划，及时掌握项目的安全生产动态，及时发现问题和隐患，并督促相关单位、部门采取有效措施解决问题、消除隐患。

④ 定期组织召开工程总承包项目安全生产研讨会和经验交流会，及时总结和推广安全管理先进经验。

⑤ 组织制定工程总承包项目安全生产应急预案，并定期组织开展应急演练工作。

⑥ 定期分析并向工程项目安全生产领导小组汇报工程总承包项目安全生产现状，及时提

出改进安全生产工作的措施建议。

⑦ 定期组织工程总承包项目“平安工地”内部考核评价工作及迎检外部“平安工地”的考核评价。

⑧ 参加生产安全事故的调查、分析和处理。

⑨ 定期召开安全例会，了解工区项目部的安全工作开展情况。

⑩ 完成项目经理交办的其他工作。

（8）总承包项目经理部总经济师岗位职责。

协助项目经理并领导合同处完成合同管理的各项工作，工作职责包括但不限于以下内容：

① 贯彻执行集团公司的质量方针和项目规划，熟悉合同中用户对产品的质量要求，并传达至项目相关职能部门。负责组织项目人员对项目合同学习和交底工作。

② 具体领导项目各类经济合同的起草、确定、评审。

③ 负责项目施工总承包、分包采购等合同文件编制及管理；负责总承包工程合同管理，验工计价，并协助业主完成总承包合同监管等相关工作；负责成本控制和工程造价管理，执行合同，测算成本，过程计量。

④ 负责项目经营报价、进度款结算及工程结算，负责编制付款单、专业分包的结算单。

⑤ 负责与业主同意的专业分包洽谈，为项目提供可靠的专业分包方或制造商，负责材料供应商的报价审核。

⑥ 负责项目的成本管理工作。

⑦ 负责组织编制和办理工程款结算、经济索赔等工作。

⑧ 负责专业分包、重大设备、材料采购等的招标采购工作。

⑨ 完成项目经理交办的其他工作。

（9）总承包项目经理部副总工程师（主管工程技术处）职责。

协助总承包总工程师开展工程技术等各项工作，直管工程技术处并负责工程技术处日常业务管理工作，拟定有关制度、办法，工作职责包括但不限于以下内容：

① 根据业主批准的施工总进度计划，监督控制工程项目的现场施工进度，确保工程项目按计划进度完成。

② 负责本项目的技术管理工作，参与上级及工程总承包项目经理部的技术会议，参与研究处理重大复杂技术问题、优化设计及工程质量事故，并及时将有关结果报告工程总承包项目经理部领导。

③ 负责配合合同处抓好路面、沿线建筑设施、景观绿化、交通安全、机电等工程项目的招标工作。

④ 负责一般工程变更方案制定、工程数量核定及工程变更资料管理的日常申报和审核工作。

⑤ 负责组织工程量核定管理工作。

⑥ 组织做好环境保护的有关技术工作；协助相关部门完成安全、质量管理工作。

⑦ 负责贯彻执行技术标准、规程、规范、合同文件、设计文件。

⑧ 协助总工程师对单位工程（路基、桥梁、隧道、绿化与环保、交安、机电、房建）组织质量验收工作。

⑨ 完成上级领导交办的其他工作。

3. 总承包项目经理部管理层职责划分

（1）合同处。

① 建立健全合同管理的规章制度和工作程序；负责合同文本的编制、解释合同文件，组织好项目内部建设的各项招投标工作和工程合同的签订；深入工地现场，加强与各工区项目部的联系和合同监管，指导、检查各参建单位的合同管理工作；配合总承包项目部相关部门，抓好项目建设的动、静态成本，切实搞好成本控制。

② 建立详细可靠的工程台账和计量支付管理系统，及时审查工程计量支付报表，出具支付证书；汇总编制各期工程形象进度报表，掌握各参建单位的合同履约情况和完成成本的动态及信息，做好项目建设完成成本情况的分析，及时提供领导参阅；配合总承包项目部财务处，做好项目建设各阶段经济活动分析会议的资料；配合安全管理处做好安全费用的使用和计取。

③ 负责工程新增和变更单价分析和编制，提出审查意见提交总承包项目经理办公会议会审；参与审核工程变更设计，配合有关部门做好变更设计的审查工作；负责联系、协调和办理工程保险及索赔的相关事项；参与项目建设新技术、新工艺、新材料及重要工程的试验工作。

④ 参与项目各工区重要工序的转序验收、交（竣）工验收内部管理工作，负责组织好合同管理、工程计量资料的整理归档工作；负责做好与各工区项目部的工程结算，组织协调各工区项目部做好项目的阶段审计和决算审计工作，配合做好竣工资料的编制和工程竣工验收工作。

⑤ 完成领导交办的其他工作。

（2）财务处。

① 参与项目的核算管理和竣（交）工结算，建立健全财务管理制度和工作程序，使财会工作制度化、规范化；严格建设项目资金管理，确保资金安全，抓好各参建项目部的资金监控，做到专款专用，提高资金使用效益。

② 严格遵守国家财经纪律及各项规章制度，科学、合理编制财务计划和预算，加强会计核算、实行会计监督；分析和研究项目建设的预算执行情况和相关信息，及时为总包项目部领导决策提供真实、准确、完整的会计信息资料；按项目建设的进度和阶段成果，为总承包项目部组织的项目建设经济活动分析会议，做好完整、翔实、有效的会计资料。

③ 参与重大经济合同和管理制度的研究、制定，严格审核大额资金支出，对不合理的事项及时提出具体的改进意见和措施，确保经济管理和会计核算的依法、合规和有效；配合好项目建设的跟踪审计和决算审计工作，提供真实、准确、完整的资料。

④ 严格执行总承包项目部各项费用开支的审批制度，做好各项费用的分类、归集和核算工作；配合相关部门做好固定资产的管理工作，确保财产、物资安全，防止资产浪费和流失。

⑤ 负责按规定及时、准确编制上报资金使用计划、财务报表，专项做好项目建设的财务档案编制和归档，严格总承包项目部财务信息的保密工作。

⑥ 完成领导交办的其他工作。

（3）工程技术处。

① 协助项目领导班子对工程项目生产进行全过程地组织和管理。

② 在总工程师的领导下，建立健全项目建设的工程技术管理制度和工作程序；负责项目建设的总体计划、阶段目标计；加强项目建设的进度和计划管理，检查和分析各项计划执行情况和取得的成果，做好工作总结；协助抓好项目建设的技术管理工作，加强与有关部门的配合，抓好项目建设的投资控制、质量安全、施工进度的动（静）态管理；配合总承包项目部有关部门做好建设项目交（竣）工验收的准备工作，督促组织建立各分部施工部门的管理体系并维持其正常有效地进行。

③ 负责测量技术管理与监控量测，并组织对重要部位的测量成果进行审核、复测、复验（特别是桥梁、隧道），同时督促建立测量、检测与试验计量设备台账，确保设备有效期限；参与重大工程技术方案、关键技术工艺的审查，及时审查工程实施过程中的设计变更；围绕绿色、环保和低碳典型示范工程的目标，认真调查研究，优化、完善、补充制定工程技术方案，组织相关部门和单位抓好工作落实。

④ 负责原设计工程台账、变更台账、变更处理卡台账、完善设计台账的日常管理工作，为保证工程计量的准确性，根据合同文件的要求，做到计量结果真实可靠，不重不漏，工区项目部、工程总承包项目经理部均应建立、健全的工程数量台账，加强台账管理（专人）。

⑤ 工程数量台账日常管理：根据原设计图纸建立 0 号原设计初始工程台账后，应根据工作实际需要，对台账进行定期、不定期更新；若设计与实际不相符，或者原设计方案发生调整而发生的变更、完善设计，应建立变更台账、变更处理卡台账和完善设计台账，要求每个月更新一次。

⑥ 工程数量台账建立的要求：工区项目部、工程总承包项目经理部设专人建立和管理台账。首先由工程技术处牵头，各工区项目部具体组织技术人员对设计图纸进行复核，建立图纸勘误表，经工程总承包项目经理部、设计院确认后，对原设计图纸错误部分进行更正；按勘误后的施工设计图认真清理，统计出设计工程数量，经工区项目部、驻地办、工程总承包项目经理部、业主四方核对无误后建立台账；台账按工程量清单细目编号及细目名称建立，若有变更新增项目，按新增细目编号及细目名称录入，工程台账样表待工区项目部进驻后由工程总承包项目经理部下发；补充（完善）及变更增减的工程数量，均需按相关要求计算和核对工程数量台账，经四方代表核对无误并签认后方可进入计量支付程序；工程数量台账要求电子台账与纸质版台账同步进行并及时更新，确保与工程实际保持一致，工区项目部、工程总承包项目经理部应每月相互核对工程数量台账。

⑦ 根据云南建投香丽高速公路建设总工期及各工区项目部的工程内容、工程进度实行阶段性目标管理，以阶段目标确保总体目标。总承包项目经理部在阶段目标责任书中将本阶段工区项目部需完成的项目工程数量、金额、形象进度做出明确规定，作为总承包项目经理部对工区项目部进行工程进度目标考核的依据。

⑧ 工区项目部应按总承包项目经理部下达的阶段目标任务精心组织、科学管理，充分调度好人、材、机等各种资源，确保目标任务的完成。总承包项目经理部对阶段目标进行考核，通过目标考核，对优胜者将给予表扬、表彰或奖励；对达不到目标要求的给予批评或处理。阶段目标为总承包项目经理部下达的年、季度、月份、旬及特定考核时间段的目标计划。

⑨ 月进度目标计划及关键性控制工程月进度计划，于计划当月前 10 日内提交。关键性控制工程旬进度计划，于计划当月 1、11、21 日前提交。总承包项目经理部对计划的合理性、

科学性及可行性报业主审核后批准实施。深入施工现场，掌握、了解结构施工的进度、质量及其他情况，做好现场施工目标的过程控制，管理现场各部门、各工种、各工序间的接口和交叉作业。

⑩ 参加项目生产调度会、定期召开工作例会，汇报工程施工生产情况，解决工程施工生产中的各种矛盾和具体问题，布置生产任务，落实会议决定事宜。负责工程技术档案的整理和归档，建立翔实可靠的工程管理台账和技术管理台账，检查和督促参建单位工程技术档案的管理工作；加强与参建单位技术管理工作的联系，密切配合总承包项目部合同处及时审查工程计量支付报表；负责项目工程的统计上报和信息管理工作，做好本部门的痕迹化管理，做好工程大记事的编撰。

⑪ 负责对指定分包单位的各项协调、配合、管理工作的组织实施。负责施工环境保护检查、分析与改善，制定环境保护措施并组织落实。完成领导交办的其他工作。

（4）技术处。

① 协助总工程师制定施工方案编制计划（包括专项施工方案）；协助总工程师组织编制专项施工方案，保证施工方案、技术措施满足项目既定的质量目标和分部工程的质量标准，并监督方案、技术措施的落实。

② 协助总工程师组织编制危险性较大的分部分项工程安全专项施工方案，组织超过一定规模的危险性较大的分部分项工程的专项方案专家论证，对危险性较大工程施工过程全程进行指导和监督。

③ 组织施组策划类交底、分部分项工程施工技术方案交底和专项施工方案交底；检查施工组织设计、施工方案、技术措施、质量技术交底的落实情况；组织施工组织设计（施工方案）技术交底，检查施工组织设计或施工方案中安全技术措施落实情况。

④ 工程所需法律法规、规范、图集的识别、购买和宣贯，建立项目有效受控文件清单并及时更新。根据合同及设计文件，组织技术复核工作；组织协调、审核施工图和相关方案的优化设计工作，提出技术、经济优化方案。

⑤ 负责项目图纸等设计文件的管理，组织项目图纸预审、会审，并形成图纸会审纪要。与工程技术处协同设计变更管理工作，参加对业主和分包完成签证办理结算工作。

⑥ 组织对分包工程的技术文件、技术措施的审核，参加工期索赔工作；组织编制工程技术资料管理计划和档案管理工作。新技术、新材料、新工艺、新设备的论证、优选、应用工作，并做好总结；落实项目“科技增效”工作具体实施情况；组织项目科技创优工作，积极开展创优申报工作。

⑦ 对项目工程质量管理提供技术指导，参加质量专题会议，提出技术处理意见；对质量通病、质量专项治理提出预防措施，参与施工过程中出现的质量问题、事故的调查、分析，制定处理技术方案及防范措施。

⑧ 参与各分部分项工程的验收工作，并参加单位工程验收，完成各项验收资料。严格落实安全技术标准规范，根据项目实际配备有关安全技术标准、规范。

⑨ 参加工程项目脚手架、模板支架、临时用电、大型机械设备及特殊结构防护的验收，履行验收手续。对施工方案中安全技术措施的变更或采用新材料、新技术、新工艺等要及时上报，审批后方可组织实施，并做好培训和交底。参加安全检查工作，对发现的重大隐患提出技术整改措施。

⑩ 协同安全管理处组织危险源的识别、分析和评价，编制危险源清单；参加事故应急和调查处理，分析技术原因，制定预防和纠正技术措施。完成领导交办的其他工作。

（5）质量管理处。

① 负责质量管理体系的建设和制度建设，制定质量管理计划并组织实施。

② 负责质量管理组织保障体系建设，明确总承包项目经理部领导、各管理职能部门及职能人员质量职责；明确项目总承包项目经理部质量管理的内容、质量标准、管理方法及主要采取的措施，全面规划总承包项目经理部及工区项目部质量管理工作。

③ 按质量管理体系和合同要求，实施全过程的质量控制和检查、监督工作。负责质量工作的监督、检查、评价、考核管理，并实施评比和奖惩。

④ 负责对工区项目部分项工程半成品或成品的检验，并参与其质量评定工作，行使施工过程中的质量监督权力。建立单位工程和分部分项工程的质量控制要点，对各质量控制要点的施工质量进行监督和记录。

⑤ 做好施工全过程质量监督记录，及时纠正可能影响工程质量的评定工作。重点督查施工中的质量问题，努力将工程质量隐患消灭在施工过程中。督促、落实现场上质量的处理问题，做到每个问题均有最终结果。

⑥ 负责对工区项目部试验室的人员、仪器设备、试验环境进行监督管理。明确工地试验室人员职责和主要工作职责。督促工区试验室建立试验室管理制度（包括工作制度、纪律与考勤制度、化学药品管理制度等）、指导试验资料管理、台账管理、外委试验的管理。

⑦ 督促工地试验室对原材料、拌和站、现场的管控。不定期地开展试验人员培训学习及试验操作技能比赛，让试验人员更好地熟悉规范，掌握操作技能。

⑧ 为了保证工程质量，重视试验检测信息化建设，总承包构建试验检测监管平台和试验软件的系统。指导和检查工区质量保证资料的填写、收集、整理、归档工作。

⑨ 定期向项目总工和项目经理汇报相关工程的质量控制情况，提出对下一步工程的质量预控计划。完成领导交办的其他工作。

（6）党政综合办。

① 参与项目建设管理工作、做好党务和宣传工作，抓好行政和后勤管理事务，为工区项目部的各项工作提供好服务；遵守国家各项法律、法规，贯彻执行上级的指示和项目部的各项工作要求及决定，抓好落实；提升行政工作能力和管理水平，做好内外各项联系协调工作，维护好项目部的形象和项目建设的整体利益。

② 负责与地方党委、政府和上级部门的联系，协调处理相关工作，报送和反馈项目建设的工作情况和有关信息及资料；掌握各参建单位的相关信息和动态，协调项目部各处（室）的工作，对急办事项进行催办和督办；及时准确地向总承包项目部领导报送相关资料和信息，报告有关工作的处置情况。

③ 负责项目部行政和后勤管理规章制度的建立、健全，抓好制度的落实；搞好项目部的公文和往来文件的审核与管理，加强和提升文秘工作水平，严格行文、发文、来文的签收和处理等环节的管理及纪律要求，包括接收工区项目部对总承包项目经理部的行文、总承包项目经理部对项目投资公司的行文、项目投资公司对总承包项目经理部的行文、总承包项目经理部对工区项目部的行文。

④ 负责文书档案管理和大事记的编撰，做好文书、人事档案的收集、鉴定、整理、保管、统计及相关工作；督促各处（室）的保密工作，加强印章的使用和管理。

⑤ 负责各级政府和上级部门对项目建设的调研、检查以及各项执法检查和专项检查的安排；负责总承包项目部各类工作会议和项目建设会议的安排，组织安排好迎检工作。

⑥ 负责项目部人力资源管理工作，按工资政策和有关规定，搞好职工工资和保险的核算管理；严格按规定和制度做好人事管理工作，加强临时用工的计划和管理；抓好职工的后勤生活管理，不断改善职工生活，切实做好保障服务。完成领导交办的其他工作。

（7）安全管理处。

① 在主管副经理或安全总监的领导下，负责组织制订和落实总承包项目经理部各项安全生产管理制度，并督促各参建单位建立健全相关制度规程，建立健全工程项目的安全生产保证体系。

② 负责联系上级和属地有关安监部门（机构），建立健全由安监部门（机构）和总承包项目经理部共同监管、各参建单位层层负责的安全监管体系和工作联系机制。

③ 负责定期组织安全生产和标准化建设检查考评工作，对各项安全管理制度和措施的执行情况进行检查和督促整改；参与对施工单位的定期考评及信誉评价，搞好项目建设安全生产的奖优罚劣工作；配合有关部门组织开展桥梁、隧道和路堑高边坡工程施工安全风险评估，督促各施工单位采取有效措施对各项重大危（风）险源加以控制和管理。

④ 参与施工组织设计和专项施工方案有关安全措施的论证，并负责项目开工安全生产条件和安全生产费用的支付审查；经常深入项目建设现场进行安全检查，定期召开安全例会，及时协调和解决施工安全有关事项及问题；及时做好事故的统计、上报和档案管理工作，并参与和配合各类生产安全事故的调查处理。

⑤ 负责编制总承包项目经理部安全生产应急综合预案和相关专项预案，并定期组织各有关单位开展预案演练；负责拟定和落实总承包项目经理部劳保用品使用计划和安全生产宣传教育培训计划，并督促各参建单位认真开展好有关安全生产的教育培训工作。

⑥ 完成领导交办的其他任务。

（8）设备物资处。

① 对项目施工生产所使用的材料、机械设备进行全过程地组织和管理。

② 具体参与所需施工机械和材料的生产计划的编制和实施，组织建立各参建单位机械材料的管理体系并维持其正常有效地进行。

③ 具体参与施工组织设计和施工方案的编制，并参加图纸会审和设计交底，组织好施工生产前材料和机械的准备活动。

④ 参与机械设备的订货审定，并检查考核实施情况，制定项目材料和机械设备采购计划及工程物资需用计划。

⑤ 负责制定重要材料设备采购计划并组织实施，根据工程总进度计划，制定重要材料、设备加工订货、供货计划并组织落实。

⑥ 负责统供物资的市场调查和信息收集，做好对供应厂（商）的资信审核和产品的质量调查、掌握产品的性能和价格分析，为统供物资的招投标工作做好准备；配合合同管理部门开展各类统供物资的招标，严格按照法律、法规和招投标程序，完成统供物资的招标工作。

⑦ 完成领导交办的其他任务。

（9）征迁保通处。

① 按照征地拆迁的相关法律法规及建设程序，在业主的统一部署及总承包项目经理部的领导下，开展建设项目的征地拆迁工作；负责项目建设所需的临时用地的初步核查工作；配合业主及地方政府完成建设项目的土地征用、实物调查、附着物拆迁和移民安置等工作；做好征地拆迁的资料整理归档工作，为审计提供翔实的资料。

② 督促各工区项目部及时办理相关建设用地手续，对违规用地进行处罚，抓好施工过程中的环境保护、保证项目建设用地的合法性。

③ 做好施工环境保障工作，督促参建单位尊重地方的民风民俗，做好民生工程改复建，开展各类“路地共建”活动，积极参与扶贫助困、捐资助学等社会公益活动，构建和谐建设环境，树立集团良好形象。

④ 做好施工道路保通工作，抓好标识标牌的管理，督促各工区项目部将道口相关资料及时提交交警、路政等部门进行备案。

⑤ 配合地方政府和公安机关及时处理各类矛盾纠纷，督促各工区项目部做好施工人员信息收集、管理，做好项目治安管理，预防违法犯罪，确保建设项目的和谐稳定。

⑥ 狠抓落实农民工管理工作，督促各工区项目部做好农民工工资支付工作，妥善处理因农民工工资问题引发的不稳定情况。

（10）电力、机电信息化办公室。

① 做好香丽公路范围内的电力设施设计、施工、运营和机电工程设计、安装相关工作；组织搞好重大电力方案，关键技术工艺的审查和审批。

② 深入工地现场，加强与各参建单位的联系和信息化监管，指导、检查各参建单位的信息化管理工作。定期或不定期到工地对电力设施进行施工指导（检查）、安全隐患排查工作，对现场检查存在的质量、安全隐患，本着及时处理和消除隐患的原则，提出书面建议，痕迹化管理。

③ 抓好部门的建设和管理，定期召开工作例会，不断改进工作作风，增进沟通和联系，团结协调为参建单位做好服务工作；搞好与总承包项目部各部门的配合，及时解决电力工程及信息化工程实施中存在的问题，保障电力工程的顺利实施。

（11）香格里拉联络处。

① 在总承包项目经理部及各职能部门领导下，香格里拉联络处分管第一至第五项目部日常事务的管理工作。

② 负责联络处与总承包项目经理部、迪庆州、香格里拉市、各乡镇及政府各部门对接工作。

③ 负责第一至第五项目部工程技术、安全管理、质量管理、征迁保通工作的服务，并督促联络处各部门开展相关工作。

④ 根据总承包项目经理部项目总体进度计划要求，进行细化、分解、督促第一至第五项目部落实，及时上报落实情况。

⑤ 严格按照集团“四保一树一控”要求，督促第一至第五项目部保质量、保安全、保进度、保廉政、树形象、控成本。

⑥ 做好第一至第五项目部项目建设的有关影像资料的收集、整理工作，及时上报。

⑦ 做好联络处与迪庆州各级政府及总承包项目经理部公文对接，做好公文的上传下达，

对公文进行分类、立卷、归档。

⑧ 负责与设计院（香格里拉联络处设计代表）就一般设计事宜进行协调处理，重大事宜上报相关处室及总工程师。

⑨ 完成领导交办的其他工作。

4. 总承包项目经理部执行层管理职责划分

（1）土建工区项目部。

土建工区项目部为总承包项目经理部的工区项目部，土建工区项目经理由云南建投集团有限公司授权，在授权范围内代表集团总公司对所属工区履行质量、进度、安全、文明施工管理权限，受总承包项目经理部直接领导，对总承包项目经理部负责，对技术、质量、安全、进度、成本“五位一体”负直接责任。

（2）专业分包及协作项目部。

专业分包及协作项目部是总承包项目经理部为满足香丽高速公路建设，对施工生产及技术专业性较强的专业工程项目的建设，充分发挥专业分包及协作单位的技术和管理优势，提高工程建设的规范化、标准化水平，确保工程施工质量、进度、安全、成本控制达到预期目标而成立的项目部。该项目部受总承包项目经理部直接领导，对总承包项目经理部负责，对专业分包技术、质量、安全、进度、成本“五位一体”负直接责任。

（3）工区项目部主要管理岗位职责。

① 工区项目经理职责。

工区（分包、协作）项目经理在集团公司授权和总承包的领导下负责工区（分包、协作）项目部全面工作，工作职责包括但不限于以下内容：

履行总承包项目经理部章程中规定的相关责权，主持工区项目部质量、进度、安全、成本、文明施工全面管理工作，贯彻执行国家和地方政府的有关法律、法规、方针、政策和强制性标准，执行建设单位和总承包有关管理制度及规定，维护建设单位和总承包项目经理部及企业各方合法权益；确定工区（分包、协作）项目部职能部门和管理人员的职责，并定期进行考核、奖惩；拟定工区（分包、协作）项目部的主要规章制度、组织架构、管理体系等，提交总承包批准，并组织实施；依据总承包年度工作要求、目标责任书、年度营收计划等各项项目管理实施计划，组织工区（分包、协作）项目部编制相应实施计划并落实。履行对工区（分包、协作）项目部施工质量、进度、安全、成本控制管理的领导责任。根据项目实际情况，统筹工作安排，全面贯彻发展理念人本化、项目管理专业化、工程施工标准化、管理手段信息化、日常管理精细化的理念，不断推动典型示范工程建设。履行安全生产第一责任人职责，严格按照国家有关安全生产的法律、法规，建立健全安全生产体系，确保工区做到安全生产、文明施工。加强与沿线各级政府的联系，协调好各方关系，维护沿线人民群众利益，创造良好的施工环境，确保工程顺利推进。全面抓好工区（分包、协作）项目的结（决）算和工程的交（竣）工验收组织工作，接受国家对概、预算执行情况的审计，做好善后工作。严格贯彻执行各级纪检监察部门的廉政规定，带头廉洁自律，自觉接受监督，健全实施与地方检察部门共建的预防职务犯罪的工作机制。团结带领全体干部职工，发扬无私实干的奉献精神、负重克难的进取精神、敢为人先的创新精神、优质快速的高效精神，全力推进项目建设。其他依照总承包项目经理部章程规定由工区（分包、协作）项目经理负责的事项。

② 工区项目总工职责。

在总承包的领导下，协助工区（分包、协作）项目经理和领导所管部门完成质量管理、技术管理等各项工作，工作职责包括但不限于以下内容：

全面主持工区（分包、协作）项目建设的施工技术管理工作，负责分管部门的体系建设及制度建设工作，并落实相关制度的执行；系统贯彻、执行国家有关技术标准、规范、规程、施工工艺、工法、作业标准，以及上级技术管理制度；主持设计图纸会审工作，对设计图纸中需变更、完善的地方进行决策，并按照相关的审批程序，组织设计变更、完善设计的审批工作；在总承包项目总工程师的领导下编制审核重、难点，控制性关键工程施工技术方案，主持编写作业指导书，组织施工技术方案交底工作和各项施工技术专题总结工作，主持编制竣工技术文件、资料；主持编制项目质量目标和质量计划，按照业主、总承包及公司的相关规定，定期组织工程质量评定及质量事故的处理和上报工作；对工程施工工序、质量、进度把关控制，对不合格品的评审及纠正预防措施的制定和监督。主持交工验收及相关技术文件资料的编制工作。分管试验、测量、质检的管理工作，主持工程技术、质量、试验及测量中重大技术问题的决策；制定“四新”应用计划，推动科技进步和产品质量的提高；负责新工法、新工艺、新材料、新设备应用的监测及试验等；负责主持编制工区项目部施工组织设计、专项施工方案、参加或组织制定工程年、月度施工计划；对施工组织设计、施工方案执行情况进行定期检查；组织施工前的技术交底工作，参加或组织重要项目交底工作。负责项目技术人员的培训与学习工作；对项目工程的安全技术和环境保护技术工作负领导责任；根据国家、地方和行业的技术政策，组织制订工区项目科研课题研究计划；组织收集、整理、编制竣工资料，组织工程初验、竣工验收及竣工档案移交等工作；完成领导交办的其他工作。

③ 工区项目部安全总监职责。

在总承包的领导下，协助工区（分包、协作）项目经理和领导所管部门完成安全生产各项工作，工作职责包括但不限于以下内容：

建立健全项目部健康安全环保责任制，按照国家健康安全环保法律法规制定职业健康、安全生产、生态环境保护管理制度、流程；组织开展健康安全环保法律法规及行业知识的培训与警示教育；监督管理健康安全环保工作目标、岗位操作流程、专业人员配备的执行；监督检查、考核管理员工职业健康、安全生产、生态环境保护工作；组织或参与员工职业健康、安全生产、生态环境保护事故的调查处理；组织制定项目部安全生产应急预案，并定期组织开展应急演练工作；定期分析并向项目安全生产领导小组汇报项目安全生产现状，及时提出改进安全生产工作的措施建议；定期组织开展工程总承包项目“平安工地”考核评价工作；参加生产安全事故的调查、分析和处理；完成领导交办的其他工作。

2.5 香丽高速公路参建各方责任区分

为进一步完善公路 PPP 建设工程质量和安全管理制度和责任体系，全面落实公路 PPP 建设工程质量和安全相关方责任，健全考核评价制度，加强信用体系建设，完善管控机制，云南建投集团对公路 PPP 建设工程相关方的责任进行了界定。

集团所属公路 PPP 建设工程合同（协议）相关当事方应高度重视建设工程的项目进度、质量、安全、环保、标准化、信息化、设计变更、计量、支付和分包队伍管理，建立相应制度规范工程勘察、施工图设计、工程质量、施工安全、进度、环保、施工标准化、平安工地、计量、支付和缺陷责任期工程修复等项目管理行为，并严格贯彻执行。公路 PPP 建设工程合同（协议）相关当事方应按照经政府相关部门审查和批准的 PPP 建设工程规模、设计标准、施工规范、勘察设计施工图完成公路 PPP 建设工程建设期施工任务，不得以片面追求降低工程造价为由，降低建设标准、缩减建设规模、牺牲工程质量、增加安全风险、缩短工程耐久性、破坏环境等方式进行设计变更。集团所属公路 PPP 建设工程合同（协议）相关当事方应制定相关工作流程和保障规定，按工程进度及各自职责及时完成工程变更签认、计量、支付工作，不得垫资施工、不得拖欠工程款、不得拖欠农民工工资。若因拖延、克扣和不按合同支付引发导致质量问题、安全事故、环境污染、水土保持灾害及工程进度延误及维稳事件，经查实要对支付责任方追究相应责任。集团所属公路 PPP 建设工程合同（协议）相关当事方，必须健全和落实工程事故责任追究制度及事故上报制度。PPP 建设工程质量和安全发生工程事故，对迟报、漏报、瞒报及事故应急处理未尽职责相互推诿的相关当事方，要追究有关负责人的责任，同时对直接责任人、涉及事故的岗位管理人员和分包单位等，也要根据是否存在过失追究相应责任。

2.5.1 项目管理公司职责界定

集团所属项目管理公司（项目管理法人）依法对 PPP 建设工程管理工作负总责，同时对监理工作过程负监督责任。项目管理公司从事建设期工程活动，必须严格执行基本建设程序，坚持先勘察、后设计、再施工的原则，不得超越权限擅自变更或简化基本建设程序。必须严格遵照执行公路 PPP 建设工程特许经营协议，认真履行工程建设期的相关条款内容满足相关管理要求，根据建设工程特点和技术要求，确定合理标段、合理工期、合理造价。依法选择勘察设计、监理和施工总包单位、工程设备供应单位、试验检测等单位，分别签署合同，合同中必须包含质量、安全、进度强制性条款，明确建设 PPP 建设工程质量创优目标、安全达标目标及质量和安全具体标准和合同双方的责任，不得签虚假合同。项目管理公司可自行委托有相应资质的检测单位组建项目业主中心实验室。应根据批准的建设工期确定施工合同工期，并严格按施工合同工期组织项目施工，不得随意压缩施工合同工期。

项目管理公司必须在建设工程质量和安全方面对公路建设工程勘察、设计、施工、工程竣工验收、保修、使用（营运）等尽到相关管理义务。遵守国家高速公路建设的法规、规章规定，细化目标管理与责任，依据自身监管能力从具有相应资质等级的监理单位聘请有相应资格的监理人员负责监理工作。建立并督促勘察设计、工程监理、施工总包、工程设备供应、试验检测等 PPP 建设工程相关方建立建设过程的质量保证体系、安全保证体系，编制并报批公路 PPP 建设工程实施建设期计划书。必须确保工程质量符合批准的施工图设计文件、国家现行的工程技术规范和技术标准。

按照项目的投资类型及建设管理模式，可由项目管理公司（项目建设管理法人）自主决定建设工程质量和安全工程监理的实现形式，项目投资公司视项目条件设置一级或二级监理机构。其中，总监办可以由项目投资公司组建，也可以采取公开招标的形式选择具有相应资质的监理单位组建。总监办必须编制公路 PPP 建设工程监理实施方案，明确监理工作的范围、工作目标、制度体系并制定切实可行的保障措施。驻地监理必须通过公开招标方式选择。项目管理公司应严格合同管理，严格履行合同义务，创建良好的施工环境和条件，确保按设计施工、按规程施工、按合同要求施工。加强投资控制和资金管理，积极采取有效措施提高设计变更的审查审批效率，严格计量和工程造价控制，支付相关合同条款应保障生产进度的需要，并做到专款专用，专户储存，不得挤占挪用、不得拖欠工程款。项目管理公司应推进信息化管理。要以科技手段、信息技术、网络管理为支撑，建立并应用覆盖公路项目建设管理全过程的信息系统。项目管理公司要切实维护公众利益。在加强工程管理的同时，要承担必要的社会责任，维护农民工合法权益，督促施工方未按时发放农民工工资；协调处理好相关单位及沿线公众的关系，树立集团公路项目建设单位的良好社会形象。项目管理公司要切实认真组织项目管理机构所有人员认真学习高速公路建设相关的法律、法规及交通运输部有关行业管理规定，并严格遵照执行，熟悉每个阶段的建设管理流程。

建设工程开工前应组织施工图设计审查和设计交底；施工中应对工程质量进行检查；工程完工后应及时组织交工验收，并做好竣工验收的准备工作。加强档案管理，建立健全项目档案。建设工程质量和安全的工程竣工验收各环节的文件资料，都要严格按照《中华人民共和国档案法》的有关规定收集、整理、归档。项目法人在向交通运输主管部门报送设计文件时，应明确拟采用的建设管理模式（包括相应的监理选择方式）并提交相关的材料。设计文件批复时要明确项目建设管理模式，以及建设管理法人、法人代表及项目主要负责人等。项目建设管理模式、项目建设管理法人等变更时，应报原审批设计文件的交通运输主管部门备案。在项目建设实施过程中，项目投资公司应积极主动对接交通运输主管部门和交通质监局、交通造价管理部门，及时获取监督管理要求和合理化建议，并落实在项目管理工作中，以提高工程质量，降低工程造价，保证工程按期完工。

2.5.2 项目勘察设计、驻地监理职责界定

勘察设计单位依法、依合同对 PPP 建设工程的勘察设计工作负主体责任，是勘察设计质量和安全的第一责任人，其建设工程质量和安全主要职责是：必须按资质等级及业务范围承担相应的勘测设计（含优化设计）任务，按照合同规定和工程施工需要，分阶段提交详勘资料和施工图设计文件，按管辖权限主动上报相应的交通运输主管部门对其承担设计工作的资格和初步设计及施工图设计文件的审查、审批。公路 PPP 建设工程的勘察设计工作必须达到规定的技术深度，符合工程建设强制性标准、有关技术规范和规程要求。设计文件的编制必须按照交通运输部相关文件规定执行。设计单位应按合同规定及时提供设计文件及施工图纸；开工前做好设计文件的交底工作；对大中型和有特殊要求的公路工程项目，设计单位应在施工现场设立代表处或派驻设计代表，随时掌握施工现场情况，解决设

计的有关问题。

工程驻地监理单位在公路 PPP 建设工程项目管理中不作为独立的第三方，监理单位是对委托人负责的受托方，按合同要求和监理规范提供监理咨询服务，是工程建设质量和安全监理的第一责任人，其建设工程质量和安全主要职责是：监理单位根据项目建设管理法人要求，按照合同约定的权利和义务，依法、依合同开展监理工作。依法承担公路建设监理合同范围内规定的相应责任。根据所承担监理任务和监理合同的要求，组建工程施工现场相应的驻地监理机构，配备满足要求的人员和设备，组建项目驻地监理实验室。调整完善监理工作机制。以质量、安全为重点，加强程序控制、工序验收和抽检评定，加强对隐蔽工程和关键部位的监理，精简内业工作量，明确环境监理和安全监理工作内容，落实对质量安全等问题的监督权和否决权。

2.5.3 施工总承包项目经理部职责界定

项目施工总承包项目经理部依法对 PPP 建设工程施工负主体责任，项目经理（实际控制人）是建设工程施工质量和安全的第一责任人。根据项目建设管理法人要求，严格按照公路 PPP 建设工程施工合同约定的权利和义务，依法、依合同开展项目施工工作。依法承担公路建设施工合同范围内规定的相应责任。

按集团管理规定，具体参与施工工区（分部）、工地试验室、材料（半成品、服务）集团集中统供、专业分包单位等机构的内部竞标选择。参与施工总承包单位签署施工协议和专业分包合同的谈判，加强项目管理、切实履全面行施工合同，确保工程建设工期、质量、安全，保护生态环境，确保职工健康安全，全面实现施工合同目标及集团保质量、保安全、保进度、保廉政、树形象、控成本的“四保一树一控”要求。根据施工招标及合同文件的要求，成立工程施工总承包项目经理部，实行项目经理负责制。遵守国家高速公路建设的法规、规章规定，分解管理目标与责任，建立并督促施工工区（分部）、工地试验室、材料（半成品、服务）集团集中统供、专业分包单位等分包协议方建立建设过程的质量保证体系、安全保证体系，编制并报批施工总包管理方案和施工技术调查报告。按批准的施工图设计文件、国家现行的工程技术规范和技术标准，细化设计施工组织计划，拟定设计施工进度安排、工程质量和施工安全目标、环境保护措施、生产完成计划，并严格组织项目实施。

督促各施工工区（分部）、工地试验室、材料（半成品、服务）集团集中统供、专项、专业分包等协议分包单位，依据施工及专业分包协议和施工总包管理方案，组建相应的工程施工现场项目部，配备满足要求的人员和设备，组建工地实验室。严格执行国家及地方政府有关法律、法规，强化质量、安全管理，建立健全建设管理体系；接受各级政府方和政府及集团相关职能部门的质量、安全、进度、文明施工、风险等监督、检查工作。依据有关公路工程建设的法律、法规、规章、技术标准和规范的规定，按照设计文件、施工合同和施工工艺要求组织施工，执行本施工单位建立的施工质量、安全、生产进度保证体系及相关制度，加强施工过程中的自检、互检和交接检工作，对其施工的工程质量、安全、进度负责。对交付监理签认的工程，要落实质量责任制。负责领导、指挥、协调、检查各工区项目部施工管理工作，对工程工期、安全、质量、文明施工、施工风险等进行直接管理，并向各工区项目部与专业分包单位依照协议、合同支付工程款，不挤占挪用、不克扣工程款。

2.5.4　工区、专业施工项目经理部职责界定

施工工区及专业分包施工项目经理部在 PPP 建设工程项目施工管理中不作为独立的施工承包人，其管理机构体系纳入施工总承包项目经理部管理体系。但工区、专项、专业施工项目经理部是对施工协议委托人（施工总承包项目经理部和协议施工单位）负责的施工组织管理方。工区、专项、专业施工项目经理是按协议和合同要求以及施工规范组织具体工区、专项、专业施工工程质量和安全的第一责任人，对所施工的工区、专项、专业施工的质量和安全负实际实施控制责任。施工工区及专业分包施工项目经理部根据施工总承包项目经理部要求，按照协议合同约定的权利和义务，依法、依协议组织具体工程、分部、分项、专项、专业施工。根据所承担任务和协议的要求，组建工程施工现场相应的施工工区、专项、专业分包施工项目部，配备满足要求的人员和设备，组建工地实验室。

2.5.5　监控量测及试验检测单位职责界定

集团所属社会投资人和项目投资公司公开招标选定的第三方监控量测单位、中心实验室及集团所属各施工总承包单位及其组建的项目施工总承包项目经理部共同内部招标选定的集团所属工程试验、质量检测、结构安全鉴定单位，必须与项目投资公司或集团公司施工总承包单位签订专业分包或服务合同。公开招标确定的第三方监控量测、中心实验室等单位在合同约定的职责范围内服从集团社会投资人和项目投资公司管理两级管理；内部招标确定的试验、检测等单位按合同约定的职责范围服从集团施工总承包单位及施工总承包项目经理部两级管理。应当按照法律法规、工程建设标准，在合同规定范围内开展检测、鉴定活动及服务，并对检测、鉴定数据和检测、鉴定报告的真实性、准确性、实时性负责。

2.5.6　材料、设备、服务加工集团统供场站职责界定

集团所属及招标参与工程建设的建筑材料物资、预拌混凝土、建筑结构构配件和设备设施等生产单位、采购单位和统一供应单位，建设的施工现场加工工厂、混凝土搅拌站、工地实验室、材料物资仓库等管理场站，按供应合同约定承担相应的责任，所供应的材料和设备，必须符合有关公路工程现行技术标准的规定，并全部符合设计对材料、设备的要求。公路 PPP 建设工程的工程材料、物资和设备的供应单位的确定，优先选择集团所属单位，坚持集团化统一供应的原则。统供单位具有按合同规定自主采购供应的权利，不接受任何单位和个人干预正常采购、生产和加工工作。

按合同规定供应的材料、物资和设备等，必须按规定接受施工总承包项目经理部、施工工区项目部、驻地监理部和项目投资公司中心实验室的检查、试验、检验，对检验不合格的产品，施工工区项目部有权退货和拒绝使用。在材料、设备的采购、供货和使用过程中，应严格计量

标准和质量标准，按照有关施工技术规范进行，杜绝弄虚作假、量价不符、以次充好的行为。

2.6 香丽高速公路发包、总包、分包及供应管理

2.6.1 范围界定

发包管理的范围包括：依法组建的项目投资公司公开招标选择具备相应资质的勘察设计单位、驻地监理单位、中心实验室、施工总承包单位、监控量测及服务等机构。

分包的范围包括：施工总承包单位将其所承包工程中的部分工程以合约协议方式交由施工工区（分部）、工地试验室等机构实施的行为，包括专业工程分包和专项工程分包，但不包括劳务合作。

专业工程的范围包括：国家资质管理规定中明确的公路路基、路面、桥梁、隧道工程，以及公路交通工程中的交通安全设施、通信系统、监控系统、收费系统、综合系统等工程。

专项工程包括：按照《公路工程质量检验评定标准》划分的适合专业化分包的公路有关分部、分项工程及其组成的施工工区。

施工总承包项目经理部在施工过程中租用他人机械、设施设备，以及购买由他人制作完成的材料、成品构配件、物资的，属于集团统供。施工分包应当依法进行。注重发挥市场在资源配置中的决定性作用，竞争择优，鼓励专业化分包，推行标准化施工。规制分包行为，禁止违法分包。勘察、设计、施工总承包单位依法实施分包的，分包单位应当具备相应资质、技术条件，并对承担的勘察、设计、施工质量负责。勘察、设计、施工总承包单位应当对分包单位进行监督管理。

2.6.2 总包管理

施工总承包单位在内部竞标文件及与分包方签订协议时，应有独立的工程质量、安全、环境保护、水土保持专项条款，且需规定具体 “平安工地”、品质工程、施工标准化及集团督查、交通行业行政主管部门进行的考评、考核应达到的目标指标，同时明确其承担工程的执行规范标准、过程管理、交工竣工、缺陷责期任及事故调查处理等各方面合同、协议当事双方的权利、责任与义务。施工项目应依据分包合同的质量专项协议开展公路 PPP 建设工程总、分包管理策划，将分包方的管理纳入总包的管理体系，满足总包的管理要求。

施工总承包项目经理部、施工工区、专业分包施工方必须严格控制分包方的策划文件和技术管理工作，对分包方编制的策划及技术文件进行审核、审批，保证其满足工程既定的质量、安全、工期目标的规定。总包的机构负责人、管理人员、专业技术人员、专职质量员、专职安全管理人员应参加分包方及其作业班组人员的作业能力评价，参加分包方对其作业班组的技术交底，监督其技术措施、质量、安全标准等交底及保障措施实施。

2.6.3 分包管理

由于分包方人员不服从总包管理人员或监理人员的管理，施工质量、安全、进度不符合

合同、协议要求造成经济损失、社会不良影响的，必须及时解除分包合同、协议并立即清退出场，并报集团生产管理部，录入集团“黑名单”名录。对于项目管理公司直接发包且与施工总承包单位无任何合约和经济关系的分包单位、材料设备物资供应商等，施工总包项目经理部应对其施工的工程质量或提供的材料、设备的质量给予高度关注，当发现工程质量隐患或材料、设备存在质量缺陷时应立即通报监理工程师或建设单位，使其及时消除质量隐患，避免工程整体质量受到重大影响。

2.6.4 集团统供管理

集团统供合同可由施工总承包项目部或其授权的施工工区与材料设备物资统供单位签订。施工总承包项目部或其授权的施工工区均应对统供的材料、设备的质量严格验收管理，当发现工程质量隐患或材料、设备存在质量缺陷及量价不符时应立即通报监理工程师或建设单位，使其及时消除质量隐患。如发生误用的，施工总承包项目经理部及施工工区承担同等的管理责任，造成经济损失的，施工总承包项目经理部及施工工区承担同等的经济赔偿责任。

3 高速公路 PPP 项目总承包管理的支撑体系

3.1 高速公路总承包的系统规划与统筹管理

3.1.1 总承包管理的理念与指导思想

1. 总承包管理的理念

（1）全寿命周期理念。

云南建投集团不仅是香丽高速公路的投资人和建设者，同时也是该项目的主要运营单位，因此在项目建设管理过程中必须牢固树立“全寿命周期”的管理理念，通过人本化、专业化、标准化、信息化、精细化等“五化要求”，提升公路桥梁品质和耐久性，降低全寿命周期成本。建设过程中推行工程化、大型化、机械化的原则，以提高效率和安全性。

（2）科学管理理念。

通过居安思危、超前谋划、科学优化、绩效考核、专家智库汇集来实现项目的高效益、短工期、长寿命周期。

2. 总承包管理的指导思想

工程总承包管理是施工阶段对业主负总责的项目管理，总承包项目管理的组织结构包括工程总承包单位、专业分包单位和劳务分包单位。总承包对分包实行统一指挥、协调、管理和监督，专业分包企业按照专业分包合同的约定对总承包企业负责。

（1）本项目管理的主要手段。

总承包部在项目开建之初就提出以“动态管理，优化配置，目标控制，阶段考核”作为主要的管理手段。

项目动态管理就是在工作中，每一关系、每一环节、每一个工种都与其他因素相联系，就需要我们用一种流动的方法去协调各个因素间的关系，使得项目、单位工作更为顺利的发展。

资源优化配置指的是在项目建设过程中将整个项目视为一个系统，根据系统各个部分的运行情况进行各种资源的动态调整与优化配置，确保项目多个目标的协调一致和整体效益最优。资源优化配置包括人力资源、资金、设备、材料供应、施工队伍保障等多个方面。

项目目标控制是指在实现以建设项目为行为对象目标的过程中，建设项目按预定的计划实施，在实施的过程中会遇到许多干扰，行为主体通过检查收集到实施过程的信息，将它与原计划比较，发现偏差并采取相应有效的措施纠正这些偏差，从而保证施工项目计划正常实施，达到实现施工项目目标的全部活动过程。项目目标控制的行为对象是建设项目，控制行为的主体是项目经理部，控制对象的目标构成目标体系；施工项目目标控制的要素包括：施工目标、控制目标、控制主体、实施计划、实施信息、偏差数据、纠偏措施、纠偏行为，施工项目控制的目的是排除干扰，实现合同目标，因此可以说施工项目控制是实现施工目标的手段，项目目标控制的意义在于它对于排除干扰的能动作用和保证目标实现的促进作用。

阶段考核是指对本项目实施过程中各个行为主体的考核，注重对项目实施过程的考核与控制，通过阶段考核了解不同时间段、不同标段工区的工作进展状况，及时了解项目实施过程中不同阶段遇到的各种问题，以便为项目决策层实施对项目的动态控制提供依据。

（2）本项目的运行机制。

① 总部服务控制。建立了完善的管理体系和决策机构，对项目进行全方位的监督、调节、有效控制，提供完善的服务，使项目管理规范化。

② 项目授权管理。企业法人对项目实行授权管理，项目经理作为企业法人代表在授权范围内行使职权，实现总部的决策意图和企业对业主的合约承诺。

③ 专业施工保障。充分发挥我单位的综合技术实力，内部专业化公司为项目施工和总承包管理提供专业化保障。

④ 社会协力合作。充分利用专业化分工与协作及合格供应商等社会资源，实现工程项目的总承包管理，全面实现工程项目的综合目标。

（3）组织机构“两层分离，三层关系”。

“两层分离”即管理层与作业层分离，“三层关系”即项目层次与企业层次的关系，项目经理与企业法人代表的关系，项目经理部与劳务作业层的关系。

（4）管理思路。

按照集团“五位一体”及“四保一树一控”目标要求，结合集团大项目管理的理念，不断探索工程总承包模式下高速公路项目管理经验。全面推行现代化工程建设管理，保证各项目标任务均按既定目标稳步推进。

3.1.2 总承包管理的项目策划

1. 投标文件交底

香丽高速公路工程项目中标后，集团有限公司从以下方面对工程总承包项目经理部进行投标文件交底。

（1）工程概况、现场条件及当地资源初步调查介绍、业主情况；

（2）投标过程情况（含答疑、补遗）、合同类型、主要经济指标、计量方式、报价要点、价格水平、预期利润水平等；

（3）后期变更预估、索赔方向、与业主达成的合同补充约定等；

（4）签约过程双方争议的焦点问题、风险提示、履约过程中应注意的问题。

2. 管理组织机构与职责的确定

根据招投标文件中工程的总体概况，确定下设工区项目部，明确工区项目部的职责。工区项目部在总承包项目经理部的领导下，协助总承包项目经理部管理工程项目。

3. 施工调查

为了解工程项目的全貌和技术特点，确定合理的施工部署和施工措施，为制定前期策划方案、编制切实可行的实施性施工组织设计、施工预算及变更设计提供依据，云南建投集团有限公司工程总承包项目经理部对香丽高速公路工程完成施工调查。由总承包项目经理牵头，组织总承包各职能部门及工区项目部，就技术、质量、安全、设备物资、征迁保通、合同等完成施工调查。

4. 管理交底

总承包项目经理部组织技术、质量、安全、设备物资、征迁保通、合同、综合办相关部门依据施工调查报告从以下方面对总承包各职能部门及工区项目部进行管理交底。

（1）技术管理、进度管理、成本管理、安全质量环保管理、物资设备管理、科研管理、财务管理、法律事务管理、变更索赔管理、业绩考核及党群工作管理相关内容；

（2）投标期间掌握的设计资料、现场情况、建设单位要求和投标文件，集团公司相关管理文件；

（3）项目管理需要确保的各项指标；

（4）可供参考的企业科研成果、工法专利、技术总结等工程技术资料；

（5）工区项目部在施工过程中及项目竣工后需要上报的各类资料清单，各种管理要求。

5. 组织施工

各工区项目部在收到总监理工程师下发的开工令后，根据施工调查编制的施工组织设计、管理交底等组织工程的实施。

3.1.3 香丽高速公路施工总体规划

1. 施工队伍部署及任务划分

根据施工总承包的施工范围以及主要工作内容、工程数量，按照“统筹规划、均衡生产、平行施工、立体展开”的原则，采取扁平化管理模式，全线内划分 13 个土建工区项目部、1 个路面工区项目部、4 个交安工区项目部、1 个机电工区项目部、3 个绿化项目部、1 个砂石料供应部、1 个沿线设施项目部、1 个钢构项目部、1 个物流项目部、2 个安装项目部及建机厂项目部和混凝土项目部。

2. 施工大临设施布置

（1）施工总体布置。

布置原则：减少临时设施，减少施工用地；进场道路与既有公路结合布置，施工便道保证风雨无阻，运输畅通；临时房屋符合劳保、防火防洪要求，火工材料库与人群保持安全距离。项目部总体布置如图 3-1、图 3-2 所示。

（2）临时驻地。

各工区项目部设在交通方便的道路旁，新建活动板房、租用民房作为项目部驻地，项目部所有设施均按标准化要求建立，设有办公房屋、生活住房、食堂、澡堂、厕所、活动室、医务室、供电、供水、通信、排水系统等设施。各工区项目部下设若干工区驻地，设置相应生活配套设施，在桥梁、隧道各施工工点安排一定数量的生产、生活用房。

（3）施工道路。

由于本工程线路较长，施工便道分三级布置，即主要进场道路、次要进场道路和场内便道，其中主要进场便道连接场外道路与各个施工工区，次要进场便道连接场内便道与主要进场道路、场内道路连接次要进场便道和各个施工点，其中次要进场便道和场内便道根据现场实际情况布设，设计进场道路已由原省公路局业主招标修建了部分，因地质情况复杂、地形艰险、施工难度大，目前未修通，将由总承包单位继续修建进场道路。主要进场便道特性统计表如表 3-1 所示。

表 3-1 临时道路规划表

序号	便道名称	起止桩号		长度/km	简要描述
		起点	止点		
1	A1-1	K0+000.000	K3+701.860	3.702	起点岩羊村，止点古那湾 1 号隧道终点
2	A1-1 支线	K0+000.000	K2+968.230	2.968	起点接 A1-1 K2+900，止点古那湾 4 号大桥处
3	A1-2	K0+000.000	K6+194.447	6.194	起点新联村，止点开达古隧道起点处
4	A1-3	K0+000.000	K5+13.863	5.137	起点热水村，止点开达古隧道起点处
5	A1-4	K0+000.000	K4+300.000	4.300	起点长胜村，止点上长平隧道起点处
6	A1-6	K0+000.000	K6+651.313	6.651	起点接 A1-7 K3-362.6，止点上长平隧道终点处
7	A1-6 支线	K0+000.000	K1+263.190	1.263	起点接 A1-6 K6+000 止点彪水岩 2 号隧道起点
8	A1-7	K0+000.000	K9+000.000	9.000	起点接老 214 线，经上补洛隧道起点，止点昌格洛隧道终点处
9	A1-8	K0+000.000	K3+028.806	3.029	起点接老 214 线俩家村处，止点星明 1 号大桥处
10	A1-9	K0+000.000	K2+037.483	2.037	起点接老 214 线，止点上元 3 号大桥处
11	A1-10	K0+000.000	K1+402.126	1.402	起点接大丽高速松园桥连接线 K12+720，止点鸿文 3 号大桥处
12	A2-1	K0+000.000	K5+623.433	5.623	起点接老 214 线，止点上补洛隧道终点 K56+235 处
13	A2-2	K0+000.000	K8+750.000	8.750	起点松鹤桥，止点洼里别隧道止点
14	A2-2 支线 1	K0+000.000	K2+169.999	2.170	起点 A2-2 主线 K8+233.484，止点白岩子隧道起点 ZK60+935
15	A2-2 支线 2	K0+000.000	K3+018.481	3.018	起点 A2-2 主线 K2+297.561，止点海巴洛隧道起点 ZK56+715
16	A2-4	K0+000.000	K6+787.741	6.788	起点螺蛳湾，止点排坝隧道止点
17	A2-4 支线	K0+000.000	K2+105.064	2.105	起点接 A2-4 K6+149.993 止点排坝隧道起点
18	A2-5	K0+000.000	K5+720.000	5.720	起点宝山水库下游 1.5 公里处，接 214 线，止点排坝隧道出口
19	A2-5 支线	K0+000.000	K6+921.400	6.921	起点起于 A2-5 段 K3+897.016 处，止点红石哨隧道止点
20	A3-1	K0+000.000	K0+387.887	0.388	起点在关防村附近接老国道 214，止于 K0+388。后期主线施工，可考虑延伸至关防 3#桥台起点位置
21	A3-2	K0+000.000	K0+282.205	0.282	起点在关防村附近接老国道 214，止于 K0+282

续表

序号	便道名称	起止桩号		长度/km	简要描述
		起点	止点		
22	A3-3	K0+000.000	K0+946.059	0.946	起点在关防村附近接水泥机耕道
23	A3-4	K0+277.169	K0+837.205	0.560	起点接老路，K0+312 处设钢便桥
24	A3-5	K0+000.000	K0+863.738	0.864	起点接老国道 214，路线沿机耕道下坡
25	A3-7	K0+000.000	K1+336.774	1.337	起点在木鲁你接碎石机耕道，全线构造物为钢便桥 1 座，圆管涵 3 座
26	A3-8	K0+000.000	K0+685.529	0.686	起点接老国道
27	A3-9	K0+000.000	K0+729.305	0.729	起点接老国道
28	A3-12	K0+000.000	K5+979.280	5.979	起点接老国道 214

（4）施工人员安排及保证措施。

① 施工人员安排。

专业技术工人的来源：充分考虑本工程的特点，综合考虑工期目标和施工工艺方法等，以结构合理、高效精干、技术素质高、专业对口、施工经验丰富、各工种搭配科学合理的原则进行劳动力配备。根据本工程劳动力需求计划，从集团公司范围内选派施工经验丰富、综合素质高，并经过相关知识培训的管理干部、专业技术人员和技术工人投入本工程施工。

岗前培训：岗前培训是所有员工必须履行的程序。针对不同的对象进行培训内容的组合，做到有针对性、有目的性、有效果，实现施工人员持证上岗。

② 劳动力组织及配置计划。

施工队伍以熟练技术工人为骨干组成，工种配备齐全。参建队伍将抽调思想稳定、身体素质好、施工经验丰富的职工组成。进入施工现场的人员，做到先培训、后上岗。培训内容主要有安全生产、质量意识、施工规范、操作规程、验收标准、环境保护、文明施工、劳动保护及法律法规等，以提高员工综合素质。管理人员和技术人员均有大专以上学历，且从事过类似工程的施工；技术人员经验丰富，技术过硬，具有较高的理论水平；管理人员精干高效，年富力强。

③ 劳动力保证措施。

一般期间劳动力保证措施：用人单位与劳务队伍签订协议，完善用工制度。劳务协力队伍与每位员工签订劳动协议，明确其权利、义务和责任；完善和提高劳务人员的工资和福利待遇，并及时支付劳务工资；在劳务队伍之间开展劳动竞赛，优胜者给予物质奖励；在劳务队伍中建立工会组织，帮助劳务队伍维护其应有权利和义务。

农忙季节劳动力保证措施：对家在农村的，首先进行思想动员，让每位参建员工明确工期和信誉对公司的重要性，提前安排好家中的农活，做到农忙季节不回家，同时对坚持施工的职工给予一定的农忙补贴，让其安心工作。

春节期间劳动力保证措施：在春节期间动员赶工的施工人员和管理人员为工程建设坚守岗位，在确保施工正常进行的条件下，有序安排职工在春节期间轮流休假，或在适当的时期安排调休，尽量错开休假高峰期，同时对坚守岗位的职工给予适当的经济奖励，保证本工程建设的需要。在特殊时期，必要时从公司类似工程作业队伍中调配施工作业人员，保证本工程的施工需要。

（5）施工机械、设备配置计划。

拟投入的主要施工机械设备配置及进场计划如表 3-2 所示。

表 3-2　主要施工机械设备

序号	名称	规格	数量	进场时间
1	塔吊	160 t·m	10 台	2015 年 7 月
2	电梯	双箱	6 部	2015 年 7 月
3	电梯	双箱	2 部	2015 年 7 月
4	钢筋加工车间	10 t 桁车	26 台	2015 年 7 月
5	钢筋加工设备		26 套	2015 年 7 月
6	卷扬机	25 t	30 台	2015 年 7 月
7	卷扬机	20 t	50 台	2015 年 7 月
8	卷扬机	10 t	60 台	2015 年 7 月
9	卷扬机	5 t	30 台	2015 年 7 月
10	缆索吊		1 台	2015 年 7 月
11	履带吊	150 t	1 台	2015 年 7 月
12	汽车吊	25 t	40 台	2015 年 7 月
13	汽车吊	50 t	40 台	2015 年 7 月
14	倒链	20 t	150 个	2015 年 7 月
15	平板车		20 台	2015 年 7 月
16	装载机	50	150 台	2015 年 7 月
17	运梁台车		30 套	2015 年 10 月
18	履带吊	50 t	15 台	2015 年 7 月
19	水泵		40 台	2015 年 7 月
20	发电机	300 kW	80 台	2015 年 7 月
21	变压器	630 kVA	30 台	2015 年 7 月
22	变压器	800 kVA	30 台	2015 年 7 月
23	变压器	1000 kVA	20 台	2015 年 7 月
24	混凝土输送泵	60	40 台	2016 年 8 月
25	混凝土输送泵	80	40 台	2016 年 8 月
26	混凝土搅拌车	8 m^3	120 台	2015 年 7 月
27	布料机		8 台	2015 年 7 月
28	紧缆机		2 台	2018 年 1 月
29	缠丝机		2 台	2018 年 1 月
30	矿用出渣车		180 台	2015 年 7 月
31	挖掘机	1.5 m^3	120 台	2015 年 7 月
32	装载机	2 m^3	50 台	2015 年 7 月

续表

序号	名称	规格	数量	进场时间
33	洒水车	8 000 L	20 台	2015 年 7 月
34	混凝土搅拌站	HZS90	40 台	2015 年 7 月
35	龙门吊机	10 t	40 台	2015 年 7 月
36	龙门吊机	60 t	40 台	2015 年 7 月
37	龙门吊机	80 t	40 台	2015 年 7 月
38	架桥机	HZQ40/160B	40 台	2017 年 4 月
39	T 梁模板		80 套	2017 年 3 月
40	汽车吊	QY35	30 台	2015 年 7 月
41	履带吊	SCC500E	20 台	2015 年 7 月
42	平板汽车	EQ141	40 台	2015 年 12 月
43	运梁台车（T 梁）		50 台	2017 年 6 月
44	张拉千斤顶	YCW 系列各种吨位	40 套	2017 年 1 月
45	真空压浆机	YJJZ、CZB	40 套	2017 年 1 月
46	循环智能压浆设备	HT-19	40 套	2017 年 1 月
47	预应力智能张拉设备	AHCK-500F	40 套	2017 年 1 月
48	数控钢筋弯曲机	G2L32X	26 台	2015 年 7 月
49	数控钢筋调直、切断机	STM-D-12	26 台	2015 年 7 月
50	隧道台车		54 台	2015 年 7 月
51	自卸汽车		160 辆	2015 年 7 月
52	变压器	630 kVA	26 台	2015 年 7 月

（6）主要测量、试验仪器设备配置及进场计划。

拟投入的主要测量、试验仪器设备配置及进场计划如表 3-3 所示。

表 3-3　主要测量、试验仪器设备

序号	仪器设备名称	规格型号	单位	数量	进场时间
1	全站仪	2″	台	45	2015 年 7 月
2	GPS 接收机	徕卡 GS10	套	26	2015 年 7 月
3	水准仪	S3	台	40	2015 年 7 月
4	万能材料试验机	WE-1000	台	15	2015 年 7 月
5	压力试验机	YE-2000	台	26	2015 年 7 月
6	水泥恒应力试验机	TYA-300	台	13	2015 年 7 月
7	抗压抗折试验机	KZ-100	台	13	2015 年 7 月
8	烘箱	CS101-3	台	26	2015 年 7 月
9	CBR 试验装置	HW-3601	套	13	2015 年 7 月
10	弯沉仪	5.4 mm	套	13	2015 年 7 月
11	亚甲蓝叶轮搅拌机	xf3100j-3 型	台	13	2015 年 7 月

续表

序号	仪器设备名称	规格型号	单位	数量	进场时间
12	混凝土搅拌机	HT-60，60l	台	13	2015 年 7 月
13	混凝土振动台		台	26	2015 年 7 月
14	混凝土抗渗仪	SY-2	台	13	2015 年 7 月
15	混凝土压力泌水仪	SY-3	台	13	2015 年 7 月
16	混凝土弹性模量测定仪	ZC3-A	台	13	2015 年 7 月
17	混凝土电通量测定仪	NEL-PER	台	13	2015 年 7 月
18	混凝土快速冻融试验机	KDR-A5	台	13	2015 年 7 月
19	砂浆搅拌机	JJ-5	台	13	2015 年 7 月
20	自动双端面磨平机	DQ-1	台	13	2015 年 7 月
21	自动岩石切割机	DQ1-4	台	13	2015 年 7 月
22	混凝土钻芯机	HZ-20A	台	13	2015 年 7 月
23	混凝土钻芯机	HZ-15	台	13	2015 年 7 月
24	养护室自动装置		台	13	2015 年 7 月
25	试验用高速搅浆机	NJ-160	台	13	2015 年 7 月
26	电动抗折试验机	DKZ-500	台	13	2015 年 7 月
27	压碎值仪	EP-33071	台	13	2015 年 7 月
28	负压筛析仪		台	13	2015 年 7 月
29	坍落度测定仪	HGC-1	台	26	2015 年 7 月
30	混凝土标养室	恒温恒湿	间	26	2015 年 7 月
31	钢筋混凝土保护层测定仪		台	13	2015 年 7 月
32	标准养护箱	YH-40B	个	26	2015 年 7 月
33	电动鼓风恒温干燥箱	101B-2	个	26	2015 年 7 月
34	混凝土试模	15 cm×15 cm×15 cm	套	1 000	2015 年 7 月
35	砂浆试模	7.07 cm×7.07 cm	台	500	2015 年 7 月
36	坍落筒	10×20×30	台	100	2015 年 7 月
37	雷氏夹测定仪	LCY-1	台	13	2015 年 7 月
38	针片状规准仪		台	1	2015 年 7 月
39	震动式标准振筛机	ZBSX-92	台	1	2015 年 7 月
40	砂子标准筛	直径 30 mm	台	26	2015 年 7 月
41	石子筛	直径 30 mm	台	26	2015 年 7 月
42	电动摇筛机	BS	台	13	2015 年 7 月
43	天平	0.001～0.1 g	台	60	2015 年 7 月
44	台称	15 kg	台	26	2015 年 7 月
45	磅称	50 kg	台	13	2015 年 7 月
46	雷式沸煮箱	FZ-31A	台	26	2015 年 7 月

续表

序号	仪器设备名称	规格型号	单位	数量	进场时间
47	砂浆稠度仪	SC145	台	13	2015 年 7 月
48	胶砂试模	4 cm×4 cm×16 cm	台	60	2015 年 7 月
49	胶砂抗压试验夹具	40 mm×40 mm	台	26	2015 年 7 月
50	量筒	5 ~ 1000 mL	台	150	2015 年 7 月
51	水泥细度负压筛析仪	FYS-150B	台	13	2015 年 7 月
52	水泥负压筛析机	FSY-150B	台	13	2015 年 7 月
53	水泥标准稠度仪	SC145	台	13	2015 年 7 月
54	水泥胶砂振实台	ZS-15	台	13	2015 年 7 月
55	水泥胶砂流动度仪	NLP-2	台	13	2015 年 7 月
56	水泥凝结时间测定仪	150	台	13	2015 年 7 月
57	冷弯冲头		台	13	2015 年 7 月
58	标准击实仪器	轻重型	台	13	2015 年 7 月
59	土壤筛	直径 30 mm	台	26	2015 年 7 月
60	土壤含水量测定仪	HYL-30	台	13	2015 年 7 月
61	土壤含砂量测定仪		台	13	2015 年 7 月
62	核子湿密度仪	DTS-3	台	13	2015 年 7 月
63	液塑限联合测定限仪	CYS-2	台	13	2015 年 7 月
64	钢尺式收敛计	XB-200	台	13	2015 年 7 月
65	多点位移计	XB-190	台	13	2015 年 7 月
66	钢筋应力计	GJL-2	台	13	2015 年 7 月
67	孔隙水压力计	XB-140	台	13	2015 年 7 月
68	地质雷达	SIR-20	台	10	2015 年 7 月
69	断面仪	徕卡 JWDM-1	台	10	2015 年 7 月

（7）施工总体进度计划。

香格里拉至丽江公路总工期为 54 个月。拟开工日期为 2015 年 8 月 1 日，拟完工日期为 2020 年 2 月 28 日。具体开工和完工时间以合同文件规定为主。主要工程进度计划如表 3-4 所示。

表 3-4　总体施工计划

序号	项目名称	工期/日	开始时间	完成时间
1	路基工程与其附属工程工期	1 000	2015 年 8 月 1 日	2019 年 5 月 28 日
2	桥梁工程	1 510	2015 年 8 月 1 日	2019 年 12 月 2 日
3	隧道工程	1 380	2015 年 8 月 1 日	2019 年 5 月 25 日
4	路面工程	549	2015 年 8 月 1 日	2019 年 6 月 31 日
5	环保、绿化工程	1 480	2015 年 8 月 1 日	2019 年 9 月 2 日
6	沿线用房、供配电及照明系统	370	2015 年 8 月 1 日	2019 年 10 月 4 日
7	监控、通信、消防三大系统工程	360	2015 年 8 月 1 日	2019 年 12 月 30 日

3.1.4 香丽高速公路施工的统筹安排

香丽高速公路总承包项目部严格按照集团的统一生产管理、统一调度、统一技术、统一配方、统一原材料的“五统一”原则，对工程主材实行统一供应，对主要构件进行集中加工统一供应，对特种设备统一供应、统一安装，并建立了统一的信息管理平台，对项目各项管理进行集成。

香丽高速公路总承包项目部对全线的混凝土拌和站及砂石料厂进行统一规划、统一布置，实行混凝土和砂石料的统一供应，在香丽高速公路全线建成了 10 座现代化混凝土拌和站，共计 17 条现代化混凝土生产线，确保年生产能力达 2×10^6 m^3 以上。

香丽高速公路项目全线钢材、水泥、钢绞线、锚杆锚具等大宗统供物资实行统一采购、供应。沿线设有迪庆开发区老虎箐工业园区昆钢铁合金厂仓库和小中甸仓库 2 个物资储备仓库，有昆钢鸿达水泥、云南丽江西南水泥、拉法基（剑川）水泥等 3 个水泥供应合作厂家，确保物资供应，如图 3-1 所示。

（a）

（b）

图 3-1 大宗物资统一供应

香丽高速公路还对全线的各类预制梁板、注浆小导管、隧道钢拱架、隧道衬砌模板台车、各类桥梁墩台模板等实行集中生产，统一供应，如图 3-2 所示。

（a）

（b）

图 3-2 主要构配件集中生产、统一供应

除此之外，香丽高速公路还对全线使用的各种特种设备，包括隧道逃生管、压力容器、供配电设备等进行集中供应、统一安装、统一管理，如图 3-3 所示。

（a）　　　　　　　　　　　　（b）

图 3-3　特种设备集中供应

为提高项目的信息化水平，提高项目的管理效率，香丽高速公路还委托专业公司开发了专业化的公路建设管理信息系统，包含了投资管理、计量支付、物资管理、质量管理等多个模块功能，如图 3-4 所示。

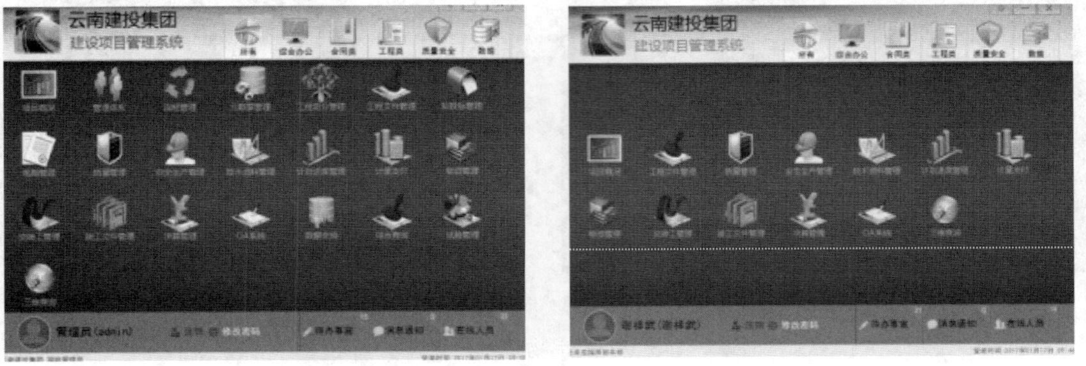

（a）　　　　　　　　　　　　（b）

图 3-4　香丽高速公路信息管理系统

3.2　高速公路 PPP 项目总承包合同管理

3.2.1　高速公路总承包合同管理的基本原则

合同管理是法律手段与市场经济调解手段的结合体，是工程项目建设管理的有效手段。通过对香丽高速公路总承包项目部的合同体系以及公司管理办法制度等的研究，归纳发现香丽高速公路合同管理遵循以下五项原则：

1. 权威合法原则

香丽高速公路总承包项目部是以云南建设投资控股集团有限公司的名义和各主体签订的合同作为最高行为准则的。合同规定和协调双方的权利、义务，约束各方的经济行为，从而确保工程建设的顺利进行；当双方出现争端，首先应按合同解决，只有当合同无法解决时才借助法律途径。

香丽高速公路总承包项目部各类合同都严格坚持依法原则，将总承包项目部的各项行为通过合同纳入法制轨道，使总承包项目部的各类合同从签订到履行以及争议处理的全过程都能守法、依法。在实际工作中，香丽高速公路总承包项目部坚决杜绝阴阳合同、垫资合同的产生，签合同时都认真做到确定合同对方具备法人主体资格，合同内容全部符合有关法律法规，合同签订过程都符合法定程序等，从而保证合同的真实性和有效性。

2. 自由平等原则

合同自由平等原则是在当合同只涉及当事人利益，不涉及社会公共利益时所运用的原则。香丽高速公路合同的自由平等原则体现在以下几个方面：

（1）自由平等的合同谈判。

在合同签订前，香丽高速公路总承包项目部都与各签订方进行平等自由的谈判，让各方表达自己的意思，然后决定是否签约。

（2）格式规范的合同内容。

合同的形式、内容、范围都是由双方在国家规定范围内商定的；合同的签订、修改、变更、补充、解除，以及合同争端的解决等由双方商定，必须取得双方一致同意。

3. 诚实信用原则

诚实信用是《中华人民共和国合同法》的基本原则。在签订各项合同时，香丽高速公路总承包项目部都尽力使签约方了解香丽高速公路以及香丽高速公路总承包项目部的基本情况，签约方也都提供真实可靠的信息和资料。同时签约双方真诚合作，正确全面地完成合同责任，尽量避免损失的发生和扩大。

4. 协作全面原则

香丽高速公路总承包项目部在签订各个合同协议时注重合同边界管理，并协调各个合同主体之间的权利义务，尽可能给对方履行合同提供相应的便利条件，充分体现了协作原则。这点可以从二期工程招标中得到体现。

香丽高速公路总承包项目部合同管理的协作全面原则体现在合同管理中就是实行“全员”“全方位”“全过程”的管理，从而切实有效地做好了公司合同管理工作。

5. 合理变更原则

合理变更原则是指在合同订立后，如果发生了订立合同时各方当事人都不可能预见并克服的情况，致使合同订立的基础发生改变，允许受影响的当事人变更合同或者解除合同。

其实，合理变更原则是诚实信用和自由平等原则的延伸，其目的在于消除因情势变更而带来的不公平后果。香丽高速公路总承包项目部在项目建设实施过程中，严格遵循此原则。

3.2.2 香丽高速公路总承包合同管理流程

香丽高速公路总承包项目部合同管理主要包括总承包部公司与施工单位、材料供应商和咨询机构签订的各类合同，合同管理流程主要包括下述内容。

1. 合同分析

合同分析是对工程承包、共同承担风险的合同条款、法律条款分别进行仔细的分析解释，同时也要对合同条款的更换、延期说明、投资变化等事件进行仔细分析，对于那些与业主有关的活动都必须分别存档，以防漏项。合同分析和工程检查等工作要同工期联系起来。合同分析是解释双方合同责任的根据，在订立合同的过程中要按条款逐条分析，如果发现有对本方产生风险较大的条款，要相应增加抵御的条款，并在项目施工全过程中划分阶段，分别以表格形式列出与合同相关条款的重要工作，分析可能产生的问题，提出处理对策与措施，并明确各相应工作的管理责任人，将合同分析的结果纳入存档。

2. 合同签约管理

合同签约管理包括合同谈判、招标准备、评审、招标与合同签订等活动。为保证香丽高速公路的顺利实施，在签约过程中，香丽高速公路总承包项目部充分做好包括合同谈判、拟稿等活动的纪录，以留作书面凭证；合同条款做到词义表达清楚；加入评审环节以实现云南建设投资控股集团有限公司对香丽高速公路总承包项目部合同管理的宏观管理与监控。

3. 合同执行管理

合同执行管理包括合同的进程管理与索赔管理。其中，进程管理主要有进度信息管理、质量信息管理、计量信息管理、支付信息管理四大管理模块；索赔管理则包括对一般意义上的索赔与变更的管理。

4. 合同终止管理

合同终止管理包括合同中止/终止以及合同结算。合同中止和终止后要进行结算和资料移交等工作。合同结算指根据结算日期汇总合同投资的各项信息，如合同金额、发生变更金额、累计完成投资额、累计进度款支付金额和剩余合同投资等。

3.2.3 香丽高速公路总承包合同管理措施

作为一个 PPP 项目，香丽高速公路的合同数量繁多，合同管理的任务繁重。依据合同管理流程，香丽高速公路总承包项目部专门设计各种措施，并且制定相应制度，对合同管理流程的切实执行提供了保障。以下几项措施在合同管理中得到了具体的运用。

1. 设立合同管理机构

合同管理机构是指香丽高速公路总承包项目部从上向下建立的一支专业管理队伍，对各类合同实行系统管理。针对本项目合同管理拟设置合同处负责项目的合同管理，由总承包项目经理直管，总经济师分管。

2. 完善合同管理制度

要使合同管理规范化、科学化、法律化，首先要从完善制度入手，制定切实可行的合同管理制度，使管理工作有章可循。总承包项目经理部成立后，根据总承包项目经理部的具体管理要求，由合同处负责起草《项目合同管理制度》，主要涉及项目合同在签订、交底、移交、实施计划、控制、综合评价、发放、借阅和归档的具体流程、要求，规范总承包项目经理部的合同管理。合同管理制度的主要内容包括：合同的归口管理，合同资信调查、签订、审批、会签、审查、登记、备案，法人授权委托办法，合同示范文本管理，合同专用章管理，合同履行与纠纷处理，合同定期统计与考核检查，合同管理人员培训，合同管理奖惩与挂钩考核等。

（1）合同评审制度。

为规范合同、降低风险和确保履约的目的，在合同签订之前，根据国家法律法规、公司的管理规定及生产经营管理能力，对合同所涉及的有关财务、技术、质量、安全、工期、价格及合作方资信等，由合同处组织相关处室进行评审，并报业主审批同意后方可签订合同。在各业务部门会签后，送交合同专门管理机构或法律顾问审查，再报请法人代表签署意见，明确表示同意对外正式签订合同。这样，通过严格的手续，使合同签订的基础更加牢靠。

（2）公司印章管理制度。

香丽高速公路总承包项目部都是以云南省建设投资控股集团有限公司的名义对外签订合同，云南省建设投资控股集团有限公司合同专用章是代表企业在经营活动中对外行使权利、承担义务、签订合同的凭证。因此，云南省建设投资控股集团有限公司对合同专用章的使用、保管都有严格的规定。凡外出签订合同应由合同专用章的管理人员与办理签约的人一同前往签约。如合同专用章管理人员利用合同专用章谋取个人私利，应追究其行政或法律责任。

（3）合同统计考查制度。

合同统计考查制度就是利用科学方法、利用统计数字反馈合同订立、履行情况。通过对统计数字的分析，总结经验教训，为企业经营决策提供重要的依据。

总之，香丽高速公路总承包项目部通过建立合同管理制度，做到管理层次清楚、职责明确、程序规范，从而使合同的签订、履行、考核、纠纷处理都处于有效的控制状态。

3. 强化合同的责任落实

合同关系是一种法律关系，一旦制订各方就应严格执行。香丽高速公路总承包项目部在强化合同的落实履行上采取了以下措施：

（1）合同履行第一步——合同分析。

合同分析是从执行的角度分析、补充、解释合同，将合同目标和合同规定落实到合同实施的具体问题上和具体事件上。由路桥总承包部的合同处以及香丽高速公路总承包项目部的合同管理处根据公司合同管理制度以及合同的规定，分别在公司层面和项目层面起到了主要作用。

① 分析合同漏洞，解释争议内容。

项目建设的情况是千变万化的，再标准的合同也难免会有漏洞，所以香丽高速公路总承包项目部在项目建设过程中认真找出漏洞并加以补充，以减少合同争端。由于合同争端往往是对合同条款理解的不一致引起的，所以香丽高速公路总承包项目部在对合同的条款进行认真分析的基础上做出必要的解释，并将这些措施贯彻于整个合同履行的始终，而不仅仅是签订合同之前的事。

② 分析合同风险，制定防范对策。

香丽高速公路总承包项目部认真界定和确认工程项目合同中所承担的风险是什么，风险影响程度大小，通过制定对策和措施去控制风险，从而规避风险。

③ 分解合同责任，落实责任到位。

香丽高速公路总承包项目部以会议与书面相结合的形式介绍各个合同的承包范围、各方的责任与义务、合同的主要经济指标以及合同存在的风险等，将合同责任进行分解，具体落实到各签约方。

④ 收集合同信息，掌握履行情况。

香丽高速公路总承包项目部合同管理人员通过积极收集各种材料的国内外市场价格，承包商消耗的人员、机械、台班、变更记录、支付记录、工程量统计等，以准确的数据统计和数据分析帮助应对变更和索赔争议的解决。

（2）合同履行第二步——合同控制。

合同控制指香丽高速公路总承包项目部的合同管理机构为保证合同所约定的各项权利义务的全面实现和完成，以合同分析的成果为基准，对整个合同实施过程的全面监督、检查、对比、引导及纠正的建设管理活动。

4. 协调合同的争端处理

在合同履行过程中，虽然对各方的权利、责任、义务、质量、计价、变更、索赔和风险等都已做了明确规定，但是由于当事人对合同条款理解的不同，在处理涉及各方经济利益的问题时可能会产生争端。争端解决方式是协商、调解、仲裁和诉讼。

规范争端解决方式应严格遵循以下程序：首先依据合同规定，正确理解合同条款的内容，查明争端产生的原因；其次由争端的双方确定争端解决方式，按照双方达成的解决方式进行处理。

争端解决首选方式应为协商。协商调解争端既节省费用和时间，又有利于双方合作关系的发展，保证合同顺利执行。这也是香丽高速公路总承包项目部在处理合同争端时采用最多的方式。当遇到特许权协议或融资合同方面的争端时，香丽高速公路总承包项目部在分析合同条款的基础上，采用谈判的方式解决争端；当遇到建设合同争端时就采取协商的方式，妥善处理各方的权力义务，分清合同边界。

其次是调解，在调解不成的情况下才能采用仲裁和诉讼的方式。解除合同是香丽高速公路总承包项目部采用过最严厉的一种处理方式。不论采用哪种方式，都应根据合同的规定或双方达成的协议去解决争端，维护各方的权益，保证合同的执行。

5. 规范合同的变更程序

合同变更广义上指任何对原合同内容的修改和变化。引起变更的原因有多种，如更改工程量、工程进度、质量标准，甚至更改合同主体。频繁的变更是大型建设项目的工程合同的显著特点之一。重大的变更可能会打乱整个建设部署，同时变更也容易引起合同争端。

常见的变更类型有费用变更、工期变更和合同条款变更（包括设计标准、设计内容等）

三种。最容易引起双方争议和纠纷的自然是费用变更。因为无论是工期变更，还是条款变更，最终都可能归结为费用问题。合同中通常会规定变更的费用处理方式，双方可以据此计算变更的费用。

6. 合同交底

合同签订后 5 个工作日内，由合同处负责组织相关合同履约管理部门和项目经理、项目总工、项目经营负责人等项目经理部有关人员进行合同交底。合同交底应包括项目基本情况、合作方特别关注的内容、非常规的合同条款、价格情况、其他投标单位的投标报价情况、双方的责任和义务、合同存在开口的部分、项目潜在风险等内容。

7. 合同分发

合同交底完成后 2 个工作日内，由合同处及时将合同资料及交底资料向项工区项目部进行合同分发，便于项目合同执行管理。

8. 合同借阅

合同处在签订合同后应即时建立合同台账，便于查阅和管理。总承包项目经理部人员因工作需要，需借阅合同资料原件，借阅人员须出具借阅报告，明确借阅资料、借阅事由、归还日期，并由借阅人员所在部门领导签字确认后方可借出合同资料。借阅人员要爱护合同、妥善保管，不得进行转借、拆装、涂改、抽改等行为。

9. 合同归档

合同履约完毕后，合同处汇总其他应归档资料原件后向公司办公室归档合同资料，接收人员在归档资料清单上签字确认接收，做到有据可查。

3.3 高速公路 PPP 项目总承包业务流程优化

3.3.1 业务流程理论依据

1. 项目业务流程的定义

关于业务流程的定义，有多种解释。阿梅（Hammer）认为业务流程是把一个或多个输入转化为对顾客有价值的输出的活动；达文波特（Davenport）则认为业务流程是一系列结构化的、可测量的活动集合，并为特定的市场或顾客生产特定的输出；ISO9000 规范将业务流程定义为一组将输入转化为输出的相互关联或相互作用的活动。

项目业务流程即围绕项目所进行的每个活动的投入、行为和产出的总体。有些流程非常简单，例如投入是水泥、砂石、水，行为是将它们放入混凝土搅拌站，产出就是混凝土。

2. 基于价值链的项目业务流程

（1）业务流程分类。

根据研究需要，可以从不同角度对业务流程进行分类，如表 3-5 所示。

表 3-5　项目业务流程的分类

划分角度	业务流程分类
价值链	核心业务流程、辅助业务流程
流程处理的对象	实物流程（人流、物流、资金流）、信息流程
组织内部活动	工作流程、行为流程、管理流程
流程跨越组织的范围	可自我完成的流程、与其他组织协作完成的流程、外判予其他组织的业务流程

（2）价值链理论。

价值链的概念是迈克尔·波特为了更好地分析企业竞争优势而提出来的。波特认为，每个企业都是进行设计、生产、营销、进货以及对产品起辅助作用的各种活动的集合，所有这些活动都可以用价值链表示。价值活动可以分为基本活动和辅助活动两大类。基本活动是涉及产品的物质创造及其销售、转移给买方和售后服务的各种活动；辅助活动辅助基本活动并通过提供外购投入、技术、人力资源以及各种企业范围内的职能以相互支持。初期波特关于价值链的论述是从企业内部来进行描述的，把企业内部的作业看成是一个价值创造过程的组成要素。约翰·沙恩克和菲·哥芬拉加描述的价值链涉及的范围更加广泛，任何公司的价值链包括价值生产作业的整个过程，这个过程包括从最初的供应商手里得到原材料直到将最终产品送到用户手中的全过程。这一论述从企业所在行业的角度描述价值链，把企业看成是价值生产过程的一个环节。根据以上研究的发展，波特又对价值链重新定义为一系列的价值创造作业，从基本的原材料到供应商、到生产者直到消费者的最终产品。这一定义将原来针对企业内部的价值链活动拓展到与企业生产过程相关的外部作业。从整体角度来看，价值链并不是一些独立活动的集合，而是由各种纽带联结起来的相互依存的一系列活动所构成的一个系统。当某一种价值活动进行的方式与成本影响到另一种活动的成本和效率时，这两种活动之间就存在联系。企业要想获得竞争优势，就必须对联系进行优化和协调。

（3）基于价值链分析的项目业务流程。

借鉴迈克尔·波特将企业活动分成基本活动和辅助活动的思路，项目活动也可以分为这两类。基本活动反映项目运作的基本链，是直接实现项目目标的过程，例如：融资、采购、施工等。辅助活动支持基本活动，例如：人力资源管理、后勤保障等。核心业务流程对应基本活动，决定和影响着项目的成败，直接创造项目价值。辅助业务流程对应辅助活动，通过对核心业务流程的支持间接创造项目价值。

3.3.2　香丽高速公路业务流程

依据香丽高速公路管控的范围与项目管理部的工作重点，以价值链理论为理论基础，可以得到香丽高速公路的核心业务流程与辅助业务流程，如图 3-5 所示。

1. 香丽高速公路资金管理流程

资金管理包括资金的筹集与使用。作为 PPP 项目，资金的融通是香丽高速公路项目成败的关键，因而资金管理流程是香丽高速公路中重要的核心业务流程。

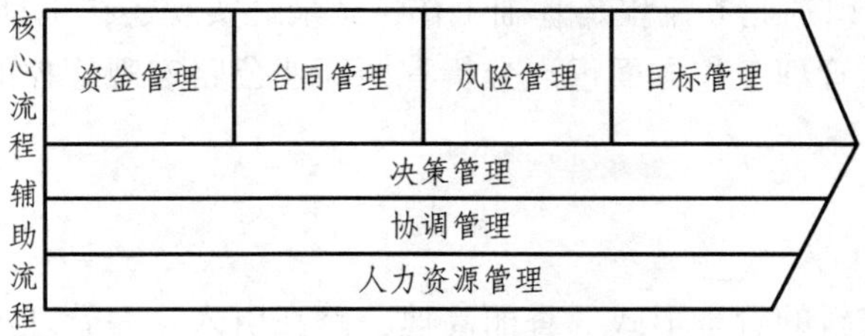

图 3-5　香丽高速公路业务流程

2. 香丽高速公路合同管理流程

合同管理包括对项目各类合同的拟定、谈判、签订、履行的管理，招投标也在其中。PPP 项目在某种意义上是一种复杂的合同安排，各类合同构成完整协调的 PPP 项目运行的依据和关系框架。因此，合同管理流程的作用至关重要，是香丽高速公路又一核心业务流程。

3. 香丽高速公路风险管理流程

风险管理流程是指对潜在的技术风险、经济风险、管理失误风险、政治法律风险、组织风险、不可抗力风险进行辨识、评估、预防和控制的过程。在 PPP 项目中，风险是项目各参与方最为关注的问题，如果不能识别 PPP 项目中的风险，对一些重点风险进行定量评估，并采取有效的预防与规避措施，项目成功就失去了保证，因此风险管理流程无疑是香丽高速公路的核心业务流程。

4. 香丽高速公路目标管理流程

目标管理包括传统项目管理所关注的内容，即香丽高速公路建设实施中质量、进度、资金以及安全的控制，是 PPP 项目得以良好运作的基础，因而目标管理也是香丽高速公路重要的核心业务流程。

5. 香丽高速公路决策管理流程

决策管理流程主要指公司经营计划、投融资方案、内部管理机构的设置、基本管理制度的制定及日常建设管理工作中的重大事项的决策程序。

6. 香丽高速公路协调管理流程

协调管理流程指工程全线的征地拆迁和环境保护工作，以及建设过程中与地方政府的协调工作的程序。

7. 香丽高速公路人力资源管理流程

人力资源管理流程指与人员招聘、培训、评价以及工资、福利相关的各种活动。

3.3.3　香丽高速公路的管控重点

香丽高速公路能否运行良好，关键因素之一是云南建投集团能否实现对项目实施的全面管控。明确工作范围、识别业务流程是基础工作，其最终实现还在于具体的管理手段与措施。下面从管理形式整合与管理工作方面重点分析香丽高速公路宏观管控的手段与措施，而两者的中心都是流程管理。

1. 管理形式整合

流程管理是一个较新的管理形式。香丽高速公路在引入这一管理形式的同时，并未完全放弃传统的科层等级管理和职能分工管理的形式，而是将三种管理形式进行了整合。

（1）科层等级管理。

实施科层管理，权力是诱导改变被管理者意志行为的力量。影响改变被管理者意志行为的方式主要是惩戒，这种惩戒主要来自经济利益上的剥夺。“运用激励机制，重奖重罚，鼓励先进，鞭策后进”一贯是香丽高速公路所采取的一项重要管理手段。对于施工单位，香丽高速公路充分利用奖励基金加大奖励力度。对于公司管理人员，则要求他们深入施工现场对工程进度滞后标段实施强力督导，在规定的期限内实现目标，并和他们的个人工资收入挂钩。

（2）职能分工管理。

实施职能分工，强调专业知识和专业技能的作用。中层管理人员的地位大大上升，他们不再仅仅是监工，而是有特长和技能的专家。组织职责界定清楚而僵化，彼此的协调和配合，主要通过指令来实现。这一形式在香丽高速公路的表现为：项目总承包管理部全权代表集团公司全权负责项目建设全过程施工、质量、安全、进度的组织实施和管理，项目总承包管理部通过职能部门对项目管理部的建设管理情况进行监控，项目总承包管理部在职权范围内充分发挥独立的建设管理权。

（3）流程管理。

实施流程管理，强调项目组织一切活动的中心只是服务于组织。内部职责分工不再僵化，项目组织是一个有机系统，按照团队形式运行。香丽高速公路项目总承包项目部的合同管理、风险管理、进度管理、质量安全管理、投资管理都设计了科学严谨的管理流程，从公司层到项目管理部，没有人拥有绝对不变的权力，每个人所服从的仅仅是由组织目标主导的流程。

（4）三种管理形式的整合。

管理没有所谓最好的形式，只有最适应的形式。因此，香丽高速公路项目总承包项目部根据实际情况，对三种管理实施了整合，可谓是对流程管理的创新。整合从以下两个层面进行：

一是结构整合，即对合同管理流程系统，主要实施以实现项目目标为拉动力的流程管理；对资金管理流程系统，主要实施以权力为推动力的科层等级管理；对目标管理流程系统，主要实施以专业技能为推动力的职能分工管理。

二是有机整合。所谓有机整合，也就是让项目组织像一个有机体一样，由大脑根据所感知的化学成分的变化，以及这种变化的意义做出对应的调整。

2. 管理工作重点

在这种以流程管理为主导，科层等级管理与职能分工管理为补充的管理形式下，为发挥公司和项目管理部双重管理模式下的机构效能，确保项目管理部在公司的监督、管理和控制下积极有效地开展工作，香丽高速公路总承包项目部宏观管控工作的重点有如下三个方面：

（1）促使工作规范。

主要通过流程管理促进工作规范化，通过四个步骤来实现。

① 流程知识和操作技能培训，包括基层员、中下层管理人员和中高层管理人员培训。这一步骤在项目组织内传递一种按程序办事的理念。

② 项目业务流程归纳清理，对现有工作方式进行流程描绘，把组织的现有做事方式用流程图直观地描绘出来，理清项目业务流程必须有的内容。这一步骤使项目组织上下都明确了该按怎样的程序办事。

③ 流程分析设计、履行和再造，即流程管理框架所涵括的内容。这一步骤使得按程序办事的习惯在工作过程中形成，初步实现了工作规范化。

④ 制度文件建设，每项工作都必须描绘出它的业务流程图，要有业务流程的具体文字描绘，这就是相对较细的流程说明文件；继而由它明确每一个流程之中的每一项活动的具体内容、标准、投入和最低要求的产出，构成一套制度文件。这一步骤使之前所形成习惯得以固化，最终促使项目组织的工作规范化。

（2）促成信息共享。

一方面，以前大部分项目组织都会有一些部门或工作人员，他们的工作仅仅是收集和处理其他部门或他人产生的信息。这种安排反映了一种旧思想，即认为低层组织的员工没有能力处理他们产生的信息。而流程管理的实施，使信息的拥有不再是一种特权，克服旧思想，对员工进行一定的培训，部分信息处理工作完全可以由低层组织的员工自己完成。另一方面，流程管理使项目组织各部门不需要重复地采集信息，而通过流程管理将信息资源整合，实现信息共享。

（3）促进组织协调。

整合的管理形式以全局最优为标准，强调打破原有的职能界限和任务划分，尽可能将跨越不同职能部门由不同专业人员完成的工作环节集成起来。当与流程关系最密切的人自己可以完成流程时，就会大大消除原有各工作界面之间的摩擦，从而促进了组织的协调，有助于宏观监管控的实现。

3.4 高速公路 PPP 项目总承包协调管理

3.4.1 香丽高速公路总承包项目的组织协调基础

1. 香丽高速公路总承包管理组织的合作模式

香丽高速公路总承包管理的组织合作关系模式包括三个层次：第一层是香丽高速公路投资开发有限公司与外部主体之间的关系，包括与政府部门、银行、当地群众等外部主体之间的关系；第二层是项目总承包项目部的外部合作关系，包括总承包部与设计、监理、第三方检测监测单位、咨询单位之间的合作关系；第三层是项目总承包项目部的内部合作关系，主要由云南建设下属的云南建设基础设施投资股份有限公司、路桥总承包部、云南建投下属各子公司、集团下属云南建机厂、云南建投物流有限公司、商品混凝土部、云南建投安装股份等集团内部企业之间的合作关系。

从项目管理的角度来看，香丽高速公路建设项目能否完成预期目标的核心在于做好项目的内部合作关系协调，即充分发挥集团内部子公司之间在协作方面的优势，降低项目交易成本，提高项目组织效率。它运用合作关系原理，借助现代信息和通信技术的强大支持，采用层级少、扁平化的管理组织方式和组织协调管理的方法，通过基于网络的项目共享式信息系统，实现项目建设成本低、质量好、进度快、利益相关者协调管理好、环境影响小等，达到合作双方共赢的目的。这种关系建立在信任、追求共同目标和理解各自的期望和价值观的基础上。

从香丽高速公路总承包项目组织的运行情况来看，建立成功的组织合作关系模式要以贯彻组织合作关系的基本宗旨作为建立合作组织的基本原则。以下为几个基本原则。

（1）共同目标原则。

香丽高速公路总承包管理项目部各参建单位的合作关系就是为了使合作各方的利益得到最大程度上的实现，而实现各自的利益，是以首先实现项目合作组织的利益为保证前提的。因此，组建项目组织合作关系模式时，首先要明确整体一致的目标，确保各参与者都能够认同组织的共同目标，并会全力以赴使各自的努力与组织的整体目标相一致。

（2）高效原则。

组织合作的目的之一就是为了实现达到最高的工作效率以及最好的成本效益。要实现这些目的，对组织结构和相关人员的配置和安排都必须达到“适其位，尽其用”。组织合作关系为能够充分利用和整合所有的项目资源（包括人力、物力）搭建了一个平台。但是，在组建合作组织时，要有效地利用资源共享的条件，充分发挥双方的优势，以项目的高效运作和实现为基础，对组织中各个部门和人员的设置以及各参与方对自身原有组织的人员配置实现尽可能地精简和有效，考虑各管理层和各自特点分工和设置。

（3）权责一致原则。

伙伴关系的效益之一体现在一定程度上的权力下放，使得承担相应责任的人也能对等地拥有相应的权力来合理地处理项目中的日常事务。只有这样，才能使得日常的各种指令关系清晰明了。跨级指挥和调度只能使得项目的工作关系更加复杂，直接负责相应事务的人得不到相应的权力，而不是直接负责的上一级人员，对项目间接控制和干预，但发生问题后又不能胜任问题的有效处理，这在很大程度上使得直接和间接两个层次上的工作都变得无效化。因为只有真正直接负责事务的人才能了解事情的整个过程，也才能在出现问题时对问题进行及时有效的处理。所以，不仅要他们承担责任，首先更要赋予他们可以承担责任的权力，实现权责一致。

（4）自愿性原则。

自愿性原则实际上是组建组织合作关系时的一条最基本的原则。要在各方都充分认识到组织合作能给自己带来比各自单干更高的效益，并愿意在坦诚沟通的情况下与其他方发展合作的关系，愿意考虑到不同的观点和意见，并能主动吸收他人更好的建议以实现项目的持续改进，愿意在出现矛盾或争端时，采取公开透明方式积极地协调解决问题。这样，不管对方有无组织合作的经验，都为参与组织合作关系做好了准备。

2. 项目组织协调管理的信用机制

香丽高速公路项目组织合作的成功，核心在于集团内部各参建单位之间能够密切合作，而集团内部各参建单位合作建设的最大优势在于信任。虽然各参建单位各自有自己不同的利益，但是大家都隶属于同一个集团，相互之间合作的历史、机会都很多，因此参建单位之间的共同利益和长期合作利益比较显著，而且云南建投集团作为上级单位还能够在更高的层次平衡各单位的利益。在这种背景下，参加单位之间具有良好的相互信任基础，在项目实施过程中更容易达成协作。基于这种信用的基础上，项目的组织协调管理才能够顺利开展，才能充分利用双方资源，根据各自的优势分工协作，部门设置合理，整个组织协调一致，共同为组织的总体目标努力。

信用是通过具体信用行为的实施和信用关系的形成以及信用制度的保障来实现的，由此构成了项目组织协调管理的信用机制。信用、信用行为、信用关系三位一体，是紧密联系、不可分割的。

（1）信用。

信用作为一种历史的社会的现象和特定行为，有多层次的含义，共同的特征是心理上的信任和行为上的按约行事，而在项目组织协调管理中的表现却是多种多样的。信用是项目组织中主观的品格素质和客观的偿付能力；它体现组织合作双方责任与权利等经济关系；信用带有对未来经济利益的一种心理预期和要求；信用体现价值偿付和利益实现原则。

（2）信用行为。

讲信用、遵守信用是信用行为的一种表现，与此相反也有失信和违信两种行为，前者侧重于客观上偿付能力所致，而后者主要趋向于主观意愿上的不讲道德、有意违反约定或进行欺骗等所致。在实际中，无论失信还是违信都是对承诺的违背，都没有履行偿付义务与责任，都给合作双方带来实际利益的损害。

（3）信用关系。

信用关系是在股东双方信用行为实施的过程中，出现了与信用相关的特定的经济关系，主要是双方在投资资金上的比例与项目运营后的收益分成，在资金上双方都要落到实处，而不能因为一方资金落实不到位，阻碍项目的建设进程。这种信用关系依赖于合同、制度和法律的保障，也就是双方签订的协议书，而协议书又是受到法律保障，具有法律效力的。

（4）信用制度。

这里所说的“信用制度”一词是指“制度安排”，是对信用行为及关系的规范和保证，即约束人们某一特定类型活动和关系的行为规则。这种制度安排可以是正式的，也可以是非正式的。前者如契约法、信用管理制度等，后者如信用观念、信用习惯等。香丽高速公路项目组织的信用制度主要是股东双方签订的投资合作协议书和股本金管理协议书。信用制度的一个主要功能在于减少组织协调管理中的不确定性，帮助组织形成稳定、可靠的预期。

信用意识、信用行为、信用关系和信用制度等的内在有机联系，构成了项目组织协调管理的信用机制。在组织协调管理活动中，信用意识具体化为各种信用行为，信用行为的发生必然产生信用关系，信用关系形成又进一步推动信用交易、信用行为的发生，从而构成了信用的发生执行机制，这是内在的。而这一机制在组织中的稳定和顺利运行常依赖于一定信用制度（如奖惩制）的保障，这是外在的。信用的发生机制和信用制度这两者结合在一起就构成了项目组织协调管理的信用机制。

因此，项目组织协调管理的信用机制可定义为：在国家法规、政策、双方签订的协议以及信用制度的约束下，项目组织协调管理中的各信用要素（包括信用主体、信用行为、信用关系、信用制度等）之间的内在有机联系与运行关系。香丽高速公路项目组织协调管理的信用机制与项目组织的临时性、组织主体的多样性、组织文化的特殊性、组织合作的阶段性和过程性等特点密切相关；香丽高速公路项目的组织协调能取得良好的效果正是由于参建单位之间长期稳定的合作关系形成了对临时性的项目组织的有益补充；企业之间的长期合作关系抵消了项目组织临时性带来的负面作用。

3. 项目组织协调管理的制度与文化

（1）项目组织协调管理的制度。

制度，从总体上来说，是指人们在行为中所共同遵守的办事规程或行为准则。更通俗地讲，制度就是社会成员的行为规范或共同认可的模式。制度可以分为非正式制度、正式制度和制度实施机制。

① 非正式制度。

非正式制度是人们在长期交易行为中形成的靠非正式约束来维持并具有持久的生命力的行为规则，包括信念、道德、习俗、信用意识等。从历史来看，在正式制度设立之前，人们之间的关系主要靠非正式制度来维持，即使在现代，正式制度也只占很少一部分，大部分空间仍由非正式制度来约束。非正式制度是正式制度的扩展和细化，但缺乏强制性。

② 正式制度。

正式制度是政府部门、正式组织制定的一系列的法规政策、契约规则等，它的实施是建立在非正式制度基础之上的，它以规范的方式界定人们在社会经济活动中可以干什么，不可以干什么。正式制度只有在社会认可，与非正式制度相容的情况下，才能发挥作用。把制度划分为正式的和非正式的，只是为了理论分析的方便，在实际经济生活中，很难分清正式制度与非正式制度对经济发展的共同作用。新制度经济学关于正式制度必须与非正式制度相容的原理，对项目组织协调管理的制度建设具有启发和指导意义。

③ 制度实施机制。

制度的实施机制是确保制度真正实施的配套机制。没有了实施机制，任何的制度尤其是正式制度将会形同虚设。项目组织协调管理的良好进行，需要提供一定的组织制度来做保障，通过制度安排来协调组织内各要素的功能及其相互关系。在组织制度与组织内外环境完全协调的前提下，项目协调管理才能发挥出最佳的功效，此时制度的效率最高。

（2）项目组织协调管理的文化。

组织协调管理本身也是一种文化，文化包含的意义很广，它本身是看不见、摸不着的，就像我们周围的空气一样。只有那些从一个组织或社会群体进入另一个组织或社会群体时，才能明显地感受到文化是什么。也就是当某个人从一个熟悉的文化环境置身于另一个完全不同的文化氛围中时，才能真正意识到他的行为方式、价值、观念、风俗习惯等存在着很大的差异。文化对人的行为有一种无形的约束力，即人在做某件事情的时候，受自己的信念、价值观、观念、教育程度等左右。

项目组织协调管理文化指存在于特定组织内具有公开性、集体性及共享性的意义系统，它使组织独具特色，用以有效处理组织内外存在的问题，使组织内气氛融洽，协调一致，共同为组织目标奋斗。共享意义系统是组织看重的关键，它包括一系列的特征，这些特征构成了组织协调管理文化的本质。

① 创新与冒险。通过协调组织内的人员进行创新与冒险。

② 注意细节。人员在多大程度上被期望做事缜密、仔细分析和注意细节。

③ 结果取向。管理层在多大程度上重视的是结果和效果，而不是为了实现这些结果所使用的技术和过程。

④ 人际取向。管理决策在多大程度上考虑到决策结果对组织内成员的影响。

⑤ 团队取向。协调管理活动在多大程度上是以团队而不是以个体进行组织协调管理。

⑥ 进取心。组织成员的进取心和竞争心的程度如何。

⑦ 稳定性。组织协调管理活动在多大程度上强调维持现状而不是成长和发展。

上面每一种特点都表现为一个从低到高的连续体。根据这几个特点来评价组织协调管理，就能得到组织协调管理的文化构成图。

3.4.2 香丽高速公路组织协调管理的范围和原则

1. 项目组织协调管理的范围

香丽高速公路项目组织的协调管理包括以下四个方面的内容：

（1）人际关系协调管理。

人际关系是一种最复杂的关系，管理者要协调好人际关系，主要解决人员之间在工作中的矛盾。人际关系协调主要在上下级部门领导之间、同级部门领导之间、同一部门内同事之间产生。

（2）组织关系协调管理。

组织关系主要解决项目组织内部的分工与配合问题，有纵向关系和横向关系。纵向关系，又分为对上级组织的关系和对下级组织的关系。横向关系，是指同级组织之间的关系，如公司办公室和财务部的关系。项目高速总承包项目部组织关系的协调主要从以下几个方面进行：结合虚拟组织和网络组织的优势设立了一种创新型的组织结构；通过《职责制度》限定各个部门的职责；通过组织机构制度明确各部门在工作中的相互关系；以会议制度为基础建立了信息沟通制度。组织关系的协调要注意：明确每个机构的职责；设置组织机构要以职能划分为基础；通过制度明确各机构在工作中的相互关系；建立信息沟通制度，制定工作流程图；根据矛盾冲突的具体情况及时灵活地加以解决。

（3）供求关系协调管理。

供求关系协调管理主要是指项目在整个建造阶段各供求方，包括施工单位、监理单位、材料设备供应商等，所有与项目的建造有直接联系的、影响项目建造的相关方之间的协调管理，通过各方之间的协调一致，保证项目顺利完成。所有参与项目建造的各供求方必须有一个共同的目标即顺利完成项目，倘使任何一方出现问题，都会影响整个目标的实现。因此对供求关系的协调管理也是组织协调管理的一个重点。香丽高速公路在实施过程中对各供求方都有明确的合同约束，各方关系协调很好，比如在资金上，与相关银行建立了良好的关系，使银行能够按时提供项目建设所需资金，确保资金即时到位，防止由于资金原因导致项目工期的滞后。另外，在材料设备供应方面，同样与供应商取得了协调一致，确保项目所需材料设备得以充分满足。

（4）相关配合关系协调管理。

相关配合关系协调管理主要指香丽高速公路投资开发有限公司与香丽高速公路总承包项目部在项目实施过程中明确双方各自的优势，合理进行分工，做好各自的职责任务，同时相互之间又信息共享、共同协作，为实现组织目标齐心协力。如香丽高速公路投资开发有限公司主要发挥融资、投资方面的优势，重点管控资金的到位情况和利用效率；而香丽高速公路总承包项目部则充分发挥其在施工项目管理方面的专业技能，强化现场控制，提供施工技术水平。

2. 项目组织协调管理的原则

由于项目组织内外的关系错综复杂，必然使组织协调管理工作千头万绪。而为了使组织协调管理工作能有条不紊地进行，就必须要确立若干行之有效的组织协调管理原则。

（1）统筹全局原则。

组织协调管理的目的在于实现组织整体功能和总体目标，因此管理者在进行协调管理工作时，必须从全局出发，把全局利益摆在第一位，提倡以全局为重，绝不允许以局部利益来损害全局利益行为的存在。当然，在坚持全局利益的前提下，也要兼顾局部利益。

（2）综合平衡原则。

进行组织协调管理时，不仅要使组织所属的各部门、单位和人员的职、权、利分明，忠于职守，而且还必须使组织所属的各部门、单位和人员密切配合、团结协作，防止顾此失彼和扯皮现象发生。

（3）主次有序原则。

对于组织协调管理时，要有主有次，有轻有重，有先有后，抓住重点，照顾一般。

（4）互相尊重原则。

组织内部的各部门之间以及部门的人员之间要相互尊重，互相理解，避免冲突发生。

（5）民主协商原则。

协调管理时，不能靠硬性裁决解决问题，而要发扬民主，提倡平等协商。

（6）求大同存小异原则。

在组织内，应该要允许在不影响组织目标实现的基础上，保留部门和个人的权利。

3.4.3 香丽高速公路项目组织协调管理模式及其费用和效益分析

1. 香丽高速公路项目组织协调管理模式

香丽高速公路项目的组织协调管理模式有两类，集团协调管理和项目协调管理。所谓集团协调管理是指由集团的分管领导通过会议等方式集中协调香丽高速公路实施过程中的权责分工事宜、重大决策事宜、重要矛盾冲突解决等问题。项目协调管理是指由香丽高速公路投资开发有限公司或者香丽高速公路总承包项目部主导的项目各参建单位之间的协调。因此，集团协调管理和项目协调管理的最大区别是前者是由外部力量主导的协调，而后者是项目组织内部自发、自主的协调管理工作，两种协调管理的方式不一样，但协调的目标一致，都是为了实现组织的目标。

（1）集团主导的协调管理。

香丽高速公路是云南省首条 PPP 融资模式建设的高速公路，也是云南建投首个高速公路 PPP 项目，因此在项目实施过程中，集团内部各参建单位之间如何合理分工，合理界定权责利的分配等工作均处于摸索阶段。同时，香丽高速公路建设条件复杂，施工难度大，社会协调难度高，因此在项目实施过程中，难免出现参建单位之间权责划分不明确、不合理等问题。当这些问题出现时，单纯依靠项目内部的力量是无法解决的，因此必须依赖集团层面来主导协调工作，对项目分工进行重新梳理，推动参建各方权责利分配的进一步合理化。

（2）项目层面的协调管理。

对于香丽高速公路常规问题的协调管理，可有项目组织内部进行协调，协调的方式灵活多样，包括正式的协调管理和非正式的协调管理。

① 正式的协调管理。

为及时沟通情况，准确掌握工程进度，制订了严格的会议制度，主要包括工地会议和现场协调会。

工地会议制度：工地会议旨在检查、监督承包商对本工程承包合同的执行情况，协调有关各方的关系，促进各方认真履行工程承包合同所规定的职责、权利和义务。会议由监理代表处主持，参加人员包括香丽高速公路项目管理部的负责人或代表、各级监理、承包商（项目经理和总工程师）及其他有关人员。

现场协调会制度：现场协调会议由总监理工程师或其代表主持，承包商出席，有关监理及施工人员酌情参加。会议的主题是对近期施工活动进行证实、协调和落实，主要研究施工进度计划，对发生的施工质量问题及时予以纠正，对其他重大问题只是提出而不进行讨论，另行召开专题会议或在工地会议上进行研究处理。

② 非正式的协调管理。

非正式协调管理是针对一些不算重大事务的协调管理，有时对于突发事件也有很重要的作用。这种管理模式灵活，工作效率高。

2. 香丽高速公路项目组织协调管理效益和费用分析

毫无疑问，组织协调管理能够带来巨大的经济效益，但也会增加管理的成本。正确而又积极的协调，是增加效益降低成本的关键。

（1）组织协调管理的效益分析。

香丽高速公路项目组织协调管理产生的效益可分为协同效应产生的效益、资源的互补效益、市场结构效益三种，如图 3-6 所示。

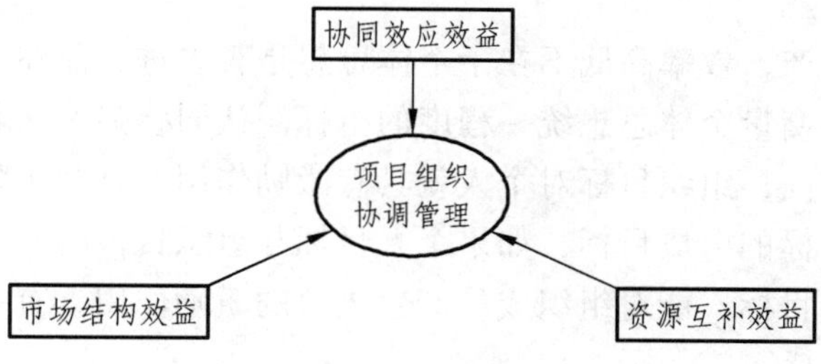

图 3-6　项目组织协调管理的效益

① 协同效应的效益。

组织资本也是一种生产要素，在市场经济中，企业可以从组织成本中获得收益。组织资本是一个中性的，它可以对企业有积极的影响，也可以对企业有消极的影响。组织资本可以分成三类：一是管理经验，主要是指组织内部的计划、组织、指导、控制以及财务管理等方面的知识和信息；二是产业特殊性的管理经验；三是非管理的劳动力资本，如生产工人的技术随着时间不断学习而提高，是在日常生产和经营过程中形成的。

企业的组织资本是企业特有的信息，转移到其他企业的成本较高，或者根本不可能。企业在一段时间内的投资和生产活动会形成下一阶段的更大的组织资本，并在公司内部保存起来，对未来的生产和经营效率起到了积极作用。组织资本一旦形成，其重要性随着时间的推移而在公司内部增加和积累起来。

② 资源的互补效益。

集团各参建单位在资源和能力方面存在较高的互补效应，例如投融资单位、总承包管理单位、传统的施工单位、物资材料供应单位、机械设备加工单位等之间存在很高的互补性。资源的互补效应是指通过协调企业的各个成员分别提供不同但又相互联系的资产，通过这种相互组合企业能够产生更大的效益。企业之间各种资源的相互作用在多次的反馈中是复杂的和非线性的。企业网络内部、企业之间的相互作用可以出现良性循环，保持企业网络的稳定，促进企业网络不断扩展。香丽高速公路组织通过协调，可减少不确定性的风险，以保持相对稳定，来获取超额利润。面对市场高度的不确定性，协调管理有保持内部相对稳定性的动力。

③ 市场结构效益。

根据协调-行为-绩效理论，协调对企业的绩效有重要的影响。通过协调管理可以有效整合企业资源，达到最大效益。另外，协调管理可以增加组织的稳定性，并且促进新的组织模式的发明和创造，为项目的顺利实施提供保证。

（2）项目组织协调管理费用分析。

决定组织协调管理费用的主要因素包括员工认同感、正规化程度、规模，是衡量一个组织中组织费用高低的三个主要维度。

① 员工认同感。

把成员对组织的认同感作为组织之间区别的一个标志，是从重视人的要素、人格化管理角度来说的，因为认同感本身是一种主观的感受，是员工对组织的目标、信仰、行为规范等的认可。协调管理学家莱本斯坦也认为组织的产出不在于机械设备的多少、空间的大小、资源的丰富度，而在于人的努力程度以及群体的协同程度。而个人的努力程度以及群体的协同程度又取决于个人和群体对整个组织的认同程度，所以说员工对组织的认同感是决定组织产出效率的一个关键因素。

企业生产是团队生产，效率高低不在于个体思想是否先进，而在于组织思想是否统一。认同感就是一个最好的衡量个体思想统一程度的指标。认同感强意味着员工的个人目标与组织目标的一致程度比较高，组织目标对个人就具有激励作用，有利于降低组织费用。组织目标是组织中所有个人目标的合成目标，如果个人目标与组织目标的一致程度比较高，组织就能达到一个更高层次的目标，能对组织成员产生更大的激励作用，有利于降低组织内部由于目标不一致而产生的内耗。

认同是信任的基础。认同感强则员工之间的信任程度高，有利于降低组织协调费用。而信任又是协调的基础。协调的过程其实是彼此之间明确权利和义务的缔约过程，这种缔约可能是口头的，也可能是书面的，而契约的签订和执行费用与彼此之间信任的高低是直接相关的。信任高则契约的签订和执行也相对容易，所以认同程度高，则组织协调费用低。认同感强有利于员工之间形成一种信任、微妙、亲密无间的关系。认同感强有利于降低组织中的信息费用。信息费用是组织费用的一个重要的组成部分。信息在传递过程中，肯定会产生失真。信息失真有客观原因，如人的理性有限、失误等，但主要是由于人们有意而为之，产生机会主义信息，如有意错传、漏传等。机会主义信息是由于员工之间的不信任，甚至敌对而产生的，所以认同感强有利于降低信息费用。

② 正规化程度。

所谓管理工作的正规化，就是在经营管理活动中，根据生产对管理工作的客观要求和管理科学自身的规律性，通过对各级管理部门或各类管理人员所承担的职能和业务进行分工，把为完成一项工作所必须遵循的步骤，用科学的路线确定下来的流程。正规化是指把完成一项工作的全过程按照严格的逻辑关系形成规范程序的标准化过程。一个组织中管理工作正规化的程度主要是指组织中按程序处理的工作占全部工作的比例。从上述程序的定义看来，管理的正规化与组织协调费用具有如下关系：

第一，正规化有利于降低权力成本。由于组织中的工作按程序来处理，个人利益或部门利益的代表就很难对决策过程施加影响；并且标准化的程序有利于节约决策过程中的理性，减少决策失误。所以正规化程度越高，组织中的权力成本越低。

第二，正规化有利于降低组织的学习成本。对任何组织来说，无论是管理经验，还是生产经验，最初都是以隐性的、分散的状态存在于职工个人的头脑中，随着职工岗位的变动，这些经验可能被忘记、丢失，留下的也是零散、不系统、不完整的经验，新来的员工必须从头开始学习、积累，经过较长时期的锻炼，才能胜任工作。这是组织知识的个人占有性和易逝性特征。另一方面，员工在实践中积累的知识应该是组织共有的财产，组织为这些知识的获得付出过巨大的代价，并且要求这些知识尽可能地流传下去成为新人的知识起点。这是组织知识的公有性和连续性特征。组织知识的这两方面的特征是相互矛盾的。而正规化则通过把组织在经营实践中积累的经验和技巧等隐性知识尽量书面化，有利于这些知识的传递、保存和继承，很好地解决了这个矛盾，降低组织的学习成本。

第三，正规化有利于降低组织中的协调费用和考核费用。正规化不仅仅是安排工作的先后次序，往往还要制定一些严格的工作目标和规范。制定目标和规范的过程也就是标准化。正规化与标准化是相伴存在的，没有标准不可能形成程序。因此，正规化实际包括工作先后安排和工作标准制定两个部分。工作顺序能减少各职位和各部门之间的协调，能减少组织内部横向和纵向的协调，有利于降低协调费用；工作标准的制定能减少监督、考核等费用。

第四，正规化有利于保持企业文化理念的一致性，有利于保持组织效率的相对稳定。企业文化的核心是企业精神和经营理念，而程序等规章制度是企业文化的体现。企业文化如果不保持稳定，就不利于企业的长远发展，所以就必须借助于制度、程序等文件把它们在一定程度上固定下来，不至于因领导人的变更而改变，不至于因个人看法的改变而改变。

第五，在经营管理中，很多活动是执行性的，要求具有连贯性和稳定性，而管理工作正规化就有利于保持这种稳定性和连贯性。因为程序是对个人与组织按照什么样的次序、方式与手段履行责任做出的规定，使企业日常管理的产出不至于受人为因素的影响，并且有利于企业高层预测下属的行为。当然，企业的文化不能一成不变，企业的制度程序也不能一经制定就永不修改。相反，为了使企业的经营理念与时俱进，管理水平保持先进，应不断修订自己的基本理念，及时调整企业的运行规则和程序。

③ 规模。

规模几乎与组织结构的所有特征指标都密切相关并且通过这些指标来影响组织费用的高低。

第一，人们对劳动分工专业化与效率的关系进行了详细的分析，并把它看作是提高效率的捷径。但专业化在提高单个工人生产效率的同时，也增加了生产工人之间的协调。劳动分工导致了效率和层级，这两者是一个硬币的两面，也就是说劳动分工在提高生产效率的同时，也增加了组织协调费用。

第二，虽然组织中的个人有专业化职位，但其边际产出的考核费用却很高，甚至考核不可能进行；组织生产是团队生产，产出是团队创造的，其个人的边际贡献更是难以确定。因此，在报酬与边际贡献不相关的情况下，难免引起搭便车行为，或引起员工对职位进行挑剔的行为，从而引起组织协调费用增加。

第三，劳动契约的一个显著特征是不完全性。事前雇主利用不完全契约取得雇员劳动力的使用权，事后对雇员的劳动力按自己的需要或意愿进行支配，这样经常引起雇主和雇员之间的劳资纠纷，增加组织费用。

第四，随着规模的增大，雇员数量的增多，为了提高管理效率，必然限制向管理者直接汇报的下级人员的数目；而管理幅度减小必然又导致管理层级的增加，这样等级制上的垂直分层、部门间的水平分化、部门的地域分布等都必然增大，组织协调费用也相应增加。

第五，每个科层组织中都存在一个专门的行政班子，在行政班子的成员中有所有者，但大部分是经营者。一般随着组织规模的增大，相应的行政班子的人数和层级都增多，与决策相关的代理费用增大。

第六，在行政班子中，不同层级和职位的报酬是不一样的，但由于考核方面的困难，不同层级和职位的贡献也很难准确确定，那么与职位相联系的报酬分配也就不一定能反应各职位的贡献，这样就造成各职位激励上的误差。

决定组织协调费用的三个因素（员工认同感、正规化程度、规模之间）是相互影响的，如图 3-7 所示。规模的大小会影响到员工认同感的高低，规模越大组织中各种利益团体就越多，垂直层级之间和平行部门之间的分化就越明显，员工总体认同感就越差，反之则员工总体认同感就越好。同时，规模越大，组织管理中的突发事件就越多，就越需要例外处理，正规化

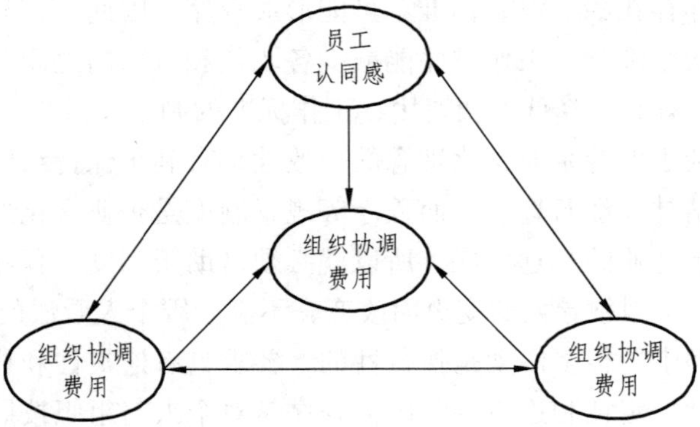

图 3-7　组织协调费用的影响因素

程度就越低。员工认同感越高，各种规章制度越易得到执行，工作程序运作得越顺利，正规化程度就越高，同时越有利于组织规模的增长。组织中各种规章制度和程序越合理、越周密，越有利于提高员工的认同感，越有利于组织规模的扩张。

3.4.4 香丽高速公路组织协调管理的有效实现途径

工程项目组织协调技术可分为通报技术、沟通技术、协商技术、谈判技术和冲突处理技术五大类。项目管理者要善于掌握运用这些方法与技巧，做好组织协调工作，以提高组织效率。

1. 项目通报

项目实施过程中，各参与单位之间、参与单位与相关组织之间都要不断地通知、汇报、请示并报告项目的进展情况，这些活动可以统称为通报。项目实施中如何把工程情况通报给项目上层组织、相关组织及个人，是项目协调的重要内容。每一个与项目相关的组织和个人需要得到有关工作进展的适当信息。缺乏信息使得相关的组织和个人不能有效沟通，信息过量又可能使相关的组织和个人淹没在大量不必要的资料之中，浪费时间。工程所需最低限度的通报，可以在合同或工作计划内确定，明确各种通报及其性质、范围和频次。对于一项工程，通报工作基本上有正式书面报告、非正式书面报告及信件、介绍、指导性的巡视、非正式会议和交谈等六种方法。

（1）正式书面报告。

正式书面报告是独立和完整的，便于长期保存，能提供工程的永久记录。同时，它能提供背景情况说明、相关评论以及了解工程各方面的情况。

（2）非正式书面报告及信件。

非正式书面报告及信件，用以让项目组织各参与方了解最近的工程进度完成情况、存在的困难及近期计划，通常编成日报、周报、双周报、月报或季报等。异常的重要情况发生时，提交补充的报告。

（3）介绍。

介绍相当于口头的正式报告，以项目会议的形式展开。介绍的目的是传达项目近期主要工作，取得当面交谈的机会。

（4）指导性的巡视。

指导性的巡视是指业主到工程现场检查工作，了解第一手资料，并予以指导。

（5）非正式会议。

非正式会议是最有效的通报方法之一，需产生一个双向的报告，即业主做的报告和参与方做的报告。

（6）交谈。

在工程实施过程中交谈，可以建立相互理解，一旦达到这种理解，可进一步采用正式报告的方式。

2. 项目沟通

沟通是项目管理系统所进行的信息、意见、观点、思想、情感与愿望的传递和交换，并借以取得系统内组织之间、上下级之间的相互了解和信任，从而形成良好的人际关系，产生强大的凝聚力。沟通是否有效取决于沟通过程中技术层面上的相关要素，它包括各参与者的参与程度，沟通氛围的营造，沟通制度的制定，各沟通主客体沟通策略与技能的应用及管理信息沟通平台的建设等。

（1）沟通范围。

项目需要有效的沟通以确保在适当的时间、以较低的代价使正确的信息被适当的人所获得。有效沟通包括信息的交换、传送信息的行为、口头或书面消息、有效地表达想法的技巧、相互之间通过简单明了的符号系统交换意见的过程等内容。

（2）沟通渠道。

项目沟通的渠道多种多样，而且往往相互交织在一起，共同发挥作用。

人际沟通渠道和组织沟通渠道：在项目内部，既存在人与人之间的沟通，也存在部门与部门之间的沟通。人际沟通和组织沟通是项目沟通的两种基本渠道。人际沟通是指两个或两个以上项目团队成员之间的沟通，在人际沟通中，信息一般是由一个人传递给另一个人或多个人，同时也包括人与人之间的相互理解，如项目负责人与团队成员、团队成员与团队成员之间的沟通，人际沟通主要是通过语言交流来实现，同时还包括情感和思想等的非语言交流、借助信息技术的交流等，良好的人际沟通是进行组织沟通的前提和基础。组织沟通是指部门之间、组织之间的信息交流、传递和理解活动，可通过正式沟通和非正式沟通进行沟通。

正式沟通渠道和非正式沟通渠道：所谓正式沟通渠道是依据正式规定的组织程序，按照权力等级链而建立起来的沟通渠道，如会议制度、报告制度等，其优点是信息可靠性强，有较强的约束力，缺点是信息的传递要通过多个层次，速度较慢。非正式沟通渠道是指不通过正常沟通渠道而进行的信息传递和交流，如团队成员之间私下的消息交流等。它是由于感情和动机上的需要而形成的，这些需要可能是因为工作而产生，也可能是由于外部的条件而产生。非正式沟通渠道比较复杂，信息经常会被曲解，与正式沟通渠道相矛盾，但有时也会成为正式沟通渠道的补充。非正式沟通渠道的优点是沟通方便，且能够沟通一些在正式渠道中难以实现的信息，缺点是信息容易失真。

语言沟通渠道与非语言沟通渠道：语言沟通渠道是利用语言、文字、图画等进行信息的传递和交流而建立起来的，包括书面沟通和口头沟通两种形式。非语言沟通渠道则是利用动作、表情、姿态等体态语言方式而建立起来的，通常包括身体语言沟通、副语言沟通和物体的操纵沟通三种形式。一个动作、一个表情、一个姿势都可以向组织成员传递某种信息，有时候非语言沟通在项目组织中所起的作用并不亚于纯粹的语言沟通。

应用信息技术的沟通渠道：随着项目组织的扩大以及信息复杂性的增加，许多项目为了把信息传递给更多甚至全部的项目成员，更倾向于应用信息技术，如多媒体、闭路电视、电子邮件、语音信箱、内部网络、网站、录像等，来提高信息沟通的互动性和快捷性。信息技术改变了许多信息加工、处理和发送的方法，利用信息技术进行信息沟通，意味着信息传递具有速度快、信息容量大、一份信息可以同时传递给多人的特点，而且往往由于不受时空范围的限制而使远距离的沟通更便利。信息技术促使项目的人际沟通和组织沟通、正式沟通和非正式沟通、语言沟通与非语言沟通有了飞速的发展和进步，但是与传统的语言沟通和非语言沟通相比，存在缺乏情感交流的缺陷。

（3）沟通反馈机制。

从沟通过程来看，反馈是双向沟通的一个重要环节，是整个沟通体系的核心部分。反馈机制的设计关键在于保证信息传递的流畅性、完整性和真实性，包括外部环境变化的反馈机制和内部的反馈机制。工程项目各参与方有责任提供有关项目实施信息，并保证其完整性与真实性，业主方按合同文件的规定对参与方的阶段成果进行评价和反馈。

3. 项目协商

协商是为了解决某些事情而与他人商量、商议，协商的基础是项目计划和有关文件以及规定的制度。组织内协商有两大要素，即合作和达到项目的目标。协商是实现协调的常用手段，更多地发生在个人之间。例如总包部领导与项目投资公司领导之间的有效协商，通过个人之间的协商，容易使个人所在的部门达到一致，有利于项目目标的实现。

（1）协商要素。

协商要素包括合作基础、满足双方真正的需求、双方受益、实现共同利益等。协商是通过正式的途径，双方交换信息，讨论、商议各自的让步与回报。这种行为使双方能够估计某一时刻可以提供多少信息和让步，以及预期得到多少回报。每一方都这样认为，他们的交换与让步应该大致平衡，直至双方对整个情况满意为止。

（2）协商技巧。

确定问题：对于协商者来说，重要的是双方都应确定好自己要进行协商的内容及条款。双方应列举所关切的事，并建立研究这些问题的程序或议事日程。

给协商参加者授权：既然协商实质上包含了相互让步，则协商者具有与做出让步相称的权力对双方都很重要。为了避免做出的让步大于得到的回报，每一方应该知道另一方的授权。

建立良好的愿望：良好的愿望有助于协商过程。良好的愿望，使得拒绝的可能性降低。良好的愿望，是由双方互相小心对待而发展起来的，也可以通过轻易地解决几个问题而发展。

请求更高的权威：有时候，一方发现与另一方进行协商时很困难，就会要求与一个更高的权威打交道。而且，更高的权威不应当答应单独协商，而是始终由原来参加协商的某些人陪同，这将避免对方试图重新协商老问题。

4. 项目谈判

谈判是为了达到双方均可以接受的局面而采取的行动，旨在就彼此认为很重要的问题、可能引发冲突的问题、需要合作才能得以解决的问题等达成协议。谈判通常是解决冲突的一种手段。谈判比协商的重要性或正式程度要高，或者说谈判是更高一级的协商。

在谈判过程中，应遵循认同原则、竞争原则、截止期原则、理解原则、让步原则等，以取得谈判的成功。

5. 冲突处理技术

尽管引发冲突的因素各式各样，不同的冲突源在项目的整个生命周期中呈现出不同的性质，但面对众多的冲突有五种基本的解决模式。

（1）撤出。

撤出或回避的方法就是尽量避免直接冲突，让卷入冲突的项目成员从这一状态中撤离出来，从而避免发生实质的或潜在的争端。

（2）面对。

直接面对冲突是克服分歧、解决冲突的有效途径。通过这种方法，项目组织成员直接正视问题、正视冲突，要求得到一种明确的结局。这种方法既正视问题的结局，也重视项目组织成员之间的关系。在这种情况下，项目组织成员之间的关系是开放的、真诚的、友善的。

（3）缓和。

这种方法通常的做法是忽视差异，在冲突中找出一致的方面。尽管这一方式能缓和冲突，避免某些矛盾，但它并不利于问题的彻底解决。

（4）妥协。

协商并寻求争论双方在一定程度上都满意的方法是这一模式的实质，主要特征是妥协，并寻求一个调和的折中方案。

（5）强制。

通常用在有竞争且"非赢即输"的情形下。直接解决冲突也是克服分歧、解决问题的一种途径，这是一种积极的冲突解决方式。

3.4.5 香丽高速公路组织协调的内容

香丽高速公路工程线路长，各参建单位数量多。总承包项目经理部管理 13 个土建工区项目部以及机电、交安、路面、绿化、沿线设施工区项目部，与业主以及设计、监理和第三方检测单位需要紧密配合。为保障香丽高速公路工程的顺利推进，在总工期内顺利完成各项预定的目标，总承包项目经理部建立完善的协调制度，确保与业主、设计、监理及第三方检测单位有效进行沟通。香丽高速公路的组织协调内容如图 3-8 所示。

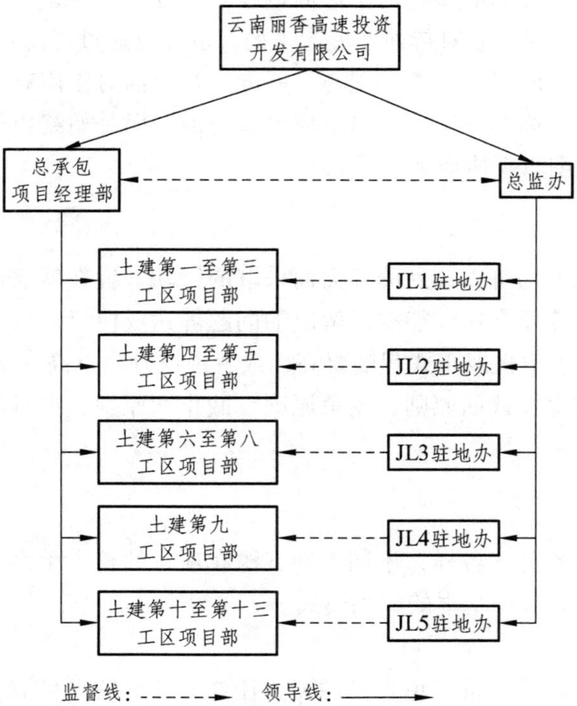

图 3-8 香丽高速的组织协调内容

1. 总包与业主的配合

工程项目开工后，以书面形式向业主提出建议方案，包括总承包及各工区项目部、专业分包方的主要工作内容、工作程序、工作原则、几方工作关系，以及总承包对总体进度计划、招投标计划、设备材料选型采购和加工计划、不同阶段要相关各方解决的重点问题等。

2. 总包与监理的配合

工程实施管理过程中监理单位受业主委托行使监理职责，总承包及工区项目部、专业分包方与监理单位全面良好的配合是对业主切身利益的体现和工程顺利推进、实现既定目标的保证。在施工全过程中，严格依据《施工组织设计》和各专项施工方案进行工程的全面质量管理，以规范的施工管理程序，达到工程所要求的各项技术、质量、经济指标。在工区项目部“自检”的基础上，服从监理单位的验收和监督，并按照监理工程师提出的要求予以整改，以减少在工程监督过程中的管理难度。在工程实施过程中，从以下几方面做好与监理单位的配合。

（1）严格按照文件规定要求及时全面地提供施工组织设计、施工方案，并按照经总监理工程师批准的施工组织设计进行施工。严格执行质量控制、检查、管理制度，并据此对各工区项目部和专业分包单位予以管控，确保产品达到优良。

（2）建立健全施工进度计划制度、工程开工报审制度、工程质量报验制度、设备订货、原材料、半成品报验制度以及施工测量放样、监控量测报验制度等，接受监理监督。所有进入现场使用的成品、半成品、设备、材料等，均应向监理工程师提交相关的报验申请，按规定进行抽检和验证，并出具试验检测结果报告，确保工程所用材料质量符合要求。现场检查申请、材料报验、分包选择等书面资料，使监理及时充分地了解掌握总承包相关工作的进展，对工程项目的实施实行全面有效的监理。

（3）参加监理例会，听取业主、监理、设计各方对工程施工的指导意见，认真落实各方提出的要求，需提交书面资料时，及时提交相关资料，保证整个工程的顺利实施。对监理在现场检查中提出的口头或书面整改要求，及时按要求进行整改后请监理再次验收，最大限度地缩短整改时间，为后续工作创造条件。对监理提出的现场问题举一反三，避免类似问题再次发生。按监理报验程序及时向监理提交报验申请，为监理的正常验收和审批留有足够的时间。积极响应监理在其他工作方面的要求。

3. 总包与设计的配合

针对本工程自然生态薄弱、环境条件差，地质条件复杂等情况，熟悉图纸内容，充分掌握设计意图，依据前期施工调查报告，主动、积极、高效与设计单位沟通，对存在的疑问，施工过程中出现的问题，提出优质高效的解决方案，同时总承包也将通过具有相关专业资质的第三方咨询单位的咨询，在不降低标准和改变工程结构的前提下，提出科学合理的优化建议，最终达到业主、设计要求的工程经济效果和使用功能，有效地控制工程项目的投资、质量和工期风险，实现业主与总承包的共赢。

4. 总包与第三方检测单位的配合

总承包项目经理部要求各工区项目部及专业分包单位支持并密切配合第三方检测单位的工作。工区项目部严格按照相关规范的要求，主动积极地请第三方检测单位对相关单位工程进行检测，检测单位本着真实、可信、公正的原则出具检测数据。工区项目部及时将检测数据上报总承包项目经理部，总承包项目经理部对不满足相关规范的检测数据，要求工区项目部采取整改措施，使检测结果符合规范。

3.5 高速公路 PPP 项目总承包信息管理

3.5.1 高速公路信息管理概述

公路工程信息管理是以实现公路工程项目的管理目标为目的，根据目标管理内容和管理思维，开发出一套建设项目信息处理软件与项目管理信息平台相结合的系统，实现对公路工程从招投标至项目竣工决算全过程的管理。

1. 公路建设项目信息管理的概念

公路建设项目信息管理是以实现公路工程项目的目标为目的，根据目标管理内容和理念，将现代信息技术嵌入公路工程项目的建设方式、业务流程、管理方式与组织方式中，并且开发出一套建设项目信息处理软件与项目管理信息平台相结合的系统，实现对公路工程从招投标至项目竣工决算全过程的智能化管理，从而提高项目管理水平，加强对项目的执行力度。

公路建设项目信息管理是系统工程思想在具体实施过程中的体现，强调对工程项目的主动控制，应具备以下四个要素：

（1）项目信息管理。

完整的项目信息是项目管理的基础，项目信息化管理应该对项目信息的管理做到集中化、数字化、完整性、一致性、安全性和可检索性，实现项目信息的集中统一管理和便捷的使用。

（2）项目信息共享。

项目往往涉及多个参与方，由于项目参与方的分散性，使得各方在信息共享与沟通方面消耗大量的人力、物力、财力。项目信息化管理需要实现项目信息在参与各方中的共享，使项目参与各方随时随地查看项目信息，并根据项目信息对项目进行管理，从而更好地对项目进行控制。

（3）项目协同作业。

项目信息化管理需要改变项目参与各方杂乱无序的传统沟通方式，实现有序的在线协同作业，使项目成员间的沟通、决策具有一致性和协同性，更好地实现项目整体目标。

（4）辅助项目管理。

项目管理活动中存在许多重复性工作，项目管理人员往往花费大量的精力去完成，信息化管理根据管理理论，利用信息技术将重复性的管理工作程序化，并且利用计算机实现智能管理，可以大大节约项目管理人员的精力，提高项目管理的效率与水平。

2. 公路建设项目信息管理的意义

在公路工程项目建设中实施信息化管理，是当前我国公路建设中的先进管理理念，也是我国今后工程建设项目管理的发展方向，其重大意义在于：

（1）信息化管理是管理工作规范化、科学化的需要。

实行项目信息化管理，有利于统一项目建设过程中各项业务流程、报表的格式，使管理工作更加规范化，在建设过程中对业主、监理单位、承包商起到导向的作用。

（2）信息化管理是保证工程项目顺利实施的需要。

实行项目信息化管理，能对项目质量、安全、进度、投资进行动态管理，从而及时发现问题，保证项目顺利进行。管理人员从繁杂的、重复的事务性工作中解脱出来，降低了劳动强度，将更多的时间和精力放在关键性的管理环节上，提高了管理效率。

（3）信息化管理是控制项目投资、加强项目监督的需要。

实行项目信息化管理，使管理透明化，对项目更好的监督，对工程投资进行动态控制，极大地降低了管理费用，减少了车辆、人员的频繁调用，提高了工作效率，降低了办公费用的开支。

（4）信息化管理是工程项目管理与国际惯例接轨的需要。

信息化管理是先进的管理理念融合先进信息技术而形成的新兴现代化项目管理手段。尽管在国外应用较为广泛，贯穿于项目管理的全过程，但是在国内还远没有达到普及的程度。因此，必须与国际惯例接轨，更好地执行 FIDIC 合同条款，使我国的工程项目管理工作尽快驶入信息化快车道。

3. 公路建设项目信息管理的要素

公路建设项目信息管理力求业主与监理单位、承包商、其他单位及其所处的社会、经济、自然环境之间能够有效获取、无差传递、及时处理和智能识别相关信息，达到动态、实时、直接参与管理的要求。因此，必须结合公路工程建设管理的管理目标、内容，明确信息化管理的需求、目标及边界条件，才能实现信息化管理系统与项目的无缝衔接。

（1）公路建设项目信息管理的标准化与集成。

① 公路建设项目信息管理的标准化。

标准的项目信息是信息化管理的基础。标准化是为在一定的范围内获得最佳秩序，对项目管理信息指定共同标准与编码的过程。标准化保证了信息采集、交换与处理的高效性。

由于公路工程项目参与单位众多、信息复杂，各参与单位分别有自己的管理手段与管理办法，造成项目管理信息的庞杂，往往出现同一类型的文件格式不同、数据编码不一的情况。要实现网上数据共享与协同作业，首要目标是实现管理信息的标准化，建立统一的信息标准和数据库，为信息化管理提供基础。

② 公路建设项目信息管理的有效集成。

信息化管理不是简单对项目管理软件的应用，也不是对管理信息系统的简单组合，需要对项目管理要素进行全面的功能分析与研究，将项目信息根据项目管理活动集成化，依据项目管理理论将项目“信息流”目标化、体系化，并且将项目管理活动程序化，依靠现代信息技术建立一个高效运作的体系结构，为业主的查询、决策提供依据。公路建设项目信息管理的有效性取决于信息的集成程度以及集成的有效性与功能性。

（2）公路工程信息化管理的有效实现。

① 公路工程项目信息管理软件。

公路工程项目信息管理软件是公路工程管理信息标准化的实现工具，应具备信息采集、信息格式标准化、信息数据编码等主要功能，同时应具体结合项目程序化管理、格式化管理的要求，实现数据共享。

② 公路建设项目信息管理平台。

公路建设项目信息管理平台是公路工程管理信息有效集成的应用体现。通过对公路工程信息集成模型的构建、优化，将信息流体系作为建立信息化管理平台的依据，并且在信息化平台中予以体现。公路工程建设信息化管理平台应具有规范业务流程、数据共享、信息沟通、协同作业等主要功能。

4. 公路建设项目信息管理的实施策略

公路建设项目信息管理在我国公路建设中作用显著，具有重大意义。所以项目信息化的实现显得更加重要，一般来讲，信息化管理的实施策略如下：

（1）实现项目信息化管理，首先应该抓基础管理信息化，只有通过项目基本资源的信息化，建立和改造项目的管理基础，才能谈到项目全寿命周期内业务的信息化集成管理。

（2）信息化管理必须与管理流程的优化相结合。以先进的管理流程为依据，将项目的管理流程纳入信息化管理系统，使两者有效结合，实现集成化、智能化和网络化的管理，用信息技术实现项目管理的集成。

（3）参与各方统一认识。信息化管理的成功实施依赖于高层领导的支持、重视和管理人员在全局高度上的统一认识。

（4）认真分析项目需求，并综合各方面意见。信息化管理的策划必须融合先进的管理思想，结合项目特点推出的软件系统产品必须很好地解决项目管理的核心业务问题。

（5）发展信息化一定要“总体规划、分步实施”，分阶段、分目标、有层次地推进。否则既不能为业务带来好处，又不能为新的发展创造条件，最后可能使信息化进程无法推进，甚至造成很大浪费。

（6）要充分考虑使用者的业务素质、变革能力、整个外部应用环境等实际情况。与国外相比，我国管理机制不同、人员素质差别较大，系统必须具备良好的柔性，能够方便用户二次开发。

（7）必须注意安全保密的要求。作为商业秘密的项目管理所需基础资料和基础信息都在信息系统上存储，应严格防止黑客入侵和内部人员泄密，必须要从硬件、软件技术、制度上制定相应的措施预防应对。

3.5.2　香丽高速公路总承包信息管理措施

1. 建立高效的信息化组织管理体系

为保障总承包项目经理部的高效运行，将做好有关信息化管理的服务工作及设备配套工作，并提供各类信息化管理平台，以加强工程建设过程中的安全、质量、投资、进度、合同、验工计价、资料等方面的管理，提高工程管理水平和管理效率，具体措施包括以下内容：

（1）成立信息化管理领导小组。

信息化管理领导小组方案如下：

组　长：总承包项目经理部经理。

副组长：分管信息化工作副经理。

成　员：总承包项目经理部合同处、财务处、物资设备处、工程技术处、质量管理处、安全监督处、党政综合办等各部门负责人。

领导小组主要职责：协调解决网络安全建设和信息化建设过程中出现的全局性问题，全面检查、督促各施工标段项目部，落实信息化管理任务，做好总承包项目经理部的信息化系统建设、应用、运维管理工作，提高安全风险防范能力和工程项目管理水平。

（2）成立信息化实施小组。

信息化实施小组组长由党政综合办主任兼任，信息化实施小组配备 1 名信息化工程师，并在合同处、财务处、物资设备处、工程技术处、质量管理处、安全管理监督处、党政综合办等部门各选定至少 1 名业务骨干作为小组成员，并作为信息化业务关键用户，按照信息化管理要求的格式填报各类资料，根据具体情况，每日、每周、每月或每季度及时更新各类报表和资料。

（3）保障供电确保信息设备安全。

总承包项目经理部将全面协调并要求所管辖的各施工单位为信息化管理系统安装和调试提供必要的施工现场辅助器材，为系统相关设备提供专用电源，保证相关设备 24 小时正常供电，做好系统相关设备的防盗、防破坏和安全保护工作。并安排专人每天在施工现场巡查，确保信息化系统 24 小时正常运行。

2. 信息管理系统组成

（1）项目数据中心。

建立香丽高速公路建设项目数据中心，集成 BIM（建筑信息模型）信息、项目管理信息、工程档案信息、视频信息，实现香丽高速公路空间基础地理信息、质量安全监控数据、项目管理信息等数据的整合、交换和共享。

（2）项目管理系统平台。

根据招标文件第三章建设项目信息化管理系统软件具体功能、内容要求，建立三维地理信息系统平台、BIM 管理平台、建设项目管理平台，建立覆盖建设项目管理全过程的应用系统、基于 BIM 的决策支持系统、施工现场视频监控系统。

（3）建立覆盖建设项目管理全过程的应用系统。

采用自主开发定制香丽高速公路建设项目信息化管理 22 个应用系统，其中包括项目门户网站、OA 办公、前期管理、招投标管理、工程划分结构管理、移动办公平台、工程审批管理、征地拆迁管理、物资管理、质量管理（含拌和站管理）、试验管理（含试验室管理）、计划进度管理、安全生产管理、合同管理、工程台账管理、计量支付管理、变更设计管理、新增单价管理、技术资料管理、竣（交）工管理、竣工档案管理、结算/决算管理等系统，实际应用系统根据项目需要调整。

（4）制作建设项目视频宣传片。

根据施工图模拟出重点路段、重要结构物的三维建成效果，结合工程实际场景和实际影像资料，制作项目建设宣传片，视频需要展现香丽高速公路的全貌及周边相关地理信息，部分重点工程需用三维的方式表现其施工过程及建成后的效果，视频需进行配音及文字解说，视频总时长不低于 4 分钟。

（5）建设二类接口。

建设与云南省公路建设项目管理信息系统进行共享交换的数据接口，为云南省公路建设项目管理信息资源整合提供支持，特别是为云南省公路建设项目管理 “十公开”信息资源整合提供支持。建设与云南省交通运输厅工程质量监督系统、云南省交通建设市场信用管理系统等行业管理系统进行共享交换的数据接口，为行业管理系统信息资源整合提供支持。

3. 建设内容

（1）数据中心建设。

① 建设香丽高速公路项目管理数据中心。

建设数据中心机房，采购、安装和部署数据库服务器、应用服务器、网络交换设备、路由器、UPS 等设备，安装部署数据库和应用服务，集中存储香丽公路项目的 BIM（建筑信息模型）数据、项目管理数据、工程档案数据，为实现资源共享、业务管理、领导决策提供数据来源和分析基础。

② 建设香丽高速公路项目管理信息资源整合、交换和共享平台。

建设统一的数据资源整合、交换、共享平台，实现数据的自动采集、交换和共享，形成基础数据库，为云南省公路建设项目管理信息资源整合提供支持，自动抽取、整理、上报、交换项目管理“十公开”信息、质量责任人信息、第三方试验检测机构信息、参建单位信用信息。

（2）系统支撑硬件设备及网络建设。

① 三维地理信息系统及 BIM 管理系统支撑软硬件设备建设。

购买、安装系统运行所需要的服务器、网络设备、存储设备、网络传输等硬件设施（地理信息系统服务器、图形工作站）以及支撑软件系统（平台）。

② 项目管理平台系统支撑软硬件设备及网络建设。

建设数据中心机房，采购、安装和部署数据库服务器、应用服务器、网络交换设备、路由器、UPS 等设备，安装部署服务器操作系统、数据库管理系统、在线 Office 编辑组件、防病毒软件和应用服务，安装中国电信 100 M 光纤专线用于项目管理信息系统网络传输。

③ 视频监控系统相关设备建设。

监控中心设备及网络建设：购买、安装所需要的服务器、网络设备、存储设备、网络传输等硬件设施（路由器、24 盘位磁盘阵列、2 T 视频存储专用硬盘、视频管理服务器、高性能台式机、16 路调音台、500 W 功放、音频处理器、音响控制机柜、80 W 音箱、投影机普通吊架、无线话筒、HDMI 线 20 m、HDMI 分配器、10 m 音频线、1.5 m HDMI 高清线、高清投影仪、监控中心光纤宽带等）；购买、安装视频监控管理系统软件、服务器操作系统软件、PC 操作系统软件、服务器防病毒软件等保证监控系统运行的全部软件。

视频采集终端建设：购买、安装视频监控设备，具体数量以实际监控点数为准。

指挥中心终端显示系统建设：监控系统 LED 液晶拼接系统、采用 55 in 2X4 液晶拼接屏作为监控系统及信息化系统显示终端。

视频网络传输专网建设：基于中国电信 CN2 承载网组建 MPLS-VPN 监控网，既能节约成本又可以快速完成电路调度实现组网。各网点通过 10 M 专线接入中国电信 CN2 承载网，总承包项目部通过 100 M 专线接入。主管单位、总承包项目部根据接入网点数量及应用要求灵活配置带宽。采用 MPLS VPN 技术组网，运营维护工作简单，使得后期网络维护、升级的成本大大降低。而且其网络带宽、数据传输的安全性都有更好的保证。

专线质量保证：100%故障响应率，100%故障恢复率，不低于 99%限时故障恢复率（4 小时内），不低于 99.9%年可用率；端到端的电路误码率≤1×0.0000001，端到端的电路传输时延小于 10×0.01×G 毫秒（G 为距离，单位为千米）。

（3）三维地理信息系统软件和数据建设。

① 三维地理信息系统平台。

基于 Skyline 平台，开发三维地理信息系统平台。针对不具备无人机航拍条件的路段，根据工程特点，布置提供公路中心线两侧一定范围内（暂定两侧平均各 2.5 千米，最终范围和数量以发包人实际确定的为准）的不低于 0.5 米的卫星影像，针对具备无人机航拍的路段提供公路中心线两侧一定范围内（暂定两侧平均各 2.5 千米，最终范围和数量以发包人实际确定的为准）的不低于 0.2 米的航拍影像，DEM 精度达 1：2000，局部重点区域应达到 1：1000，为建立 BIM 管理平台提供基础地理信息。

② BIM 管理平台。

开发 BIM 管理平台，提供建模、空间定位、组织与工程划分结构关联、更新、发布、BIM 信息集成的功能。

将项目工程按照标段、单位、分部、分项工程进行拆分，建立路基、路面、桥梁、涵洞、隧道、立交及沿线设施每个分项工程的精细 BIM 模型，最终形成项目工程的 BIM 模型对象数据库。

③ 项目管理平台。

建立项目管理平台，提供组织机构管理、权限管理、元数据管理、流程管理、数据更新、系统安全管理、数据审计管理、数据存储与备份管理、服务管理、数据共享交换管理等功能。

④ 视频监控系统。

集中采集、存储、管理现场的施工监控视频数据，实现施工现场视频的集中播放，巡检，回放，实施视频数据的备份、恢复，配置视频服务提供视频数据的集成共享和交换。

（4）建设项目宣传片制作。

根据施工图模拟出重点路段、重要结构物的三维建成效果，结合工程实际场景和实际影像资料，制作项目建设宣传片，正式录制前提供专业播音员配音小样供选择。

（5）保障体系建设。

① 建设与服务保障体系。

建立健全香丽高速公路项目信息化管理系统建设与服务保障体系，落实机构、人员和资金，制定一整套科学合理的建设管理体系以及服务机制，规范建设管理，并保证工程建设全面协调和可持续发展。

② 信息安全保障体系。

为香丽高速公路项目信息化管理系统提供安全支撑，保障信息资源的安全可靠性，例如：提供 VPN、防火墙、网络入侵检测等安全保障；提供数据库访问控制、数据加/解密、操作审计等安全保障；提供消息传递的加/解密、身份验证、软件服务的访问控制、审计等安全保障；

提供身份验证、软件功能的访问控制、审计等安全保障；提供系统日常安全运行的相关管理规范。

③ 标准规范保障体系。

制定香丽高速公路项目管理信息资源库的管理规范；明确香丽高速公路项目管理信息资源库的数据维护、责任分工及共享访问等管理要求。

（6）拟达到的技术水平。

统一的信息化流程管理平台，规范项目管理审批流程；计量支付的网上审批；统供物资的网上申请、调拨、供应和台账管理；变更设计的网上申报、审核、审批；网上公文处理；规范施工管理用表；技术资料数字化管理，移动查询；与工程进度同步形成工程竣工文件档案；及时形成工程管理台账；实时统计工程的形象进度；在建设、养护生命周期内共享 BIM 信息；远程视频监控；实现与交通主管部门和行业主管部门数据信息交换共享；无人机低空数码影像航空摄影技术；移动办公与移动视频采集技术。

3.6　高速公路 PPP 项目总承包队伍管理

3.6.1　总承包队伍管理的重要性与特殊性

香丽高速公路沿线地形地质条件复杂、环境艰苦，香丽高速公路总承包项目经理部充分认识到队伍管理的重要性和特殊性，通过完善队伍管理制度，实施队伍管理措施，创新劳务工管理新模式，保证了参建队伍的稳定，取得了良好的队伍管理成效。

1. 队伍管理的重要性

香丽高速公路复杂的自然和施工环境，将队伍管理在整个工程建设中的重要性提到了一个前所未有的高度。

（1）队伍管理是保障参建人员职业健康安全的基本条件。

香丽高速公路地处高原，冬季高寒缺氧，对人体健康和劳动能力带来巨大挑战，这也是以往云南省高速公路建设中不曾面临的问题。保护参建员工的身体健康、改善劳动环境，是香丽高速公路建设的基本要求，也是贯彻全路“以人为本”建设理念的具体体现。能否做好队伍管理工作，把环境给人带来的不利影响降低到最小，直接关系到参建员工的生命安全，对施工生产的顺利进行和队伍稳定起着至关重要的作用。

（2）队伍管理是实现环境保护目标的客观需要。

香丽高速公路穿过多个自然保护区，沿线生态环境极其脆弱，而香丽高速公路环境保护的目标又高于以往高速公路项目建设环保的要求，这就需要提高参建人员对环境保护重要性的认识，掌握香丽高速公路建设实现环境保护目标的关键技术，这就需要高素质、高水平的人才，需要加强对参建队伍的管理。

（3）队伍管理是确保工程质量达到预期目标的必然要求。

云南建投集团提出将香丽高速公路建设成“确保省优、争取国优”的总体质量目标，国优工程目标的实现需要高标准的设计和施工质量，要求工程质量经得起时间、运营、历史的考验，而这一切在很大程度上取决于参建队伍的水平，这也要求加强队伍管理。

（4）队伍管理是香丽高速公路实现进度目标的前提条件。

实现香丽高速公路按时竣工通车，保证进度目标的实现，需要香丽高速公路过硬的队伍，这也需要加强队伍管理。

总之，香丽高速公路特殊的自然环境、地理条件、政治意义等，要求香丽高速公路投资开发有限公司、香丽高速公路总承包项目部重视队伍管理，并创新现有的队伍管理模式和方法。

2. 队伍管理的特殊性

与以往的高速公路建设项目相比，香丽高速公路的队伍管理除了具有一般高速公路建设项目队伍管理的特点之外，还有自己的特殊性。

（1）云南建投集团对香丽高速公路建设寄予厚望，队伍管理面临考验。

云南建投集团对香丽高速公路建设寄予厚望，不仅要求把香丽高速公路建设成为国优工程；而且要求各参建单位本着“以人为本”的建设理念，使队伍不仅做到上得去、站得稳、干得好，而且要实现零死亡率，经受住高寒、低气压、缺氧环境施工下的严峻考验，这对队伍管理是前所未有的考验。

（2）许多单位初次参加高速公路建设，队伍管理缺乏经验。

香丽高速公路是到目前为止云南省海拔最高、地质条件最复杂、施工难度最大的高速公路，多处线路海拔达到 4 000 m 以上，且沿线运输条件恶劣、气候复杂多变、地形狭窄、地质条件复杂，这种环境对工程施工是一种极大的挑战。并且，许多参建单位都是初次参加高速公路的建设，即便是熟练的施工队伍都将面临困难，如何做好队伍管理，以往高速公路建设项目中没有可借鉴的经验。

（3）特殊的劳务工管理，队伍管理工作量及难度加大。

香丽高速公路的劳务工管理不同于其他项目，香丽高速公路部分路段不仅施工条件极其恶劣，生活条件也恶劣，员工必要的生活条件都很难保障，业余时间娱乐活动十分缺乏，如何保障劳务工队伍的稳定性面临着极大的挑战。

因此，只有充分认识到队伍管理的特殊性，加强自身队伍的建设和管理，才能克服香丽高速公路建设队伍管理可能出现的各种困难。

3.6.2 香丽高速公路总承包队伍管理的制度与措施

1. 发包人职责

（1）加强对专业分包活动的管理，建立健全分包管理制度。

（2）对各工区项目部上报的招标文件（含招标控制价）、专业/劳务分包合同及时审核。

（3）对分包合同进行备案，并建立台账，对分包工程的质量与安全管理、计量支付、廉洁从业等活动进行监督检查。

（4）发现各工区项目部违法分包的，及时制止并依据相关规定对其进行处理。

（5）对各工区项目部反映的专业分包队伍/劳务队伍的不良行为进行调查核实，属实的，集团内部进行备案登记并上报相关交通运输主管部门。

分包管理的职责界定如图 3-9 所示。

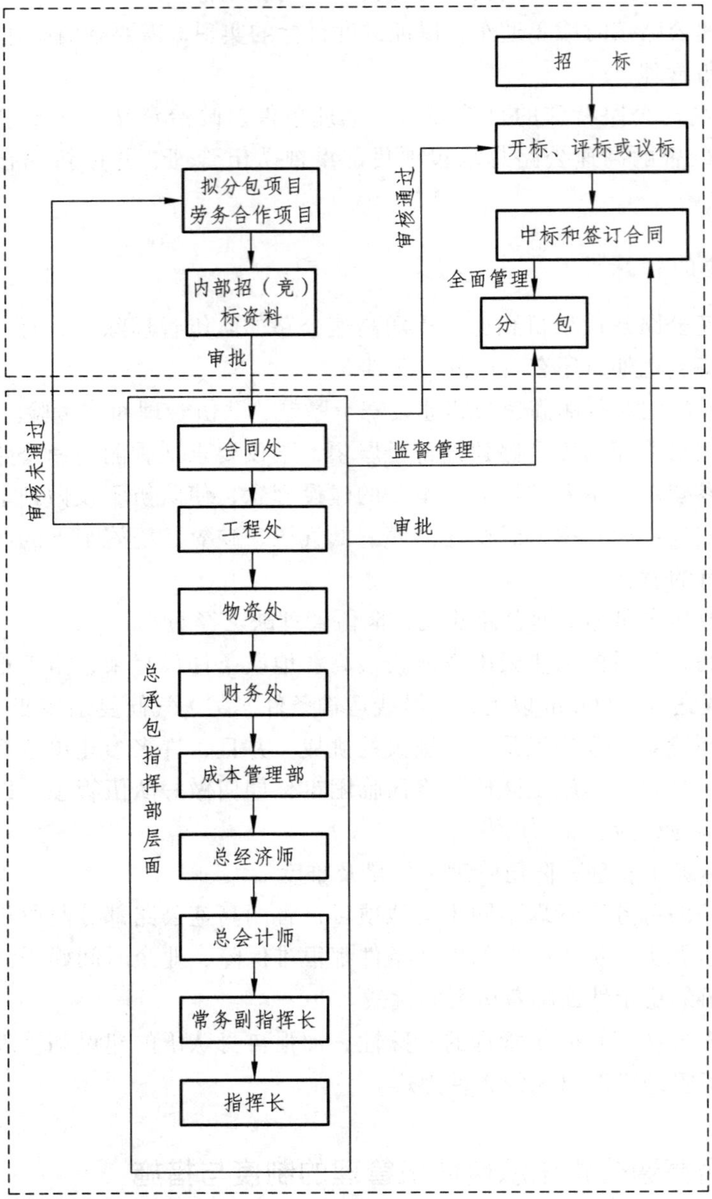

图 3-9　分包管理的职责界定

2. 专业分包/劳务合作审批

（1）开工前，针对需要进行的专业分包或劳务合作项目，各工区项目部须书面上报以下资料（包括但不限于）：① 专业分包/劳务合作情况说明；② 招（竞）标文件（包含合同协议书格式、招标控制价）；③ 对分包队伍/劳务队伍的考察报告。

（2）以上资料经工程总承包项目经理部批准后，各工区项目部即可组织招（竞）标（或议标）工作，招（议）标完成后，各工区项目部将评标结果、评标记录以书面形式报告工程总承包项目经理部审批，上报资料包括但不限于：① 中标候选人的投标文件（含相应资格文件）；② 拟签订的合同文本等。经工程总承包项目经理部审批同意后，各工区项目部方可签发中标通知书，与中标人签订合同，合同签订完成后报工程总承包项目经理部审核备案。

（3）若审批未通过，按审核意见整改完善后重新上报。

3. 合同签订

（1）各工区项目部和分包人（专业/劳务分包人）按照发包人（工程总承包项目经理部）制定的统一格式依法签订书面合同，并履行合同约定的义务。分包合同必须遵循承包合同的各项原则，满足承包合同中的质量、安全、进度、环保以及其他技术、经济等要求。各工区项目部应在工程实施前，将经审查同意后的分包合同报发包人备案。工程总承包项目经理部合同处、财务处各要一份。

（2）分包人或分包合同发生变更的，各工区项目部应重新签订分包合同，并按照本办法规定的程序报发包人审查及备案。

（3）各工区项目部采用劳务合作的，应按照有关规定，与劳务合作企业依法签订劳务合作合同，合同中应明确用工要求、工资标准、计算支付方式以及双方的权利和义务。

（4）除特殊情况（比如抢险等）外，必须先签订合同，才能允许专业分包人、劳务合作人进入施工现场作业。

3.6.3 香丽高速公路专业分包及劳务合作的管理措施

1. 专业分包管理

（1）专业分包不免除承包合同中规定的各工区项目部的责任或义务；各工区项目部对分包的实施以及分包人的行为向发包人（工程总承包项目经理部）负责，并承担赔偿责任；分包人就所分包的工程向发包人承担连带责任。

（2）各工区项目部应对分包工程实行全过程旁监制度，对分包工程的质量、安全、进度、环保、廉政和发包人的行为等实施全过程管控，严禁以包代管。

（3）各工区项目部应建立健全相关分包管理制度，规范管理。

（4）各工区项目部应将发包人的项目管理办法贯彻到分包工程施工的全过程，以提高分包人的质量、安全意识和施工技术水平和管理水平。

（5）各工区项目部应对分包人的管理机构及人员配置等进行检查。

（6）分包合同签订后，各工区项目部应进行分包合同交底。

（7）各工区项目部应对分包人施工的全过程进行有效的控制，对关键部位、隐蔽性工程及安全事故重点防范部位的施工，须进行全过程跟踪督查。

2. 劳务合作管理

（1）各工区项目部应及时组织有关人员向劳务合作人进行施工技术、质量、职业健康安全、环境保护等方面进行详细交底，并留有书面记录。

（2）各工区项目部负责对劳务合作人的安全生产、消防及环境工作进行管理、检查，并规范其行为。各工区项目部应全面负责劳务合作人工程质量的监督与管理，并规范其行为；

工程的阶段验收，进度付款支付及竣工结算应经各工区项目部质量员签字认可；各工区项目部应组织相关人员对各劳务队伍工程质量进行专项检查，并留有书面记录。

（3）各工区项目部应对劳务合作人施工进度进行检查，如有偏差及时调整。

（4）各工区项目部负责劳务合作人材料的领用管理，实行限额领料制度，发料必须有施工员签发的限额领料单；对各劳务合作人要建立发料台账，劳务合作人当月（次）工程结算时，必须办理材料核销手续；对劳务合作人超出当月（次）工程结算和限额核定所领用的材料，必须按进价（含采购运输、保管费）从当月（次）工程结算中扣回领料款。对超领材料应有相应的惩罚措施。

（5）各工区项目部应设部门或设专人对劳务合作人的农民工工资进行监督管理，对劳务合作人员的工资发放情况进行监管，当发现劳务合作人收到工程款未及时、足额发放工人工资的情况时，各工区项目部应及时督促，必要时可暂扣工程进度款代为发放。

（6）各工区项目部应按劳务合作合同对劳务合作人的履约情况进行检查，若履约能力不足，则限期整改，整改不合格及不具备相应资质的，可以强行清场。

3.6.4 香丽高速公路农民工管理措施

（1）根据施工项目资金管理制度，项目部在财务部门设立项目专用账号进行项目资金以收支与结算，项目经理负责项目资金的使用管理，项目经理部编制年、季、月度资金收支计划，并上报财务主管部门审批实施。

（2）各工段项目部与民工签订劳务用工合同，根据合同商定的民工工资结算与支付办法，民工有权按时、足额领取到工资的基本权利。

（3）总承包总经理与各工段项目经理签订项目经理责任书，明确第一责任人，各工段项目经理必须按时支付民工工资，若各工段项目经理无特殊原因而不能按时支付民工工资，特别是对恶意拖欠、克扣民工工资的，将根据责任书的有关规定追究各工段项目经理的责任。若因特殊原因，造成不能按时支付民工工资的，应及时上报财务主管部门，由上级领导讨论研究后，决定有关解决事宜，对因拖欠工资而受损的民工，公司将予以补偿。

（4）为民工设立绿色通道及意见箱，民工有意见或事情可以直接到总承包项目部找相关负责人，并且为其大力解决难题。

（5）总承包项目部各有关部门积极采取措施，保证农民工工资及时发放、让农民工劳有所得，也促进了建筑施工企业的发展。为了保证工人工资得到保障，单独组建了农民工调查小组，专门调查解决农民工拖欠、纠纷等现象，一经发现将对其严厉处罚，做到“工程清工资清”，决不拖欠民工一分钱。

（6）与所有民工签订劳动合同，根据工程需要合理雇用农民工，与雇用的每一位农民工都签订用工合同，合同中明确用工的时间、工资标准、工资结算方式等，充分保障民工合法权益。保证民工及时拿到自己的辛苦钱，也保证了工程建设的顺利进展。

（7）本项目设立民工工资专用账户，预存工资款，避免了由于工程中一些复杂问题而造成资金困难。建立专用账户正是能保障工程在危急时候能够保证民工工资。

（8）将民工工资的支付情况纳入各工段项目经理部的各项考核指标中进行统一考核。

（9）严格按行政主管部门规定，足额发放农民工工资，及时支付施工机械费，如果发生拖欠现象，无条件接受上级主管部门处罚，无条件接受建设单位直接从拨付的工程款中扣除所欠农民工工资或施工机械费。

3.7 高速公路 PPP 项目总承包风险管理

3.7.1 高速公路施工风险管理过程

高速公路工程的风险管理是项目管理人员对风险进行识评确定项目存在哪些风险，根据这些风险的存在方式提出解决措施，提高项目的安全性，将风险的影响降到最低，甚至可以让风险变成机遇，促进工程的建设，减少风险带来的损失，提高承包商的经济收益，来减少意外风险支出，防止出现成本过高的情况。高速公路施工风险管理是一个动态的管理过程，必须实行规范化、制度化的管理，对每一个环节都要严格执行相关标准，减少工程因为风险问题的失败率。如图 3-10 所示，完整的施工风险管理过程包括风险预测与识别、风险评估与分析、制定风险应对策略，实施风险管理措施四个步骤。

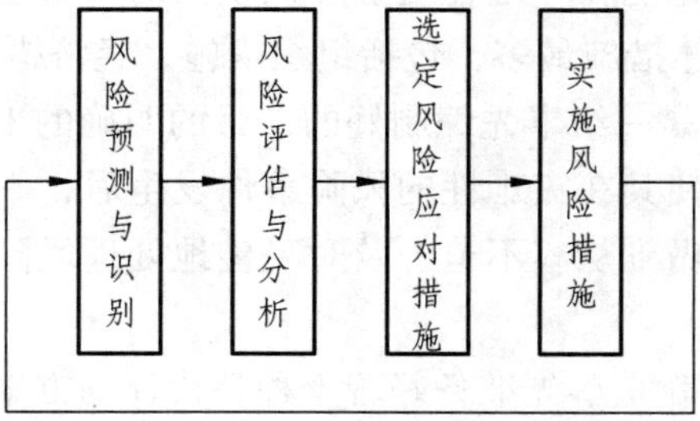

图 3-10　高速公路施工风险管理过程

1. 风险识别

风险识别是高速公路施工风险管理的首要步骤，是指系统而全面地识别影响高速公路项目施工风险的风险因子并加以适当归类。

2. 风险分析与评估

风险分析与评估是在进行施工之前，在高速公路项目制定计划时，加入对风险的预测和审查，旨在分析风险源和风险带来的后果，以免风险发生后措手不及。风险分析与评估的目的主要在于确定高速公路施工过程中各类风险出现的概率，并对其给整个项目带来的影响程度做出判断，如施工成本超支的数额、施工进度被延误的情况等。

3. 风险应对策略的决策

为了更好地对高速公路施工过程中风险事件进行处置，在风险控制过程中，主要是采取回避、控制、自留和转移四种风险控制对策，四种对策使用于不同的风险状况，根据风险评价得到的反馈，在高速公路的施工过程中，需要根据不同的风险事件采取不同的风险措施。

（1）风险回避。

风险回避是指在完成项目风险分析与评价后，如果发现项目风险发生的概率很高，而且可能的损失也很大，又没有其他有效的对策来降低风险时，应采取放弃项目、放弃原有计划或改变目标等方法，使其不发生或不再发展，从而避免可能发生的潜在损失。在面临灾难性风险时，采用回避风险的方式处置风险是比较有效的。但是，有时放弃承担风险就意味着可能放弃某些机会。因此，某些情况下的风险回避是一种消极的风险处理方式。

当遇到下列情形时，通常应考虑风险回避的策略：风险事件发生概率很大且后果损失也很大的项目；发生损失的概率并不大，但当风险事件发生后产生的损失是灾难性的、无法弥补的。

（2）风险控制。

风险控制是一种主动、积极的风险对策。风险控制工作可分为预防损失和减少损失两个方面。预防损失措施的主要作用在于降低或消除（通常只能做到降低）损失发生的概率，从减少损失措施的作用在于降低损失的严重性或遏制损失的进一步发展，使损失最小化。一般来说，风险控制方案都应当是预防损失措施和减少损失措施的有机结合。

在采用风险控制对策时，所制定的风险控制措施应当形成一个周密的、完整的损失控制计划系统。该计划系统一般应由预防计划、灾难计划和应急计划三部分组成。

① 预防计划：预防计划的目的在于有针对性地预防损失的发生，其主要作用是降低损失发生的概率，在许多情况下也能在一定程度上降低损失的严重性。在损失控制计划系统中，预防计划的内容最广泛，具体措施最多，包括组织措施、经济措施、合同措施、技术措施。

② 灾难计划：灾难计划是一组事先编制好的、目的明确的工作程序和具体措施，为现场人员提供明确的行动指南，使其在灾难性的风险事件发生后，不至于惊慌失措，也不需要临时讨论研究应对措施，可以做到从容不迫、及时妥善地处理风险事故，从而减少人员伤亡以及财产和经济损失。

③ 应急计划：应急计划就是事先准备好若干种替代计划方案，当遇到某种风险事件时，能够根据应急预案对项目原有计划的范围和内容做出及时地调整，使中断的项目能够尽快全面恢复，并减少进一步的损失，使其影响程度减至最小。应急计划不仅要制定相应的措施，而且要规定不同工作部门相应的职责。

（3）风险自留。

风险自留是指项目风险保留在风险管理主体内部，通过采取内部控制措施等来化解风险或者对这些保留下来的项目风险不采取任何措施。风险自留与其他风险对策的根本区别在于：它不改变项目风险的客观性质，也就是既不改变项目风险的发生概率，也不改变项目风险潜在损失的严重性。风险自留可分为非计划性风险自留和计划性风险自留两种。

① 非计划性风险自留。由于风险管理人员没有意识到项目某些风险的存在，或者不曾有意识地采取有效措施，以致风险发生后只好保留在风险管理主体内部。这样的风险自留就是非计划性的和被动的。导致非计划性风险自留的主要原因有缺乏风险意识、风险识别失误、风险分析与评价失误、风险决策延误、风险决策实施延误等。对于高速公路工程这种大型、复杂的项目来说，风险管理人员几乎不可能识别出所有的项目风险。从这个意义上讲，非计划性风险自留有时是在所难免的，因而也是一种适用的风险处理策略。但是，风险管理人员应当尽量减少风险识别和风险评价的失误，要及时制定并实施风险应对策略，从而避免被迫承担重大和较大的项目风险。

② 计划性风险自留。计划性风险自留是主动的、有意识的、有计划的选择，是风险管理人员在经过正确的风险识别和风险评价后制定的风险应对策略。风险自留不应该单独运用，

而应与其他风险对策结合使用。在实行风险自留时，应保证重大和较大的项目风险已经进行了工程保险或实施了损失控制计划。

（4）风险转移。

风险转移是进行风险管理的一个十分重要的手段，当有些风险无法回避、必须直接面对，而以自身的承受能力又无法有效地承担时，风险转移就是一种十分有效的选择。必须注意的是，风险转移是通过某种方式将某些风险的后果连同对风险应对的权力和责任转移给他人。转移的本身并不能消除风险，只是将风险管理的责任和可能从该风险管理中所能获得的利益移交给了别人，项目管理者不再直接地面对被转移的风险。风险转移的方法很多，主要包括非保险转移和保险转移两大类。

非保险转移又称为合同转移，因为这种风险转移一般是通过签订合同的方式将项目风险转移给非保险人的对方当事人。项目风险最常见的非保险转移有以下三种情况：① 业主单位将合同责任和风险转移给对方当事人。业主单位管理风险必须要从合同管理入手，分析合同管理中的风险分担。在这种情况下，被转移者多数是承包商。例如，在合同条款中规定，业主单位对场地条件不承担责任；又如，采用固定总价合同将涨价风险转移给承包商等；② 承包商进行项目分包。承包商中标承接某项目后，将该项目中专业技术要求很强而自己缺乏相应技术的项目内容分包给专业分包商，从而更好地保证项目质量；③ 第三方担保。合同当事人的一方要求另一方为其履约行为提供第三方担保。担保方所承担的风险仅限于合同责任，即由于委托方不履行或不适当履行合同以及违约所产生的责任。第三方担保的主要有业主单位付款担保、承包商履约担保、预付款担保、分包商付款担保、工资支付担保等。非保险转移的优点主要体现在：一是可以转移某些不可保的潜在损失，如物价上涨、法规变化、设计变更等引起的投资增加；二是被转移者往往能较好地进行损失控制，如承包商相对于业主单位能更好地把握施工技术风险，专业分包商相对于总包商能更好地完成专业性较强的工程内容。但是，非保险转移的媒介是合同，这就可能由于双方当事人对合同条款的理解发生分歧而导致转移失效。另外，在某些情况下，可能因被转移者无力承担实际发生的重要损失而导致仍然由转移者来承担损失。例如，在采用固定总价合同的条件下，如果承包商报价中所考虑涨价风险费很低，而实际的通货膨胀率很高，从而导致承包商亏损破产，最终只得由业主单位自己来承担涨价造成的损失。

保险转移通常直接称为工程保险。通过购买保险，业主单位或承包商作为投保人将本应由自己承担的项目风险（包括第三方责任）转移给保险公司，从而使自己免受风险损失。保险之所以能得到越来越广泛的运用，原因在于其符合风险分担的基本原则，即保险人较投保人更适宜承担项目有关的风险。对于投保人来说，某些风险的不确定性很大，但是对于保险人来说，这种风险的发生则趋近于客观概率，不确定性降低，即风险降低。

3.7.2 高速公路施工风险管理的方法

1. 高速公路施工风险特征

（1）客观性与必然性。由于各种不确定性因素的存在，风险是客观存在的，不是人主观可以否定的。在高速公路工程项目建设过程中，存在着人力无法改变的一些客观因素，包括地震、暴雨等自然灾害因素，还有施工方案和施工工艺等客观因素，这些因素的存在与变化，也是一种必然现象。所以，施工风险的产生也是一种必然现象。

（2）多样性。高速公路工程项目规模大、需要较长的建设周期、影响的范围较广、风险的层次多，在一个项目中可能会存在多种风险，如资金困难、工期延误、施工质量出现问题、一方毁约等。同时，各风险之间还有错综复杂的相互联系。

（3）全局性。由于风险层次多，对项目的影响是全方位、多领域的，而不是仅仅限于局部。例如，由于前期各种客观条件的影响，工程进度有所耽误，会直接影响到后续施工的进度，如果是处于关键线路，可能会使得工期延长，造成不必要的成本支出，甚至会出现豆腐渣工程。

（4）动态性。由于整个项目的建设周期较长，风险是时时刻刻存在的，也是时刻变化的，在不同的施工环节可能存在不同的风险因素，这些风险因素是动态的，可能会滋生出新的风险问题，因此要时刻监督，不能放松警惕。

2. 高速公路施工风险识别的程序

高速公路的风险识别的结果是风险清单，它是通过总结经验、调查风险以及和专业人士咨询得出，所以其关键就在于对风险进行分解，而这就需要对风险因素进行识别，并结合风险事件对其可能出现的后果进行识别，所以只有注重风险清单的建立，才能对风险进行识别并得出后果。这就需要切实注重风险的识别，其识别流程如下：

（1）加强有关资料的搜集和整理。这些资料往往较多，一般有工程概况、自然、地质和环境、参加方，以及施工组织设计和管理计划、成本控制目标、类似工程项目的相关资料等，均需要对其加强搜集整理，这也是最为关键和基础的一步。

（2）紧密结合所搜集资料对工程项目的风险进行估计和分析，并对其不确定性进行客观的判断。

（3）对施工现场潜在的风险采取多元化的方式进行调查和询问并聘请专业的咨询机构编制风险识别表，再采取针对性的方法对其加强分析，由承包商根据自身情况制定相应的实施计划案。

3. 高速公路施工风险识别的原则

任何工作的开展都必须坚持一定的原则，所以为了更好地控制风险，就必须在高速公路施工中强化风险的识别，并坚持以下原则：

（1）针对性原则。因为高速公路在施工过程中往往具有较为复杂性，尤其是施工工艺流程，所以在识别风险时，必须紧密结合实际，针对性地进行识别，从而结合实际，确保所采用的方法比其他方法更有效。

（2）综合性原则。考虑到实际作业当中，会遇到各种危险，一些我们无法预测的风险，我们需要提前针对各类危险制定相关的解决措施，以免风险阻碍我们的发展，从而确保所得到的风险清单较为合理。

（3）计划性原则。由于风险具有不确定性，没有具体的特征，我们需要在风险前制定有效的解决措施，防止面对风险措手不及，才能更好地以不变应万变。

（4）全面性原则。在做好上述工作的基础上，还应在基础资料方面和成本等方面强化风险的识别，才能在确保风险识别成效的同时能更好地彰显其经济性。

4. 施工风险应对策略

在各个不同的阶段，制定高速公路工程施工风险应对策略的侧重点和原则有所不同。

施工准备阶段：着重考虑有关合同条款方面的风险，承包商要对招标文件进行详细的解读，要对条约中的不完善、不平等的条约及时纠正解决，还要注意合同中的遗漏部分以及不明不白的情况，能够做出及时的应对，签订补充合同加以说明。这个阶段制定应对策略主要针对费用风险和工期风险等。

施工实施阶段：由承包商的风险管理人员逐一识别和分析整个实施过程中可能会面临的风险，找出风险管理工作重点，针对技术风险、安全风险、工期风险、质量和费用风险等，及时做出有效的应对方案。在施工的进程中，应该要掌握国家的经济政策的发展趋势，及时调整和修订风险应对策略。

施工完工后的缺陷责任期阶段：主要由承包商专门设立的风险评估小组对施工阶段的施工质量检测以及面临的风险及时地制定有效的应对措施。

承包商的风险管理人员应按照风险对项目目标的影响程度和轻重缓急进行排序，按先后次序对风险采取应对措施。最有效的风险应对措施是通过最廉价的成本，解决发生的风险，创造更大的效益。高速公路工程施工风险因素的影响范围和程度是不断变化的，很难准确评估。

风险在不同的环境不同的阶段会有不一样的特性。高速公路施工人员对风险的预测往往也具有不确定性，不能全面地认识风险来自的方向，由于对风险的认识具有一定的局限性，所以这类风险往往是超出合同规定范围外的。施工的进程不断加快，在施工的后期还会有一些施工单位都没有预测过的风险出现。因此，对于高速公路工程施工风险管理，风险管理的规划和应对策略不可能一成不变，不能用简单静态的方法，要学会利用经济学原理从源头控制风险。承包商在监控、调整已识别的风险的同时，还应继续甄别新风险、更有效地制定相应的风险解决方案。

3.7.3 香丽高速公路施工风险管理

1. 编制项目风险预案的目的

通过对整个工程项目的资金、进度、管理、施工等运作过程中可能发生的风险事件和损失后果进行逐步分解细化和分析预测，制定实施相应控制风险的对策，以达到整个工程的风险回避、损失控制、风险自留和风险转移的目的，使整个工程能够按照合同规定的工期和预期的目标良性实施。

2. 项目风险预测与分析

对本工程的施工风险进行简要分析和评估，然后有针对性地对主要风险因素及风险事件提出对策。

本项目施工阶段的风险因素分为 11 类，包括施工技术风险、材料设备风险、自然灾害风险、经济风险、人员风险、政治风险、设计技术风险和施工组织风险、征地风险、社会风险、资金风险。如表 3-6、表 3-7 所示。

表 3-6　本项目施工风险因素分类

序号	风险因素	内容介绍
1	施工技术风险	主要包括对新技术、新工艺、新方法的论证、试验和掌握程度不够；施工技术方案及临时设施设计方案的不够合理，对随后可能出现的技术问题缺乏针对性预案
2	材料设备风险	保证施工顺利进行的工程物资、机械出现质量问题，材料、机械数量不能维持动态平衡以保证施工需要
3	自然灾害风险	对以往气候、环境及自然灾害记录的调查分析不够，缺乏对可能出现自然灾害应急预案，因突发性自然灾害造成直接和间接损失
4	经济风险	主要建筑材料物价变化及工程款项的延期支付，人工、机械等生产要素随市场经济变化情况，使得生产投入加大
5	人员风险	施工人员自身安全意识不强及对机械设备的违规操作，造成人员伤亡或设备损坏
6	政治风险	宏观政策、法律法规的调整和变化造成工程投入增大或者延期
7	设计技术风险	设计与施工实际脱节，使得设计方案难以实现，设计变更较多且周期长
8	施工组织风险	组织管理人员经验、素质较差，根据现场实际进行有效生产组织的能力不够，表现为施工过程混乱甚至造成安全事故
9	征地风险	工程占地征用费用和时间可能给项目成本和工期带来的损害
10	社会风险	施工当地政府执政能力的强弱、群众对工程的态度、社会的稳定程度、治安的好坏，以及风土人情、宗教信仰等
11	资金风险	工程进度款不能按时到位，影响资金回流，使项目施工费用不足，不能正常运行，甚至发不出工资，挫伤员工积极性，引起各种矛盾的问题

表 3-7　项目主要风险事件分析和评估统计

序号	风险事件	风险分析	风险等级	相关对策
1	费用超支	① 因通货膨胀造成材料价格上涨，超过原来投标报价，造成费用超支。 ② 因国家政策性调整，造成建筑材料价格上涨，超过原来投标报价，造成费用超支。 ③ 近期建筑材料价格变化幅度较大，需特别引起注意	Ⅲ级	① 收集本项目的材料价格信息（包括国家政策性信息），做好材料价格走向的预测工作。 ② 提前与材料、设备供应商取得联系，签订供货合同，风险共同承担
2	工期拖延	① 因设计变更造成工程增加或施工工艺、施工顺序等发生变化造成工期拖延。 ② 因施工能力影响造成工期拖延。 ③ 因物资供应影响造成工期拖延。 ④ 因气候条件恶劣（如连续降雨、降雪或台风等）影响造成工期拖延。	Ⅴ级	① 及时与设计部门、监理或业主沟通，提前了解变更意图，做好准备工作，一旦变更通知下发后，立刻付诸实施。 ② 组织工作能力强的项目班子和管理人员，选用技术能力强、业务水平高的施工人员进行工程管理和施工。 ③ 选择有实力、信誉好的物资供应商，完善物资供应合同，明确相关责任，做好物资供应应急准备，采取多渠道供货模式，确保物资供应及时。

续表

序号	风险事件	风险分析	风险等级	相关对策
2	工期拖延	⑤ 本工程工期紧、任务重，根据招标文件要求，如工期不能履约将会在企业信誉和经济上造成极大损失，因此必须引起特别重视		④ 做好天气预报信息收集工作，至少收集5天内的气象信息；建立健全应急响应方案，如出现恶劣天气应立即采取措施，把损失降到最低
3	质量风险	由于各种原因导致质量目标不能实现	Ⅳ级	① 建立高效的质量管理组织机构和完善的质量保证体系，把项目施工质量管理纳入企业质量管理体系内，严格管理。 ② 有针对性地采取有效的质量保证专项方案，从技术角度保证工程质量。 ③ 从采购源头做起，加强进场原材料的质量控制。 ④ 加强“过程控制”，保证每道工序受控。加强过程检查验收
4	安全风险	由于各种原因导致安全目标不能实现	Ⅳ级	① 建立高效的安全管理组织机构和完善的安全保证体系，把项目安全施工管理纳入企业安全管理体系内，严格管理。 ② 有针对性地采取专项安全施工方案，从技术角度保证施工安全。 ③ 加强安全教育，做到“人人懂安全，人人要安全，人人抓安全”
5	技术风险	① 技术不成熟，四新技术不能实现。 ② 技术工作是施工生产的源头和基础，如果出现问题将会造成不可估量的损失	Ⅲ级	① 选用技术水平过硬，综合业务水平高的技术管理人员。 ② 加强施工方案的编制管理，采取切实可行的施工方案，严格按照技术管理程序审批执行
6	资源风险	人、材、物等资源供应不及时导致损失	Ⅱ级	① 项目部成立专门的人力资源管理机构，从组织上保证资源及时供应。 ② 项目物资设备部负责施工材料和物资设备的供应，全面对材料和物资设备的供应负责。 ③ 项目部建立责任追究机制，如出现供应不及时应严格追究责任人的责任。 ④ 如出现资源供应不及时的情况，要有补救措施，并能挽回损失
7	自然灾害和意外事故	洪水、台风、雪灾、地震等自然灾害造成损失，过失行为带来损失	Ⅱ级	① 建立自然灾害和意外事故应急管理组织机构。 ② 有针对性地做好应急预案。 ③ 做好应急事故的演练，让施工人员了解相关知识

注：Ⅰ—可忽略风险；Ⅱ—可容许风险；Ⅲ—中度风险；Ⅳ—重大风险；Ⅴ—不容许风险。

3. 项目风险预防

（1）总承包项目部综合办公室负责接受上级防灾总承包项目经理部的各项指令，制定防项目风险应急预案。

（2）总承包项目部综合办公室负责认真宣传、贯彻、执行上级防风险的指示。

（3）总承包项目部安全处负责组织施工人员学习辨别施工中易发的各种事故预警信号，掌握事故的预防和自救知识。

（4）安排专人定时和不定时排查管道、供电线路、消防安全设施、树木、墙报栏、门、窗户等安全方面的隐患，发现问题及时反映，并监督及时整改。

（5）制定实施抢险救灾方案，并组织模拟预防演练。

（6）在施工过程中严格执行“自检、报检、报验”三级检验制度，确保施工中可能出现的各种决策风险降低到最低。按照施工中可能出现的各种风险因素进行逐项控制。

（7）加强安全教育，经常性地组织施工人员有针对性地学习有关既有线施工安全方面的规章制度和安全生产知识。

（8）坚持定期检查，及时发现和整改安全隐患。

（9）施工中要编制专项安全施工方案，严格按照施工组织设计和安全技术措施进行。

（10）施工中严格执行相关技术规范，严格执行安全质量奖惩制度，严肃施工纪律；安全设施遵循与施工结构同时设计、同时施工、同时验收的原则。

（11）制定先进的、经济合理的施工方案，以达到缩短工期、提高质量、降低成本的目的。施工方案的优化选择是施工企业降低成本的主要途径之一，制定施工方案要以合同工期为依据，结合施工项目规模、性质、复杂程度、施工现场条件等因素综合考虑。同时拟定经济可行的技术组织措施计划，列入施工组织设计之中。

4. 应急救援组织机构及其职责

成立应急救援指挥组和应急救援小组，具体负责整个应急救援工作的实施。

成立应急指挥组：指挥组组长由总承包项目经理担任，相关部门负责人和各工段负责人为指挥组成员。

指挥组办公室：负责事故处理中各救援队伍之间的通信联系，及伤亡人员的亲属接待，善后问题，同时在组长的授权下负责对事故的上报。

现场抢险抢修组：事故发生后，现场抢险抢修组负责事故现场的处置。根据事故发生的实际情况，分析事故原因，及时制定处理方案，采用加固、抢修或排除事故隐患等措施，有效地遏制事故的蔓延。同时，负责现场周围人员和器材物资的抢救，将事故的损失降到最小，避免事故范围的扩大和再次发生。应急救援人员要具有丰富施工及抢险经验的管理人员及特种工人员。

医疗救护组：负责现场的医疗救护，组织救护车辆及医务人员、器材进入指定地点，组织现场抢救伤员。

疏散协调警戒组：负责现场周围人员安全疏散工作，布置安全警戒，保证现场井然有序；实行交通管制，保证现场及厂区道路畅通；加强保卫工作，禁止无关人员、车辆通行。

后勤保障组：为了确保事故救援的顺利实施，后勤保障组负责准备应急救援车辆、物资、资金等所需物资供应。

5. 应急知识培训

应急小组成员在项目安全教育时必须附带接受紧急救援培训。

培训内容为伤员急救常识、灭火器材使用常识、各类重大事故抢险常识等。务必使应急小组成员在发生重大事故时能较熟练地履行抢救职责。

6. 突发事件应急安全技术防范措施

突发事件应急的安全技术防范措施如表3-8所示。

表3-8 突发事件应急的安全技术防范措施

序号	事故类别	事故原因	防范预案及现场救援措施
1	结构及架梁机械设备垮塌事故	支架及脚手架搭设、拆除施工；架桥机架梁施工；模板施工	施工结构设计时充分考虑安全性，大型结构经过专家评审。事故发生后，立即向项目经理汇报，采取应急措施防止事态扩大；作业人员立即撤离危险地段，查明原因采取补救措施后，再决定可否进行继续作业；因垮塌造成人身事故后，同时采取两个方面的措施，一方面立即抢救伤员并密切注意伤员情况，防止二次受伤，另一方面对危险的结构及机械设备采取临时支撑措施，防止因二次垮塌伤及抢救者或加重事故后果
2	物体打击机械伤害、高空坠落事故	模板施工、架梁、机械操作不当造成	高空作业时临空面进行有效防护；急送医院抢救伤员；遇机械伤害时，立即停止机械作业；事故发生后，当事人立即向项目经理汇报，采取应急措施防止事态扩大
3	触电伤害事故	机械操作；用电施工	各类电器均应设漏电保护装置；紧急切断电源；事故发生后，当事人立即向项目经理汇报，采取应急措施防止事态扩大；立即进行现场就地抢救
4	隧道施工中的坍塌、滑坡事故	隧道洞门施工、进洞开挖、洞身开挖支护	采取“早预报、管超前、预注浆、短进尺、弱爆破、强支护、快封闭、勤测量”的原则施工；按设计要求和工艺要求做好超前支护和开挖后的联合支护，保证开挖面围岩的稳定，降低塌方概率；按塌方、不同涌水量、不同水压力和隧道不同部位涌水量，编制抢险施工预案，一旦发生上述地质灾害，针对性选用方案。减少出现险情后的研究时间
5	火灾爆炸事故	火灾、爆炸等突发性事故；危险品仓库、易燃建筑材料堆场设置、储存不当	爆炸物品库应远离住所，并由专人看守，生产、生活区配备足够的灭火设施；事故最早发现者除立即拨打119火警电话和120抢救电话外，还应在最短时间内报告项目部；及时启动预案程序；爆破瞎炮的处理应配备防护设备；有毒有害废弃物，按规定检测和处置，不得擅自清运、焚烧、填埋；后果严重，并已影响到公共安全时，应听从上级领导和有关部门的协调、指挥，直至事态平息，恢复正常生产、生活秩序

续表

序号	事故类别	事故原因	防范预案及现场救援措施
6	山洪、地质灾害事故	雨季连续下雨	生产、生活区应避免布置在沟谷、不稳定山坡等处；重点检查排水设施是否通畅，防止汛期暴雨积水；塔吊等采取避雷接地措施，必要时切断电源，并设立警戒区域；对仓库及各类物资等采取防水措施，并落实专人管理；一旦出现紧急情况，现场所有人员都应到安全地带集中

3.8 高速公路总承包标准化施工管理

3.8.1 香丽高速公路施工标准化保障体系

根据交通运输部《高速公路施工标准化技术指南》，云南省交通运输厅《云南省高速公路建设标准化管理规定》《云南省高速公路建设标准化实施要点》的要求，认真实施云南建投集团有限公司《高速公路预制梁厂标准化建设指导手册》《高速公路钢筋加工厂标准化建设指导手册》，以及业主相关管理规定在工程建设过程中实行临时设施、人员管理、材料管理、现场安全、环保文明施工、施工技术等过程的标准化管理规定。

成立专门的标准化管理工作领导小组，建立以项目经理负总责、分管领导和工段项目经理为副组长具体负责的领导责任制度，明确相应管理机构、人员分工，确保"纵向到底、横向到边"的标准化管理制度。项目部成立以项目经理为组长、工段项目经理为组员的标准化施工领导小组，对各工段施工驻地建设、工地试验室建设、施工现场设施建设、文明施工、树形象等进行全面督查、问责，确保香丽公路建设成为标准化施工的样板工程。

建立健全组织机构，构建领导、监督、实施体系，明确职责分工，落实各项责任，为完成香丽公路提供组织保障。

3.8.2 香丽高速公路施工标准化要求

1. 人员管理标准化

项目经理部具有各部室职能机构，各职能机构资源共享、职责分明，达到优化组合、动态管理的目标。

根据工作岗位要求配备具有相应技能、能力、知识的人员，确保各职能机构按照合同文件要求及施工需求配有足够的专业管理、技术人员，达到管理人员、技术人员配备的标准化、合理化。

进入施工现场必须戴安全帽（标识内容：单位和工段或项目名称简称），不同职位的人员使用不同颜色的安全帽，统一着装，隧道内或夜间施工穿反光衣，管理人员佩戴胸卡，现场施工人员佩戴安全作业卡。安全帽的格式按照业主制定的统一格式，工作牌具有人员的姓名、照片、所在部门、职务等相关信息。项目部的管理人员统一着装，服装样式按照企业内部管理要求执行。

2. 工地建设标准化

（1）施工驻地建设。

驻地选址满足安全和管理要求，项目部硬件设施满足“四室（即办公室、视频会议室、资料室、试验室）五小（宿舍、食堂、厕所、淋浴室、办公活动室）”要求。安全措施严格按照《云南省交通厅关于印发公路建设职、民工驻地安全管理规定的通知》（云交基建〔2007〕181号）实施。

（2）工地试验室建设。

工地试验室的机构设置、人员配备、试验场所布局、办公室布置、各功能室配置等严格按《云南省公路工程工地试验室管理实施细则》实施。各工段工地试验室设置在各工段项目部内。根据本工段工程的规模和特点，设置办公室和功能室。办公室不少于2间，功能室包括力学室、水泥室、混凝土室、集料室、养护室、土工室和沥青原材料室。办公室和各功能室要分开，布局合理，仪器设备摆放合理，并根据需要砌筑牢固平整的试验操作台，每台仪器设备配备专用电源插座。试验室建立各项管理制度及操作规程，并悬挂上墙，主要包括：组织与管理机构图；工作程序与质量及安全管理制度；母体机构对工地试验室的管理办法；检测人员岗位责任制；仪器设备操作规程、保养维修及管理制度；仪器设备的计量校定、校准及管理制度；样品、资料、档案管理制度；试验室、养护室管理制度；试验检测台账制度，人员考勤及人员外出登记制度。试验间配备4 kg干粉灭火器2个，灭火沙1 m^3，铁锹2把，铁桶2只，环境卫生满足试验要求。试验人员配胸卡作业，持证上岗，规范操作，记录清晰。仪器设备挂标识牌（0.15 m×0.1 m），标明名称、规格、型号、状态。仪器设备按时自检送检，专人维护保养，有记录可查。试验室切割作业时，有防噪声、防尘措施。试验废弃原材料回收或存放符合环保要求。

（3）施工现场设施建设。

① 施工现场总体布置。

现场平面规划保证各项施工活动互不干扰，综合安排施工。办公生活区与施工段、辅助生产区分开设置。施工现场的道路保持畅通，并与现场的料场、仓库、机械设备等位置相协调。

② 拌和站、预制场。

拌和站、预制场选择在安全的地点设置且有满足施工用的水源。实行封闭式管理，设置安全警示牌，场地内全部硬化处理，设置安全宣传标语。材料堆放采用分仓堆放，且用标示牌标明材料名称、场地、规格等。现场设置沉淀池、循环池、加压泵，养生水必须循环使用。厂内材料及机械按照型号、类别分类堆放。

③ 施工便道便桥。

便道充分利用老路，结合平面布置，避免与既有铁路线、公路平面交叉。设置排水沟，在汇水较大的低凹处设置涵洞，且满足排水泄洪要求，设置必要的标志标牌。最大纵坡不大于12%。

3. 工程施工标准化（文明施工）

（1）路基施工。

① 在起止点设置“五牌一图”。

② 路基遇地下不明管线，应会同设备管理单位采取防护措施。

③ 夜间施工设置有满足施工安全的照明设施。

④ 配备洒水设施，对施工路段做到晴不“扬灰”、下雨无“水泥”。

（2）桥梁施工。

① 对每座桥梁施工现场醒目位置布置“五牌一图”。

② 陆上施工和水上施工均设置专用沉淀池，不随意排放泥浆。

③ 建筑垃圾做到一天一清理，并有专门的存放地点分类存放。

④ 设置安全防护设施。

⑤ 设置桥下限高架、隔离栏杆和醒目的标志牌、限速牌等。

（3）隧道施工。

① 每座隧道进出口施工场地设置文明施工标示标牌。

② 每座隧道进出端洞口设置值班室，张贴管理制度，并且配置电子安全监控系统。

③ 洞内通风、排水设备、设施完善。

④ 采取防尘防毒措施。

（4）路面施工。

① 作业区设置作业信息标识牌、文明宣传标语、安全警示牌等。

② 隧道沥青路面作业时，必须保证通风，作业人员配备防护用具。

4. 宣传管理标准化

贯彻集团“爱岗敬业、珍惜岗位、诚实守信、依法经营”的核心价值观，落实企业文化，展示企业形象，企业形象策划及宣传统一按集团总承包项目经理部统一标准设置，与集团形成一种团结、和谐、开拓进取、奋发向上的群体氛围。

做好树形象工作，就是利用具有云南建投特色的文字、图形、色彩等元素向公众传递集团正确的形象价值观，通过向社会持续传播标准化的企业“文化个性”，进一步提升集团品牌形象，进一步扩大集团社会影响力，进一步拓展集团市场空间，推动集团的科学发展、和谐发展和跨越发展。

（1）做好施工现场形象策划工作。

① 工地进场后，各工段项目部必须结合现场实际情况，对工地布局及形象进行整体统筹规划，认真做好策划方案。

② 施工现场主要入口处、现场围墙的形象宣传，要按照集团《视觉识别规范手册》的要求规范设置。

③ 施工现场内要按照现场文明施工的要求，规范设置集团标志牌、安全标语、布设适当数量的刀旗等。

④ 在施工工地办公区，设置企业形象宣传栏，内容统一使用集团资料，包括集团简介；展示集团业绩的代表性工程图片；展示集团企业文化的企业愿景、使命、核心价值观、企业精神等内容；项目工程概况；项目施工组织管理机构；项目质量安全管控体系；其他与项目组织管理有关的图牌。

（2）有效发挥内部媒介的宣传作用。

集团内部媒介包括集团及所属各单位的网站、报纸、刊物、简报、宣传栏、橱窗等，是做好形象宣传的重要载体。充分利用这些有效的宣传载体，积极发布、宣传集团承建项目的相关信息，为树形象营造良好的舆论氛围。

3.9 高速公路 PPP 项目物资供应管理

3.9.1 香丽高速公路物资供应的原则与程序

1. 物资供应的原则

香丽高速公路物资采购数量大，种类多。为保证工程的质量、进度，充分发挥建工集团大宗材料集中采购的优势，对钢材、水泥、混凝土、钢绞线、油料、火工材料、土工材料、防水材料、桥梁支座、桥梁缆索等材料进行统供管理。

项目统供物资的采购工作应该遵循公开、公平、公正的原则，选定供货厂商。保证按项目的质量、数量和工期要求，以合理的价格和可靠的供货来源，获得项目的物资和服务。

项目统供物资的采购由总承包项目经理部负责，总承包物资处参与，按集团大宗材料集中采购的相关规定实施采购，主材由集团集中采购平台云南建投物流公司负责采购，其他特殊材料由集团基投公司组织实施招标采购，共同组成本项目物资采购小组，组织本项目的物资采购。

非统供物资的采购由各工区项目部进行采购，统一使用“云南建投集团有限公司合同专用章（3 号）”签订合同。

为了严格控制工程的整体质量，对特殊的材料，如压浆料、预应力塑料波纹管和钢筋数控设备等，经业主第三方中心试验室对邀标单位取样检测合格后，由总承包物资处组织进行邀请招标采购，严禁不合格产品流入本项目。

2. 物资采购程序

采购工作应按下列程序实施：

（1）编制项目采购计划。

（2）采购。

① 在集团合格供应商范围内选取优质的供应商；对集团合格供应商名录以外的专用物资，在全国范围内选取知名品牌生产商，进行供货商资格预审，组织考察小组对其设备状况、生产能力、本行业业绩、保供能力、售后服务等方面进行全面考察，确定入围合格供应厂商，在合格供应商中确定项目询价供货厂商名单。

② 编制竞争性谈判询价文件。

③ 实施询价，接受报价。

④ 组织报价评审，确定初步入围厂商。

⑤ 进行竞争性谈判，根据物资类别确定 1~3 家供货厂商。

⑥ 签订采购合同。

（3）检验：按照合同约定的检验以及其他特殊检验。

（4）运输与交付：按照合同约定的包装、运输和交付。

（5）现场售后服务管理：按照采购技术服务、供货质量问题的处理、供货商专家服务的联络和协调等工作。

（6）仓库管理：包括开箱检验、仓储管理、出入库管理、资料归档等内容。

（7）采购结束：包括订单关闭、文件归档、剩余材料处理、供货商评定、采购完工报告编制以及项目采购工作总结等工作内容。

3.9.2 香丽高速公路物资采购过程控制

1. 采购计划书编制

（1）采购计划编制的依据。

① 项目合同。

② 项目管理计划和项目实施计划。

③ 项目进度计划。

④ 云南建投集团有限公司有关采购管理程序和制度。

（2）采购计划书内容。

① 编制依据。

② 项目概况。

③ 采购原则，包括分包管理原则，安全、质量、进度、费用、控制原则，设备材料分交原则等。

④ 采购工作范围和内容。

⑤ 采购的职能岗位设置及其主要职责。

⑥ 采购进度的主要控制目标和要求，长周期设备和特殊材料采购的计划安排。

⑦ 采购费用控制的主要目标、要求和措施。

⑧ 采购质量控制的主要目标、要求和措施。

⑨ 采购协调程序。特殊采购事项的处理原则。

⑩ 现场采购管理要求。

（3）采购计划由工区项目部材料科组织编制，由总承包项目经理部汇总，经项目经理批准后实施。

（4）项目物资采购小组应严格总体按采购计划开展工作。物资采购小组应对采购计划的实施进行细化管理和监控。

2. 采　购

（1）采购工作包括接收请购文件、确定合格供货商、编制询价文件、询价、报价评审、竞争性谈判、定标、签订采购合同等内容。

（2）请购文件由项目技术人员编制，经项目控制人员审核，经采购小组确认，提交项目经理批准后组织采购。采购计划书包括以下内容：

① 请购单。

② 设备材料规格书和数据表。

③ 设计图纸。

④ 采购说明书。

⑤ 适用的标准、规范。

（3）物资采购小组在云南建投集团有限公司合格供货商名单及业主推荐的供货商名单中选择确定优质的供货商。项目合格供货商应符合如下基本条件：

① 有能力满足产品质量要求。

② 有完整并已付诸实施的质量管理体系。

③ 有良好的信誉和财务状况。

④ 有能力保证按合同要求准时交货，有良好的售后服务。

⑤ 具有类似产品成功的供货及使用业绩。

（4）询价文件由采购小组专业负责人编制，采购小组负责人批准。询价文件分为技术文件和询价商务文件两部分。询价技术文件包括：设备材料规格书或数据表，设计图纸，采购说明书，适用的标准、规范，要求供货商提交供确认的图纸、资料清单和时间，其他有关的资料和文件。询价商务文件包括：询价函，报价须知，项目采购基本条件，对检验、包装、运输和交付的要求，报价回函，商务报价表，其他有关的资料和文件。

（5）采购小组一般应在项目合格供货商中选择 3~5 家询价对象，经协调和确认后，发出完整的询价文件。

（6）投标人应在投标截止日期前，将密封的报价文件送达投标地点。采购小组应组织对供货商的报价进行评审，包括技术评审、商务评审和综合评审。必要时可与投标人进行竞争性谈判并根据综合评审意见定标。

（7）采购合同应简明扼要、完整、准确、严密、合法。通常包括下列内容：

① 采购合同；

② 完整的询价文件及其修订补充文件；

③ 满足询价文件的全部报价文件；

④ 供货商协调会及竞争性谈判会议纪要；

⑤ 定标之前任何涉及询价、报价内容变更所形成的其他书面形式文件。

3. 催交与检验

物资采购小组应根据设备材料的重要性和一旦延期交付对项目总进度产生影响的程度，划分催交等级，确定催交方式和频度，制订催交计划并监督实施。

（1）催交工作应包括以下内容：

① 熟悉采购合同及附件。

② 确定设备材料的催交等级，制订催交计划，明确主要检查内容和控制点。

③ 要求供货商按时提供制造进度计划。

④ 检查供货商、设备材料制造、供货及提交的图纸、资料是否符合采购合同要求。

⑤ 督促供货商按计划提交有效的图纸、资料，供设计审查和确认，并确保图纸、资料按时返回供货商。

⑥ 检查运输计划和货运文件的准备情况，催交合同规定的最终资料。

⑦ 按规定编制催交状态报告。

（2）采购组应根据采购合同的规定制定检验计划，组织具备相应资格的检验人员根据设计文件和标准规范的要求进行设备、材料制造过程中的检验以及出厂前的最终检验。

（3）对于有特殊要求的设备材料，应委托有相应资格和能力的单位进行第三方检验并签订检验合同。采购组检验人员有权依据合同对第三方的检验工作实施监督和控制。

（4）采购组可根据设备材料的具体情况确定其检验方式并在采购合同中规定。

（5）检验人员应按规定编制检验报告。检验报告一般包括以下内容：

① 合同号、受检设备材料的名称、规格、数量。

② 供货商的名称、检验场所、起止时间。

③ 各方参加人员的姓名、职务。

④ 供货商使用的检验、测量和试验设备的控制状态并附有关记录。

⑤ 检验记录。

⑥ 检验结论。

4. 运输与交付

（1）采购小组应督促供货商按照采购合同规定进行包装和运输。

（2）采购组应落实接货条件，制定卸货方案，做好现场接货验收工作。

（3）设备材料运至指定地点后，由接收人员对照送货单进行逐项清点，签收时应注明到货状态及其完整性，及时填写验收入库记录。

5. 仓库管理

（1）项目部在香格里拉经济开发区和小中甸设置两个中心库房，并配置计划管理和仓库管理人员，在项目物资处领导下负责仓库作业活动和仓库管理工作。

（2）设备材料正式入库前，应根据采购合同要求组织专门的检验组进行检验。检验应有规定的有关责任方代表在场，填写检验记录，并经有关参检人员签字。

（3）经检验合格的设备材料，在资料、证明文件、检验记录齐全，具备规定的入库条件时，应提出入库申请。经仓库管理人员验收后，填写《入库单》并办理入库手续。

（4）仓库管理工作应包括物资保管，技术档案、单据、账目管理和仓库安全管理等。仓库管理应建立“物资动态明细台账”，所有物资应注明货位、档案编号、标识码以便查找。仓库管理员要及时登账，经常核对，保证账物相符。

（5）采购组应制定并执行物资发放制度，根据批准的《出库单》发放设备材料，办理物资出库交接手续，确保准确、及时地发放合格的物资及相关质量证明文件，满足施工和试运行的需要。

3.9.3 香丽高速公路物资供应商管理与考核

1. 供应商管理

本项目主要物资采用集中招标、集中管理、集中配送。

（1）钢材：选取规模较大的两家生产企业，在比质、比价、比运距的基础上，确定一家主供单位和一家辅供单位，从而确保整个项目的钢材供应。

（2）水泥：选取省内规模较大的三家生产厂家，在综合考虑产品质量、运输距离、保供能力的前提下，根据整个项目的用量分布情况，分别确定三个厂家的主要供应标段和辅助供应标段。在主供厂家供应出现问题的时候由辅供厂家及时补位，从而保证沿线各工区和混凝土拌和站的水泥供应。

（3）混凝土、钢箱梁、工字钢拱架、超前支护小导管、模板、台车等集团内具有生产、加工能力的物资，由集团内各专业公司在市场调研、技术储备、保供措施配备的基础上充分发挥其质量优势、保供优势，在价格合理、质量可靠、服务及时的前提下完成上述物资的供应。

2. 供应保障

根据工程物资总的需求分布情况，由集团物流公司在香格里拉开发区和小中甸沿线建设两个中心库，按工程进度针对物资保存周期，统筹考虑储备数量，集中配送，确保工程需求。混凝土供应由集团商品砼部供应，在沿线建设十二个搅拌站，向周边各工项目部进行配送。钢拱架、小导管由集团内的专业公司：钢结构公司、安装股份公司和安装二公司负责加工供应，在香格里拉开发区建成三个加工制造中心，负责对各工区项目部加工配送；全线使用的模板、台车由建机厂负责供应完成。

3. 供应商考核

（1）每一类物资选取 2 至 3 家供应商供货，形成相互的竞争机制。

（2）按季度由各工区项目部进行书面打分，对其质量、保供、服务进行考核，并根据考核结果对其经济处罚或调整供货范围。

3.10 高速公路征迁保通、综治维稳管理

3.10.1 香丽高速公路征迁协调管理

1. 组织机构

为更好地配合业主做好相关工作，征迁协调工作由业主负责总承包项目经理部配合。香丽高速公路工程总承包项目经理部设项目副经理分管建设项目征地拆迁工作，设置征迁保通处为职能部门，具体负责配合，指导和协调各工区项目部的征迁工作，为各工区项目部做好建设项目征地拆迁事项的服务工作。各工区项目部设立专职领导分管征地拆迁协调工作，设置征迁保通科为职能部门，各工区项目部要按照建设工程合同的承诺以及总承包项目经理部对项目建设总体计划的要求，在总承包项目经理部的统一组织管理下，积极开展本工区内征地拆迁工作。如图 3-11 所示。

2. 管理制度

关于征迁协调工作管理制度，总承包项目经理部将根据国家有关法律、法规及业主有关管理办法规定执行。

3. 征迁协调措施

（1）严格落实国家及地方政府相关法律、法规，督促各工区项目部及时办理相关建设用地手续，抓好施工过程中的环境保护，保证项目建设用地的合法性。

（2）围绕项目建设，加强协调，依靠地方党委、政府和职能部门，积极调处纠纷、化解矛盾，保障建设项目良好施工环境。

（3）积极协助业主及地方政府，完成建设项目的土地征用、实物调查、附着物拆迁和移民安置等工作，及时提供项目建设用地。

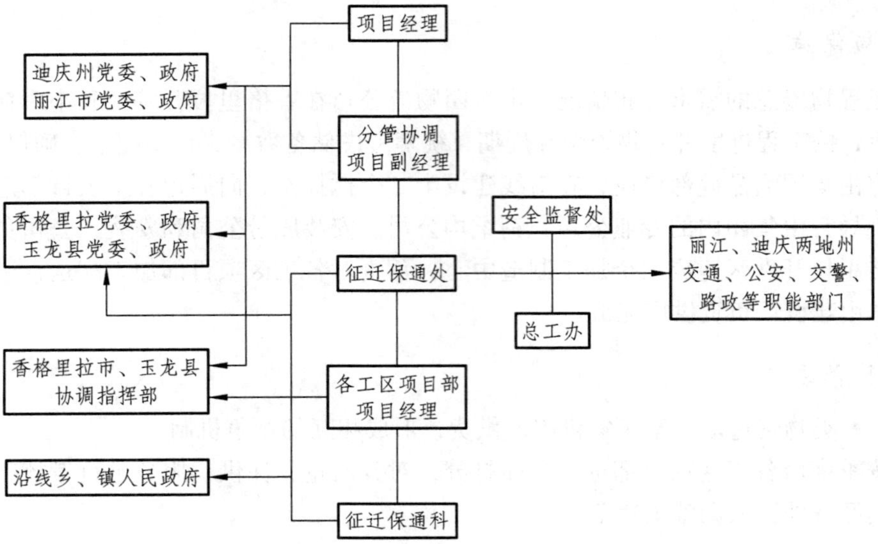

图 3-11　征地拆迁管理机构

（4）香丽高速公路建设用地手续审批流程如下：

① 原设计征（占）用地：各工区项目部进行复测、对照设计图纸核查后，将相关技术资料提交总承包项目经理部进行内部审核。

② 其他征（占）用地：各工区项目部根据项目建设需要提前规划，制定相应技术方案，与地方政府和村组沟通、进行民意调查，经排查选址后，将相关技术资料提交总承包项目经理部进行内部审核。

③ 内部审核通过后，总承包项目经理部将相关资料上报业主进行审核。

④ 审核通过后，业主组织相关单位和部门进行现场调查，组织编写报件，按照征地性质由相应单位缴纳植被恢复费、复垦保证金等，提交市（州）、省厅审批。

⑤ 批复后，各工区项目部配合地方政府进行用地面积测量、实物调查，签订协议，并进行资料归档、交总承包项目经理部备案。

⑥ 按照用地性质由相应单位和部门支付征地补偿款，然后进行使用和施工。

3.10.2　香丽高速公路道路保通管理

（1）为加强云南香丽高速公路建设期间的安全保通工作，确保施工安全和交通秩序，保证工程建设顺利进行，香丽高速公路工程总承包项目经理部与地方政府联合设立安全保通管理机构，采取路地共建形式，负责指导、检查云南香丽高速公路建设期间安全保通工作的相关事宜。各工区项目部设立相关职能部门，负责组织、协调、实施本施工区域内的安全保通工作，并根据本施工区域内保通工作的实际需要，配备相应人数的保通人员。

（2）与地方政府和公安、交警、路政等职能部门密切配合，解决好安全保通工作中的难点、焦点和热点问题，处理好施工区域与地方道路的影响关系，全力做好安全保通工作。

（3）依照国家有关法律、法规，严格规范施工行为，尽量减少因施工给社会各界带来的负面影响。施工现场需设置明显醒目的告示牌及道路交通标志、施工标志、道路安全标志、锥筒等。对需要改道、分流，封闭交通的路段，必需提前将专项保通方案及施工方案、时段等计划报交警、路政等部门统一协调安排，经批准后实施。

（4）保通经费，用于保通人员培训、学习、购置各类保通器材及设备和安全通行的标志标牌以及专职保通工作人员的工资、补助、保通执勤点建设和保通必需的安全设备等安全保通的各项开支。

（5）各工区项目部在产生保通开支后，认真填制《G0613 云南香格里拉至丽江高速公路工程总承包项目经理部保通经费审批表》上报总承包项目经理部，总承包项目经理部在收到保通经费申请表后，需在五个工作日内组织相关部门到现场复查、计量、审核，核实无误签字确认，报总承包项目经理部分管领导审批后予以计量支付。

3.10.3 香丽高速公路综治维稳管理

1. 综治维稳工作组织结构

为进一步加强香丽高速公路建设项目综治维稳工作，排查、化解各类矛盾纠纷，维护社会稳定、构建和谐社会，为工程项目建设营造和谐稳定的外部施工环境，总承包项目经理部成立以项目经理为组长，项目副经理为副组长，处室负责人为成员的综治维稳领导小组，综治维稳领导小组全面负责综治维稳工作，下设综治维稳办公室，具体负责督导协助各工区项目部处理综治维稳各项工作。各工区项目部成立党组织负责人和项目部负责人为组长的综治维稳领导小组，全面抓好本单位综治维稳工作，设置综治维稳办公室，具体负责本级综治维稳工作的落实。

2. 综治维稳工作制度

（1）每年年初，总承包项目经理部与各工区项目部签订《社会治安综合治理和维护社会稳定目标管理责任书》，各工区项目部在签订责任书一周后将本单位本年度工作要点、本年度工作计划报总承包项目经理部综治维稳办公室。

（2）每月 10 日前，将上月本单位综治维稳工作开展情况（包括并不限于：矛盾纠纷的排查化解情况、信访工作的受理情况、农民工工资的发放情况、外来务工人员情况等），对总承包项目经理部下达的文件落实情况及下月工作计划等，以工作简报形式报本级综治维稳领导小组和总承包项目经理部综治维稳办公室。

（3）狠抓落实农民工工资管理工作，总承包项目经理部将定期或不定期对农民工档案、农民工工资支付情况进行检查，把农民工工资的支付情况纳入对各单位阶段目标的考核内容，并与工程计量支付挂钩；各工区项目部必须在施工现场、民工驻地等醒目位置，设置农民工工资保障公示牌。

（4）一旦发现项目部在综治维稳工作事项上未按规定执行、弄虚作假、渎职的，总承包项目经理部将严格按照《云南建投香丽高速公路建设项目社会治安综合治理和维护社会稳定管理体系》进行处罚。

3. 综治维稳工作措施

（1）加强与地方各级党委、政府和职能部门、各工区项目部及各部门的工作联系和协调，积极组织排查全线不稳定因素，及时发现和掌握影响稳定的重点问题，协助和督促相关部门采取措施处置化解，把问题解决在萌芽状态。

（2）督导各工区项目部做好施工人员信息收集、管理，做好项目治安管理、预防违法犯罪，积极协助地方政府和公安机关做好禁毒、反邪教、反国家分裂等工作，确保建设项目的安全、稳定。

（3）监督各工区项目部做好农民工工资支付工作，妥善处理因农民工工资问题引发的不稳定情况。

（4）对沿线可能发生的突发事件组织制定应急处置预案，并向地方政府和相关部门提出工作措施建议；对发生的突发事件，及时准确掌握情报信息，依靠地方政府和公安机关，积极协调有关单位和部门进行妥善处置。

（5）积极开展各项“路地共建”活动，积极参与扶贫助困、捐资助学、应急抢险等社会公益活动；尊重地方民风民俗，维护民族团结，构建和谐建设环境，树立集团良好形象。

4 高速公路 PPP 项目总承包的目标管理

4.1 高速公路 PPP 项目总承包质量管理

质量控制的定义为项目工程建设实施过程中对质量监控以及制定相关制度以消除不满意状况等一系列管理活动。香丽高速公路在建设过程中，总承包管理单位及参建各方深感责任重大，都坚持把质量管理放在各项工作的首位，建立健全质量保证体系、狠抓各项制度和措施的落实，坚持“高标准、严要求”，依靠严格、科学、规范的管理，保证了香丽高速公路的工程质量，杜绝治理事故的发生。

4.1.1 高速公路 PPP 项目总承包质量管理的特点

工程质量管理是指为保证和提高工程质量，运用一整套质量管理体系、手段和方法所进行的系统管理活动。广义的工程质量管理，泛指建设全过程的质量管理，其管理的范围贯穿于工程建设的决策、勘察、设计、施工的全过程。高速公路 PPP 项目总承包的质量管理特点主要体现在以下几方面：

1. 参建单位多，质量管理程序复杂

高速公路 PPP 项目有设计、勘察、监理、施工等参建单位，质量管理需要建立对材料供应商、专业分包、劳务分包等多重单位共存共管的管理程序。总承包单位在做好本级质量管理之时，要落实好各层级质量责任主体的质量责任定位，确保整个项目的质量管理体系有效运行，管理制度日趋完善，做到更加扎实开展质量管理工作就必须付出更多的时间和精力。

2. 质量管理涉及工作面多，沟通协调难度大

一方面用于高速公路工程建设的原材料品种多、规格繁、数量大，水泥混凝土、无机结合料、沥青混凝土、砂浆等均为商品混合料拌和站供应，预制梁板及预制构件量大且为专业厂家预制生产，总承包单位质量管理难度加大；另一方面总承包单位需要监督落实不同类型参建单位的质量责任，监督各级单位质量管理体系的有效运行，质量管理任务艰巨。现行质量管理体系缺少质量监督和检验措施，降低了质量管理体系的执行力度。要实现项目投资公司、总承包管理单位、施工单位、设计单位、监理单位等单位的有效沟通，单纯依靠现有的组织协调制度难以实现。

3. 外部质量监督管理弱化

高速公路 PPP 项目外部质量监督管理包括监理和建设期绩效考核。高速公路建设项目中

的监理作用十分关键，监理工程师责任重大，既要肩负着社会赋予的责任又要对委托合同内容实施质量监管。但是由于高速公路 PPP 项目多数由社会投资人自行组织施工，项目投资公司、总承包单位、施工单位通常隶属于同一个集团，监理单位由项目投资公司聘请，由于这种复杂的关系，目前项目建设过程中监理工作难以正常开展。政府作为最终业主，在建设期绩效考核时进行项目建设质量把控，大部分高速公路 PPP 项目，政府在设置绩效考核标准时仅以一次性通过竣工验收为绩效考核合格的标准，达不到对建设过程质量监管的目的。

基于 PPP 项目总承包质量管理的上述特点，要求 PPP 项目治理管理要建立在全员、全过程、全面的“三全”管理基础上，深入现场检查和总结，遵循 PDCA 的管理方式，根据管理重点和难点开展“QC”小组活动，使各项工程质量处于受控状态，确保工程质量。

4.1.2 香丽高速公路施工总承包的质量管理体系

1. 质量管理机构

香丽高速公路的质量管理体系中，总承包项目经理部项目经理为质量第一责任人，实行总承包项目总工程师负责制；通过对总体质量目标的合理分解，各工区项目部认真贯彻落实“公路工程质量终身责任制”；建立健全质量管理组织机构，制定质量目标，推行全员质量管理制度，明确各级部门质量管理职责；加强工程质量过程控制及验收，定期进行工程质量检查，强化质量安全意识；严格执行质量奖惩规定，不断改进项目工程质量管理水平。

香丽高速公路质量管理体系由工程总承包项目经理部质量管理体系、专业分包单位质量管理体系、工区项目部质量管理体系等构成。总承包项目经理部实行两级质量管理体系，如图 4-1 所示。

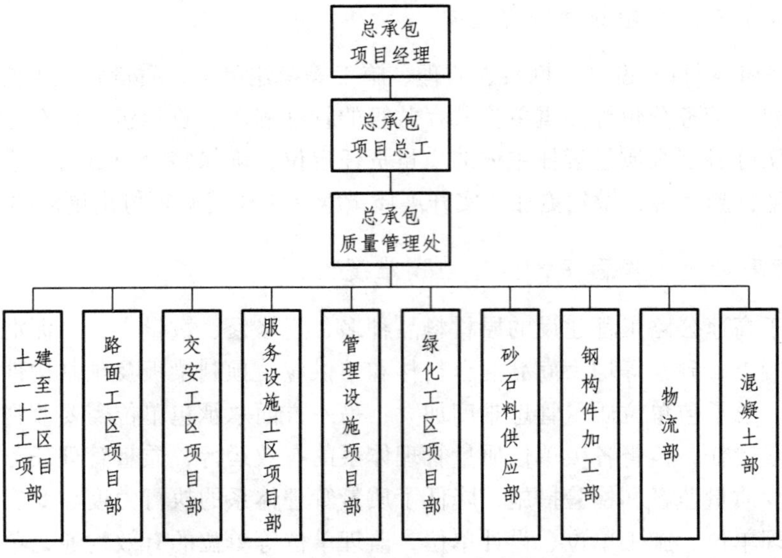

图 4-1 香丽高速公路总承包质量管理组织架构

香丽高速公路实行“政府监督、法人管理、社会监理、企业自检”的四级质量保证体系和工程质量检查制度。总承包项目经理部实行项目总工负责制的工程质量管理体系，下设工程质量管理处具体执行，接受政府质量监督机构重点监督的全面质量管理模式。各工区项目部必须建立健全质量保证体系，对质量管理工作进行管理，设置质量管理部门，人员配备满足施工要求；专业生产加工项目部按照生产任务必须配备专业质检人员，明确职责，认真落实质量岗位责任制，使质量管理规范化、制度化、日常化，真正做到层层有人抓，事事有人管，处处有人把关，如图 4-2 所示。

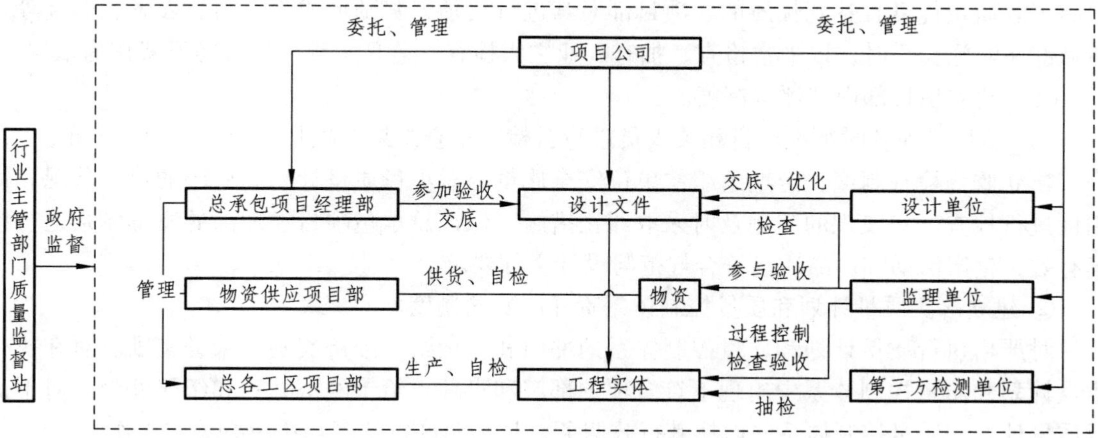

图 4-2　香丽高速公路质量管理体系

2. 总承包质量管理制度

（1）强化组织结构，加强质检领导。

在项目经理、总工的直接领导下，成立以项目经理为组长的全面质量领导小组（QC 小组），总工程师及各处室负责人为副组长，狠抓质量管理，形成行政上支持、技术上把关的良性循环。项目经理为项目工程质量终身制负责人。

（2）明确质量目标，严格质检程序。

积极响应业主号召，争创优质工程，认真组织施工人员和质检人员学习业主提供的技术规范，明确全优工程的各项要求。采用计算机管理各类检测数据，并根据计算机成果得出保证质量最优的施工方法。依照 ISO9001 标准，制定质量体系化文件，编制质量手册，安排专人负责信息、档案管理工作，及时搜集、传递、整理、分类与归档资料。QC 小组按行之有效的质检程序监控施工过程中每道工序的质量，上一道工序不验收，下一道工序不准施工。施工始终坚持“五不施工”“三不交接”制度。“五不施工”：未进行技术交底不施工；图纸和技术要求不清楚不施工；测量资料未经换手复核不施工；材料无合格证或试验不合格不施工；工程不经检查签证不施工。“三不交接”：无自检记录不交接；未经专业人员验收合格不交接；施工记录不全不交接。

（3）提高全项目人员的质量思想意识。

强化全员的质量意识，使职工牢固树立“质量第一，用户至上，信誉第一”的思想。在一项工程开工前，认真组织全体施工人员学习业主方颁发的《技术规范》设计图纸及有关文件，使施工人员熟悉施工内容，保证施工质量，建立技术规范交底制度，重点工程开工前，由项目经理部总工程师向各工区进行技术交底。一般工程由个工区技术负责人向现场施工员进行技术交底，并由各级主管领导和质量管理处定期进行检查督促，提高工程质量水平。项目部制定各项规章制度和奖罚办法，保证制度的严肃性，强化质量管理的控制手段。

（4）实行工程质量奖罚制度。

遵循“谁施工谁负责”的原则，对各施工队、班组进行全面质量管理和追踪管理。凡各施工队、班组在施工过程中违反操作规程，不按图施工，屡教不改或发生了质量问题，项目部有权对其进行处罚，处罚形式有整改停工、罚款等。凡各施工队、班组在施工过程中，按图施工、质量优良且达到优质的，项目部对其进行奖励，奖励形式为表扬、表彰、奖金等。项目部在实施奖罚时，以平常检查、抽查、业主大检查、监理工程师评价等形式作为依据。

（5）建立项目部内部评审制度。

① 项目经理及时组织项目相关人员进行自检，检查结果在项目经理办公会上公布。

建立监督检查制度，定期组织本单位安全质量部对项目质量计划和程序的执行状况和适用性进行检查。对发现的问题及时采取纠正措施，保证总承包项目经理部的质量体系运行持续有效，生产活动和产品质量符合规范与设计文件要求。

② 建立落实质量计划和质量控制体系责任的奖罚制度。

对严格执行质量计划和质量控制体系的部门和人员给予经济奖励和荣誉奖励。对在执行质量计划和质量控制体系中出现不符合项的部门和责任人给予经济处罚和纪律处分。对不执行质量计划和质量控制体系的撤换其行政职务，且不允许再从事与质量有关的工作。

③ 建立长期的学习制度。

工程开工前组织有关人员熟悉业主合同要求及其总体施工安排，创优规划，组织技术人员详细审核图纸，学习有关标准规范，为编制实施性施组及技术交底做好准备。分项工程开工前，对工班进行技术培训，以正确施工工艺保证工程质量。工程进行中，结合不同的工序及施工中出现的问题进行培训，同时开展广泛的 QC 小组活动，增强职工全员参与管理的积极性，使全项目部人人重视质量，人人明确自己岗位的质量标准，为高质量完成本工程打下坚实的基础，同时也组织内部队伍相互学习、评比，鼓励先进，鞭策落后。

④ 建立责任追究制度。

对总承包项目经理部各级管理人员明确质量责任范围，建立工程质量终身责任追究制，通过贯彻 ISO9002 质量体系标准，实现质量责任的可追溯性。总承包项目经理部按合同造价一定比例设置质量奖励基金，并严格按项目经理部制定的《质量奖惩办法》执行。实行质量管理处在工序开工、工序控制、验工计价一票否决权制度，做到质检人员责、权、利统一。物资管理上，按 ISO9002 体系，执行可追溯性程序，严格物资标识，实现物资在施工全过程的可追溯性，把好原材料质量关。关键工序操作人员完成的产品，进行标识记录，增加其责任感。

⑤ 建立全部工序检查工程师旁站监理制度。

所有施工工序均实行检查工程师旁站监理制，使施工的全过程均在控制状态下执行，确保总体工程质量目标实现。

⑥ 开工前的技术交底制度。

工程开工前，由主管工程师向全体施工人员进行技术交底，明确该项工程的设计要求、技术标准、定位方法、几何尺寸、功能作用及与其他工程的关系、施工方法和注意事项等，使全体人员在彻底明了施工对象的情况下投入施工。

⑦ 建立“五不施工”“三不交接”“三服从”“一个坚持”等制度。

“五不施工”：未进行技术交底不施工；图纸和技术要求不清楚不施工；测量桩和资料未经换手复核不施工；材料无合格证或试验不合格者不施工；工程不经检查签证不施工。“三不交接”：无自检记录不交接；未经专业人员验收合格不交接；施工记录不全不交接。“三服从”：进度、工作量、计量支付服从工程质量。“一个坚持”：坚持质量一票否决权。特别是质检人员及现场技术干部对质量管理有绝对权力，同时质量的好坏直接与他们的工资奖金挂钩。

⑧ 对工序实行严格的“三检”及工序交接卡制度。

“三检”即自检、互检、交接检。上道工序不合格，不准进入下道工序，确保各道工序的工程质量。

⑨ 建立严格的隐蔽工程检查签证制度。

凡属隐蔽项目，首先由班、队、项目部逐级进行自检，自检合格后，会同总工程师一起复检，检查结果填入验收表格，由双方签字，并由总工程师签发隐蔽工程验收证明书，然后请监理工程师监察。

⑩ 建立测量计算资料换手复核制度。

测量资料必需换手复核，现场测量基线、水准点均进行定期复测检查。

3. 质检工作程序

（1）质量自检系统由项目总工程师、质量管理处、质检组、技术方案组、测量组、试验室、内业资料组、各施工队技术负责人、各施工队质检员、各班组质检员、工段长、组长构成，共分为四个质量自检系统，即施工工序自检系统、施工材料自检系统、测量自检系统和施工技术方案审批制度。施工工序自检系统流程如图 4-3 所示。

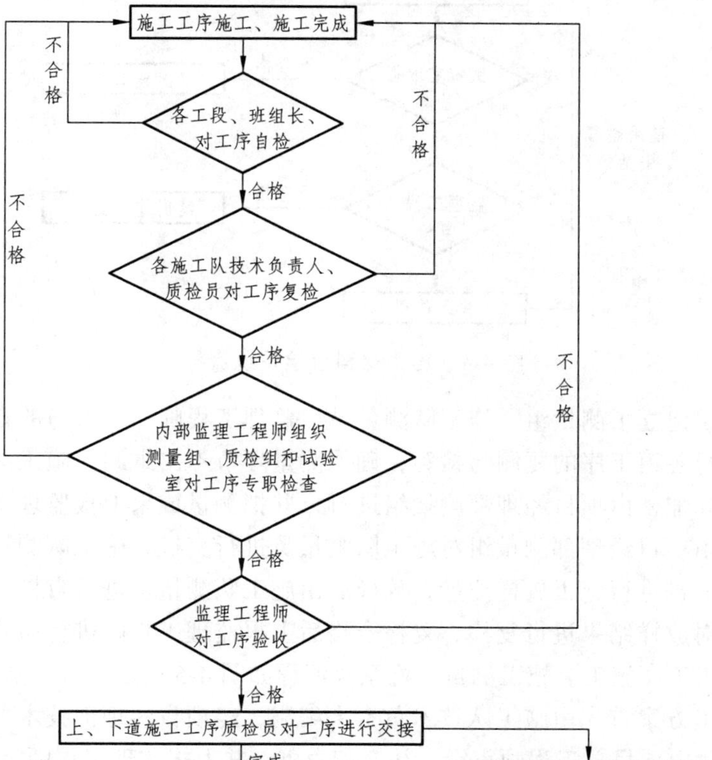

图 4-3　施工工序自检系统流程

施工工序自检实行内部三级监理和执行工序“三检”制度，即各工序完工后首先由工段长、班组长和班质检员按照施工技术规范进行自检；自检合格后，由施工队技术负责人和质检员对施工工序进行复检；复检合格后，再由项目经理部质量管理处组织测量组、试验室和质检组对工序进行专职检查，检查合格后上报监理工程师进行检查，检查通过后由各班组的上、下道施工工序质检员对工序进行交接，交接后才能进行下道施工工序的施工。检查过程中，应按有关规定及时填写工序质量检查记录，并由有关人员签认，作为施工原始资料保存。在施工过程中的每道施工工序，不管是哪一级质检人员，对工序进行检查不通过的，都视为该道施工工序不合格，不得进行下道工序施工，并视具体情况进行整改或返工。只有各级质检人员全部检查合格后，并且由监理工程师检查通过后，方可进行下一道工序施工。

（2）工程材料在进场前后严格按照材料自检程序进行质量检测，通过多个环节的检测形成闭合的质量检验环，材料自检系统流程如图 4-4 所示。

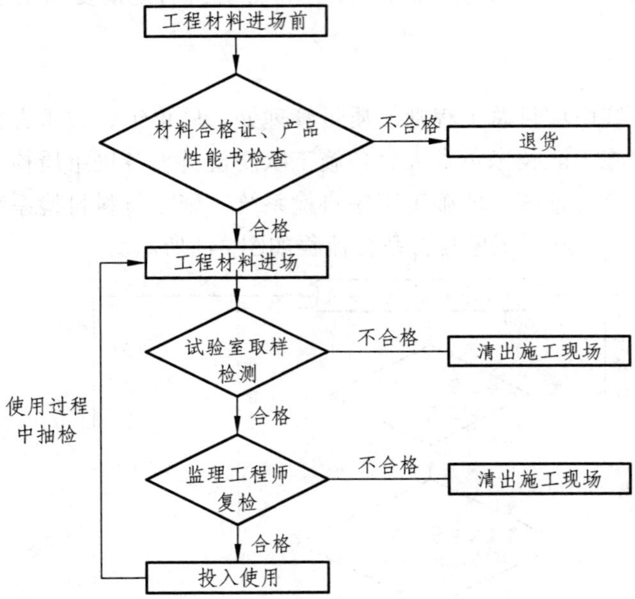

图 4-4　施工材料自检系统流程

（3）施工测量建立了测量组、施工队测量员、监理工程师三方参与的自检体系，并严格按照自检体系进行各道工序的复测与检验，确保测量环节不出纰漏。施工测量自检时，导线点、水准点复测和加密由项目经理部测量组进行，并把测量成果上报监理工程师审批，监理工程师批复后，由项目经理部测量组对施工队测量员进行交桩，施工队测量员根据项目经理部测量组所移交的桩进行施工放样测量，放样后由施工队测量员进行自检，自检合格后由项目经理部测量组对放样结果进行复检，复检合格后上报监理工程师进行验收，验收合格后才能进入下一道施工工序施工。施工测量自检系统流程如图 4-5 所示。

（4）施工技术方案首先由施工队技术负责人编制，经项目经理部技术方案组进行审核、补充和完善，最后由项目总工程师审定、补充和完善，并上报监理工程师审批，（如属重大技术方案须报公司技术中心审批后，才能上报监理工程师审批），经监理工程师批复后，方可实施。施工技术方案审批流程如图 4-6 所示。

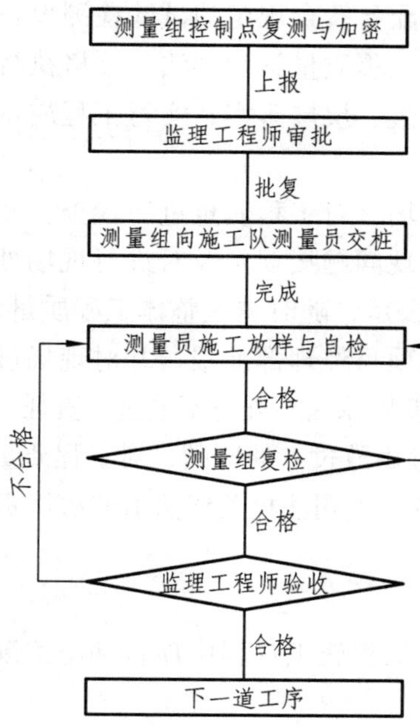

图 4-5　施工测量自检系统流程

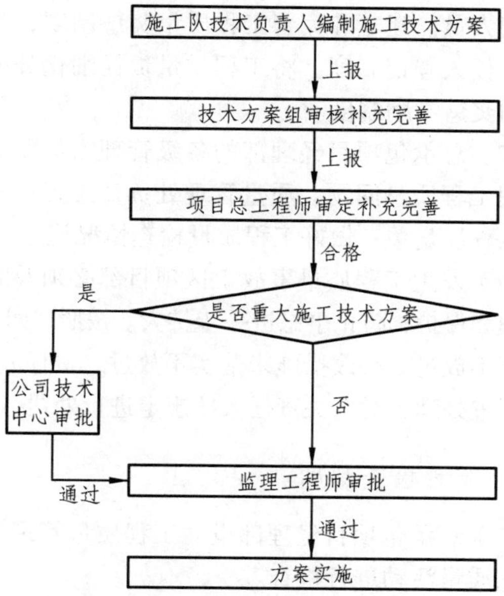

图 4-6　施工技术方案审批流程

4.1.3　香丽高速公路施工总承包质量管理办法

1. 工程质量控制

（1）总承包项目经理部应严格执行《建设工程质量管理条例》《交通运输部关于达打造公路水运品质工程的指导意见》《云南省人民政府办公厅关于加强高速公路建设工程质量和安全管理的意见》《云南省高速公路建设工程质量管理强制性控制要点》等文件的要求，及时沟通，齐抓共管，完善质量管理体系。

（2）总承包项目经理部质量控制措施应与时俱进，狠抓工作质量和工程质量，以“百年大计、质量第一”为核心，全面落实总承包质量管理责任。

（3）总承包项目经理部、工区项目部应根据《建设工程质量管理条例》规定对工程质量负责；在施工过程中，严格控制原材料和实体工程质量，保证项目竣工验收工程质量达到优良标准，争创省优、国优。

（4）总承包项目经理部、工区项目部的各级工程质量管理人员，对工程质量常见问题要制定预控措施，保证工程构件的内实外美；对工程质量管理要“勤检查、多教育、严处理”，不留死角，在广大职民工中牢固树立“百年大计、质量第一”的思想，强化全员质量意识。特别是领导干部和各级工程管理干部，要加强工程质量管理，对工程质量问题要“下狠心、动真格”进行处理，对影响工程质量的主要因素和关键环节必须严格控制、妥善处理、不留隐患。

（5）总承包项目经理部、工区项目部均应服从上级主管部门的检查监督，对检查提出的工程质量问题要及时按要求进行整改。

（6）各工区项目部要建立健全以工区项目经理为第一责任人，项目总工程师为主的工程质量管理体系，按相关要求配齐配足现场质量管理人员，配备符合规定的试验检测设备和试验检测人员。建立和完善工程质量奖惩制度，制定严格的工程质量管理办法，严格执行工程质量责任人登记制度，将工程质量责任细化分解、责任到人、层层落实，实行工程质量奖优罚劣的奖惩激励制度。

（7）总承包项目经理部的各级管理人员要深入工地现场，对工程质量进行检查，及时解决处理工程质量问题。质量管理处负责工程质量检查，发现问题按规定及时进行现场处理，严把工程质量关，做好工程质量检查情况记录，定期进行公示，随时掌握整体工程质量动态。

（8）发生工程质量事故工区项目部必须及时向总承包项目经理部上报，并对现场进行妥善处理和保护，防止事态进一步扩大。按照“四不放过”（事故原因不查清不放过，责任人未受到教育不放过，整改措施未落实不放过，责任人未受到处理不放过）的原则，对工程质量问题进行调查处理，对有关责任人按规定进行处罚。构成犯罪的，由司法机关依法追究法律责任。

2. 质量检查制度

（1）总承包项目经理部设立工程质量管理处，负责对工程施工过程中项目部施工现场各项施工质量活动进行检查。

（2）在总承包项目经理部的统一领导下，以工程实体质量检查为重点，并不定期对工程建设质量进行专项检查。

（3）检查人员要按照实事求是的原则，对工程建设质量违规事件按要求进行记录，并逐一留下记录违规事实的影像资料或照片。

（4）经检查人员认定的违规事件，按规定的处罚办法进行处罚。

（5）检查人员应对重点工程及重要工序进行检查。

3. 关键控制性工程质量管理

（1）关键控制性工程包括：①“六桥”：虎跳峡金沙江特大桥、洼里别大桥、上补洛大桥、岩羊 1 号大桥、古那湾大桥以及上元 1 号大桥；②“八隧”：小中甸隧道、园宝山隧道、海巴洛隧道、上补洛隧道、彪水岩隧道、昌格洛隧道、上长坪隧道以及开达古隧道；③“一立交”：虎跳峡地下互通。

（2）关键控制性工程施工前确定质量目标，编制专项质量保证体系、质量保证措施；确定质量控制要点、质量常见问题应控措施、施工控制措施。

（3）在编制质量保证体系、质量保证措施、施工控制措施前，应认真学习施工图纸提出的施工要求及注意事项，理解设计意图，结合工程实际进行编制。

（4）各工区项目部在编制施工组织设计时，应优先采用施工图提出的施工工艺，其次选择施工单位熟悉且满足施工质量要求的施工工艺，以便于施工质量控制；在安排工程进度时，应按批准的“关键线路网络图”和“主要工作横道图”组织施工。

（5）项目部采用新工艺、新工法、新材料施工，应批准后方能实施，以提升施工技术水平，确保施工质量。

4. 工程质量责任划分

（1）总承包项目经理部依据有关公路工程建设的法律、法规、规章、技术标准、规范、设计文件和施工合同组织施工，并对其施工的公路工程质量负责。

（2）总承包项目经理部工程质量责任划分如下：

① 项目经理对项目工程的质量工作负领导责任。

② 项目技术负责人对项目工程的质量工作负直接责任。

③ 质量管理处对项目工程的质量管理工作负责，各部门对各专业的质量管理工作负责。

④ 各生产加工项目部、各工区项目部对项目工程的工程质量负直接责任。

（3）总承包项目经理部依法履行管理、协调、服务的职能。依照《建设工程质量管理条例》《公路工程质量检验标准》《公路工程施工技术规范》《云南省高速公路建设工程质量管理强制性控制要点》等文件和合同文件，组织各生产加工项目部、各工区项目部、专业分包单位开展工程质量管理工作。公路工程施工中，对工程质量进行检查，公路工程完工后，及时组织开展交工验收申请相关工作。

（4）总承包项目经理部按照《中华人民共和国档案法》《建设工程文件归档规范》《公路竣工文件材料立卷归档管理办法》《公路工程竣（交）工验收办法》，完善公路工程档案管理。各工区项目部认真做好施工全过程文件资料的收集、整理、归档工作。

5. 工区（生产加工）项目部、专业分包单位质量管理

（1）项目部按照总承包项目经理部制定的质量目标，制定工程质量管理办法。结合工程的特点和难点，建立健全质量管理组织机构、质量保证体系、质量控制措施。

（2）严格执行国家及云南省有关质量管理的地方规章要求，严格按照施工合同、设计文件、技术标准和规范、监理批准的施工方法和工艺组织施工。

（3）落实岗位质量责任制，做到岗位分工明确，质量责任落实到位。搞好岗前培训教育，使每个参建人员明确设计技术要求和质量标准，培训要认真做好记录，并存入档案。

（4）对单位、分部、分项工程，必须按批准的施工组织设计组织施工，并严格执行“施工标准化”要求。

（5）必须执行“首件工程认可制”。对结构工程施工，除满足工程实体及外观质量要求外，还必须保证工程的耐久性。为了确保工程质量目标实现，对路基、路面工程，首先必须施工试验路段，并做好试验路段的计划、施工和总结，并按照批准的试验路段施工总结报告中记录的施工工艺组织后续的施工。

（6）实行“五不施工”制度，即：施工图没有会审不施工；现场未进行技术交底不施工；施工方案和质量保证措施未完善不施工；施工准备不充分不施工；上道工序未经检验，不准进行下道工序施工。

（7）加强施工过程中的自检、互检和专检工作，严格落实“三检制”。工程自检体系应对施工全过程进行全方位的全面跟踪控制。各分项工程开工前须提交的开工报告，经监理工程师批准后方准实施，完工后，自检人员应按规范、标准进行全面自检评定，经评定合格报监理认可，方能进行下道工序施工；对隐蔽工程，质检人员必须现场全过程控制，做好原始记录签认。

（8）加强材料准入制检查，对拟进场原材料、构配件及半成品的质量要有专人进行检验并负责，杜绝不合格的材料进入施工现场。

（9）工程现场发生质量问题，项目部必须按规定向总承包项目经理部、驻地办、总监办

报告；发生质量事故，项目部要立即向驻地办及有关部门报告，并保护好现场，接受调查处理；质量事故上报程序及调查处理要求应按照交通部公路工程质量事故调查程序及处理办法的相关规定执行。

（10）对关键控制性工程、关键部位的施工方案、施工工艺必须经过严格控制。

（11）加强内业资料管理工作，做好日常统计和资料归档工作；内业资料必须符合《公路工程竣（交）工验收办法》《公路工程质量检验评定标准》（JTG F80/1—2004）《云南省公路建设项目工程竣工文件编制及归档管理办法》等有关公路工程技术规范、标准及省有关部门的要求，保证资料的及时、准确和完整。

（12）加强施工标准化、规范化管理，施工单位要严格执行《云南省高速公路施工标准化实施要点》，从驻地建设、施工现场布置、场地硬化、材料存放、标志标牌设立，施工工艺控制、施工质量检验、内业资料等影响工程质量及工程建设外部形象的各个环节、各个方面入手，加强标准化建设，规范化管理，确保合同段工程质量满足施工图纸、质量标准要求。

（13）对施工过程中及缺陷责任期内出现质量问题的工程及（竣）交工验收质量鉴定存在缺陷的工程负责处理、修复。

6. 关键工程质量管理强制性控制要点

（1）路基路面工程。

① 路基填筑须采用打格布料或插杆挂线工艺，且宜采用吨位不低于 20 吨的振动压路机进行碾压。填方高度大于 8 m 的路基必须采用冲击式压路机进行补强，填土每填筑 2 m 冲击碾压 1 次，填石每填筑 3 m 冲击碾压 1 次。

② 路面用碎石必须采用反击式破碎机或圆锥破碎机进行轧制，并配备干式除尘装置，减少集料中的 0.075 mm 及以下颗粒含量。

③ 基层施工应立模施工，厚度大于 20 cm 时应分层铺筑；基层横坡应与路面一致，严禁薄层找平。水泥剂量检测应采用 9.5 mm 筛下设计级配混合料进行曲线标定和现场抽样检测。

④ 边层和粘层沥青洒布必须采用配有电脑控制洒布量和导热保温装置的沥青洒布车，且沥青洒布必须呈雾状。

⑤ 沥青供应必须实行检验合格进库制度和车辆运输验收封条制度，未检验合格的沥青不得入库。改性沥青储存罐中必须配置搅拌设备，使用前应搅拌均匀。施工过程中，必须定期取样检验产品质量，发现离析等质量不符合要求的改性沥青禁止使用。

⑥ 热拌沥青混合料应采用 3000 型及以上的拌和设备，并具有逐盘打印和记录沥青及各种矿料的用量和拌和温度等数据的装置。拌和设备计量系统未经检定不得使用，在使用过程中，间隔 3 个月或生产 10 万吨沥青混合料时须对系统进行校验，以保证计量系统准确性。拌和设备滚筒加热不得采用直接燃煤加热方式。

⑦ 沥青混合料的压实，除特殊工艺或材料外，每个工作面的压路机数量不得少于 5 台，且包含两台 26 吨或以上的胶轮压路机。对松铺厚度、碾压顺序、压路机组合、碾压遍数、碾压速度及碾压温度，路面施工单位和监理单位都必须设专岗管理和检查。

⑧ 沥青路面施工必须有施工组织设计，并保证合理的施工工期，不得在气温低于 10℃，以及雨天、路面潮湿的情况下施工。

（2）桥梁工程。

① 支座垫石的混凝土强度应符合设计要求，顶面应平整、高程应精确，不得采用砂浆找平。支座安装、梁体架设前，必须对垫石顶面高程、平整度和四角高差等指标进行检查。支座在使用前，必须对其规格和技术性能进行核对检查，不符合设计要求的不得使用；支座在安装时，必须检查核对支座在顺桥向和横桥向的方向、位置，避免反置。梁体预制时，必须采取措施保证梁底支座预埋钢板埋设倾角符合梁体所处位置的设计纵坡要求。

② 预制梁施工模板必须采用标准化整体钢模，面板厚度不得小于 6 mm，有横坡变化的翼缘板模板必须设置调节螺栓。

③ 预应力筋应采用实测弹性模量计算最大理论伸长值；预应力施工前应对预应力损失进行检测，张拉计算书必须经过监理单位的审核和批准。

④ 预应力施工必须采用智能张拉设备，张拉设备必须具有数据自动采集、存储以及实时在线监控功能。预应力张拉或放张时混凝土强度和龄期应符合设计要求。

⑤ 每个预制场在第一片梁张拉完成后，均必须进行锚下应力的检测，对张拉质量进行评价。在预制梁的生产过程中，必须按预制梁总数量 1%且不少于 3 个构件的频率，随机抽取预制梁进行有效预应力检测。

⑤ 后张预应力孔道必须采用专用压浆料或专用压浆剂配置的浆液进行压浆。预应力管道压浆必须配置高速搅拌机拌制浆液，压浆应采用真空辅助压浆或智能循环压浆。

⑥ 现浇梁顶板表面平整度必须采用高程导轨进行控制。

⑦ 桥面泄水孔的顶面必须略低于水泥混凝土铺装层的顶面。

（3）隧道工程。

① 二衬模板台车应采用与电缆沟内沟邦一起浇筑的整体式模板台车，模板刚度、强度必须满足规范要求；二衬混凝土模板台车拱顶必须预留用于观察、排气、注浆的孔洞，且每架台车范围内不得少于 4 个。

② 仰拱必须配置轻便弧形腹模；防水板应配备半自动铺设台车；水沟、电缆沟应配备整体移动式液压台车。

③ 钢材加工厂必须配备自动焊网机、自动剪板机、液压冲孔机、气保焊机、小导管数控加工设备等。

④ 喷射混凝土施工必须采用湿喷工艺，且必须配备湿喷机组，生产率不得小于 10 m^3/h；大面积淋水地段及人行横洞经总监审批同意后，可采用小型湿喷机作业。

⑤ 拱部锚杆必须采用专门锚杆机进行施作，侧墙及拱腰部位可采用一般气腿式凿岩机钻孔。所有锚杆必须安装垫板、螺母。锚杆施工质量执行工后检测。挂防水板之前，建设单位应委托有资质的检测单位对锚杆的施作质量进行检测。

⑥ 钢架安装必须确保两侧拱脚放置于牢固的基础上，同时按照设计要求设置锁脚锚杆或锁脚导管。

⑦ 隧道铺底、仰拱及边墙基底必须清理干净，基底超挖部分必须采用同标号混凝土回填，不得使用其他材料回填；仰拱初期支护、仰拱混凝土、仰拱填充混凝土应分层施作，各结构层横向施工缝应错位 50 cm 以上。仰拱应整幅关模浇筑、栈桥通过。

7. 质量缺陷与事故处理管理

（1）质量缺陷是指工程的质量不符合工程建设标准以及合同的约定。

（2）质量缺陷的处理方式。

① 质量缺陷处于萌芽状态时：质量指标开始下降，出现有个别的与质量标准稍有偏离的检测数据，出现少量的不影响产品合格检验，但可处理修补的质量缺陷，如混凝土表面的麻面，小面积蜂窝等。项目部及时召开质量问题分析会，采取措施纠正，扭转质量下降的趋势。

② 质量缺陷正在发生时：若正在发生质量缺陷，或已经出现质量缺陷，应暂停施工。待采取保证施工质量的有效措施，并对缺陷进行了正确的补救处理后复工。

③ 当质量缺陷发生在某道工序或单项工程完工以后，而且质量缺陷的存在将对下道工序或分项工程产生质量影响时，应返工处理。

（3）事故划分为安全事故和质量事故，无论何时，一旦发生危害工程或人身、财产安全、工程进度或工程质量的事故时，项目部除采取抢救措施以外，必须立即暂停此项目和与之有关的项目的施工。

（4）质量事故发生后，施工单位必须以最快的方式，将事故的简要情况同时向建设单位、监理单位、质量监督局报告。在质量监督局初步确定质量事故的类别性质后，再按照《公路工程质量事故等级划分和报告制度》《公路工程质量管理办法》的规定进行报告。

① 一般质量事故：承包人应在 3 天内书面上报质量监督局，同时报企业上级主管部门、建设单位、监理单位和省级质量监督局。

② 重大质量事故：承包人必须在 2 小时内速报省级交通主管部门和国务院交通主管部门，同时报告省级质量监督局和部质量监督总局，并在 12 小时内上报《公路工程重大质量事故报告》。

质量事故处理程序如图 4-7 所示。

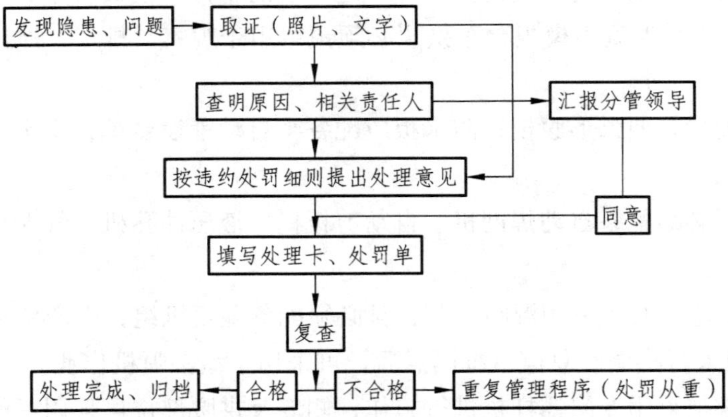

图 4-7　质量事故处理程序

（5）质量事故书面报告内容。

① 工程项目名称，事故发生的时间、地点，建设、设计、施工、监理等单位名称。

② 事故发生的简要经过、造成工程损伤状况、伤亡人数和直接经济损失的初步估计。

③ 事故发生原因的初步判断。

④ 事故发生后采取的措施及事故控制情况。

⑤ 事故报告单位。

（6）发生重大质量事故的现场保护措施。

① 事故发生后，事故发生单位和该工程的建设、施工、监理等单位，应严格保护事故现场，采取有效措施抢救人员和财产，防止事故扩大。

② 因抢救人员、疏导交通等原因，需要移动现场物件时，应当做出标志，绘制现场简图并做出书面记录，妥善保存现场重要痕迹、物证，并应采取拍照或录像等记录方式反映现场原状。

③ 监理工程师查看事故现场后，提出处理意见，承包人在上报事故报告、查明事故原因、消除事故产生的危害和影响之后的 7 d 之内，可向监理工程师提交复工报告，请求批准复工。若事故原因迟迟未能查明，监理人认为事故隐患尚未消除时，承包人不得复工，直到事故原因查明并采取补救措施为止。

（7）质量事故发生的承包人隐瞒不报、谎报，故意拖延报告期限的，故意破坏现场的，阻碍调查工作正常进行的，拒绝提供与事故有关情况、资料的，提供伪证的由上级主管部门按有关规定给予行政处分。构成犯罪的，由司法机关依法追究刑事责任。

（8）工地试验室管理。

为加强工区项目部工地试验室管理工作，不断提高项目工地试验室管理水平，保证试验检测工作质量，有效指导施工生产活动，确保施工质量，特制定工地试验室管理措施。

① 工地试验室人员管理。

工地试验室主任及技术负责人由母体公司委派，或必须与母体签订正式劳务合同，同时其资格证书《试验检测工程师证书》应注册在母体检测公司。工地试验室检测人员应具有良好的思想品质、职业道德和团结合作、吃苦耐劳精神。工地试验室检测人员应熟练掌握业务规范内的交通建设工程试验检测标准、规范、规程及仪器设备的原理、性能和操作规程，具有出具准确试验报告的能力。工地试验室检测人员应满足试验检测工作的需要，对于香丽高速公路各工地试验室应有 2 人以上的持有公路水运检测工程师证书，并保持试验检测人员稳定，核定的试验检测人员 1 年之内不得变更。试验检测人员变更须先履行变更手续后再离岗。因特殊情况确需变动的，应由母体检测机构报经建设单位同意，并向项目质监机构备案。工地试验室应有一名专职或兼职安全管理人员，负责工地试验室的安全管理工作。工地试验室应将试验检测人员的姓名、岗位、照片等信息予以公开。试验检测人员进行作业时应统一着装并挂牌上岗。工地试验室应重视试验检测人员劳动保护工作。试验检测人员在进行有毒、有腐蚀性、有强噪声等试验操作时，必须按要求佩戴相应的防护用具。工地试验室应根据自身实际情况，在仪器设备更新后或投入使用前、新标准或新方法实施之前组织技术人员进行集中业务学习。试验室应形成完整的学习记录归档。工地试验室应制定全员学习培训计划，定期或不定期地组织学习有关政策、质量体系文件、标准规范、规程以及试验检测操作技能、职业素养等知识，不断提高试验检测人员综合能力和水平。总承包应定期或不定期对工区试验室人员考勤情况及业务水平进行考核，确保试验人员在岗和业务水平的提高。

② 工地试验室设备管理。

工地试验室应根据项目试验检测工作的需要配备试验检测仪器、设备（包括辅助工具）。工地试验室仪器设备的性能、精度必须满足标准、规范、工程及项目投资公司的要求。仪器设备经检定/校准或自校检验合格后方可投入使用。工地试验室应制定仪器设备管理制度及台账，一般应包括采购、验收、检定/校准、使用维护、故障处理、核实降级与质量处理、仪器设备档案应执行一机一档管理制度。仪器设备使用前，操作者应仔细阅读使用说明书，并查看检定、校准或自校记录以便了解设备性能；使用时应按要求填写设备使用记录；试验仪器设备，不论使用与否，均应定期或不定期进行维护保养并记录。在使用仪器设备过程中，相关人员应注意人身和设备安全，使用完毕应切断电源、清扫现场，保持仪器设备的清洁。办公设备和交通工具应加强日常管理和维护，确保使用状态良好。香丽高速试验室设备如图 4-8 所示。

（a）　　　　　　　　　　（b）

图 4-8　香丽高速试验室设备

（3）试验室环境管理。

试验室建筑面积的大小应和申请的检测项目数量及项目相匹配，正常情况下各功能室建设应满足《公路工程工地实验室标准化指南》要求。仪器设备布局合理、便于试验操作，试验室应保持室内外环境干净、整洁、通风、日常清扫及检查工作应落实到人。试验室产生的废水、废气、废渣等有害物质应集中存放、集中处理且符合环保要求，不得到处摆放、随意丢弃。试验室要综合考虑供电、供水等设施，有完善的消防设施。试验室应配备备用电源，保证试验工作正常进行。养护室的温度、湿度等满足标准养护的要求，并有相应的应急保障措施。化学试剂（危险品）存放地点应按有关规定设置，并严格执行双人双锁保管制度。香丽高速试验室环境如图 4-9 所示。

（a）　　　　　　　　　　（b）

图 4-9　香丽高速试验室环境

（4）试验资料管理。

① 档案资料管理。

工地试验室应对相关资料分类建档，便于管理和查询。档案资料应及时填写、整理和归档。人员档案应一人一档，内容包括个人简历、身份证件、毕业证、职称证、资格证、劳动合同、任职文件、培训和考核记录等。设备档案一般应按一台一档建立，对于同类型的多个小型仪器设备可集中建立一套档案，但每个仪器均应进行唯一性编号。设备档案包括设备履历表、出厂合格证、产品说明书、历次检定/校准证书或记录、维修 保养记录、使用记录等内容。工地试验室的报告和记录格式必须统一采用项目投资公司下发的规定格式。试验资料归档应分类明确、齐整有序、条目清晰。出具的各类试验报告、试验记录等资料，应及时完成签认，规范归档。签字不齐全、记录或报告不完整的资料不得归档。报告的审核签发应按工地试验室相关规定进行，报告或记录严禁代签。工地试验室的归档资料应有专人负责管理。

② 试验技术资料管理。

试验技术资料包括：上级有关工作文件、法令法规；试验标准、规程、规范；试验报告、原始记录、工作指令；总承包项目经理部和工区项目部的反馈意见；试验仪器设备的档案等，如图 4-10 所示。试验技术资料由资料管理员统一管理，所有资料都要办理交接手续，进行登记编号，按规定建档保存。资料管理人员必须严格遵守保密规定，秘密级以上的资料查阅应经试验室主任批准；未经批准，任何单位或个人不准将与工程有关的专用或机密文件、资料向外泄漏。资料档案要编制目录、索引等检字工具，以便查阅，进出要详细记录，以免丢失。任何单位或个人查阅本室文件、资料必须经试验室主任批准。过期资料的处理必须登记造册，经上级领导批准后才能销毁。

图 4-10　试验技术资料

③ 试验室原始记录管理。

原始记录，是检测数据的如实记载，是反映试验检测活动环节的第一手资料，不许随意更改，不许删减，一般情况下，不允许外单位查阅原始记录。原始记录统一按要求的格式印制。表格内容应填写完整，不能用铅笔、圆珠笔填写，每份原始记录应有试验人员和复核人员的签名。复核人员在进行复核签名前应认真核对试验检测数据，凡是可重复检测的项目，复核量不小于 10%。原始记录如确定需要更改，作废数据应划两水平红线，并用正确数据填写在上方加盖更改人印章（无印章应在其旁边签名）。原始记录登记本由试验操作人员妥善保管使用，一本用完后交资料保管人统一编号存档。原始记录保管人应遵守技术保密制度，不得向被检测单位或本室以外人员泄露试验检测数据。

④ 试验台账管理。

试验检测台账分为管理和技术台账。管理台账一般包括人员、设备、标准规范等台账；技术台账一般包括原材料进场台账、样品台账、试验检测台账、不合格报告台账、外委试验台账、标准试验台账、现场抽样试验台账等。台账应格式统一、简洁适用、信息齐全，台账的填写和统计应及时、规范。工地试验室建立的取样台账、样品管理台账、设备使用记录、原始记录、检测报告等各种台账应规范化，资料应有共同信息，方便查阅。各种台账及试验记录和报告中反映的相关信息应完全一致。台账管理应分工明确、责任到人。

⑤ 试验过程管理。

负责原材料检测，经检测不合格的原材料不允许进入施工现场。试样管理，包括试样的采集、运输、分类、编号及保管。对已进场的各种原材料、成品、半成品按技术标准或试验规程，分批量进行有关技术性质试验，以决定准予使用或封存、清退。完成各种混合材料的配合比验证工作，提出配合比及相关的施工参数。工艺试验，包括试验路铺筑、混合材料的预拌等过程中的试验工作，为施工控制采集有关控制参数。自检试验，包括配合比、压实度、强度（各类试件的成型、养护、试验）、施工控制参数、分项或分部工程中间交工验收试验等。协助试验，为监理试验室提供其复核试验所需的一切材料，为现场试验监理人员抽检试验提供必要的协助。外委试验在送样前必须对被委托的检测单位的资质等级和检测水平进行考察，严禁委托无资质或资质达不到要求的检测单位进行委托试验。试验样品应根据试验目的和要求，按照相应的国家标准、专业标准或试验规范、规程进行取样，检测频率必须满足规范要求。外委取样，试验室应通知驻地办及中心试验室共同见证取样、并由几方对样品进行封样、留样，共同见证送外委检测，并在外委单上签上见证人的名字。调查施工中出现的质量问题或质量事故，为调查处理提供真实、齐全的试验数据、证据或信息，参与必要的试验检测工作。对试验资料进行整理分析，提供分析报告，随时掌握施工质量动态，供有关人员参考。参与现场科研工作，推广及运用新材料、新技术、新工艺。母体检测机构应定期对授权工地试验室进行检查指导，确保授权工作规范有效，检查过程应有记录，检查结果应有落实和反馈。试验检测频率应满足项目招标文件、技术规范和设计图纸相关要求。工地试验室应积极参加质监机构、总承包项目经理部组织的试验比对、能力验证等活动，加强岗位技术培训，持续提高业务技能。

坚持以务实的工作态度、严谨的工作作风、科学的管理制度、规范的操作规程，全心全意地服务于施工生产活动。严格执行国家行业技术标准和技术规范，积极落实上级主管部门的管理制度，实事求是地开展试验检测工作。贯彻落实母体公司的试验管理办法，严格按照母体实验室《质量手册》的要求，圆满地完成工作任务。

4.1.4　香丽高速公路施工质量保证措施

1. 保证工程质量的思想措施

工程质量是施工活动的最终成果，它取决于工序质量，而工作质量则是工序质量和工程质量的保证和基础。工程质量是一个系统工程，领导是关键，制度是手段，技术是保证。施工队伍进场后，将分项目、分工序实施质量教育，有的放矢，做到人人明白质量要求，个个清楚质量标准。实施领导把关，做到文明施工，将“百年大计，质量第一”的思想贯彻到参战的每一个施工人员的行动中。开展 QC 小组活动，建立健全工程施工的全员质量管理体系。

2. 保证工程质量的组织措施

在项目部成立以项目经理为组长的质量管理机构，副组长由项目总工程师、工区项目经理以及各部门负责人担任，同时各队成立现场质量管理小组。

3. 保证工程质量的制度措施

保证质量的制度措施包括质量责任制度、质量目标管理制度、质量一票否决权制度、质量预控制度、施工过程的质量检测制度、原材料、成品和半成品进场验收制度、仪器设备的标定制度、技术交底制度等措施。

（1）质量责任制度。

为确保施工质量，自上而下逐级建立工程质量责任制，签订质量责任书，明确工作岗位的质量职责和义务，建立完善的质量责任制度，以确保施工质量得到有效控制。

（2）质量目标管理制度。

根据本工程的总体质量目标进行量化分解，落实到每个分部分项工程、每一个施工环节和施工工序等，并逐级落实到相关部室、工区、施工班组、作业人员，一级包一级，一级保一级，逐级签订包保责任状，使得质量管理工作标准化、程序化，确保总体质量目标的实现。

（3）质量一票否决权制度。

项目施工全过程实行质量一票否决制，派有资质的和具有丰富公路施工经验的技术人员负责内部质检工作。凡进入工地的所有材料、半成品、成品，监理工程师同意后才能用于工程。对工程验工，必须经过监理工程师的签认检验合格后方可上报。

（4）质量预控制度。

从准备工作、技术交底、预防措施、过程监控、工序验收、质量评定、材料整理等方面实施质量预检制度，把可能发生的质量事故消灭在施工前。

（5）施工过程的质量检测制度。

施工过程的质量检测按三级进行，即“跟踪检测”“复测”“抽检”三级。通过对施工过程的质量检测达到及时解决问题的目的，以便为验收时的质量检验打下良好基础。

（6）原材料、成品和半成品进场验收制度。

对采购进场的原材料、成品及半成品要有出厂合格证并由质量管理处组织质量、技术、材料部门及工区的有关人员进行验收后并请监理工程师复检合格后方可使用。

（7）仪器设备的标定制度。

各种仪器、仪表均按照计量法的规定进行标定。项目部设专人负责计量工作，设立账卡档案，进行监督和检查。仪器设备由试验室和相关专业指定专人管理。

（8）技术交底制度。

各分项工程开工前，在认真熟悉设计图纸和规范标准的基础上，由主管工程师向全体施工人员进行技术交底，讲清该项工程的设计要求、技术标准、功能作用及与其他分项工程的关系、施工方法、工艺和注意事项等，要求全体人员明确标准，做到人人心中有数。

（9）测量复核制度。

测量资料必须经换手复核无误，再报监理工程师审查认可，方可用于施工，并对中线桩、水准点建立定期复测检查制度，测量与施工建立联系制度，将监控测量的数据及时反馈到施工方案中，并根据反馈信息及时调整施工方法，确保施工质量。

（10）“三自管理”制度。

加强技术管理的基础工作，施工中认真执行“三自管理”制度。“三自管理”即在施工过程中需加强自纠、自检、自控，及时发现问题，及时解决。

（11）坚持“五不施工”“三不交接”“一不计价”制度。

坚持“五不施工”“三不交接”和“一不计价”制度。“五不施工”：未进行技术交底不施工；图纸和技术要求不清楚不施工；测量桩和资料未经换手复核不施工；材料无合格证或试验不合格者不施工；工程不经检查签证不施工。“三不交接”：无自检记录不交接；未经专业人员验收合格不交接；施工记录不全不交接。“一不计价”：未按施工要求和施工规范施工的不计价。

（12）“三检”制度。

施工中坚持“自检、互检、交接检”制度，上道工序不合格，不准进入下道工序，坚持上道工序为下道工序提供质量保证。对工序施工现场实行标示牌管理，标明责任人、作业内容、质量要求等，作业前进行核定，作业过程中进行严格监控。

（13）隐蔽工程检查制度。

凡属隐蔽工程项目，首先由班、队、项目部逐级进行自检，自检合格后，会同监理工程师一起复检，检查结果填入验收表格，由双方签字，最终签发隐蔽工程检查证。

（14）施工资料记录整理和追溯制度。

由调度室记录整理施工大事记和晴雨表，对总承包项目经理部、监理关于工程质量的指示，包括电话、传真和书面指示分类列入工程档案，对图片、录像按日期和地点分类入档，分管工程施工的技术人员每天记录工程日志，真实记录施工过程，杜绝写回忆录，施工班组按规定坚持填写自检记录。施工原始资料的积累和保存由分管人员负责，及时收集、整理施工原始资料，分类归档，确保数据记录真实可靠。质量管理处将全部质量保证文件和记录汇编成册，保存好原始资料，以备监理工程师检查时出具和竣工时随竣工文件移交。

（15）质量事故报告及调查制度。

施工中如出现质量事故，项目部应逐级报告到项目经理，项目经理按规定以书面形式向有关单位报告，并全力做好事故的分析处理工作。

（16）质量责任追究制度。

强化施工现场管理，建立质量责任追究责任制，明确分工，责任到人，奖罚分明，做到突出重点，分批落实，规范施工，注重实效。质量责任人全部签订责任状，并按项目部的规章制度及相关法规实行质量责任终身制。

（17）坚持质量汇报会制度。

质量管理处必须每月开一次质量汇报会，会议由项目经理主持，质量管理处讲评质量工作进行情况，总结好的做法和经验，提出改进方法指导后续工作。

4. 保证工程质量的经济措施

为积极推广全员质量管理，进一步完善质量责任制，促进质量管理，提高工程质量，工程队每年交纳 10 万元质量保证金。每月由项目质检部组织工区对本月所完成的工程进行质量评定，项目完工后按照评定等级进行保证金的返还。质量保证金的返还，按照奖优罚劣的原则，在工程竣工后按质量等级返还，评为优良工程，质量保证金按保证金的1.2倍返还；评为合格的工程，质量保证金返回100%；经返工处理才合格的工程，质量保证金不返还。项目部按合同总额提取一定比例的工程质量奖励基金，用于优质优价、奖优罚劣奖惩兑现。

经检查验收合格的工程按95%计价；经检查验收为优良的工程按100%计价；评为优质样板的工程按102%计价；不合格工程不计价。对获得总承包项目经理部质量表彰奖励的单位，将根据上级的文件精神再给予奖励。

项目部根据每月质量大检查情况，对质量管理工作到位，工程质量好的单位和工点，给予1 000～10 000元奖励；对质量管理不到位、工程质量标准不高的单位和工点，给予一次性50 000元罚款，下次质量检查仍不达标则考虑其退场。

对造成质量事故的单位，除负责施工的工区承担全部返工费用外，项目部将再按事故损失金额的10%罚款，并对有关责任人进行行政及经济处罚。

5. 保证工程质量的技术措施

（1）严格“试验数据指导施工”的措施。

通过室内、室外试验和试验段选定机具设备、原材料、混凝土配合比、操作方法，修正相关施工技术参数，制定工艺流程、作业指导书、内控验收标准，作为全面施工的控制依据。

（2）施工技术管理措施。

① 坚持图纸会审措施。

由项目总工程师组织各专业工程师对图纸进行分级会审。审核完成后，审核人员对审核结果有无问题均要进行有效标识，填写审核意见并汇总。必要时及时与项目经理部工程技术处沟通，不断完善设计。

② 坚持方案会审和优化施工方案措施。

人员进场后，由项目总工程师组织路基、桥梁、隧道专业工程师等根据施工设计图和现场的施工条件等进一步优化施工方案。

③ 坚持技术交底和现场指导措施。

根据投资公司或驻地监理审批通过的施工方案，对管理人员、施工人员进行设计意图交底、施工方案交底、施工工艺交底、质量标准交底、创优措施交底，施工期间对重点控制性工程坚持技术人员跟班作业，及时发现问题、解决问题。

④ 坚持作业指导书制度。

对路基地基处理、加固、过渡段路堤填筑、桩基础施工、承台施工、悬臂现浇、支架现浇、初期支护、二次衬砌、洞身开挖等施工过程或施工工序，结合现场实际和施工特点逐项编制作业指导书，达到作业程序易懂，操作方法具体可行，施工过程有序可控，质量标准满足验收要求。

⑤ 技术资料管理措施。

按照总承包项目经理部、监理工程师的要求，结合ISO9002标准及质量管理体系的规定，对资料管理实行专人负责，分类归档，集中管理。施工中详细如实地记录施工全过程，最大程度地反映施工的可追溯性，使资料能够正确反映施工全过程并与施工进度同步积累，使我们的数据对全面开展新建公路建设有指导作用。

⑥ 加强开工前的地质复查勘测措施。

开工前，对线路的地质情况进行详细调查和补勘，确保不因地质原因而造成路基、桥梁产生较大的变形。根据地基的不同地质情况，选用N10轻型动力触探、N63.5重型动力触探、标准贯入、静力触探四种原位测试方法的一种进行现场勘测，并结合室内土工试验判断设计采用地质资料的可靠性，当地质核查补勘结果与原设计采用的地质勘察数据不同时，再进行详细的勘察，重新评价地基条件和地基处理措施。利用工程地质相似比较法采用地质钻机对所开挖基坑的地层断面、地下水情况进行对比，尤其是对基底的地层岩性与结构进行核查，以确保基底满足设计要求。分别采用 N63.5 动力触探或标准贯入仪试验，对路基地基、桥涵明挖扩大基础进行判定，判别承载力是否满足设计要求。

⑦ 特殊气候条件下的施工技术措施。

a. 雨季施工技术措施。

雨季施工主要以预防为主，采取防雨措施及加强排水手段。为使工程顺利进行，积极与当地气象水文部门取得联系，及时获得气象预报，掌握汛情，并向各施工队发布信息，合理安排和指导施工，做好施工期间的防洪排涝工作。临时设施根据地形合理布置场地排水系统，保证水流畅通，不积水。钢筋加工存放场搭设防雨棚，以免钢筋被雨淋而生锈。提高施工便道质量及技术标准，并加强维修，保证雨季交通畅通。防汛、防雨材料及用品、抽排水设备充足，并自备电源确保供电。工程材料要采取防雨措施，放入棚内或屋内，垫高码放整齐。对现场临时设施，如工人宿舍、办公室、食堂、仓库等进行全面检查。雨后检查模板及钢筋上是否有泥水，如有应立即清除。在雨季施工时，施工现场应及时排除积水，加强对支架、脚手架和土方工程的检查，防止倾倒和坍塌。对处于洪水可能淹没地带的机械设备、材料等做好防范措施，施工人员做好安全撤离的准备。长时间在雨季中作业的工程，根据条件搭设防雨棚。施工中遇有暴风雨应暂停施工。雨季进行混凝土及圬工作业应严格执行施工规范，墩台混凝土施工和悬臂现浇梁设避雨棚，随时掌握天气预报，尽量避开雨天浇筑混凝土。路堑顶部做好截水沟，并与地面排水系统相接。现场中、小型设备加防雨罩或搭防雨棚，机电设备安装好接地安全装置，机动电闸箱的漏电保护装置安全可靠。施工电缆、电线尽量埋入地下，外露的电杆、电线采取可靠的固定措施。雨季前对现场设备作绝缘检测。对停用的机械设备以及钢材、水泥等材料采取遮雨、防潮措施，现场物资的存放台等均垫高，防止雨水浸泡。加强对临时施工便道维护与整修，及时对滑坡的土体进行清除。雨季时派专人在危险地段值班，重点加强对深基坑、深路堑边坡观测，并派专人对施工区排水系统进行检查和清理，确保排水系统排水通畅。

b. 冬季施工技术措施。

提前进行低温季节施工砂浆、混凝土配合比设计，并提交外加剂种类、数量等低温季节施工材料需求计划。桥梁基础、墩身、梁体施工充分考虑混凝土自身水化热特点，优先采用蓄热保温工艺，必要时在局部体积较小部位辅助采用低温加热工艺。重视大风对混凝土塑性开裂及脱模后温度开裂的影响，混凝土浇筑后尽早采取必要的保温和保湿措施。安排在冬季施工的混凝土项目，混凝土添加防冻复合早强剂，掺量为水泥用量的 1%～2%，溶成 30%～35%的溶液同拌和水一起加入搅拌机内，拌和时间不少于 3 分钟，确保混凝土出仓温度大于 10 ℃，混凝土入模温度大于 5 ℃。尽可能缩短混凝土的运输时间，且在运输机具上采取保温措施。浇筑完毕的混凝土面要清除泌水，及时用塑料薄膜遮罩表面后，再用麻袋覆盖，进行蓄热养护。重视预应力张拉灌浆材料、配合比和工艺的选择，严格控制泌水，优先选用早强型灌浆材料。冬季施工不应采用水冲洗预应力管道，应在灌浆前将孔道内积水（冰）冲洗干净。所有施工机械在入冬前进行保养，按要求更换冬季机油。每日工作前对所用机械进行预热，并做详细检查，确认无问题后正式作业。在冰雪天气作业的车辆安装防滑链后方可进行作业。

（3）关键项目的质量保证措施。

① 桥梁施工质量保证措施。

为保障桥梁工程质量，桥梁工程测量放样采用三角网控制，工区测量班放样，项目部测量工程师复查，桥梁混凝土均集中拌和，骨料按先检验、后审批、最后投入使用的步骤进行投料，桥墩模板、支架及支撑杆件均需先设计，后加工，最后试拼并经检验合格后方可投入使用，各分项及工序均按审批下发的作业指导书进行组织施工，每完成一道工序，组织验收一次，并做好书面记录，对不合格工序坚决返工重做，各分项工程质量控制措施如下：

a. 钻孔灌注桩施工质量保证措施。

严格规范钻孔桩施工工艺，尤其是对桩基沉降和桩径摩擦力影响较大的沉渣厚度和泥浆护壁厚度的控制，确保钻孔桩各个环节的施工质量。钻孔作业连续进行。钻孔过程中经常检查并记录土层变化情况，并与地质剖面图核对。钻孔到达设计深度后，对孔位、孔径、孔深和孔形进行检验，清孔沉渣厚度小于 100 mm（摩擦桩）并填写钻孔记录表。制定严密的试桩方案，通过对桩基础单桩静载试验和群桩持荷沉降试验研究，获取桩基的极限承载力和荷载传递规律，了解桩基沉降随荷载与时间的变化规律；通过不同地质、桩径、桩长、不同钻孔桩施工设备下的钻孔桩工艺试验，以指导并规范全桥钻孔桩施工工艺以及桥梁各部分工程沉降差调整。钢筋笼吊装时，严防孔壁坍塌，入孔后准确、牢固定位。钢筋笼外侧对称设置控制钢筋保护层厚度用的垫块。钢筋接头焊接质量符合设计和规范标准要求。灌注水下混凝土提前做好工序衔接的准备工作，严格控制浇注时间，保证连续浇筑。并随时对混凝土质量进行监控，对导管埋深及时量测，对施工全过程进行完整的质量记录。在冬季施工时，严格按照冬季施工措施，确保混凝土入模温度达到 5 ℃以上。要求根据温度、季节变化特点合理采取必要质量控制措施。

b. 承台施工质量保证措施。

基坑开挖过程中，注意不碰损桩头，及时抽排基坑中积水。严格进行基坑隐蔽工程检查，按设计及规范要求进行基底处理。钢筋、模板的制作安装按设计、规范进行。承台钢筋在绑扎时注意与桩顶伸入筋、墩台预埋筋连接良好。

c. 墩身施工质量保证措施。

模板采用整体钢模拼装，槽钢外固定无拉筋支撑技术，一次立模整体浇注，减少模板拼装和钢筋头外露、错缝现象，模板在安装使用前进行清理、打磨，并擦拭干净，均匀涂刷脱模剂，并保证墩身外轮廓符合设计要求。混凝土振捣密实，确保墩柱混凝土的灌注质量。同一墩台混凝土采用同一厂家、同一型号、同一批号的水泥。砂石料也采用同一产地、相同级配的原材料，保证混凝土的颜色一致。严格控制墩台、支承垫石的标高及位置，垫石表面平整。墩顶预埋件牢固固定在钢模板内侧，确保预埋件位置正确，保护层符合设计要求。加强养护，保证养护期间混凝土表面的湿润。墩台施工完毕后，对全桥进行中线、水平及跨度贯通测量，并标出各墩台的中心线、支座十字线、梁端线及锚栓孔位置。

d. 悬灌现浇连续梁质量保证措施。

挂篮的设计应符合强度、刚度及稳定性的要求，悬臂吊架应有向前走行（滑移）设备。浇筑悬臂梁段时，可将后端临时锚固在已浇筑的梁段上支撑平台后端横梁，可锚固于已浇筑梁段底板上。挂篮吊架在浇筑梁段中所产生的变形，能通过调整前吊杆高度办法，或预压配重调整的办法来调整。墩顶梁段可采用托架或支架施工。托架或支架搭设完后采用预压以消除部分变形。对于预应力混凝土连续梁，应设置墩顶梁段与桥墩临时固结装置（临时支座）。模板宜采用大块钢模，内模应根据断面浇筑方法进行设计。端头模板制作与安装必须正确、牢固。墩顶梁段施工完成后，安装挂篮。挂篮出厂前应作载重试验，以测定挂篮前端各部件的变形量，消除其永久变形。挂篮现场组拼后，应全面检查安装质量。挂篮经过试验后方可进行悬臂梁的施工。悬臂段浇筑混凝土时应对称、平衡施工，混凝土配合比、浇筑顺序及振捣必须严格按施工工艺操作，梁段浇筑自悬臂端向后分层浇筑振捣。使用插入式振捣器时，不得碰损预应力管道及钢筋骨架。梁段混凝土强度和弹性模量满足设计要求后，方可进行预应力张拉施工。预应力张拉施工严格按设计要求进行。张拉完毕，应立即进行压浆。悬臂梁段在浇筑前后和预应力张拉前后应按设计要求进行严格的梁体线型控制。梁段预应力张拉、压浆完毕，且管道压浆强度满足设计要求后，方可移动挂篮，准备灌注下一段梁。边跨现浇段采用支架法进行施工，施工可参照墩顶梁段进行施工。边跨现浇梁段施工时，混凝土浇筑向合龙口靠拢，并对梁段高程进行监测，使合龙口高差控制在允许偏差范围内。合龙段施工采用吊架或利用挂篮进行。合龙顺序必须满足设计要求。合龙前应调整中线和高程，连续梁将合龙一侧的临时固定支座释放，同时将两悬臂端间距离按设计合龙温度及预施应力后弹性压缩换算后进行约束锁定。合龙段混凝土施工应选择在一天中温度最低的时间进行。混凝土浇筑前合龙口两端悬臂预加压重在符合设计要求同时应符合线性控制流程并于混凝土浇筑过程中逐步撤除。混凝土应加强养护，必须对梁体受日照部分加以覆盖。合龙梁段混凝土强度达到设计要求时应及时进行预应力筋张拉。梁跨结构体系转换应在合龙段纵向连续预应力束张拉并压浆完成后进行。支座反力调整应满足设计要求。

e. 严格控制连续梁收缩徐变。

保证张拉预应力时混凝土强度和弹性模量达到设计要求。施加预应力要严格实行“双控”，严禁超张拉，严格控制箱梁混凝土施工配合比，注意控制水胶比和骨胶比，严格控制混凝土的搅拌质量和振捣质量以及浇筑数量，以满足预应力徐变变形的限值要求。在施工过程中要严格控制连续梁的温度、湿度不低于要求值。在不影响工期的前提下，推迟二期恒载的上桥时间。现场对预应力筋的管道摩阻进行实测并对其张拉应力进行修正。严格按设计规定的方式张拉，施工中不能随意更改预应力筋的张拉次序。预应力张拉完毕后应及时压浆（24 h 以内），管道压浆要求密实。当水泥浆结硬时即可传力，提高构件的抗弯刚度，减少梁体上拱。

f. 高性能混凝土质量控制和大体积混凝土施工防裂措施。

混凝土提前做好配合比试验及施工工艺试验，组织专门技术力量在混凝土施工中，从原材料进场、施工配合比的确定、集中拌和、运输、入模、振捣直到养护，包括检测试验、混凝土水化反应与外界环境的关系、防止混凝土表面产生温度裂纹和收缩裂纹、冬期施工全过程混凝土温度控制，以及外加剂的掺用等问题，进行总结研究，提出混凝土施工工艺、工序作业指导书及质量控制措施。严格原材料、外加剂的质量检验工作，确保质量指标符合混凝土的相关标准。从降低水化热和降低混凝土温度入手，选用低水化热水泥，掺粉煤灰外掺料，减少水泥用量，降低水化热；掺缓凝型专用复合外加剂，延长缓凝时间，延迟水泥水化热峰值；避免使用新出厂的水泥，水泥存放在遮阳处；喷水冷却集料；在生产及浇筑时对配料、运送、泵送及其他设备的遮阳或冷却。降低成形时混凝土的温度采用在浇筑的混凝土工作面搭遮阳棚，降低浇筑温度；预埋冷却水管，通循环水降温；采取薄层浇筑以利散热。尽可能选择气温较低时浇筑混凝土，避免气温高时浇筑混凝土；通过冷却骨料降低混凝土浇筑入模温度。

② 隧道施工质量保证措施。

a. 一般性技术措施。

严格按照“先探测、严控水、强支护、勤量测、早衬砌”的原则组织施工，制定严格的施工质量保证措施。对隧道施工的各个环节制定作业指导书，严格按照批准的实施性施工组织设计和工艺流程施工，加大管理力度，对初期支护施工中的拱架安装、锚杆施作、湿喷混凝土工艺及其与围岩的密贴性等环节，以及防水板挂设、二次衬砌施工中所有质量控制要点进行技术员和质检员旁站监督。

保证测量精度：开工前，首先进行隧道的控制测量，布设单位工程测量专用控制网，采用双导线进洞方式保证测量的精确性。

超前预报，科学施工：采用新技术以保证隧道施工质量，在隧道地质复杂地段采用综合超前地质预测预报，主要进行掌子面施工地质素描、TSP-203 系统超前地质预报、地质雷达、声波法、超前钻孔探测、红外线探水等综合地质预报技术，查明不良地质，采取科学可行的施工方法，做好防护加固措施。

控爆开挖，勤量测：严格控制超欠挖，减少爆破对围岩的扰动。进行围岩现场监控量测，根据量测数据及时判定围岩稳定状态，确定支护衬砌施工时间。

保证原材料质量：工程材料，特别是临时支护用料、防水用料必须经检验合格后方可使用。保证衬砌质量。初期支护表面做到平顺，无空鼓、裂缝、松酥。表面平整度用 2m 靠尺检查，最大允许偏差符合验收标准要求。衬砌采用模板衬砌台车，泵送挤压技术、拱部注浆等灌注二衬混凝土，重视衬砌防渗漏水施工，保证衬砌振捣密实度，提高混凝土抗渗耐腐蚀性和混凝土耐久性。加强隧道防水工程施工质量，保证隧道“不渗不漏”。加强基底的清理工作，使混凝土座落在坚硬的基岩上整体浇筑，不间歇施工和加强捣固。

保证附属工程质量：水沟电缆槽使用钢模，保证尺寸准确、棱角分明、线条顺畅，盖板安装平稳。

混凝土防侵蚀措施：在隧道开挖时，应随时核对围岩级别与地下水状态，如与设计不符，及时反馈信息。施工中遇地下水，首先取样化验，了解有否侵蚀性，以便决定是否变更水泥品种，调整水灰比或采取其他措施，以防侵蚀。

沉降观测设置：隧道设置变形缝处变形缝两侧设置不少于一组沉降观测点，以便记录施工阶段的沉降差异情况数据。隧道施工时贯彻仰拱先行的原则，仰拱填充不能与仰拱混凝土同时灌注，不得留纵向施工缝；仰拱及底板施工前严格清底，不得留有虚渣。

b. 喷锚支护质量保证措施。

围岩采用大管棚或超前小导管、锚杆支护时，注浆自上而下，先边后中的顺序进行。施工前对注浆机械系统进行调试，检查钢管，清除管内杂物；注浆过程中正确掌握浆液流量、压力与时间的关系，适时调整注浆时间。型钢拱架采用集中工厂化统一加工。格栅钢架在钢筋加工厂统一加工，而且必须在大样台上进行，保证格栅加工的精度，经检验合格后运至施工现场。型钢拱架和格栅钢架用于工程前必须进行试拼，架立符合设计要求，连接螺栓必须拧紧，数量符合设计要求，节点板密贴对正，格栅钢架拼装连接圆顺。进行围岩现场监控量测，根据数据及时判定围岩稳定状态，确定衬砌施工时间。

c. 隧道结构混凝土工程质量保证措施。

加强基底的清理工作，使混凝土座落在坚硬的基岩上；混凝土整体浇筑，连续施工和加强捣固；尽量减少超挖，超挖部分采用与衬砌同标号混凝土浇筑回填；加强起拱线和拱顶部位的混凝土振捣，做到衬砌与围岩密贴；软弱围岩地段加强支护，优先进行仰拱施工及早封闭成环；选用配合比最佳级配集料的混凝土，使其快硬和早强；隧道衬砌段与掌子面拉开适当的距离，防止围岩爆破时混凝土受到扰动造成开裂。在整个混凝土生产过程中，拌和设备要经常进行检查，包括混凝土拌和物的均匀性、适宜的拌和时间、自动计量设备的准确性、机器及叶片的磨损程度等。混凝土的运输能力适应混凝土的凝结速度和浇注速度需要，以保持混凝土的均匀性和规定的坍落度，并充分发挥设备效率。隧道衬砌模板采用液压衬砌台车整体浇筑，采用泵送挤压技术和拱部注浆浇筑混凝土，保证衬砌振捣密实，杜绝隧道渗漏水。

d. 二次衬砌工程质量保证措施。

衬砌采用全断面液压钢模台车，并按先墙后拱的顺序泵送混凝土连续对称灌筑，厚度符合设计要求。拱顶预埋压浆管，确保拱部混凝土密实。挡头模板和附属洞室使用钢模，衬砌混凝土做到内实外美，保证隧道净空尺寸。二次衬砌时间按围岩量测资料确定，一般在围岩和初期支护变形基本稳定后开始。防水层在二次衬砌混凝土灌注前施作，采用无钉铺设工艺。衬砌施工前对衬砌段中线、水平、断面尺寸、净空尺寸进行检查；把灌注处地基表面、拱与墙接茬的积水、泥浆、岩屑、油污、有害的附着物和松散的、松动的岩块清除干净。灌注混凝土前对模板、支架、钢筋骨架、预埋件等进行检查，钢筋加工绑扎按规范要求办理。振捣采用附着式振捣器和插入式振捣器联合振捣，确保混凝土密实，确保二衬与防水板密贴，与支护密贴。加强隧道无损检测的应用，运用地质雷达、数显回弹仪、超声波混凝土检测仪、钢筋混凝土保护层厚度测定仪等检测手段，达到对二衬质量100%的自检率。

e. 加强围岩量测监控措施。

隧道施工严格按设计要求加强监控量测，必要的监测项目是洞内外观察、净空水平收敛量测和拱顶下沉量测，必要时在隧底增设隧底上鼓量测，以便为初期支护和二次衬砌的设计参数调整提供依据，实施信息化动态设计、施工。

f. 隧道工程“不渗不漏不裂”保证措施。

施工衬砌混凝土前，做好混凝土配比试验和抗渗试验。混凝土衬砌前，对混凝土端头进行凿毛处理，施工缝处设置好止水带。针对涌水大小，采用引、排、堵等措施，设置横向和纵向排水盲沟，将水引流至隧道两侧边沟内。采用泵送挤压和拱部注浆灌注衬砌混凝土技术，严禁人工上料入模。加强混凝土振捣，避免漏振漏捣。按设计要求掺加混凝土外加剂（防腐剂、抗渗剂等），以达到衬砌防水、防腐等目的。加强检测工作，对有渗漏现象的衬砌处采用拱背压浆处理。保证衬砌厚度和质量，避免衬砌开裂。采用全断面一次浇筑成型的衬砌方式，衬砌前一定要将基底、墙角处的虚渣清除干净，对欠挖处进行处理后才允许开盘灌注混凝土。

6. 防治质量通病措施

对施工中经常遇到的质量通病进行研究，用鱼刺图法分析原因，找出影响质量的主要原因，针对性地编写施工要点下发施工工区，减少质量通病发生。质量通病预防措施如表 4-1 所示。

（1）接受建设单位质量检查措施。

在施工期间，自觉参加和接受总承包项目经理部组织的质量大检查，如考核结果靠后，接受总承包项目经理部的处罚或其他形式的惩罚。

（2）接受监理和社会质量监督的措施。

在施工期间，除了接受监理的质量管理外，欢迎社会各界对工程施工质量进行监督，提出宝贵意见。

表 4-1 质量通病预防措施

序号	项目	质量通病	防治措施
1	钻孔灌注桩	灌注桩成孔导管堵塞	每节导管均要检查并敲落吸附的砂浆或混凝土；塞子略小于导管内径，预先试通一次；导管预先作水密检查，施工中因导管使用过久、磨损进水需要调换新导管，施工中振动碰撞造成丝扣松弛进水或密封圈老化进水，减少施工中的振动与碰撞，换新密封圈；若因为第一车混凝土过少没有将导管埋入混凝土内或拔管过多，使管底高出混凝土面而进水并造成混凝土离析，需要始终保持导管底部埋入混凝土内；第一车混凝土适当多加些水泥砂浆，后续混凝土恢复正常；混凝土漏斗处设置金属网，网孔直径略小于导管内径
2		钢筋笼被顶起	保持埋入混凝土内不超过 4 m；在孔口处把钢筋笼上端固定
3		瓶颈	灌注混凝土时不准在孔口附近有额外侧向荷载产生；确保泥浆面稳定位置
4		断桩	不允许导管脱离混凝土
5		桩身夹泥	维持浆面稳定位置；加强监督
6		试桩时沉降过大不满足要求	试桩桩顶必须露出优质混凝土；严格检查清孔结果；不允许导管脱离混凝土
7	桥涵混凝土工程	混凝土质量不高	① 专业振捣工负责混凝土的振捣，振捣严格按规程进行。分层浇筑的，控制每层厚度不超过 30 cm。插入式振捣棒振捣时，振捣器的移动间距不得超过振捣器作用半径的 1.5 倍，与模板保持 5~10 cm 的距离，插入下层混凝土 5~10 cm。每处振捣完毕后边振捣边缓慢提起振捣器。避免振捣器碰撞模板及钢筋。插入点要均匀排列，可排成“行列式”或“交错式”。混凝土必须振捣到停止下沉、不再冒气泡、表面呈现平坦、泛浆。振捣过程严防漏振或过振发生，以免混凝土结构表面产生蜂窝、麻面。 ② 结构物混凝土达到拆模强度后进行模板的拆除，拆除时间由试验确定。模板拆除过程中注意对结构物的保护，禁止撞击或刮伤结构物。 ③ 尽量避免在雨天或温度过高的情况下进行混凝土浇筑，也不在温差过大的时段安排浇筑

续表

序号	项目	质量通病	防治措施
8		外观质量通病	① 模板采用定型钢模板及大块钢模板，每块钢模板的面积不小于 1.5 m^2。 ② 模板拼装时，对接缝进行处理，可在模板的接缝处用胶带密封，防止在混凝土浇筑过程中漏浆。 ③ 模板平整光滑，安装前模板均经过整修和清理，浇筑前要对模板浇水湿润，并涂满脱模剂，禁止涂抹废柴油或废机油。 ④ 采用专用塑料支承垫块设置混凝土保护层，确保钢筋保护层符合设计。 ⑤ 在施工过程中采用同种规格和品质的水泥和砂石料，分次浇筑的结构物，配合比要相同，防止混凝土颜色不一致。 ⑥ 混凝土的浇筑、振捣、养护和模板的拆除按规定进行
9		大体积混凝土温度裂缝	检查水泥出厂合格证，作安定性检验，合格后方可使用；砂、石质量符合有关标准规定，石子含泥高时冲洗，抗裂要求高的不宜采用细砂；夏季施工采用低热水泥，合理选用骨料和配合比，以降低水泥用量，及时覆盖养生，防止表面失水干裂
10	隧道工程	超欠挖	采用激光导向仪配合测量人员准确放样，根据围岩情况合理调整爆破参数，采用一循环一分析的认真态度，调整爆破参数，对出现超欠挖部位在下一循环进行修补，达到设计要求标准
11	隧道工程	衬砌厚度及净空不足	在初期支护前，用激光断面仪严格检查开挖断面，对局部欠挖及时进行处理，保证断面符合设计要求。钢支撑按放样中线、标高进行架立控制，正确就位。用埋设短钢筋作为喷射混凝土面的控制。二衬立模以前，测放中线、标高，正确就位。施工中对台车要进行固定，防止移位，并增设台车内支撑，防止混凝土灌筑中台车变形
12	隧道工程	衬砌错台、漏浆	衬砌采用整体模板台车施工，台车工厂加工，做到尺寸准确、结构可靠、刚度强、变形微，在台车模板尾部设有胶管止浆条，头部设有铰接钢挡头板，台车按中线、标高严格就位，确保前后衬砌段衔接正确。通过胶管止浆条的作用，防止前后衬砌接头处不漏浆。其余地段衬砌，采用大块拼装式企口接头的弧形钢模，安装时，认真做好模板接头搭接，做到模板不漏浆
13	隧道工程	衬砌后蜂窝麻面	混凝土配合比严格按现场试验配比，充分考虑运输和泵送混凝土中变性；捣固混凝土时，以不冒气泡为标准，且必须离开模板 5 cm 左右；模板表面必须清理干净，涂脱模剂要均匀；脱模时模板一定要垂直表面移动，且掌握好脱模时间
14	隧道工程	衬砌开裂	严格混凝土施工工艺，保证混凝土的密实度和均衡性；加强混凝土养护及延迟拆模时间，防止表面干裂；严格进行基底清理，及按设计设置沉降缝、伸缩缝；及时施作仰拱，防止边墙受挤压而变形
15	其他	钢筋锈蚀	对颗粒状或片状老锈必须清除；钢筋除锈后仍留有麻点者，严禁按原规格使用。
16	其他	混凝土和易性不良	控制水泥标号与混凝土等之间的合理比值，严格遵守施工规范规定的最大水胶比和水泥用量；严格按试验确定的配合比施工；配料准确，并保证足够的搅拌时间
17	其他	混凝土表面蜂窝麻面	控制混凝土的配合比和搅拌时间；防止运输中漏浆、离析和运输时间过长；控制灌筑时符合要求的坍落度；采用合理的浇筑顺序和方法，采用正确的振捣方法，防止漏振或过振。随时检查模板及支架的变形情况，发现问题及时处理，防止漏浆

7. 对已完工程的保护措施

（1）组织措施。

工区项目部成立已完工程和设备保护领导小组，组长由主管生产的副经理担任，逐级设立领导小组，组织机构与质量管理机构一致。

（2）管理措施。

严格遵守总承包项目经理部对已完工程的各项保护规定，加强职工教育，提高对已完工程的保护意识，对已完工程不能随意启用，同时提高员工自觉保护已完工程的能力。成立已完工程维护组，设专人进行维护，为顺利交接打好基础，向业主交付优质的工程。制定已完工程和设备保护措施管理制度，做到有制可依。对已完工程设置明显标志，以防其他工程施工或进行农田基本建设时意外破坏。维护组对工程实行巡逻制度，并对维护情况做好记录，如发现损坏或丢失，要追究有关人员的责任，并书面报告主管生产的负责人，及时组织有关人员修复，修复不了的，及时报告建设单位进行处理。对当地群众进行保护国家财产的宣传教育，增强法制观念，与他们建立良好关系，相互配合，做好已完工程的保护工作。工地治安部门加强巡视，防止人为破坏。建立相关设备台账，做到有账可查。明确每台设备的保护责任人，针对不同设备进行定期与不定期的保养和维修。对已安装的如沉降观测元件等设备填写设备安装台账并定期进行设备使用状态的检测。工程交付时，及时与营运部门进行设备的移交，办理好移交手续。

（3）经济措施。

在制度中明确用行政的、经济的手段奖优罚劣，做到“有制可循”。

（4）技术措施。

其他技术措施如表 4-2、表 4-3 所示。

表 4-2　桥涵工程已完工程技术措施

工作名称	保护措施
桩基施工	① 水下混凝土灌注后要有围栏，防止机械等重物坠落
	② 桩头及以下土方采用人工开挖，严禁机械开挖以至破坏桩身
承台施工	① 浇筑完混凝土后达到拆模强度后才能拆模
	② 严格控制养护用水，以免污水对承台混凝土造成腐蚀
墩台身施工	① 在靠近道路的桥墩和涵洞设围栏以防被过往车辆刮碰
	② 交工前夜间派专人看守，以免墩台上涂刷广告
钢筋施工	① 钢筋笼及钢筋网下部不能与土体相接触，存放时下部支垫
	② 半成品上部要有覆盖
混凝土及砌体施工	① 加强覆盖养生
	② 在交通道路处围挡以防刮碰

表 4-3　隧道工程已完工程保护的技术措施

工作名称	保护措施
初支护施工	① 钢筋网片现场存放应下垫上盖，做好防潮、防锈
	② 钢架装卸过程中要小心，严禁装卸机械破坏钢架连接构件

续表

工作名称	保护措施
初支护施工	③ 喷射混凝土卸料过程中要注意喷射机清洗工作，防止污染混凝土半成品
	④ 做好外加剂的防止污染措施，以免污染影响喷射混凝土质量
	⑤ 喷射混凝土施工完成后，不能立即进行爆破施工，以防止造成混凝土的破坏
二次衬砌防排水施工	① 做好喷射混凝土基面的处理工作，防止尖锐物损坏防水板
	② 严格控制防水板焊接时间，防水板焊接损坏
	③ 止水带在混凝土施工中做好保护，防止移位或损坏
	④ 防水板装卸、运输、存放过程中做好保护，防止损坏
二次衬砌钢筋施工	① 钢筋尖锐部分不能与防水板直接相接触，应加设支垫，防止防水板损坏
	② 钢筋焊接施工过程中应加挡板防止电焊火花烧伤防水板
	③ 钢筋现场存放应下垫上盖，做好防潮、防锈
	④ 杜绝钢筋尺寸大于设计，局部有紧贴模板处，造成露筋
二次衬砌混凝土施工	① 加强覆盖养生，防止养生不到位而产生质量缺陷
	② 处于交通道路处的混凝土构筑物应围挡以防刮碰
	③ 防止混凝土拆模过早，模板将混凝土带落造成漏筋或混凝土表面掉块
	④ 严禁装、拆模时野蛮施工，边角处受外力撞击，造成混凝土边角损坏
	⑤ 杜绝成品保护不当，被车或其他机械刮伤，造成混凝土边角损坏
接口预留预埋件施工	① 预埋管线施工过程中要做好保护工作，防止阻塞
	② 预留预埋件半成品装卸、运输、存放及安装过程中做好保护，防止损坏

8. 竣工验收质量控制

（1）竣工验收阶段质量控制措施。

单位工程竣工后，必须进行最终检查和试验，项目技术负责人按编制竣工资料的要求组织相关人员收集，整理质量记录和质量保证等资料。项目技术负责人组织有关专业技术人员按工程质量验收标准，根据合同要求对工程项目进行全面自检。对查出施工质量缺陷，按不合格控制程序进行处理。项目部组织有关专业技术人员按合同要求编制工程竣工文件，并做好工程移交准备。在最终检验和试验合格后，对半成品、产成品、建筑产品采取防护措施进行保护。工程交工后，项目部需编制符合文明施工和环境保护要求的撤场计划。

（2）工程验收合格后的质量保证。

按合同规定，对工程质量终身负责，如出现质量事故，属于施工责任的，除按合同规定接受承担事故责任和经济赔偿外，并进行保修。

9. 缺陷修复措施

工程完工后，成立由总工程师任组长，技术干部及有关人员组成的工程竣工维护组，负责缺陷责任期内对工程的维护工作。

坚持定期回访制度。按照 ISO9001 系列标准要求，工程交付业主后，仍不断取得联系，工程竣工第一年回访不得少于两次，其中首次回访应不超过竣工后三个月，第二年至质量保修期满应每年不少于一次，工程竣工后的回访调查由负责保修的人员负责，并积极听取业主的使用情况及意见。坚持特事特办制度。无论是定期回访发现的质量问题，还是业主随时通报的质量问题，集团公司都将立即组织专业队伍，在业主的指导下，制定完善可行的保修方案，并迅速地进行处置，达到业主的满意度。缺陷责任期时，维护组定期对所建工程进行全面、仔细的组织检查，遇不可抗拒的自然灾害后随时组织检查，对出现的工程缺陷登记清楚，分析缘由及时向业主上报缺陷数量、缺陷范围、缺陷责任及原因等，并立即组织维修。缺陷责任期内工程的维护，在不影响正常使用的情况下进行，必要时采取可行的防护措施，确定需要中断运行时必须在业主同意下才可进行。各项缺陷修复须符合规范要求并取得监理和业主的认可。缺陷责任期内，由项目部成立的维护组必须保证管段排水畅通，各种设施齐全无损害，行车标志醒目无毁坏。保修项目完成，并经业主及国家行政主管部门的质量安全监督职能机构检验合格后，迅速地将保修项目的有关资料送达业主，作为竣工文件的补充完善。

10. 缺陷责任期内对工程的维护方案

建立内部工程质量包保责任制。公司法定代表人与项目经理签订《工程质量包保责任状》，项目经理与项目部承包责任人签订《工程质量包保责任状》，总承包项目经理部与各工区项目部负责人签订《工程质量包保责任状》，建立具有可追溯性的工程质量保证制度，对因施工原因造成的工程质量隐患负终身责任。设立缺陷责任期工程修复维修和质量回访小组，全面负责协调处理竣工验交后工程质量保修服务的常设机构。总承包项目经理部组建质量回访小组，日常工作由质量管理处负责工程质量保修组织管理及定期回访工作。工程完工后，由总承包项目经理为组长的《工程缺陷维护小组》，负责缺陷责任期内工程修复维护工作。工程缺陷责任期内维护小组定期对所建工程进行全面、仔细的组织检查，对出现的工程缺陷要登记清楚分析缘由，及时向业主上报缺陷范围、缺陷数量、缺陷责任及原因等，并立即组织维修。缺陷责任的维护分两种情况。若因施工质量问题造成结构内部受力变化或外部破坏的，自筹资金并拿出修复方案报业主批复后立即实施；若属设计或其他非承包人责任造成的缺陷，要及时上报业主和设计院，按照业主和设计院提出或指定的方案组织维修。工程缺陷责任期内，还将对管段内设计方面不完善之处经业主和设计单位同意，对工程实体进行合理完善或补建，确保结构主体安全稳定。保修期满，由工程质量保修回访领导小组组织一次保修终期回访，认真听取用户对工程质量的评价及意见；如需整改，迅速派专人处理，达到用户满意。总承包项目经理部“缺陷责任期工程修复维护和质量回访小组”设专人负责接待用户来访。对所投诉的质量问题认真登记，三日内派人到现场调查，提出处理方案；用户认可后，组织维修人员携机具、设备赶赴现场，实施维修处理，维修后的工程质量必须达到规范标准和保证用户满意。

4.2 高速公路 PPP 项目施工总承包安全管理

4.2.1 香丽高速公路施工安全管理的方针与目标

1. 安全管理方针

实行“安全第一，预防为主，综合治理”的管理方针，其内涵是树立“以人为本、安全第一”的意识，坚持全员参与、预防为主、综合治理，贯彻执行国家相关法规及标准，按照持续改进过程，创建和谐的工作和生活环境。

2. 安全管理目标

紧紧围绕“五化示范路”（即“发展理念人本化、项目管理专业化、工程施工标准化、管理手段信息化和日常管理精细化”）建设目标，全面推行施工现场安全防护标准化、场容场貌规范化、安全管理程序化，全面推进工程项目安全生产标准化建设，全线开展“平安工地”创建工作，努力推动 “让习惯符合标准、让标准成为习惯、让结果符合规范”的工程项目安全文化建设，切实做好项目建设的“双基”（基层、基础）工作，全面规范工程总承包项目经理部安全管理流程和行为，坚决杜绝较大以上生产安全事故，力争不发生一般性生产安全事故，确保工程项目和各工区项目部“平安工地”考评的首评均达到C级以上。

工程项目建设期安全生产管理的具体目标、指标（年度目标指标另行单独制定）为：

（1）安全管理人员到位率不低于100%；

（2）全员培训教育覆盖率达到100%；

（3）重大安全隐患整改率达到100%；

（4）生产安全事故零死亡、零重伤；

（5）工伤轻伤事故频率控制在5‰以内；

（6）杜绝发生经济损失超过50万以上的生产安全责任事故；

（7）坚决遏制和杜绝发生较大及以上生产安全事故；

（8）杜绝发生办公区域、生产作业区域和现场驻地火灾事故；

（9）不发生负主要责任的生产运输性重大交通事故；

（10）投入使用机械设备完好率不低于100%，杜绝发生经济损失超过20万元的机械设备事故；

（11）劳保用品发放率达到100%；

（12）职业病发病率为零；

（13）工程总承包项目经理部及各工区项目部每年平安工地考评达标。

3. 现安全管理方针、目标的主要保障措施

安全管理方针、目标和考核指标的实现，主要依靠各级目标责任者的自我控制来完成，同时由各方主体通过自我管理、自我控制和分级考核来实施；设立安全管理机构，并配备满足需要的安全管理人员；严格执行云南省施工标准化实施要点、安全生产法律法规、标准规范及相关要求；制订并执行工程总承包项目经理部年度安全生产工作计划；制定工程总承包项目经理部安全生产目标考核制度并开展考核；建立健全安全生产责任制，并定期对责任制落实情况进行考核；建立健全安全管理制度，制定相关岗位安全操作规程；按规定足额支付安全生产费用，并监督安全生产经费的有效投入使用；积极开展工程总承包项目经理部有关安全生产课题研究；制定并实施全员安全继续教育培训计划，广泛开展安全生产知识宣传、教育，确保各级领导和管理人员具备相应的安全管理知识和能力，建立健全安全教育培训档案；加强对办公、生活场所的日常管理，全面开展危（风）险源辨识，在存在危险因素的场所和设备设施设置明显的安全警示标志，确保相关场所符合安全、消防和职业健康的要

求；建立安全文化宣传阵地，公开安全生产举报投诉电话；开展安全承诺活动，开展安全生产月活动，推广先进的安全管理方法，并对安全管理先进单位和个人进行表彰；制定应急预案，组建应急队伍，配备应急装备，开展应急演练；建立事故统计报告制度，严格按“四不放过”原则进行事故处理；强化日常安全监督检查，开展安全生产隐患排查治理工作，定期组织开展“平安工地”自评和考评工作；加强安全生产管理基础工作，完善安全生产各类台账和档案。

4.2.2 香丽高速公路施工总承包的安全管理体系

本项目实行安全生产三级管理，即一级管理由项目经理负责，项目经理是施工项目安全管理第一责任人，二级管理由项目部专职安全员负责，三级管理由施工作业队班组长负责。总承包项目经理部成立工程项目安全管理领导小组，作为负责领导协调工程项目建设安全生产工作的领导机构，其主要职责是：领导工程项目建设的安全生产工作，定期分析安全生产形势，组织开展各项安全文明竞赛活动，协调处理重大安全生产问题。工程项目安全生产领导小组组长由总承包项目经理担任，副组长由总工程师、分管安全的副经理、安全总监等担任，总承包项目部其他项目副经理及各处室负责人为小组成员，安全监督保障体系如图 4-11 所示。

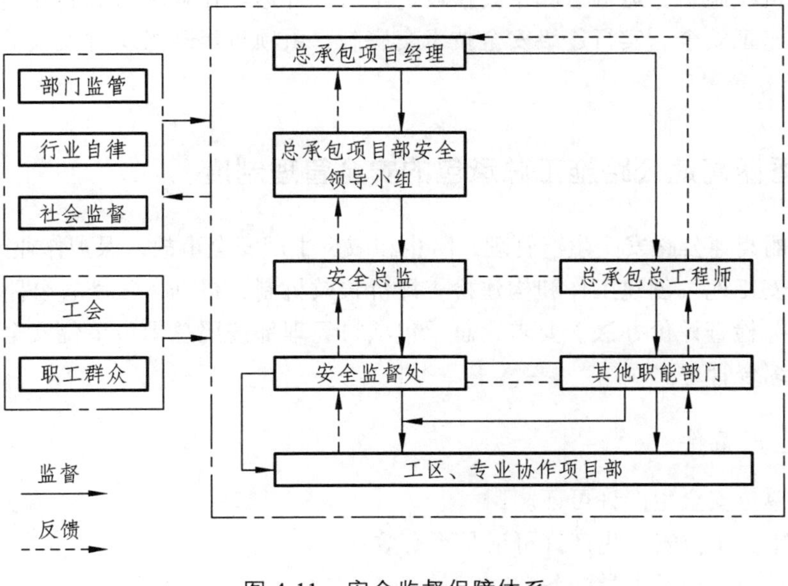

图 4-11 安全监督保障体系

安全生产领导小组办公室设在总承包项目经理部安全管理处，安全管理处负责人担任领导小组办公室主任。其主要职责是在工程项目安全生产领导小组领导下负责工程项目安全生产文明施工领导小组决议事项的实施，包括日常工作指导、检查、考核落实等。工区项目部必须建立健全安全保证体系，成立安全生产领导小组，全面负责生产安全管理工作，独立设置安全科，按要求配备专职安全管理人员，明确职责，认真落实安全生产责任制，建立安全保障体系，如图 4-12 所示。

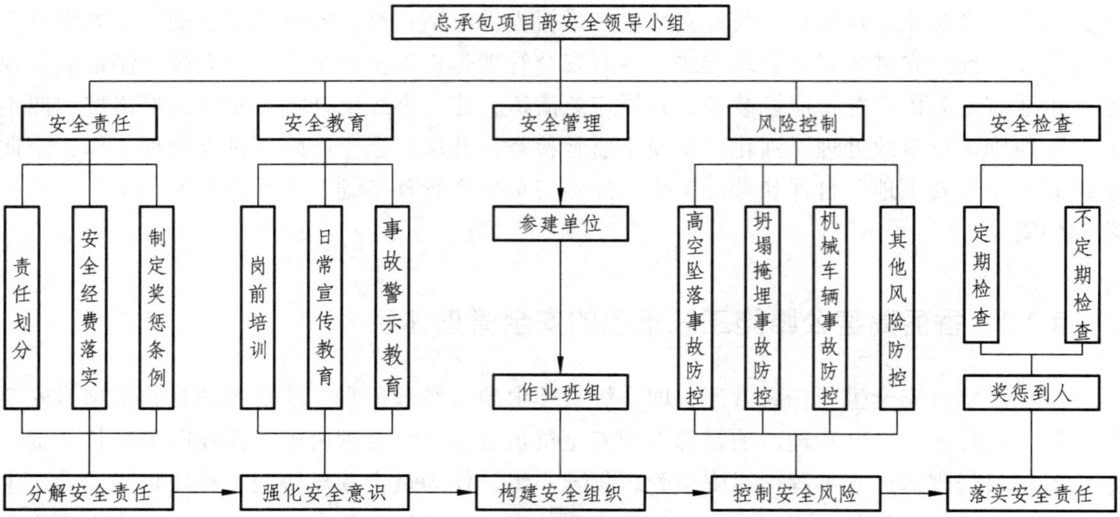

图 4-12　安全保证体系

按照颁布的《安全生产责任制》的要求，落实各级管理人员和操作人员的安全生产负责制，全员承担安全生产责任，做到纵向到底，横向到边，一环不漏，人人做好本岗位的安全工作。开工前总承包项目经理部组织有关人员编制实施性安全施工组织设计，对爆破、混凝土结构施工、机械施工、运输、脚手架搭设、土石方外运等作业项目编制和实施专项安全措施设计，确保施工安全。实行逐级安全技术交底制，由项目经理组织有关人员进行详细的安全技术交底。

4.2.3　香丽高速公路施工总承包的安全管理制度

为加强香丽高速公路安全生产管理，防止和减少生产安全事故，保护作业人员生命安全，全面推进“平安工地”创建工作和构建检查评价长效机制，根据《云南省公路工程安全生产暨“平安工地”检查评价办法》要求，总承包项目经理部按照总承包单位安全管理职能进行施工现场安全综合管理。

1. 安全生产条件

（1）施工单位安全生产许可证。

（2）核查施工单位安全生产许可证是否有效。

（3）安全组织机构及人员配备。

（4）建立专职安全管理机构，按持证要求配备足够的安全管理人员，以及必要的办公设备、设施。安全组织机构框图悬挂在明显位置，组织机构与项目实际对应，如图 4-13 所示；项目主要领导和分管领导、各部门及各工区安全岗位职责及责任人明确；逐级签订安全生产责任书。

（5）开工安全生产条件。

（6）开工前按照《云南省公路工程开工安全生产条件审查规定》内容对所辖工区安全生产条件进行复核性审查。施工过程中进行不定期检查。

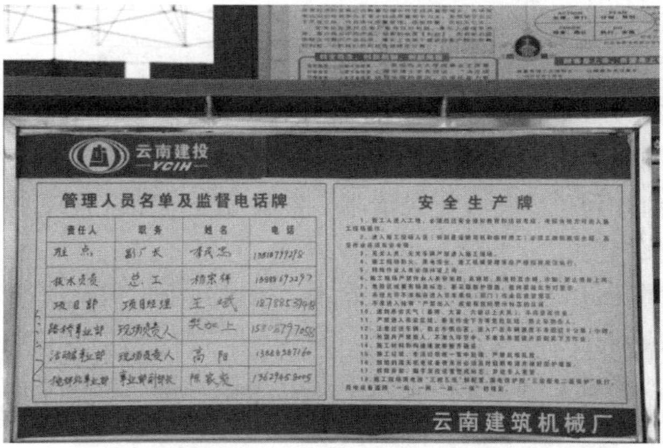

图 4-13　悬挂安全组织机构

2. 安全生产管理制度

（1）安全生产例会制度。

明确安全生产例会的时间、频次、参会主要人员。会议记录清晰、全面。会议要求落实到位并有书面记录。

（2）安全教育培训制度。

制定教育培训制度和计划，对管理人员进行内部培训教育，如图 4-14 所示。监管各下设工区全员劳动用工登记，使用“云南省公路建设一线从业人员教育培训管理系统”开展全员培训管理。

图 4-14　香丽高速月度安全教育活动

（3）安全生产费用管理制度。

制定安全生产费用管理制度。制定安全生产费用使用计划，督促检查各工区根据批准计划落实到位。汇总建立安全生产费用管理台账。

（4）消防安全责任制度。

制定消防安全责任制度。明确消防责任区域、责任人、消防器具配置及维护要求。建立消防器材管理使用台账。

（5）检查及隐患排查。

制定安全检查制度及计划。制定本单位生产安全事故隐患清单管理制度，建立重大事故隐患清单管理台账。对存在的重大安全隐患必须挂牌督办，明确治理责任人、时限和措施。特殊时段安全检查、值守到位。检查记录清晰，资料齐全、闭合管理。

（6）安全奖罚考核制度。

制定奖罚制度，明确奖励、处罚条件及方式，执行到位，记录清晰。

（7）生产安全事故调查处理及报告制度。

制定生产安全事故调查处理及报告制度。建立事故档案，发生事故及时报告。落实事故处理“四不放过”。

3. 安全技术管理

（1）专项施工方案。

按要求编制危险性较大工程专项施工方案。方案中安全措施操作性强，内容齐全。按规定对专项方案进行评审。施工中严格按方案落实到位。

（2）施工组织设计。

施工组织设计中有安全保证措施，且可操作性强。经施工企业技术负责人审核、签认，履行审批手续齐全。

（3）风险预控。

对风险源识别全面。预控措施操作性强。对重大风险源制定安全管理方案。按规定开展桥梁、隧道、路堑高边坡施工安全风险评估。按规定开展地质灾害评估。

（4）应急预案及演练。

制订综合应急预案、专项应急预案和现场处置方案，各层级预案衔接畅通。有针对性地开展应急培训和演练，并及时总结。检查、督促工区开展应急培训演练，如图 4-15 所示。

图 4-15 香丽高速安全应急演练

4. 档案管理

形成完整、有效的各类档案资料。

5. 政府主管部门安全专项工作

（1）政府主管部门安全专项工作落实情况。

严格落实政府主管部门布置的安全专项工作。安全专项工作制定落实方案或工作计划。按方案或计划执行到位。制定“平安工地”建设方案，“平安工地”建设要求落实到一线工人。

（2）考核评价。

按照“平安工地”考核评价要求定期开展自我考核评价。组织、督促下设工区开展“平安工地”自评。考核评价资料真实、准确。

6. 工作效能

各工区考核评价得分平均值乘以 0.4 即为总承包项目经理部工作效能得分。

7. 施工现场安全管理

施工现场安全管理以《“平安工地”检查评价办法》中的“施工单位施工现场考核评价表”进行管理，涉及施工现场布设、安全防护、施工作业、桥梁工程、隧道工程、路基工程、路面工程，总承包项目经理部按照国家相关法律、法规履行施工单位安全生产责任和义务，经常性开展自查和隐患排查，对发现的问题督促整改并检查、验收，负责督促、检查工区项目部建立管理组织机构，健全安全管理体系，设置安全管理部门和配置符合要求的专职管理人员。施工现场安全宣讲如图 4-16 所示。

图 4-16 施工现场安全宣讲

4.2.4 香丽高速公路主要施工安全保障措施

1. 安全保障技术措施

（1）桥梁施工安全保证措施。

① 桥梁施工主要安全事故控制点。

桥梁高空作业，注意安装避雷设施。在大风季节，注意监控，适时停止架梁以及挂篮移位等工作。在脚手架与墩身空隙间，挂安全网，在大风、大雨过后，必须进行安全检查，发现倾斜、下沉、松扣现象，及时修复。起吊设备起吊时，严禁起吊超过规定重量的构件，起吊过程中设专人负责指挥，塔吊机械与桥墩联结，确保抗风能力。上下爬梯应按照设计图纸焊接牢固，经常出入的通道应搭设顶棚。模板安装过程中，严格按照吊装施工规范进行作业，要经常调整水平、垂直偏差，防止整体失衡。拆除模板严格按规定程序进行，场内设立禁区标志。拆除模板先拴牢吊具挂钩，再拆除模板。操作平台上，不得多人聚集一处，严禁向下乱抛掷模板、钢筋、螺丝、工具等，下班时应清扫和整理好料具。各工序的施工严格遵守各项安全管理规定和安全操作规范。混凝土灌注时，减速漏斗的吊具、漏斗及串角挂钩和吊环均要确保稳固可靠。桥梁悬灌施工过程中，挂篮的底模和侧模下挂安全网，并在底模前横联处加设工作平台，以确保施工安全。桥梁施工安全防护如图 4-17 所示。

图 4-17　桥梁施工安全防护

施工过程中严格控制悬灌期间两端的不均匀荷载。挂篮移动前，要仔细检查吊车和倒链装置，确认安全后方可移动，移动时，要由专人指挥，分工明确，步调统一。后锚既要保证挂篮滑行，又要保证挂篮的安全，并由专人检查。预应力张拉时，千斤顶后严禁站人。

② 桩基工程施工安全防护措施。

施工现场的布置应符合相关安全规定和文明施工的要求，各种施工机械应严格按其操作规程进行，严禁超载，并要求做到常保修、勤保养。

钻机安装时，机架应垫平，保持稳定，不得产生位移或沉陷，钻架顶端应用缆风绳对称张拉，地锚应牢固。钻机移位时，观察道路情况，及时采取加固措施，防止碰撞结构物、翻车等事故发生。钻机就位后，对钻机及配套设施进行全面安全检查。钻机钻进时紧密监视钻进情况，观察孔内有无异常情况、钻架是否倾斜、各连接部位是否松动、是否有塌孔征兆，有情况立即纠正。钻孔时，钻速不得过快或骤然变速；孔内弃土不得堆积在钻孔周围。停钻后，钻头提出孔外安全放置，孔口应遮盖防护。钻孔桩施工时必须对桩位进行探桩，探测地下有无各种缆线、管道等，此外，现场施工用电必须接触电保护器。灌注混凝土时，漏斗的吊具、漏斗、串角挂钩和吊环均要稳固可靠。泵送混凝土时，管道支撑确保牢固并搭设专用支架，严禁捆绑在其他支架上，管道上不准悬挂重物。挖孔桩安全防护如图 4-18 所示。

图 4-18　挖孔桩安全防护

③ 基础施工安全防护措施。

基坑顶面提前做好坡面防护、排水设施；基坑旁设警示牌（灯），开挖时不得采用局部开挖深坑及从底层向四周掏土。基坑开挖时注意观测坡面稳定情况，当发现坑沿顶面出现裂缝、坑壁松塌或遇涌水、涌砂时，立即停止施工，加固处理后方可继续施工。基坑护壁及围堰施工要符合《公路水运工程施工安全标准指南》中的有关操作规程。基础浇筑时，机具材料堆放在基坑边坡顶的安全距离以外。用起重机安装盖板时，吊点位置应正确，吊绳应挂牢。吊放时，不得撞击和翻滚。

④ 钢筋工程安全防护措施。

钢筋调直前事先检查调直设备各部件是否安全可靠。进行钢筋除锈和焊接时，施工人员穿戴好防护用品。起吊钢筋骨架时，做到稳起稳落，安装牢靠后脱钩。严格按吊装作业安全技术规程施工。

⑤ 模板工程安全防护措施。

模板安装前，搭设好牢靠的脚手架、作业台及上下扶梯。工作人员系好安全带。模板安装时，分段分层自下而上进行，内外均安装牢固支撑。严格按规定程序拆除模板，场内设立禁区标志，拆除模板先拴牢吊具挂钩，再拆除模板。拆下的模板、材料、工具严禁直接向下抛扔。

⑥ 高空作业安全管理措施。

凡从事高空作业人员，均应在接受高空作业安全知识的教育，经体检合格后方可上岗。在进行高处作业施工时，使用脚手架、平台、梯子、挡脚板、安全带、安全网等，作业前认真检查所用的安全设施是否牢固、可靠，个人安全防护用具按规定正确佩戴和使用。高处作业使用工具、材料严禁投掷，上下立体交叉作业确有需要时，中间设隔离设施。施工中发现安全制度有隐患时，立即采取措施，消除隐患，必要时停止作业。

高空作业处应有牢靠的立足处，必须视具体情况配置安全网，栏杆等安全设施以防止工人、工具或物体、材料坠落。架子工、结构安装工等高空、悬空作业人员须经培训和考核合格后，持证上岗。高空作业的物料应堆放平稳，不可堆放在临边附近，也不可妨碍通行，传递物料时不能抛掷。高空作业同其他作业交叉施工时必须有专人负责协调作业顺序，以防发生意外。高空作业人员必须佩戴安全用具，并且连接牢靠稳固。高空作业人员的衣着要灵便精干，腰间系安全带，脚下要穿软底防滑鞋，绝不能穿拖鞋、硬底鞋和带钉易滑的鞋。高空作业所用的脚手架、扣件吊篮等用具，必须经过技术鉴定检验安全可靠后方可使用。

⑦ 悬灌梁施工安全防护措施。

连续梁悬浇施工时必须制定详细的专项安全措施，挂篮施工所有设备必须进行详细的应力检算，并加载预压，以保证安全施工。为防止坠物，在桥面两侧应设临时防护栏杆，并用密目网遮挡防护，在挂篮模板底部、两侧及前端挂安全网和密目网封闭防护，在施工过程中禁止向桥下抛掷物体。

悬灌梁施工期间，设专职安全巡查员，对悬灌梁施工安全进行巡回检查，适时提醒作业人员注意施工安全。对塔吊、安全网等进行定期和不定期检查，发现隐患及时处理。

⑧ T 梁运输安全措施。

确认运梁车所通过的线路和结构允许承受运梁车的荷载。操作人员必须熟悉运梁车的结构及各项技术参数。开始作业前，要做好各项检查工作，例如：道路清障，机电各专项检查，结构的连接、通信、信号的检查等。各项检查通过后方可作业。装梁前，应仔细核对待架成品梁合格证，查外观、梁长、编号等，核对无误后方可吊装。装梁时各支点对位要准确，纵向偏差为±20 mm，横向偏差为±10 mm，如位置偏差超标，须重新对位。启动前，应全面检查一遍梁体的支垫及支承情况，检查运梁车的方向及制动等，确认无误后方可运行。运梁车装梁启动起步应缓慢平稳，严禁突然加速或急刹车。重载运行速度控制在 3 ~ 5 km/h，曲线、坡道地段应严格控制在 3 km/h 以内。在整个运梁过程中，操作人员应高度集中精力，密切注意运梁车及前方道路情况，发现异常，及早采取相应措施，非紧急情况，严禁高挡位急起急停。暴雨及大风等恶劣气候条件下，不得进行运梁作业。路面湿、滑等要采取相应防护措施，降低运梁速度。架桥机后支腿后方梁面上在保持运梁车前端与支腿最小净距 15 cm 处设止轮器。梁前端接近架桥机尾部时运梁车应提前减速，在得到指令后才可慢速喂梁。必要时点动对位，严禁冲撞、挂碰架桥机任何部位。

⑨ T 梁架设安全措施。

a. 架梁前的准备工作。

首先要再次检查确认宽度和净空是否满足运梁车的运输需要，提前联系相关单位和部门彻底清除影响运架安全的所有走行限界内的障碍物。检查前、后支腿走行轮是否脱空，支承油缸是否由安全抱箍锁定可靠且由安全抱箍直接传递荷载。检查前支腿支承油缸与主梁是否锚固可靠。检查后支腿与已架梁吊梁孔的锚固是否可靠，以确保架桥机纵向水平力的传递。检查各类限位器是否牢固可靠。检查吊点、吊具有无变形、缺损。检查卷扬机、减速器的控制是否可靠。检查钢丝绳、绳卡及其排列情况。检查液压、电气的工作情况，判明正确动作方向。以上情况如有异常，应及时有效处理。

b. 测量检查。

前后支腿站位偏差：纵向±5 cm，横向±5 cm。主梁前后支腿位置处的高差：左右±1 cm，前后+10 cm，−5 cm。

c. 运梁车运行时，运行速度应保持匀速，严禁突然加速或急刹车，曲线、坡道地段应严格将速度控制在 3.0 km/h 范围内。当运梁机接近架桥机时应缓慢停车，在得到允许命令后才能向架桥机喂梁。运梁过程中设立专人监护，发现异常、异响应通知驾驶人员减速停车，等检查处理后才能继续运行。运梁车喂梁到位后，运梁车的前后支承油缸在梁端腹板处支承牢靠。前后起重天车对点吊挂后，提升与运梁车脱空，试刹车后吊梁纵移。前起重天车吊梁与后拖梁小车驮梁纵移时采用同一电源和联动按钮以保证两者同步。前后起重天车吊梁纵移时采用同一电源和联动按钮以保证两者同步。在吊梁纵移时，要有专人观察箱梁的运行位置，禁止梁体碰刮架桥机的任何部位，如发现异常情况，立即停车检查处理。当接近设计位置时要提前减速，必要时点动对位。每次点动时必须待上一次晃动平稳后方可再次点动，禁止连续起、停动作，以免架桥机纵向晃动过大。

d. 落梁就位。

落梁过程中，要有专人监视起重天车上的卷扬机、制动器。下落梁体与已架梁体不得相碰，并保持梁底水平度偏差 10°，必要时可单边落梁调整。就位时先对位固定支座端，后对位活动支座端。起重天车横移时禁止连续起、停点动，以免架桥机横向晃动过大。架桥机过孔是最为不安全的工况，采取多人、多部位、密切跟踪观察，稳步前进，稳妥操作的措施，确保过孔安全。

（2）隧道施工安全保证措施。

隧道施工严格按设计进行，开挖面平顺，及时进行锚喷支护，充分利用围岩的自稳能力，保证锚喷支护的强度和厚度。对Ⅴ级自稳能力较差的围岩地段，采用三台阶临时仰拱开挖法、四步 CD 法开挖技术，同时加强超前支护，严格按设计进行超前管棚、超前预注浆等工序的施工，确保施工安全。隧道进行动态管理、动态施工。各级围岩施工做好监控量测，对围岩支护体系的稳定性进行监测，为初期支护和二次衬砌设计参数调整提供依据，确保施工及结构安全。加强围岩开挖后的变形量测，根据量测数据分析结果，反馈指导施工，保证隧道开挖及整体衬砌的安全和质量。在洞口安设“进洞安全须知”标牌，所有进洞人员必须戴安全帽。施工人员，尤其是电工、电焊工、机械设备操作司机等严格按规定佩戴好防护用品。所有安全用品如安全帽、安全网、安全带等必须经有关部门验收后才能使用。

隧道门禁系统、安全防护棚洞如图 4-19、图 4-20 所示。

图 4-19　隧道门禁系统

图 4-20　隧道洞口下方通行道路安全防护棚洞

加强洞内通风和现场用电管理。照明、高压电力线路架设顺直、标准，保证绝缘良好。各种施工机械和电气设备均设置漏电保护器，确保用电安全。洞口设防护措施并加强照明。针对洞内运输繁忙的情况，制定具体的安全行车及避让车辆技术方案及措施，并严格实施，确保安全。如发现隧道内有险情，应立即在危险地段设立明显标志并派专人看守，迅速报告施工领导及时采取处理措施。各施工工区应配足必要的抢险物资。

隧道施工各班组间，建立完善的交接班制度。每交班组将工作及安全情况向接班组详细交代，并记载于交接班记录簿内。加强隧道开挖爆破后的找顶排险工作，施工中指定专人对洞内围岩及地面位移变形情况进行观测，出现异常情况立即停工处理。经常检查测定粉尘浓度，加强隧道的通风排烟，保证洞内视线良好。安设低噪声的通风机，减少噪声污染。在洞内安置电话，保持洞内、洞外的通信联络。

① 钻爆施工安全保障措施。

对参加施工的人员进行安全教育，从事爆破及机械操作的人员，必须经过专业培训和考试，取得合格证后，方予上岗。爆破按设计进行施工，控制装药量，防止造成超欠挖、塌方等不安全事故。爆破面平顺，避免应力集中而导致开挖面掉块、初期支护开裂等不安全事件。隧道施工各班组间，建立完善的交接班制度。钻眼人员到达工作面时，先检查工作面是否处于安全状态。钻眼采用湿式凿岩机，严禁在残眼中钻眼。多功能作业台架进洞经过的道路和临时台架，认真检查安全界限，并有专人指挥，就位后不得倾斜。洞内爆破作业，进行统一指挥。进行爆破时，所有人员撤至不受有害气体、振动及飞石伤害的地点。在照明不足、工作面岩石破碎尚未及时支护、发现涌泥涌水未经妥善处理时，严禁装药爆破。爆破人员随身携带电筒，防止点炮途中突然发生照明熄灭，并设事故应急照明灯。爆破后经过通风排烟，检查人员才能进入工作面，经检查确无不安全因素后，工作人员才进入工作面。严格执行“三人连锁爆破制”（指放炮前放炮员将警戒牌交给班组长，班组长派人警戒准备下达放炮命令，然后将自己的放炮命令牌交给瓦斯检查员，经检查瓦斯浓度符合要求后，再将放炮牌交给放炮员），瓦斯作业面必须采用电力起爆，严禁使用半秒、秒级电雷管。瓦斯作业面爆破必须使用煤矿许用炸药和煤矿许用电雷管。洞内爆破时，人员应撤至洞外。炮孔的装药及填塞必须符合相关技术指标参数要求。装药前应清除炮孔内的煤（岩）粉。破母线应采用铜芯绝缘线，严禁使用裸线和铝芯线爆破，爆破母线、连接线和电雷管脚线必须相互扭紧并悬挂，不得与轨道、金属管、钢丝绳、刮板运输机等导电体接触。

② 装渣与运输安全保障措施。

各种运输设备严禁人料混装，各种摘挂作业设立专职联络员；进入隧道的内燃机械与车辆，选用带净化装置的柴油机；装载料具时，不超出装载限界，装运型钢拱架、管棚等长料具时，应捆扎牢固。机械装渣时，坑道断面满足装载机械安全运转，设置专人指挥，以免机械碰断电线或碰坏已做好的初期支护，确保安全。在洞口处设置缓行标志，必要时安排人员指挥交通。洞内的车辆、施工机械、模板台车等，在外缘设置低压红色闪光灯，组成限界显示设施。运输车辆在使用前详细检查，不带病工作。行驶车辆保持一定间距，洞内道路经常洒水，加强养护。洞内倒车与转向，做到开灯、鸣笛或有人指挥。在向洞内运输爆破器材时，雷管与炸药放置在带盖的容器内分别运送。当人工运送爆破器材时，直接送到工作地点，严禁中途停留，且有专人防护；汽车运送爆破器材时，炸药与雷管分别装在两辆车内专车运送，由专人护送，严禁其他人员搭乘，汽车排汽口加装防火罩。

③ 初期支护施工安全保障措施。

施工期间，现场施工负责人会同技术人员对各部支护进行定期检查。在不良地质段，每班责成专人检查。加强监控量测，当发现量测数据有突变或异变时，立即通知现场负责人，采取应急措施或通知施工人员撤离危险地段。锚杆的质量、长度，喷混凝土的质量、厚度，以及钢拱架的安装位置、间距等严格按设计施工。若已锚地段有较大变形或锚杆失效，立即在该地段增设加强锚杆，长度不小于原锚杆长度的 1.5 倍。用于临时支护的立撑底面加设垫板或垫梁，并加木楔塞紧。喷层的异常裂缝作为主要安全检查内容，喷层面要平顺，以免应力集中，出现喷层开裂。

④ 衬砌施工安全保障措施。

衬砌台车作业地段与开挖作业面应拉开一定的距离，台车下的净空保证车辆能顺利通过，并悬挂明显的缓行标志。台车上不堆放料具及其他杂物，混凝土两端挡头板安装牢固。拆除混凝土输送软管或管道时，先停止混凝土泵的运转。隧道二衬施工效果如图 4-21 所示。

图 4-21　隧道二衬施工效果

⑤ 隧道内用电安全保障措施。

照明与电气信号应符合下列要求：

低瓦斯隧道不应大于 220 V，高瓦斯隧道和瓦斯突出隧道不应大于 110 V。输电线路必须使用密闭电缆，不得使用裸线和绝缘不良的导线。瓦斯突出隧道内的照明电器应使用防爆型。

灯充电房应离洞口 50 m 以外。使用矿灯之类照明时，如有不良情况，不得使用。在瓦斯隧道内严禁使用有火焰的灯火照明。任何人员进入隧道前必须接受安全检查，严禁将可能产生火花和自燃的物品带入洞内。严禁在洞内已敷设电缆上临时接装电灯或其他设备。电缆在洞内接头时，应在特制的防爆接线盒内或有防爆接线盒的电气设备内进行连接。

⑥ 通风与防尘安全控制措施。

通风机必须装设在洞外或洞内新风流中，避免污风循环。瓦斯的通风机应设两路电源，并装设风电闭锁装置，当一路电源停止供电时，另一路电源能够及时保证风机正常运转。瓦斯突出隧道掘进工作面附近的局部通风机，均应实行专用变压器、开关、线路及风电闭锁、瓦斯电闭锁供电。排放高浓度瓦斯时，必须制定排除瓦斯的安全措施。瓦斯隧道通风设施应保持完好，调节、迁移、拆除通风设施时应由专人进行。临时停工地段不宜停风；停风时应切断电源，设置栅栏与警告牌，人员不得进入。隧道洞口除尘设备如图 4-22 所示。

图 4-22　隧道洞口除尘设备

⑦ 通过断层破碎带及富水区安全技术措施。

通过断层破碎带段及富水区，一是防水，二是防塌方，采取的措施是用超前周边注浆固结地层并止水，砂浆锚杆支护增强围岩稳定性；分台阶开挖，短进尺，弱爆破，开挖后及时设格栅、型钢、喷钢纤维混凝土联合支护抵抗围岩变形，底部仰拱跟进。

⑧ 防止隧道坍塌的措施。

按照“超前探、预支护、短进尺、弱（不）爆破、快喷锚、勤量测、紧衬砌”的施工原则，开挖作业必须制定切实可行的施工方案和安全措施。加强地质超前预测预报，采用地质预报系统、地质雷达和超前探孔对地质情况或水文情况进行探测，及时观察洞内围岩受力及变形动态，提前发现塌方的征兆。加强超前预注浆或超前周边注浆，严格注浆工艺，提高围岩自承能力和开挖面的稳定性。加强支护，防止围岩松弛变形。开挖后及时施做初期支护，防止局部坍塌，提高围岩整体稳定性。设兼职安全员负责作业时间内的坍塌观察，发现坍塌征兆立即通知施工人员撤离。

⑨ 涌水、突泥地段施工安全技术措施。

加强地质超前预测预报，严禁盲目蛮干，衬砌及时跟进，洞口配备足够的抢险材料，以备隧道出现涌水、突泥坍方时使用。加强注浆堵水，限量排放溶洞及破碎带地下水，预先备足抽排水设备，成立专门的抢险分队，防止施工中出现紧急情况。超前研究制定施工方案，按设计要求施作富水断层破碎带地段的超前周边注浆及支护，达到堵水效果，确保施工安全。

（4）爆破安全保障措施。

① 爆破器材的管理。

严格爆破器材的管理。采用委托爆破，对于爆破器材的购买、运输、入库、发放、使用、退还、销毁和保管等要做好监管工作，按国家和当地有关部门的有关规定建立严密的专项制度。与当地公安机关取得联系，要求其对本项目部的爆炸物品库认真制作档案，并经常对爆炸物品的管理实施安全监督检查、发现隐患、督促整改和执行处罚。爆破器材的选址建库符合有关规定，提出计划，报相关公安部门审批，并取得“储存许可证”。库房建筑必须具备较好的防盗、防火、防爆炸性能。库房远离居民区 500 m 以上，炸药库、雷管库及看守房呈三角形分开建设，距离不少于 30 m。看守值班室专人 24 小时看守，值班人员由政治可靠、责任心强、无吸烟习惯的 4 个人员组成，并配备必要的自卫防护器械。值班室安装程控电话，确保联络畅通。

购买爆破器材应向所在地县级以上公安机关申领《爆炸物品购买证》，须到公安部门指定专业公司购买，由公安部门协助运输，严格办理交接、清点入库手续。爆破物品储存在经有关部门批准设立并验收合格的库房内，由取得合格证的保管员专门管理。建立严格的出入库审批、检查、登记制度，做到账目清楚，手续齐全，账物相符。爆炸物品向所在地县级以上公安机关申领《爆破物品使用证》后使用。爆炸物品使用时由现场负责人、保管员、爆破员、安全员核写登记表，领取当日使用量。爆破作业由经过培训合格并持有《爆破员作业证》的正式爆破工担任，爆破作业遵守爆破安全操作规程。建立严格的安全管理制度，保证爆炸物品不被盗不流失。爆炸物品库制定库房管理制度、安全防范措施等规章制度并上墙，保证 24 小时有人在位值班，严禁脱岗失控。施工剩余的爆炸物品当天清退入库。变质和过期的爆炸物品及时清理出库，认真清点，登记造册，报有关部门批准，在指定地点销毁，并及时清理现场，以免造成环境污染。任何单位和个人不得私自转让、倒卖、易物、私存、携带爆炸物品。接触爆炸物品的人员必须办理《许可证》，方可从事相关工作；各级安全员形成网络；建立安全技术规程及岗位责任制；确保领取、发放、使用（销毁）、清退四本账目清楚，并严格每道程序的签字审批。建立爆破物品台账，严格执行领发制度，设监炮员跟班作业，检查每班爆破用药量，剩余炸药及时回收入库。每天进行账物核对，确保爆破器材不流失。爆破作业应符合下列安全要求：① 严格执行“三人连锁爆破制”。② 瓦斯作业面必须采用电力起爆，严禁使用半秒、秒级电雷管。③ 瓦斯作业面爆破必须使用煤矿许用炸药和煤矿许用电雷管。④ 洞内爆破时，人员应撤至洞外。⑤ 炮孔的装药及填塞必须符合相关技术指标参数要求。装药前应清除炮孔内的煤（岩）粉。⑥ 爆破母线应采用铜芯绝缘线，严禁使用裸线和铝芯线爆破，爆破母线、连接线和电雷管脚线必须相互扭紧并悬挂，不得与轨道、金属管、钢丝绳、刮板运输机等导电体接触。

② 爆破震动影响的控制。

严格控制爆破参数，减少对已完构筑物的震动影响，防止震裂和飞石冲击已完工构筑物。爆破施工在规定的时间内进行爆破作业。作业前确定警戒范围，并设置明显的标志和岗哨警卫防护。严格控制装药量，按设计的装药量装药，确保周围建筑物设备和人身安全。并在爆破前负责通知业主、监理等有关部门，各项安全防护措施落实后再实施爆破。爆破作业由专人统一指挥，爆破时所有人员撤至不受有害气体、振动及飞石伤害的地点。爆破后经过通风排烟，检查人员才进入工作面检查。经过安全检查后，其他工作人员才能进入工作面。

2. 安全保障经济措施

（1）施工安全措施费。

按总承包项目经理部制定的安全管理办法的规定将安全施工措施费用于安全生产，并建立专项台账，不得挪作他用。必须保证安全资金的充分投入，禁止抱有侥幸心理对安全设施的建设和安全物品的购买发放的不充足。

（2）安全奖罚措施。

按总承包项目经理部制定的安全生产管理办法中的奖罚规定执行。由项目部定期或不定期开会，给予安全工作先进个人和单位精神鼓励和物质奖励。对玩忽职守，导致重大伤亡以上事故发生或使国家财产损失的给予严厉处罚。

3. 其他安全保障措施

（1）治安消防安全保障措施。

在项目部建立治安管理机构或联防组织，共同制定应对突发治安事件的紧急预案。负责工地治安及保障良好的施工环境。定期开展安全防火检查，进行防火知识宣传教育。遵守消防法规，提高全体施工人员的防火意识，防止火灾事故的发生。组织受过训练的人担任义务消防员。每月定期进行以防火、防爆为中心的安全大检查，堵塞漏洞，发现隐患及时进行整改。驻地、施工现场和关键部位按规定配备有效而充足的消防器材并定期检查，保证器材处于完好状态，并设置明显标志。存放油料及其他易燃物品的地方，严禁明火作业与取暖，库房 20 m 以内严禁烟火。隧道口消防设施如图 4-23 所示。

图 4-23　隧道口消防设施

（2）劳动安全保护措施。

认真贯彻、执行国家有关劳动保护条例，按时发放劳保用品，定期对施工人员检查身体。遵守劳动法，非特殊情况不安排超时作业，不打疲劳战。高温天气施工时，给职工分发解暑药品。配备防寒用品及取暖设备，施工机械装配驾驶室，工地设取暖室。配备有色风镜、风衣、长筒布袜和口罩。工地房屋设置在有防风条件的地方，伙房设在下风向位置，并配备防火设备。对在高噪声状态下工作的人员，发放特殊劳动保护用品，并控制连续作业时间。

（3）临时工程设施安全措施。

临建生产与生活房屋建筑在可靠地基上，并修建在常年洪水位 3 m 以上，具有良好的保温抗风防震能力。临时场所内配备灭火器，防止电器失火和易燃品失火。

施工现场按规定修建人行和运输便道，经常养护，保证畅通，并按业主规定统一设立各种交通和安全警示标志，并保持施工警示牌等标志的照明。如冬季遇到雨雪，所有道路均及时清除冰雪并采取防滑措施。工地饮用水符合国家卫生健康委员会现行的《生活饮用水卫生标准》规定，水源、水池、水塔采取加盖等防护措施，防止水质污染；临时用电严格按有关规定执行。

（4）施工测量安全保障措施。

施工测量安全主要是测量人员人身安全方面的保证，在山坡和跨河等危险地点测量注意安全防护。

（5）工程保险措施。

为减少或避免自然灾害造成的损失，集团在整个施工期间（包括保修期）对从事危险作业的人员投保人身意外伤害险，对已运抵现场的承包人装备办理财产保险。

（6）安全保卫与防盗措施。

项目部安排专业保安负责现场和生活区治安工作，内部保安和当地公安取得联系，共同做好施工现场的治安保卫工作，在办公区和施工区安排专人值班，加强白天和夜间巡视工作，严防材料丢失，保证工程顺利进行。

（7）防食物中毒措施。

项目部办公室内安排一名卫生防疫员，专职对卫生和食品进行监督，定期组织炊事员到医疗机构进行检查，对各食堂采购的食品和蔬菜进行检查，严防食物中毒。

（8）防洪防汛安全管理措施。

① 设立气象汛情预报站，负责每天与当地气象、水文有关部门进行联系，获取有关气象、汛情等情报资料，做出科学的预测分析，为防洪、防汛工作的决策、实施提供充分依据。

② 合理安排工序，防止汛期洪水影响施工安全。

③ 对营区、库房、电线路架设、变配电位置，物料机具摆放、现场道路等设施进行周密的安排布置，要符合防洪、防雷击的要求。

④ 成立防汛领导小组，组成抗洪抢险队，配置必需的抢险器材和物资，警钟长鸣，常抓不懈，随时应急处理突发事件。

⑤ 保证施工现场与项目部、外界之间的联络畅通，发现问题及时上报处理。

⑥ 在雨季、汛期来临前，对施工现场的设备、设施进行全面检查，对水泥仓库等进行重

点加固，并做好防潮处理。

4. 风险隧道安全控制措施

香丽高速公路围岩以强-中风化板岩为主，围岩破碎松散，遇水软化后易产生大变形，做好Ⅴ级围岩的超前地质预报和监控量测是风险控制的重点。

（1）施工前应对地表地形地质条件、水环境及生产生活用水状况进行全面调查，并建立洞内外环境监测系统，做好初始状态与施工过程记录。结合施工进程，密切监测隧道洞内与地表水环境、溶蚀陷阱、构筑物状况，及时对照初始状况分析各项安全条件，实时动态调整注浆、构筑物与陷坑洼地处理，以及生产生活条件与自然环境的保护措施。

① 当施工导致地表水流失影响地表环境时，或存在突水突泥风险时，应实施超前注浆与相关处理措施，保证施工和环境安全、保证正常生产生活条件；当施工对地表环境基本无影响时，应调整注浆措施，保证施工安全。

② 当地表水环境、溶蚀洼地或构筑物等状况出现较快变化时，应立即暂停施工并采取措施保证安全，检查洞内各部工程、洞外构筑物状况并分析原因，相应调整处理方案。

（2）施工中加强超前地质预报，及时进行岩层分布、地下水状况及突水突泥风险程度预测和灾害危险预警，对可控风险应及时采取相应的防范措施，一旦出现危险征兆，应立即断电并撤离相应人员及机械设备，并启动应急救援和应急处理预案，避免坍方、气体毒害燃爆与突出、涌水突泥等相关事故，防止灾害，确保工程及施工安全。

① 应就隧道洞内外各工程部位，尤其是洞室、坑洞、桩基等部位，针对岩土体稳定性、瓦斯等各种有害气体、空穴及地下水等风险源进行常态化监测。

② 应加强洞内地下水的引排，尤其是仰拱施工部位，应配置足够、有备份的抽水设备，避免积水恶化工程条件与导致危险。

③ 应针对突水突泥、岩土与围岩坍塌、瓦斯等各类事故危害，设置爬梯栈桥、救生管等应急通道，配备安全绳、供氧防毒等逃逸与救援设备与设施，提供及时自救与救援基本条件，避免和减少灾害损失。

（3）施工应根据设计文件和具体情况，统筹风险防范及灾害防治方案和措施，整合各项安全控制条件，进行统一管理和综合治理。

5. 安全应急救援预案

（1）指导思想。

坚持以人为本，预防为主的方针，以关爱生命为前提，最大限度地减少施工事故的发生，建立快速、有效的应急反应机制，确保国家财产和施工人员的生命财产不受损失，保证工程施工建设顺利实施。

（2）基本原则。

① 坚持“以人为本，预防为主、综合治理”，针对施工过程中存在的重大危险源，通过强化日常安全管理，落实各项安全防范措施，查堵各种事故隐患，做到防患于未然。各工区、作业班组紧紧结合各自施工区段的实际，制定和完善施工应急预案，做好相关应急准备工作，包括救援器材。

② 坚持统一领导，统一指挥，紧急处置，快速反应，分级负责，协调一致的原则，建立项目部、工区、作业班组应急救援体系，做到局部利益服从整体利益，关爱生命高于一切，

确保施工过程中一旦出现重大事故，能够迅速、快捷、有效地启动应急系统。

（3）应急救援预案内容。

预案是针对未预测到或已预测到将要发生的地质灾害、机械、火灾、洪水、大风等安全事故而制定的抢险预案，是应急救灾措施的总纲。包括救援组织、救援通信、救援材料、救援方案及自救互救、事故调查及处理等。

（4）安全预案领导机构及职责。

① 安全预案领导机构。

针对可能发生的险情，总承包项目经理部成立应急救援领导小组，由项目经理任组长，项目总工、项目安全部长和工区项目经理为副组长。由应急救援领导小组会同安全管理部门编制火灾及爆炸、机械、急性作业中毒等安全事故和洪水、大风等自然灾害救援预案，并交由业主及监理工程师审定。

② 安全预案机构职责。

总承包项目经理部职责：负责整个项目重、特大安全事故应急救援预案的制定、演练，督促做好特大安全事故应急救援的各项工作，配合上级主管部门做好事故调查处理。

工区项目经理职责：负责具体落实本队施工区域重、特大安全事故应急救援预案的演练、落实，具体做好特大安全事故应急救援的各项工作；配合总承包项目经理部做好事故调查处理。

6. 突发事故报告、应急措施及处理

（1）应急救援组织机构。

应急救援组织机构在发生生产安全事故时实施救援工作，减少事故的危害，保障项目部管理人员及施工人员的人身健康和安全。

总指挥（由项目经理担任）的职责：负责应急预案的启动及事故应急行动期间各单位的运作协调。按照应急预案合理部署应急策略和事故现场指挥者协同工作，保证事故应急救援工作的顺利进行。如项目经理不在现场时，总指挥按下列顺序岗位人员担任：项目经理—项目总工程师—安全部部长—项目副经理。

事故现场指挥者（由工区项目经理担任）的职责：负责对事故现场的控制，协调应急成员的救援工作，识别危险物质及存在的潜在危险并对事故现场进行分析，执行有效的应急操作，保证应急行动成员的个人安全，并负责事故后的现场清理工作，保持与总指挥的联络。如工区项目经理不在现场时，事故现场指挥者由工区总工担任。

公共关系代表（由项目经理或项目总工程师或工区项目经理担任）的职责：负责在发生紧急情况时与新闻媒体的联系工作，接受他们的采访，必要时负责召开新闻发布会，并与安全人员、法律人员及其他事故应急者保持联络。

支持人员（项目部所属各级管理人员）的职责：在事故应急期间，接受事故指挥者的调遣，提供各类应急所需的技术支持和医疗支持，例如：负责伤员的治疗、救护等。

信息管理人员（由项目部安全负责人担任）的职责：负责接收事故报警信息，并在事故应急期间向事故应急者提供所需信息，负责各应急小组的通信联络。如果项目部安全负责人不在场时，按下列顺序岗位人员担任信息管理人员：工区安全负责人—安全员。

① 事故报告与报警。

施工中发生重、特大安全事故后，工区迅速启动应急预案和专业预案，并在第一时间内

向总承包项目部应急救援领导小组报告，同时报警。报告内容包括：事故发生的单位、事故发生的时间、地点，初步判断事故发生的原因，采取了哪些措施及现场控制情况，所需的专业人员和抢险设备、器材、交通路线、联系电话、联系人姓名等。

② 应急程序。

工区接到事故报告后，立即向总承包项目经理部应急救援领导小组汇报事故情况以及救援情况。事故发生初期，现场人员应采取积极自救、互救措施，防止事故扩大，指派专人负责引导指挥人员及各专业队伍进入事故现场。指挥人员到达现场后，立即了解现场情况及事故的性质，确定警戒区域和事故应急救援具体实施方案，布置各专业救援队任务。各专业咨询人员到达现场后，迅速对事故情况做出判断，提出处置实施办法和防范措施；事故得到控制后，参与事故调查及提出整改措施。救援队伍到达现场后，按照应急救援小组安排，采取必要的个人防护措施，按各自的分工开展抢险和救援工作。工区严格保护事故现场，并迅速采取必要措施抢救人员和财产。因抢救伤员，防止事故扩大以及疏通交通等原因需要移动现场时，必须及时做出标志、摄影、拍照、详细记录和绘制事故现场图，并妥善保存现场重要痕迹、物证等。事故得到控制后，由项目部统一布置，组织相关专家、相关机构和人员开展事故调查工作。应急行动流程如图 4-24。

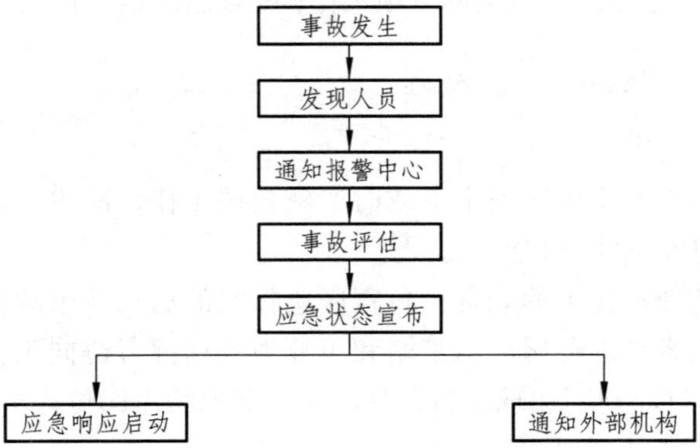

图 4-24　应急行动流程

（2）救灾防备措施。

① 抢险器材准备。

物资设备部按抢险需要，提前备足抢险器材，如草袋、抽水机、速凝剂、发电机、灭火器及一些切割、焊接用具，供氧瓶、担架和其他抢救器材与药品等，这些器材分发到抢险预备队，分人保管，并熟悉用途和用法，分放在易于装卸地点，平时不能动用。

② 人员准备。

凡担任抢险预备队人员，休息时间内允许在现场附近活动，如远离现场必须请人代替，而且须经队长同意，保证一旦发生险情能立即投入抢险。

③ 抢险技能准备及演练。

对参加抢险预备队人员进行抢险技能培训，使他们熟悉抢险步骤、方法、器材使用，除培训外，并安排具体时间进行演练。

（3）突发事故的应急处理措施。

① 高处坠落应急抢险措施。

事故发生后，现场人员应立即向值班人员（项目经理）汇报事故时间、地点、方位、受伤人员情况。项目部应急领导小组根据情况启动预案，组织人员设备进行抢救行动。施工时不慎从高处摔下，会造成不同程度损伤，甚至死亡。根据施工高度着地部位、地面软硬程度等因素，坠落可形成颅脑外伤、胸外伤、腹外伤四肢及脊椎骨折等损伤。颅脑损伤是因为头部着地形成颅骨骨折，如病人坠落后即刻昏迷不醒等。胸部外伤主要是肋骨骨折，吸气时胸痛，不敢咳嗽等。腹部受伤多发生肝、脾破裂及肾挫裂伤。伤员有内脏出血时表现为面色苍白、脉搏细弱而快、口渴、腹痛、恶心呕吐等。坠落时臀部着地往往发生脊椎压缩性骨折、下肢瘫痪等。对坠落伤员的现场处理十分重要，否则会贻误治疗，而不正确的处理又容易使伤员雪上加霜。坠落伤员往往是多发性损伤，救护时不能顾此失彼。胸部骨折包扎固定，四肢骨折可就地取材，用木板长度应超过上下两个关节。脊椎损伤特别要注意脊椎骨折的处理。搬运伤员时应有一人抱头牵引固定颈部抬上木板担架，用衣服毛巾沙袋等固定头颈两侧，以防摆动头部。用担架运送伤员时，应使伤员脚在前、头在后，这样便于抬担架的人观察伤员的神态及病情变化。伤员经过现场处理之后，及时送往医院治疗观察。

② 电、火、气体事故急救措施。

如遇到电、火及不明气体发生危害，现场人员按以下方法避灾抢救：

发生触电事故时应立即切断或用干燥的木棒或绝缘物挑开身上的电源，关闭开关。触电人脱离电源后，立即将其抬到新鲜风流处平放，并解开衣裤，进行人工呼吸和心脏挤压法急救。发生火灾时，先确定火源位置和火势大小，及时利用现场消防器材灭火，控制火势大小，组织人员撤出火区，及时向所在地公安消防机关报警，寻求帮助。发生作业中毒事故时，迅速协助伤员一起撤出到通风安全地区，并立即检查伤员的心跳、脉搏、呼吸及瞳孔，并注意保暖，同时保持伤者呼吸通畅。例如受一氧化碳中毒，中毒者还没有停止呼吸或呼吸停止但心脏仍在跳动，要立即搓摩他的皮肤，温暖后立即进行人工呼吸。如心脏停止，迅速进行体外心脏按压，同时进行人工呼吸。如窒息时间较长，就要在皮肤搓摩后进行人工呼吸。情况严重时立即拨打事故抢救电话“120”，向上级有关部门或医院电话求救。

③ 机械伤害事故急救措施。

发生机械伤害事故后，由项目经理负责现场总指挥，发现事故的第一人首先高声呼喊，通知现场安全员。安全员立即向应急救援小组汇报并拨打“120”急救电话，并进行可行的应急抢救，如现场包扎、止血等措施，防止受伤人员流血过多造成死亡事故发生。同时，安排人员在路口迎接来救护的车辆，有程序地处理事故、事件，最大限度地减少人员和财产损失。如事故严重，应立即报告上级有关部门，并启动项目部应急救援预案。

④ 交通事故急救措施。

施工现场发生交通事故后，根据事故现场情况，进行事故抢救，利用各种工具、设备将伤员救出，并保护事故现场。根据伤情对伤员进行必要的包扎，伤势严重时立即转送至所在地附近医院或急救中心进行抢救。

⑤ 停电事故处理措施。

为保证施工现场在出现突发停电事故能正常作业，减少因停电造成的各种意外，保证施工现场正常供电，针对现场实际情况，采取以下处理措施：

施工现场全过程配置备用发电站，一旦出现突发停电事故，立即启动发电机提供临时电力。设专人负责发电机日常管理和维修保养。加强施工用电线路的检查和维护，对破损线路必须及时更换，确保线路正常、安全输电。

⑥ 防洪度汛及不可抗力自然灾害应急措施。

当接到可能发生暴雨、洪水警报后，由调度立即通知责任工区队长、桥梁值班人员。各负责人接到通知后，对标段内各处有地质灾害的危险地段进行普查，并分等级，安排人员值班。当出现险情时值班人员立即通知附近施工人员和附近居民，向工区长汇报，由工区长组织技术人员对汇报情况进行分析，并立即采取措施保持施工便道畅通、疏通道路的侧沟、管涵工作；调度向项目经理汇报，并向监理汇报，必要时向下游地方政府通报。

当接到有自然灾害发生警报时，由项目经理下达发出警报令，进入抢险救灾状态，抢险队及全体人员投入抢险工作；在项目经理的统一指挥下，由项目副经理及时、有序地将人员疏散到安全区，由安全管理部长负责重要物资撤离危险区；由工区长负责危险区隔离，标出警示；根据分析判断的结果，项目经理组织技术人员定出抢险的方案，调动必要的机具、设备、材料等资源；各抢险组长根据抢险方案，将具体任务下达给各小组成员，各小组成员按要求完成；由调度负责接收媒体或气象部门有关事态后续发展的预测报告，密切跟踪灾害变化，以采取相应的措施。

7. 突发事故的调查

在接到事故单位的报告后，应急救援小组立即赶赴现场，参加各方面组成的事故调查、处理委员会，组织指挥有关人员积极抢救伤员，采取措施迅速恢复施工，并做好调查工作，确定事故性质和责任。调查处理工作内容包括：勘察现场，检查机械、车辆及其他设备，做成记录；检查施工方法、机具车辆、材料设备、工程质量等情况并记录；调查关系人，做出记录并经本人签字；调查有关文件、资料并记录。

调查完毕，及时完成事故分析，认定事故类别、事故原因及责任单位，完成事故分析纪要，然后上报。

4.2.5 香丽高速公路安全生产专项资金管理

为加强香丽高速公路建设项目安全生产费用管理，建立安全生产投入长效机制，改善施工作业条件，减少施工伤亡事故，切实保障施工人员人身安全，根据国家及行业的相关安全生产法律、法规、技术规范，结合项目实际按照“统筹管理、集中使用、确保需要、规范投入”的原则进行管理和使用。安全费用投入专户核算，按规定范围使用，不得挪用或挤占。

安全生产费用的提取标准严格按照财政部、安监总局 2012 年 2 月 14 日下发的《项目部安全生产费用提取和使用管理办法》规定，各项工程的安全生产费用按建安费的 1.5%提取，专门用于改进项目在管理过程中的安全生产条件。

总承包项目经理部监督各工区项目部安全费用的投入使用情况。项目开工后，各工区项目部安全管理部门应按规定标准，编制项目总体安全生产费用使用计划，并作为该项目安全生产费用计划投入的纲领性文件，并报总承包项目经理部审批。指导各工区项目部、各施工阶段（月度、年度）安全生产费用计划和投入。安全费用投入应与工程实物完成情况相符，并收集齐全工程施工安全投入的证据和原始票据，以便进行安全生产费用的验工计价。工区项目部安全生产费用的使用范围、审批流程及各项相关要求应参照总承包项目经理部安全生产费用管理制度实施。香丽高速公路安全生产费用使用计划如表 4-4 所示。

表 4-4　香丽高速公路安全生产费用使用（月）度计划明细样表

______年____月　第____期

工区：　　　　　　　　　　　　　　　　　　　　　　　　　　　　　　　单位：元

序号	费用大类	使用细目	计划投入费用
1	设置、完善、改造和维护安全防护设施设备支出	① 施工现场安全防护费	
		② 警示、照明等灯具费	
		③ 警示标志、标牌费及安全宣传栏等购买、制作、安装及维修、维护	
		④ 安全用电防护费	
		⑤ 施工现场围护费	
		⑥ 其他安全防护设备与设施费	
2	配备、维护、保养应急救援器材、设备支出和应急演练支出	① 急救援器材与设备的配备（或租赁）、维护、保养费	
		② 应急演练费	
3	重大风险源和事故隐患评估、监控和整改支出	① 重大风险源和事故隐患评估费	
		② 重大风险源监控费	
		③ 重大事故隐患整改费	
4	安全生产检查、评价、咨询和标准化建设支出	① 日常安全检查费	
		② 专项安全检查费	
		③ 安全生产评价费	
		④ 安全生产咨询、风险评估费	
		⑤ 安全生产标准化建设费	
5	配备和更新现场作业人员安全防护用品支出	① 安全防护物品配备费	
		② 安全防护物品更新费	
6	安全生产宣传、教育、培训支出	① 安全生产宣传费	
		② 安全生产教育培训费	
7	安全生产适用的新技术、新标准、新工艺、新装备的推广应用支出	① 增设隧道门禁系统，隧道内风险控制监控系统，桥梁作业面远程监控系统等所发生的相关费用	
8	安全设施及特种设备检测检验支出	① 安全设施检测检验费	
		② 特种设备检测检验	
9	其他安全生产费用支出	① 办公用品费	
		② 雇工费	
		③ 其他费用	
本月安全生产专项费用计量总额			
至本月安全生产专项费用累计计量总额			
安全生产专项费用合同总额			

计量负责人：　　　　安全负责人：　　　　项目经理：　　　　驻地安全专监：

安全生产计费流程如图 4-25 所示，安全生产费用审批流程如图 4-26 所示。

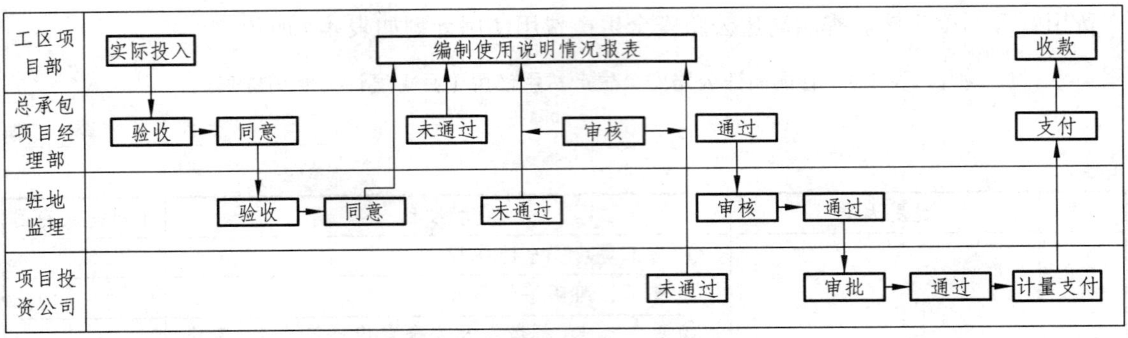

图 4-25　安全生产计费流程

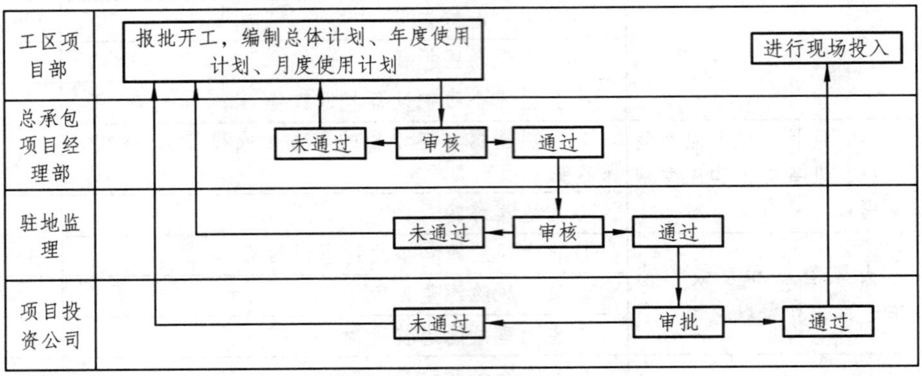

图 4-26　安全生产费用审批流程

4.3　高速公路 PPP 项目施工总承包进度管理

建立完善的计划体系是掌握施工管理主动权、控制施工生产局面、保证工程进度的关键。总承包进度计划体系以总承包合同、批准的施工组织设计和业主单位阶段性要求为依据，编制各进度建议计划，经业主审批后组织实施，并确保进度计划的有效落实。

工区项目部根据总承包项目经理部制定的总控制计划和年度、季度阶段目标计划编制自己的季度月计划，并将季度月计划细化成短期计划。根据计划进行人员、机械、材料的组织调整，保证季度月计划的实现。

4.3.1　高速公路施工进度管理的影响因素

在香丽高速公路的建设过程中，进度管理的关键在于项目的建设施工阶段，首先对影响项目进度的各种因素进行分析，继而编制合理可行的进度计划方案，再依据项目总体计划以及各个标段的阶段计划对项目的实际进度进行监控和检查，通过对比分析不断调整修订进度计划以满足总体目标，保证项目工期目标的实现。

结合香丽高速公路具体建设和实施中的经验进行分析，香丽高速公路进度管理与控制的影响因素主要有以下五个方面。

1. 建设资金的筹集

建设资金的筹集及合理使用是确保项目建设顺利进行的保障。香丽高速公路建设资金的顺利筹集和按时到位是项目顺利成功实施的关键一环。

2. 征地拆迁及相关协调工作

征地拆迁工作规模大，政策性强，涉及面广，时间紧，任务重，难度大，事关群众利益和大局。做好征地拆迁工作对于保证项目施工顺利开展，具有不可忽视的重大影响。香丽高速公路多个标段在施工过程中，因为永久性征地、临时性征地问题未解决，严重影响了工程的进展。

3. 自然气候因素

良好的自然气候条件，能够为项目创造较好的施工环境。雨季特别是暴雨的恶劣影响造成了香丽高速公路施工时间紧、任务重、压力大的不利局面，严重制约了工程进度计划的正常开展，为工程建设的按期推进特别是主线路基土方工程的按期完成带来了巨大的挑战和考验。

4. 施工队伍的建设管理水平

各工区施工队伍的建设管理水平参差不齐的状况，会在一定程度上影响香丽高速公路的工程进度。

5. 项目参建各方之间的信任度

在香丽高速公路项目施工过程中，业主、总承包管理单位、分包单位、物资材料供应单位彼此之间的信任和相互支持，会对工程进度的完成乃至超前产生积极的效果。反之，如果承包商对业主缺乏信任，则可能导致项目进度的滞后。

4.3.2 香丽高速公路总体进度计划

香格里拉至丽江公路总工期为 54 个月。拟开工日期为 2016 年 7 月 9 日，拟完工日期为 2020 年 12 月 31 日。具体开工和完工时间以合同文件规定为主。主要工程进度计划如表 4-5 所示。

表 4-5 香丽高速公路总体进度计划

序号	项目名称	开始时间	完成时间
1	路基工程与其附属工程工期	2016 年 7 月 9 日	2020 年 4 月 28 日
2	桥梁工程	2016 年 7 月 9 日	2020 年 7 月 30 日
3	隧道工程	2016 年 7 月 9 日	2020 年 9 月 30 日
4	路面工程	2016 年 7 月 9 日	2020 年 10 月 31 日
5	环保、绿化工程	2016 年 7 月 9 日	2020 年 8 月 31 日
6	沿线用房、供配电及照明系统	2016 年 7 月 9 日	2020 年 10 月 31 日
7	监控、通信、消防三大系统工程	2016 年 7 月 9 日	2020 年 12 月 31 日

4.3.3 香丽高速公路施工总承包的进度保障体系

1. 进度管理组织机构

成立以总承包项目经理为组长，总承包项目常务副经理、总承包项目总工为副组长，各部室负责人、各工区（含分包单位）经理、总工为成员的工期领导小组，负责对施工生产的组织管理，确保按期完成施工任务。工期管理组织机构如图 4-27 所示。

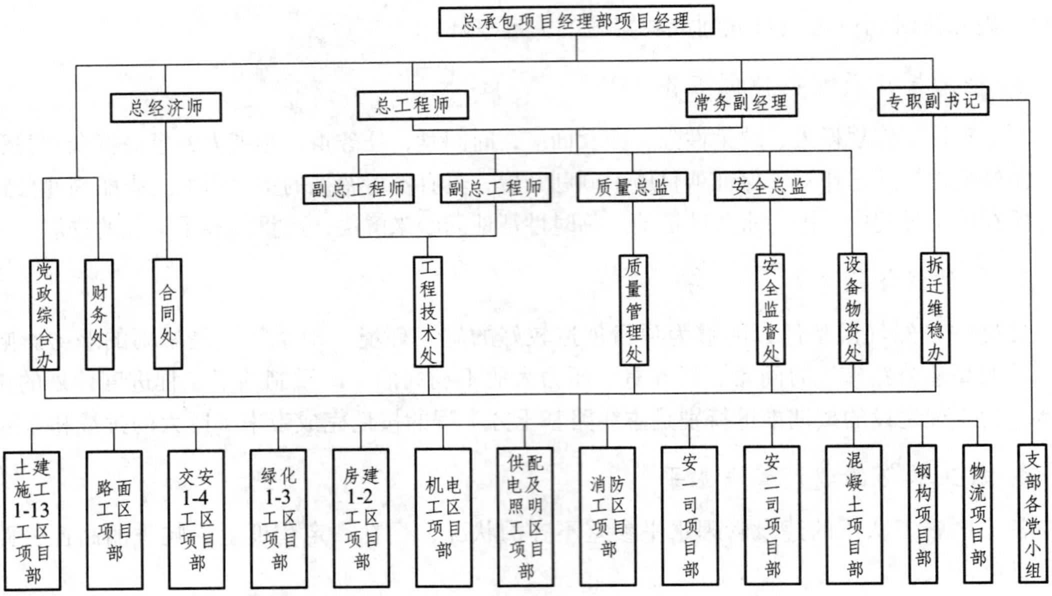

图 4-27　香丽高速公路工期管理组织机构

2. 进度保障体系

香丽高速公路的进度保障证体系如图 4-28 所示。

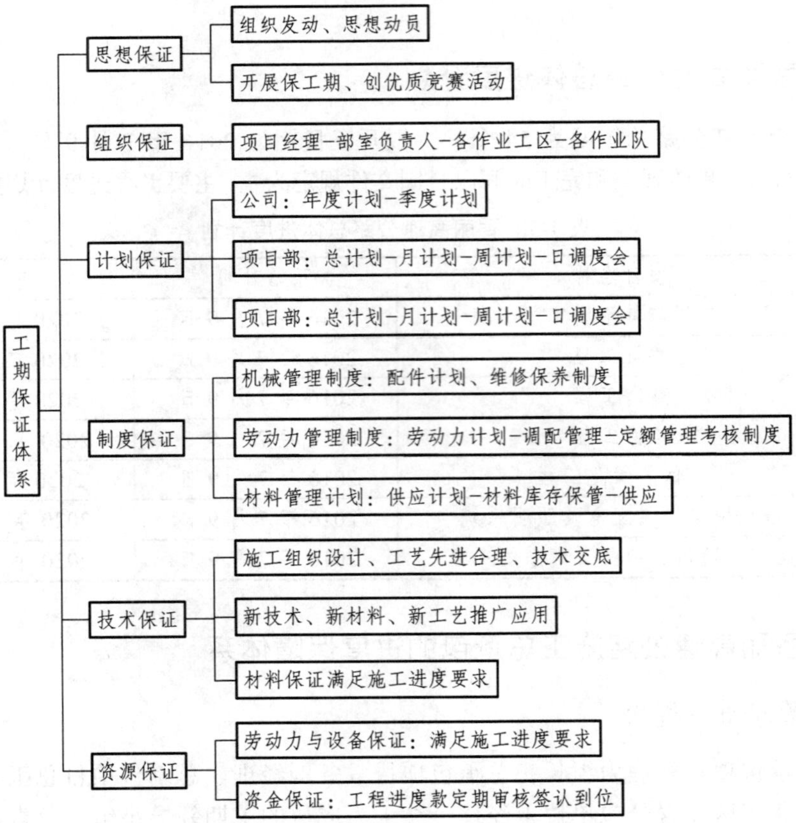

图 4-28　香丽高速公路进度保障体系

4.3.4　香丽高速公路施工总承包的进度管理措施

1. 组织措施

（1）建立以项目为核心的责权利体系，定岗、定人、授权，各负其责。

（2）项目部定期召开由各施工分包单位或劳务作业队负责人参加的生产进度推进会，及时协调各队伍之间的生产关系，合理调配机械设备、物资和人力，及时解决施工生产中出现的问题，并积极参与协调好工程施工外部的关系。

（3）每周由总承包项目经理主持生产进度推进会，总结上周的施工进度情况，安排下周的施工生产；及时解决各工区各分包单位各工程施工内部矛盾，及时协调各队伍之间和各职能部门间的关系；对施工机械设备、生产物资和劳动力安排计划，并对资金进行合理分配，保证施工进度的落实和完成。

（4）建立奖罚严明的经济责任制，每季每月进行一次总结，同时广泛开展“劳动竞赛”“流动红旗评比”等活动，激发广大职工的工作热情和创造性，提高劳动效率，确保工期的实现。

（5）针对本项目的规模，施工作业分段控制，实行 3 班倒，24 小时连续作业；对于影响工程总进度的关键项目、关键工序，主要领导者和有关管理人员跟班作业，以确保桥梁、路基、隧道各阶段工期及工程总进度计划的实现。

2. 制度措施

（1）建立和健全工期目标责任制。

实行项目经理负责制，将本标段工程目标总工期及阶段性工期进行详细分解，并把各阶段性目标工期落实到各部门、各工区和各工班。建立和健全工期目标责任制，项目经理及各职能业务部门负责人与各工区长、各作业工班工班长签订工期目标责任合同，并将工期目标责任分解到每个参建职工，作为业绩考核的一项主要指标，实行工期责任考核。

① 明确项目管理层的责任。

负责对总承包项目经理部全面履约，在合同工期之内，实现项目工期计划目标。制订并落实各施工阶段的工期计划。保证各种资源配置到位，根据进度动态配置各种生产要素。控制生产过程，落实有关措施，实行目标管理，进行节点工期考核兑现。

② 明确项目作业层的责任。

执行各施工节点的工期计划。计划安排进行倒班作业。缩短工序作业间隔时间，提高综合效率。开展劳动竞赛，不断掀起施工高潮。

（2）建立值班制度。

施工高峰期实行昼夜连续值班，无夜间施工的工序实行夜间值守。

（3）建立请示制度。

重大问题或有严重影响工程施工的情况或与有关规定有冲突的事件，除特殊紧急情况须边处理边报告外，须及时上报上级责任部门，不擅自做出处理。

（4）建立汇报制度。

实行定期日报、旬报、月报、季报、年报和不定期汇报制度，汇报及时、真实，严禁弄虚作假。

（5）建立会议制度。

要求标段项目部每天召开一次工程交班会，每周召开一次调度例会，每月召开一次工程例会，以便能及时发现影响工期的问题并及时处理，保证施工进度按照目标计划正常进行。

（6）建立检查反馈制度。

检查工程形象进度、计划及调度命令执行情况，现场问题的处理情况，文件资料的归档保存情况等，并及时予以通报，以督促各施工队伍采取措施改正施工安排和作业管理。

建立健全系统的调度台账和反馈渠道，包括重点工程台账、主要项目完成情况台账、劳动力台账、主要机械设备台账、气象预报及天气晴雨登记台账、职工伤亡台账等，及时绘制各类调度示意图，包括工程进度示意图、主要项目完成数量示意图、重点工程形象进度示意图，以便发现工程进度变化，反馈给领导作为决策依据。

3. 强化进度计划管理

（1）工程进度控制技术。

① 关键线路网络监控法。

采用工程计划管理软件，根据总体网络计划，编制施工进度计划。施工中，保证工程项目及工程活动按计划进行并及时予以纠正，尤其经常对比分析各个阶段（月末、季末、一个工程阶段）结束后项目进度状况，特别是关键线路上的工程进度。根据分析对下期工作做出安排，建立新的网络计划，指导施工。

② 形象进度监控法。

在总体网络进度控制下，对比前期拟定的形象进度，监控工程进度，根据工程进度的不断变化，配合总体网络计划重新调整形象进度计划。

③ 单项进度指标监控法。

根据形象进度定出单项进度指标，确保实现总工期目标。根据不断变化的施工情况，合理调整资源的配备不断优化施工进度，确保单项指标的顺利实现。

（2）工程进度控制措施。

① 以施工准备的充分性保证工期。

本标段工程施工技术复杂，一要取得地方各部门的理解、支持、配合，在协调中要有超前意识；二要对施工方案、沉降控制等重大问题提前考虑，解决技术难题，确保施工顺利实施；三要及早进场，做好开工前的各项准备工作；四要高标准修建临时工程设施，重点抓住通路、通电、通水及生产和生活房屋建设，缩短施工准备时间，迅速掀起施工生产高潮。

② 以技术装备的先进性保证工期。

超前组织技术攻关和技术咨询，对要增加的施工机械设备选型配置、提前掌握、提前研究、提前培训、提前落实。桥梁施工配置桥梁钻机、塔吊、工业电梯等机械设备，满足施工需要。

③ 以施工组织的严密性保证工期。

成立有丰富的施工管理经验的项目组织机构，组织人员提前进行技术培训与现场调查，充分细致地做好上场开工前的准备工作，快速组织进场；精心编制实施性施工组织设计，并按施工组织设计要求配齐生产要素；弄准、吃透技术标准和工程项目数量，依靠科技进步，精心安排工序，保证均衡生产，以保证每个关键环节和阶段工期目标为前提来保证总体工期。

建立工程管理信息系统，全面收集工程测量、工程地质检测试验、施工进度、资源配置、工序质量等现场各项检测和安全施工方面的信息，综合分析、判定施工运行状态，针对存在问题，采取有效措施，实现施工过程有序、可控。

④ 以安全质量的平稳性保证工期。

抓质量、保安全、促进度，确保不出现任何安全质量事故，稳步推进，保证施工按计划进行。在场地安全、设备安全、交通安全、技术方案的科学可靠性等方面制定严密管理措施。

⑤ 协调社会及周边关系保证工期的措施。

施工前，调查附近地区机关、居民、企业分布状况及作息时间、生活习惯和交通情况。施工时做好安排，减少对交通、居民、机关的干扰，得到他们的支持，确保工程顺利进行。

积极主动同当地各级政府、有关部门和企业单位取得联系，共同协商，在开工前办理好申请、审批或签订合同、协议等手续，以免引起有关部门的强制停工，造成工期损失。

（3）建立施工进度的控制系统。

要求各标段无条件按招标人根据政府部门批复建设工期编制的全线施工组织设计实施，并满足各阶段工期要求。在施工期间需对工期调整时，对施工计划进行认真的调整，制订相应的抢工期措施，如设备和人员不足时，将从后方抽调人员和设备，满足调整后的工期需求。施工进度的控制如图 4-29 所示。

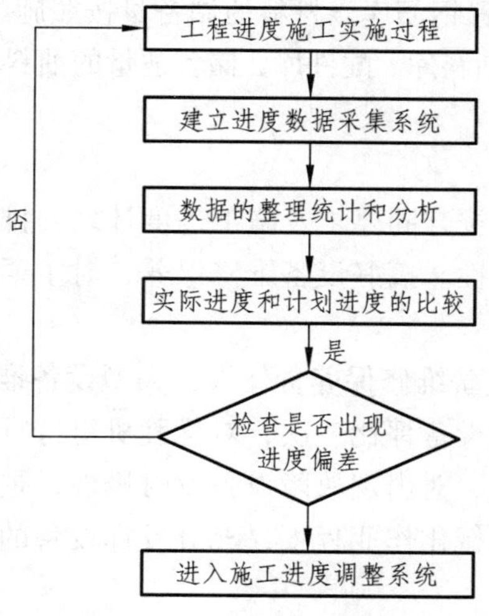

图 4-29　施工进度的控制系统流

4. 保证工期的资源保证措施

（1）劳力组织保障措施。

① 做好劳动力教育培训工作，所有参与重点控制工程建设人员施工前根据工程需要实际情况，结合所承担的岗位进行岗前教育，熟练掌握操作工艺、技术要求、质量标准、安全要求，规范操作，安全作业。

② 做好劳动力储备，根据劳动力培训和休假计划，提前做好劳动力储备和教育培训工作，根据进场计划安排分批有序进场作业。工程开工前，项目部将指定部分职工、劳务人员为后备人员，一旦现场需要，立即开赴现场参与施工。

③ 做好施工人员劳动保护，改善施工、生活和文化娱乐条件，为全体人员创造一个良好

的生活、作业环境，使全体人员全身心地投入到施工生产中去。

④ 根据工程进展情况和作业要求，合理安排施工人员的休假工作，以缓解工作压力。

⑤ 对施工人员报酬专款专用，按时发放，保证施工人员的生活需求，有利于施工人员安心工作。

⑥ 计划好元旦、春节等节假日的休息，必要时采取经济手段，鼓励技术人员和工人在工地休假，并安排好关键线路的加班生产。

（2）材料保障措施。

① 计划用料措施。

物资管理人员根据施工进度，分阶段编制材料用量计划，按不同阶段所需材料品种、规格、数量、质量要求做好材料供应计划。提前签订供货合同，确保主材、地材的品种、数量、质量满足施工计划需求。

② 先检验后使用措施。

所有材料进场前先试验或检验，合格后进场，防止出现使用前才发现不合格而影响工期的情况。

③ 材料储备。

为保证施工高峰期和雨季期间工程材料满足工程需要，在每个拌和站建立水泥库和砂、碎石储料场，钢筋加工场内设置钢筋库，材料的储备量按照施工高峰期 7 天的用量进行储备。另外，在工点密集的位置设置油料库、配件库，储备适量的油料和常用配件，以满足工程需要。

（3）机械保障措施。

① 机械设备配套先进。

根据本工程各工序特点，按合同要求及施工进度计划安排，配备充足、合理配套的施工机械和设备，确保设备的先进性。搞好设备维修保养，对主要易损件要有足够的零件储备，提高设备效率措施。

② 制定奖罚措施，制定设备维修保养责任人，大型设备谁使用谁保养，轮换使用的，固定轮换人保养，每月对负责的设备评比一次，对优胜机组进行奖励，对最后一名进行惩罚。建立完善的工地维修保养系统，对出现故障设备及时修理，损坏的零配件及时更换，确保设备的完好率、利用率和施工机械化作业程度，充分发挥设备的最大效率。备好自备电源和备用电源，保证施工用电。

5. 保证工期的技术措施

（1）编制完善的实施性施工组织设计。

以保证工程质量及进度为前提，加强施工计划的科学性、合理性，运用网络技术、系统工程原理，根据标段工程特点、工程量大小、施工工期及现场实际情况等编制详细的、切实可行的实施性施工组织设计，选择最优施工方案。

（2）积极推广应用先进工艺，提高施工效率。

积极推广先进经验和先进技术，向“四新”要质量，要进度。路基施工按照“三阶段、四区段、八流程”施工工艺进行机械化施工，争取提前完工；桥梁墩台采用大块钢模板施工，混凝土采用集中拌和，泵送入模，提高工作效率，确保施工质量。针对本工程的特点，充分利用专业技术、专业化施工队伍和专用设备，充分发挥技术知识密集的优势，组织科技攻关，及时解决施工中出现的技术问题，确保重点关键项目按进度顺利施工。

（3）实行网络管理、优化施工组织。

建立从项目部到各工区的调度指挥系统，建立动态网络管理，全面及时掌握并迅速、准确处理影响施工进度的各种问题。在充分考虑本工程施工现场条件的前提下，编制详细的总体施工网络进度和分阶段进度，及时确定阶段工作重点。不断优化施工组织设计，改进提高各工序的施工工艺。应用专业软件进行网络计划管理，使项目实施处于受控状态。

（4）保质量、保安全、加强环境保护，以保证工期。

采用先进的施工经验和技术，严格按照相关技术规范施工，确保工程质量；建立健全各项规章制度，采取各种有效措施，确保施工安全；做好环境保护工作，做到文明施工。避免质量、安全、环保等方面造成工程的停顿、间断或返工，保证本工程能够顺利连续实施。

（5）加强技术管理，落实技术责任制。

建立技术管理程序，认真制订各施工阶段技术方案、措施，以及应急技术措施，做好技术交底，建立技术档案，把技术管理落到实处。

建立技术管理体系，逐级落实技术责任制。严格按照质量保证措施建立质量管理体系，完善管理机制和施工程序，提高质量管理素质，防止因质量问题造成停工或返工。

（6）确保关键线路工期。

抓住网络计划关键线路的进度控制，环环紧扣，有条不紊。对于桥梁工程，抓好下部结构施工和上部梁施工，确保施工工序流水或平行作业，避免窝工。对于路基工程，抓好地基加固处理，及早进行路基填筑作业，预留沉降期，加强沉降观测，确保在满足后续工序进行之前达到沉降标准。

（7）建立信息系统和视频监控网络系统。

建立信息系统和视频监控网络系统，在局域网或互联网运行，在系统提供的工作平台上完成生产的四种控制和四种管理，即质量控制、进度控制、成本控制、安全控制和信息管理、生产要素（人、工、机、技术、资金）管理、现场管理、合同管理，为管理人员进行组织和协调施工生产提供数据和资料，从而在限定的时间内，在限定的资源下，以尽可能低的费用按时高质量地完成施工任务。

6. 其他保证工期措施

（1）夜间施工保证措施。

① 项目部及各业务部门建立夜间施工领导值班和交接班制度，加强夜间施工管理与调度，在施工现场设值班室。

② 在夜间施工的项目由工程技术部制定夜间施工保证具体实施措施。

③ 施工现场设置明显的交通标志、安全标志牌、警戒灯等标志，标志牌具备夜间荧光功能。保证施工机械和施工人员的施工安全。

④ 施工现场要布置足够的夜间施工照明设备，保证施工照明强度要求，确保施工现场的安全。

（2）农忙季节施工保证工期措施。

① 农忙季节施工，充分考虑与农村生产干扰问题。农忙季节，施工机械和施工车辆的运行，避免和农收、农种的人员、车辆干扰。

② 合理安排节假日调休，避免节假日期间人员流失，造成误工。

③ 组建专业施工队伍，严格限制租用民工的数量，以避免农忙季节出现用人短缺的现象。

④ 在原材料等物资准备上，充分考虑农忙季节的影响，在农忙前半个月提前准备施工原材料，尤其是砂、石等地材，更要提前一个月进行备料的准备工作，以满足农忙期间的施工需要。

⑤ 加大施工力量。从内部增调各专业施工人员，昼夜施工，确保阶段工期目标的实现。

⑥ 成立机械抢修小组，适当储备机械配件，保证施工机械完好。

⑦ 积极处理好与当地各方的关系，为施工创造良好的外部环境。

（3）工期延后的应急预案。

当出现突发事件、自然因素影响工期时（如遇到考古、征地拆迁、变更设计、洪水、强风等），除了内部调整施工进度计划及增加人、财、物、机的投入以外，还应积极与总承包项目经理部密切联系，加强沟通，采取一切必要手段，尽量减少因此带来的工期损失。

当出现人为突发事件影响工期（如遇到与地方纠纷、劳务纠纷），项目部除了紧紧依靠地方政府的支持以外，加强与他们的联系，密切路地关系。对因机械设备不足、资金不足影响工期的问题，项目部有能力、有实力保证施工机械设备和资金的正常运作，决不因此影响工期。

4.4 高速公路 PPP 项目施工总承包成本控制

4.4.1 香丽高速公路施工总承包的资金管理

项目资金短缺会影响工程的正常进度，资金使用不当会造成总承包成本失控，为体现资金的时间价值，科学合理地使用资金，由总承包合同处牵头，组织工程技术处、设备物资处和财务处等部门成立资金管理小组，资金管理小组按月度形象进度节点编制本工程的详细资金流量计划（含业主同意的分包项目），资金计划提交业主合同部审核，根据业主合同部的审核意见，资金管理小组进行调整，以供业主合理筹集和安排整个工程的资金。

工程施工过程中，资金管理小组根据现场实际情况的变化，及时调整资金使用计划，强化资金集中统一管理，实行全面预算管理体系下的资金预算管理，保证项目资金专款专用。

一切以保证工程进度和工程质量为重，不得因物资、资金短缺发生对进度和质量的松懈控制。

4.4.2 香丽高速公路施工总承包计量管理

1. 工程计量要求

工程计量必须做到真实、准确、及时。施工协议书中工程量清单中开列的工程量是根据本工程设计提供的预计工程量，不能作为各项目部在履行合同义务中应予完成工程的实际和准确的工程量，向各项目部拨付工程款时，根据监理人、工程总承包项目经理部审定的工程量台账，并结合现场实际完成情况进行计量拨付。为提高计量支付的管理效率，香丽高速公路运用建设管理信息系统进行计量支付管理，系统界面如图 4-30 所示。

图 4-30　建设项目管理信息系统

2. 工程计量依据

施工单位应当按照签约施工协议书、《香丽高速公路土建施工协议工程量清单计量规则》、工程量清单、经批准的图纸、补充（完善）设计图、工程变更令、废置工程核定通知书、计日工通知单及计日工报审表、索赔报审表、各方共同签字确认的台账、质量检验凭证、中间交工证书、有关计量补充办法（协议）以及经有关审批机构批准的文件等进行工程计量。建设项目管理系统专门设计了计量支付模块，用于加快每个月的计量与支付审批流程，加快资金周转速度，如图 4-31 所示。

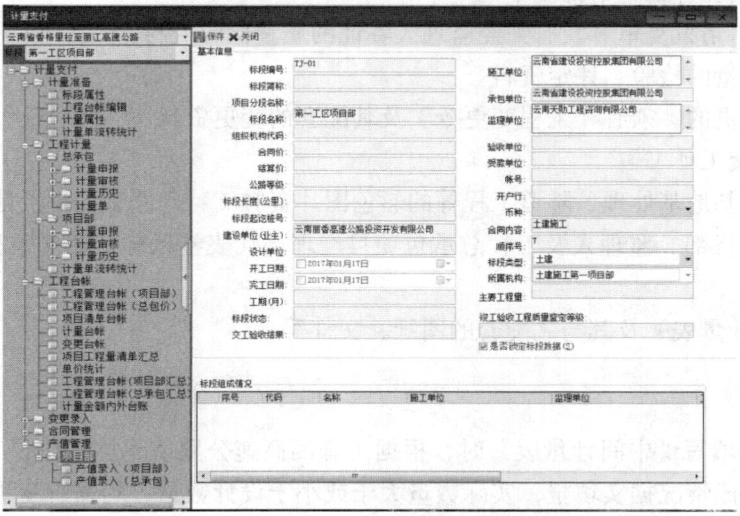

图 4-31　计量支付管理模块

3. 工程计量范围

工程计量范围主要包括签约合同工程量清单及修订的工程量清单中的内容、施工协议书中约定的各项应拨付费用、补充（完善）工程变更令中的清单子目等。

4. 计量原则

（1）按施工协议书规定的方法、范围、内容、单位计量。

（2）合同中未在工程量清单中填入单价或总额价的工程项目，将被认为其已包含在本合同的其他细目的单价和总额价中，工程总承包项目经理部将不另行拨付。

（3）按工程总承包项目经理部和监理人同意的计量方法计量。

（4）不符合施工协议书规定的工程不允许计量。

（5）工程的各种试验、检查、检测、验收手续必须齐全，计量工程部位质量检验评定资料不齐全或工程实体质量不符合设计及规范要求、存在质量缺陷，不允许计量。

（6）工程的计量应以净值为准，除非合同对部分工程另有规定。

5. 计量的一般规定

（1）工程计量应采用施工协议书中的计量单位。当因工程补充（完善）、变更出现新的项目时，应采用补充（完善）、变更工程相应的《香丽高速公路土建施工协议工程量清单计量规则》规定中的计量单位。

（2）工程计量应与施工协议书条款、工程量清单、施工图纸等同时阅读理解。

（3）除监理人另有批准（书面指令）外，凡超过图纸所示的任何尺寸，都不予计量与拨付。凡《香丽高速公路土建施工协议工程量清单计量规则》规定已包括在工程量清单所列的有关拨付项中的项目，均不单独计量。

6. 计量的主要资料

（1）《分项工程开工申请批复单》。

（2）《检验申请批复单》及有关经监理人签证的质量检验资料。

（3）有关质量的检验、评定资料。

（4）涉及变更的，须有《工程变更令》及其配套的变更资料。

（5）《中间交工证书》。

（6）特殊路基地基处理、隧道工程等的彩色图片资料（特殊路基处理及隧道工程适用）。

（7）经各项目部、监理人及工程总承包项目经理部代表签认确定的《工程数量台账》及其配套的资料。

（8）《中间计量表》及其与之配套的图纸、文件等。

7. 计量审核

各项目部在填写《中间计量表》时，根据《香丽高速公路土建施工协议工程量清单计量规则》及现场完成情况据实填报，实际数量大于或小于设计数量，均需有变更手续。

监理人在审查《中间计量表》时，对所计量工程实体100%进行现场核实。

工程技术管理处、合同管理处在审查《中间计量表》时，应对计量工程实体进行现场抽查、核实。对不合格、不真实及相关资料不齐全、不正确的工程，不予计量。

4.4.3 香丽高速公路新增单价管理

1. 新增子目

公路工程工程量清单新增子目（以下简称“新增子目”）是指项目实施阶段，由于变更、缺项、漏项等原因新增，未含入已标价工程量清单且依据合同约定应予计量拨付的子目。

2. 编制原则

（1）在已标价工程量清单中有适用于该新增子目的单价（即项目、材料、工艺和消耗相同，仅仅是部位、标号和名称不同），可直接套用或进行抽换。

（2）合同工程量清单中无适用该新增子目，但有类似子目的，可在合理范围内参照类似子目的单价，按照类似子目单价进行套用或抽换。

（3）已标价工程量清单中既没有适用也无类似新增子目的单价（即新增子目单价不能套用、调整或抽换），由各项目部按工程总承包项目经理部提供的表格形式及本办法的规定编制新增子目单价，按规定程序逐级上报审批后执行。新增单价报表样式如图 4-32 所示。

国家高速公路网G0613云南省香格里拉至丽江高速公路土建工程

新增单价申报表

项目部：云南建工香丽高速公路土建施工第X项目部　　　　编号：YJx_1-x_2-x_3-x_4

监理单位：　　　　　　　　　　　　　　　　　　　　　第　页 共　页

子目号	子目名称	单位	申报单价（元）	备注
申报依据				
附表（详细单价分析资料）				

编制：　　　　　　　　　　　　　　　　复核：

图 4-32　新增单价报表样式

3. 编制依据

本项目相关施工设计图、变更处理卡、设计变更图纸、会议纪要等；招（竞）标文件、施工协议等文件中相关计量支付的规定；现行云南省地方行业标准《公路工程工程量清单计量规范》（DB53/T 2001.1—2014）；现行《公路工程标准施工招标文件（2009年版）》范本中相关计量支付的规定。

4. 项目部新增单价的申报

（1）申报原则。

工程台账建立后，各项目部应尽快清理新增子目及单价，并及时上报工程总承包项目经理部审核，上报新增子目时应详细列明子目号、子目名称、单位、工程计量规则、工程内容及备注说明等，并附齐相关图表及计算书等资料。

（2）申报程序及时限要求。

① 原设计台账建立后对于清单漏项的子目应在台账建立后30天内申报完毕。

② 设计变更增加的新增子目，应在变更处理卡签认后30天内申报完毕（以变更处理卡签认日期起算）。

③ 各项目部按新增单价附表格式编制的新增子目单价打印版及电子版（各一式一份）和相关附件（如图纸、计算书、材料运距、工程变更处理卡、会议纪要及其他相关的证明材料等）报总承包项目经理部合同管理处审查。

④ 总承包项目经理部合同处收到各项目部的新增子目单价及相关资料后，应在3天内完成对各项目部提交资料的审核，并提出审核意见后报领导审批（需要提交工程总承包项目经理部办公会议讨论的，提交办公会议讨论后签批）。

（3）审批。

① 新增子目单价及相关资料报审、签批盖章结束后原件由工程总承包项目经理部合同管理处保管，其余的返回各项目部及监理人。

② 按以上原则审批的单价如果过低或过高于新增项目实际施工成本的，工程总承包项目经理部可以按实际情况进行调整，最终批复单价按调整后的执行。

新增单价审批流程如图4-33所示。

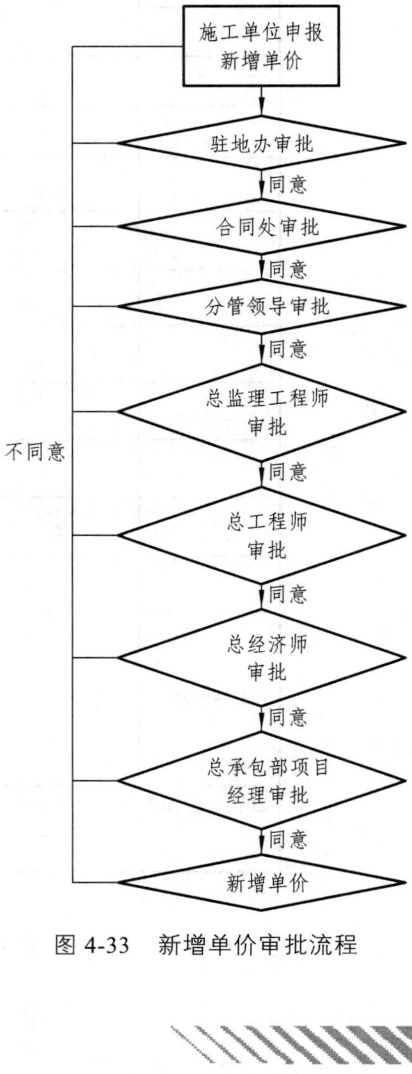

图4-33　新增单价审批流程

5. 总承包部新增单价的申报

（1）承包人将按附表格式编制的新增子目单价打印版及电子版（各一式一份）和相关附件报驻地办审核；附件资料包括设计图纸或工程变更处理卡、

会议纪要等。

（2）驻地办收到承包人的新增子目单价及相关资料后，应在 3 天内完成对承包人提交资料的审核签认。

（3）总监办收到驻地办上报的新增子目单价及相关资料后，正常情况下应在 3 天内对所有内容进行审核签认后报项目投资公司。

（4）项目投资公司在收到分总承包项目经理部上报的新增子目单价及相关资料后，由合同部对所报子目及单价进行审核并提出审核意见后报领导审定；新增子目单价及相关资料报审签批盖章结束后，原件由项目投资公司保管，不再返还新增单价申报资料，监理、施工单位按总承包项目经理部发文批复的新增单价执行。

（5）各级审核部门在进行单价审核时，可单独编制审核意见说明书作为“新增单价审批表”的附件；若审核时需要在承包人上报的分析资料上进行修改的，由审核人自行复印分析资料后，在复印件上进行修改，此修改件可作为审核意见说明书的附件。

4.4.4 香丽高速公路保险理赔管理

为降低项目实施风险，香丽高速公路总承包管理单位统一购买了项目的第三者责任险及工程一切险，项目的保险理赔管理主要是指这部分内容。

1. 定　义

（1）工程保险覆盖的风险范围涵盖整个工程建设期。主要险种有建筑工程一切险和第三者责任险。

（2）建筑工程一切险：工程建设期间，工程财产因自然灾害或意外事故而引起的一切损失。

（3）第三者责任险：工程建设期间，发生与承保工程直接相关的意外事故引起工地内或邻近区域的第三者人身伤亡和财产损失。

2. 各方职责

（1）项目投资公司负责统一投保方案、保险合同的审批签订；负责组织、管理工程保险的实施，审核项目工程保险方案；负责工程保险实施过程中的组织协调工作、负责保险事故索赔管理。

（2）总承包项目经理部负责审核及汇总相关索赔附件资料并上报项目投资公司。

（3）工区项目部负责保险出险报案，按要求搜集、编制及整理相关资料并上报经济公司。

3. 流程说明

（1）步骤一：报案与通知。

出现险情后，工区项目部直接向保险经纪公司进行电话报案，保险经纪公司在接到工区项目部电话报案后，于 4 小时内组织相关人员进行现场查勘。查勘完成后工区项目部应在 12 小时内提供以下报案信息（书面形式），经纪公司在审核无误以后应及时将其转交给保险公司。报案信息包括：时间、地点、事故经过；损失原因分析；损失项目清单；预计损失金额情况；

工区项目部联系人。

（2）步骤二：保留证据，配合保险公司调查。

① 在保险公司的代表勘查之前，工区项目部应保留事故现场，并尽可能保护可能成为今后事故定损及责任确认的证据，包括损失拍照以及保存受损物品等。

② 若需提前清理现场恢复施工，则需在征得保险公司同意下，工区项目部将事故现场情况拍摄完成后，再把所有受损财产移至安全地方妥善保存。如损失金额较大，除非保险公司对修复费用同意，否则切勿自行决定修复及维修。

③ 发生事故后，如保险公司或公估人需要查勘，经纪公司将协助项目投资公司做好联络安排工作，项目投资公司只需要指定相关负责人保持联系。

④ 项目投资公司应协助保险公司进行关于事故原因、损失金额等情况的调查，并提供必要的资料。

（3）步骤三：提交资料。

保险经纪公司在查勘完成后 4 小时内下发索赔资料清单收集函至工区项目部，工区项目部在收到函后 3 天内或在保险公司同意延长的期限内以书面的形式提供索赔清单上的资料递交给保险经纪公司，保险经纪公司及项目投资公司/总承包项目经理部审核完成后上报保险公司。

（4）步骤四：损失理算结果。

保险经纪公司在资料上报保险公司后，于 7 个工作日内由保险经纪公司向工区项目部、总承包项目经理部及项目投资公司提供损失理算表。

（5）步骤五：取得赔偿。

在经纪公司的协助下就责任认定、损失金额等内容与保险公司进行协商一致，向保险公司取得赔偿。

4. 索赔所需单证

（1）涉及工程财产本身的损失。

① 出险通知书（保险公司提供）。

② 事故原因的证明材料。

a. 各种事故原因证明（如气象证明、盗窃证明、火灾事故责任认定书等），其中需要注意：当发生引起或可能引起保险索赔事故时，各工区项目部应该采取必要施救措施以控制损失进一步扩大；如果事故涉及刑事成分（如人身伤害、盗窃等），向公安部门报案并留好相关凭证；如涉及火灾爆炸，立即向消防部门报警并留好凭证；如由于暴雨、暴雪、洪水等引发的，应及时到所属地区气象局办理气象证明资料。

b. 事故现场照片。

c. 监理日志（仅适用于工程险索赔）。

d. 事故处理会议纪要（如有）及其他。

③ 报损清单（保险公司提供）。

④ 单价依据的证明。

a. 整个工程的概算造价。

b. 承包合同及工程量清单等。

c. 工程决算资料。

其中前两项属于工程险项下提供的资料，后一项属于财产险下提供的资料。

⑤ 受损前工程进展状态的证明材料（仅适用于工程险索赔）。

a. 受损区域的工程图纸（如需要，主要是明确装修规格、水平、设施设备情况等）。

b. 受损区域的工程量清单以及受损前的完成情况（如验收资料等）。

⑥ 受损财产的维修证明。

a. 损失清单。

b. 受损区域面积、设施清单等（公估人或保险公司查勘人员将对承包商的测量及统计结果进行核查）。

c. 受损财产的造价。

d. 如有需修理的设备，则需提供厂家的检测证明。

⑦ 其他保险公司根据具体情况要求的文件。

（2）涉及对第三者的法律赔偿责任。

① 出险通知书（保险公司会提供格式）。

② 损失项目清单（保险公司提供）。

③ 事故现场照片。

④ 第三者的书面索赔函应阐明理由，写清具体索赔要求；如有肇事员工，提供身份证复印件及其亲笔书写事故经过。

⑤ 第三者身份证复印件、联系方式。

⑥ 涉及第三者人身伤害的赔偿，主要需提供以下资料：

a. 损失清单。

b. 病历记录（如病历卡、出院小结、处方等）。

c. 治疗费用发票、收据，应含用药清单（原件）。

d. 误工证明（如病假单和病假前后的工资证明及纳税证明）。

e. 其他各类支持其索赔项目的证明。

⑦ 涉及第三者财产损失的赔偿，主要需提供以下资料：

a. 损失财产照片。

b. 损失财产的财务资料或原始购买票据。

c. 维修证明及修理费用。

d. 如购买新的物品，则提供正式报价或购买发票。

⑧ 事故处理最终的和解协议、签收等。

⑨ 其他保险公司根据具体情况要求的文件。

由于涉及的案件受损项目不同，所需要提供的报损资料也不一致，具体所需资料由保险经纪公司在查勘现场完成后向工区项目部下发收集函。出险通知书及报损清单样表由保险经纪公司下发至每个工区项目部。

5. 事故处理原则

（1）保持镇静，展开必要的抢救或救护，并按照索赔流程逐步进行。

（2）注意收集所有有关证据资料，包括事故报告、索赔情况等。

（3）如果任何索赔含有虚假成分，工区项目部采取欺诈手段企图在保险单下获取利益，或任何损失是由工区项目部的故意行为或纵容所致，工区项目部将丧失其在保险单项下的所有权益。

6. 索赔金额支付

保险赔付金额全部归工区项目部所有，作为工区项目部按图纸恢复工程所发生费用的补偿，免赔额及不足部分视为包含在工程总价中，按保险公司实际赔付金额在当期计量支付报表中支付。

保险公司理赔流程如图 4-34 所示。

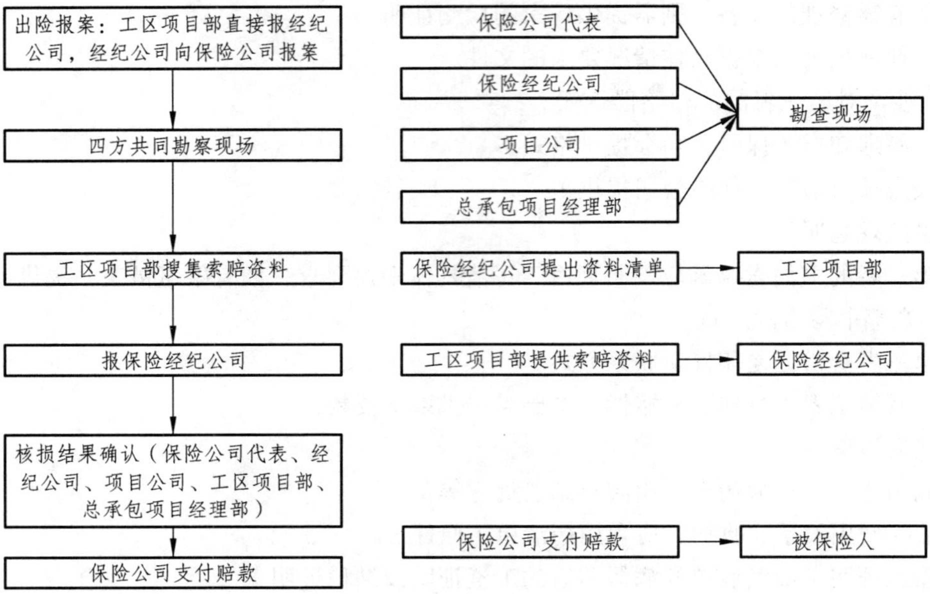

图 4-34　保险公司理赔流程

4.5　高速公路 PPP 项目施工总承包环境保护管理

4.5.1　香丽高速公路施工环保管理目标及影响因素

1. 环境保护目标

符合国家及地方有关环保、水保的要求，在施工过程中严格按照国家有关部委批复的环保、水保方案实施，确保工程所处的环境不受污染。环境保护、水土保持设施与主体工程“同时设计、同时施工、同时投入使用”，确保无集体投诉事件，环境监控达标，单位工程验收时，环保验收合格。水体功能、耕地、森林资源得到有效保护，噪声、振动的环境影响得到有效控制，减少水土流失，公路设施、建筑与沿线城市环境、自然景观和谐相容；文物得到有效保护，建设成为一条资源节约型和环境友好型的公路。具体细化的环保目标及指标如表 4-6 所示。

表 4-6　香丽高速公路施工环保目标分解

目标	指标	方法或措施	实施阶段	实施单位	责任部门	协助部门
生活、施工污水排放符合环保要求	① 污水排放符合标准、相关方的规定。 ② 减少污水排放量	① 签订目标责任书。 ② 搅拌站、罐车冲洗污水应先排入沉淀池，经沉淀后方可外排。 ③ 泥浆水未经处理不得直接排入河沟。 ④ 食堂设置隔油池，厕所设置化粪池	施工阶段	项目部、施工队	安全部	工程部、质检部
减少污染气体排放及扬尘污染	① 废气排放符合标准规定。 ② 有害毒烟气经环保检测批准、排放。 ③ 目测无较浓扬尘。 ④ 无相关方投诉	① 排放超标的机械设备限期整改。 ② 选择国家或行业推荐使用的产品。 ③ 选择资源损耗较小、造成污染较小的物质、设备。 ④ 对弃土、石渣，禁止乱弃乱投，施工便道喷洒水	施工阶段	项目部施工队	安全部	工程部、物质部、设备部
生活、施工垃圾分类处理	① 办公区地面无垃圾，统一收集处理。 ② 施工垃圾、废弃物分类回收、集中处理	① 生活、施工垃圾按规定堆放，及时处理。 ② 土石方运输按规定时间、路线、场地运输、堆放，避免洒漏。 ③ 泥浆水未经处理不得直接排入湖泊、河沟	施工阶段	项目部施工队	安全部	工程部质检部
噪声排放符合标准、规定；按规定时间施工，相关方投诉为零	办公区、作业点噪声控制符合规定	① 噪声较大的施工工序安排在白天进行。 ② 对产生噪声、振动的机械采取措施，尽量使用低噪声的同类机械。 ③ 办公区应对排放的噪声的设备进行控制减少对职工的影响	施工阶段	项目部施工队	安全部	工程部物质部设备部
有毒有害废弃物处理符合法规要求	分类管理，合理处置，必要时与环保部门联系共同处理	① 材料分类存放，有毒有害的化学品应安置在规定的地方，并制定相应的防范措施。 ② 禁止将有毒有害废弃物作为土方回填	施工阶段	项目部施工队	安全部	工程部质检部
节约水电能源	按规定使用，按时计量	① 制定切实可行的节水、节电措施。 ② 加强管理，避免设备空转耗电。 ③ 可循环使用的水应循环使用。 ④ 指派专人负责，严格监督、处罚制度	施工阶段	项目部施工队	安全部	工程部物质部设备部

2. 香丽高速公路施工环保影响因素

香丽高速公路施工环保影响因素如表 4-7 所示。

表 4-7 香丽高速公路施工环保影响因素

阶段划分	序号	作业活动场所	环境因素	环境影响	控制措施
一、施工准备阶段	1	材料贮存、保管	废旧石棉保温材料	固废污染	收集后交由有资质的单位处理
			气瓶爆炸	大气污染	①执行易燃易爆、有毒等危险品管理标准。 ②远离生活密集区。 ③专人管理
				噪声污染	
				热 污 染	
			雷管、炸药爆炸	大气污染	①相关作业人员必须持证上岗。 ②办理相关资质。 ③执行易燃易爆、有毒等危险品管理标准
				噪声污染	
				热 污 染	
			汽油、柴油、油漆及溶剂泄漏	土壤污染	执行危险化学品管理条例
				水体污染	
			汽油、柴油失火或爆炸	大气污染	①执行危险化学品管理条例。 ②执行易燃易爆、有毒等危险品管理标准
				噪声污染	
				热 污 染	
二、施工实施阶段（一）路基施工	1	土石方开挖	山体滑坡	资源浪费	规范施工，预控为主
				土壤污染	规范施工，预控为主
				水体污染	规范施工，预控为主
			林区施工产生火灾	资源消耗	规范施工，严禁明火
				大气污染	规范施工，严禁明火
	2	土石方运输	车辆维修产生废油、废水	土壤污染	在专用车间维修
				水体污染	将废油、废水集中排放到污水井
			废弃火药、雷管、导爆索	固废污染	执行易燃易爆、有毒等危险品管理标准
				水体污染	执行易燃易爆、有毒等危险品管理标准
（二）桥梁施工	1	钻孔（挖孔）桩施工	泥浆处理	水体污染	泥浆集中处理，按要求转出
	2	钢筋及预应力筋施工	张拉机具漏油	土壤污染	定期检查张拉机具
	3	混凝土浇筑	振捣混凝土产生噪声	噪声污染	避免在夜间施工
			混凝土机具设备溢油	土壤污染	加强混凝土机具设备的维修与保养，清洗溢油并将清洗液排放至指定位置
				水体污染	

续表

阶段划分	序号	作业活动场所	环境因素	环境影响	控制措施
二、施工实施阶段	4	预制构件安装	机油、黄油泄漏	土壤污染	定期检修设备；出现泄漏后及时清洗
				水体污染	定期检修设备；出现泄漏后及时清洗
		钢筋加工房	施工用电发生火灾	大气污染	配备消防设备，规范用电线路，定期检查执行易燃易爆、有毒等危险品管理标准
				噪声污染	避免在夜间施工
			化学物品泄漏清洗液倾倒	土壤污染	执行易燃易爆、有毒等危险品管理标准
				土壤污染	执行易燃易爆、有毒等危险品管理标准
			化学物品失火爆炸	水体污染	执行易燃易爆、有毒等危险品管理标准
				大气污染	执行易燃易爆、有毒等危险品管理标准
	5	钢模脱模剂	油漆及溶剂洒落	土壤污染	执行易燃易爆、有毒等危险品管理标准
				水体污染	尽量避免直接在水上进行防腐作业
三、工程收尾阶段	1	临时设施拆除		大气污染	执行易燃易爆、有毒等危险品管理标准
	2	特殊施工材料处理	木材失火，氧气瓶、乙炔瓶爆炸		
四、机械设备使用	1		废油	水体污染 土壤污染	分类收集、指定地点存放、回收利用
	2		化学废物	放射性污染 水体污染 土壤污染	分类储存，指定地点存放，回收利用或上交专业部门处理
	3		固体废弃物	固体废弃物污染土壤污染	分类收集、存放，按规定运输到指定地点处理
五、临时设施	1	办公、生活区	明火产生烟尘	大气污染	① 用优质燃料。 ② 配备消防设施
			废电池、墨盒、硒鼓、胶片、相纸	固费污染	① 集中回收，分类标识。 ② 交由有资质单位处理
			水、电浪费	能源浪费	① 勤俭教育。 ② 按时计量
	2	停车场	尾气排放	大气污染	① 使用无铅汽油。 ② 保持车况良好

4.5.2 香丽高速施工环保管理体系

1. 环保组织管理机构

总承包项目部成立环境保护、水土保持与文明施工领导小组，作为负责领导协调工程项目环境保护与文明施工的领导机构，领导小组组长由总承包项目经理担任，分管安全的副经理、总工程师、安全总监等担任，总承包项目部工程技术处、征迁保通处、安全管理处及相关各处室负责人为小组成员。

标段项目部建立以项目部经理为组长，安全部和环境保护监测部门为主责部门，各部门为主体的生态环境保障体系。环境管理领导小组对环保、水保生产方面的重大问题和重点问题进行解决和处理，配置专职环境监测员，使生态环保工作贯穿施工全过程。

根据现场的施工区域的生态环境特点，依据有关法律、法规及建设单位的环保有关规定，实行生态保障领导负责制。制定详细的环境保护措施（包括保护自然保护区、水土流失、水污染、文物保护、野生动植物、维护生态平衡系统、维护土壤生物即避免土壤沙化，避免人为恶化环境等），从思想、组织、过程、检查、效果、目标、经济七个方面控制环保工作，实现总体环保目标。

2. 施工环保管理体系

建立与质量、安全保证体系并行的环保、水土保持体系，同当地环保部门协作，无条件接受环境保护部门的指导和监督，执行国家和地方政府的环保政策、法规，加强施工全过程的控制与管理，制定详细的环境保护措施，避免人为破坏和污染环境事件的发生。香丽高速公路施工环保管理体系如图 4-35 所示。

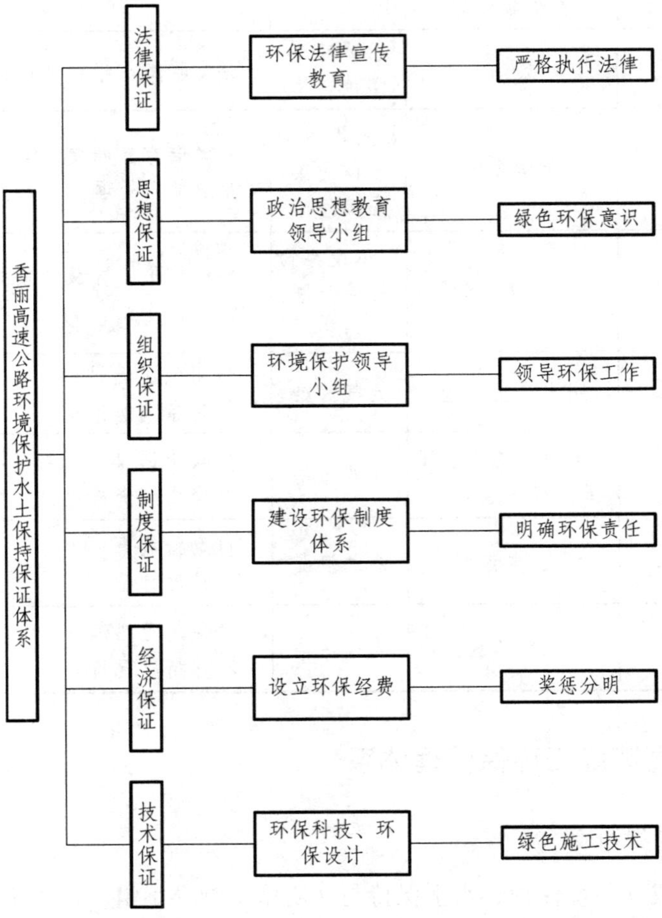

图 4-35　香丽高速公路施工环保管理体系

（1）重视施工环保和水土保持工作是我们的国策要求，因此环保工作在施工过程中显得更为重要。施工中严格按规定进行施工，禁止乱挖乱掘破坏当地的植被，同时制定有效的措施，保证当地的自然环境。

（2）环境保护、水土保持的重点：施工噪声、振动、污水、扬尘、施工固体废弃物管理控制，工程跨越的主要河流水体及风景名胜区的保护等。

（3）针对具体情况采取相应措施，开展环境保护和水土保持工作。

3. 环保水保工作责任制

（1）项目经理对施工环保、水土保持工作负全责，其职责是：监督检查各部门环保工作措施的落实情况，检查环保措施是否有效、全面，是否存有隐患，进行宏观控制。

（2）各部门负责制定具体的施工环保措施、工作制度，并检查各队的执行情况，及时上报环保工作动态和指导下级工作。

（3）各队环保工程师负责执行各项环保措施的落实工作，检查工班环保员的工作是否到位，效果是否满足环保措施要求。

（4）工作上一级报一级，确保环保工作不流于形式，使各项环保措施落实到位。

4.5.3　香丽高速公路施工环保管理制度

1. 环保检查制度

（1）环保检查人员：项目部领导、部门负责人、班组长、协作单位负责人等。

（2）环保检查内容：本着“保护和改善生活环境与生态环境，防治污染和其他公害，保障人体健康，促进社会主义现代化建设的发展”的思想，认真对思想、制度、管理、隐患、环保设施等方面进行彻底检查，对检查出的问题及时下达整改通知、限期整改，并及时进行复查验收。

（3）环保检查时间：每月月底为本项目部环保大检查时间。

（4）检查人员应本着对项目和职工高度负责的精神，认真检查、严格执法，对各种可能危及环保的行为和隐患要敢于及时制止，并提出整改要求和处罚，防范建议，尽量减少事故隐患，杜绝违章行为。

（5）现场检查完毕后进行环保检查总结，通报环保检查结果，并将参加人员，查出的隐患及其整改要求和期限等详细记录。

（6）各班组每周进行一次本班内部的环保自查，并及时整改，班组长每天要深入班组作业一线，排查隐患，保证班组内部无环境污染事故。

2. 环保例会制度

为达到环境管理目标，对日常检查问题能及时总结和整改，项目部特制订了环保例会制度。

（1）参加例会人员：项目部领导、项目部环保领导小组成员、部门负责人、单项主管（副主管）、班组长。

（2）环保例会内容：通报环保检查结果，提出整改意见及措施。学习、传达上级有关文件精神。总结上月环保工作，部署下月环保工作重点。

（3）环保例会主持。由项目经理主持（或项目经理指定人选）。

（4）例会每月举行一次，每次例会后形成环保会议材料，并进行通报。

3. 环保教育制度

（1）环保教育包括思想认识教育、纪律教育、环保技术知识教育和典型事故教育。

（2）梁场每月进行一次职工环保教育大会，从思想上对职工进行教育，每季度进行一次环保技术知识培训，以增强广大职工的环境保护意识，形成人人重视环保，严格按照环保要求施工的氛围。

（3）接受环保教育应积极主动，遵守会议纪律，认真学习，努力提高自己的安全生产技能和自我防护能力，认真吸取典型事故的教训。

（4）加强对新工人或更换岗位工人的教育，及时对他们进行国家及地方环保法律、法规、各种规章制度、实际操作过程中注意事项等方面的教育，切实加强环保意识。

（5）各班组应坚持每天的班前教育，介绍注意事项和应采取的措施，每周应组织班组成员进行一次环保技术知识方面的学习。

（6）每次环保教育和培训的人员、时间、地点和内容均应详细记录在册。

4.5.4　香丽高速公路施工总承包的环境保护管理措施

1. 施工环境保护具体措施

（1）严格遵守《环境保护法》以及相关的法律、法规、规章制度，保护和改善作业现场的环境，控制现场的各种粉尘、废水、废气、固体废弃物、噪声、振动等对环境的污染和危害。环境保护是文明施工的重要内容之一，它对保证人们身体健康和社会文明，消除外部干扰、保证施工顺利进行，节约能源、保护人类生存环境，保证社会和企业可持续发展都具有重要的意义。

（2）林木、植被及地下水资源的保护，是施工中环境保护和水土保持的重点。规定施工区域内的植被、树木等尽量维持原状。需砍除树木和其他经济作物时，事先应征得环境保护和水土保持部门、所有者同意，严禁超范围砍伐。

（3）严格按设计规定的征地范围和数量丈量用地，严禁超范围占用土地和水面。临时生产生活设施、施工便道的设置，必须按照先设计规划申请同意后的方案实施，依据环保的相关要求做好环境的保护工作。

（4）施工中弃土、排污等按设计文件与当地环保部门签订的有关协议和要求进行处理。对有害物质（如燃料、废料、垃圾等），按规定进行处理，以减少对环境的污染，防止对动、植物造成损害。

2. 维护自然生态环境的措施

（1）施工便道、施工现场生产、生活房屋、石料堆放和材料加工场及取（弃）土场等一切临时生产、生活设施的布置在指定规划的区域内，尽量选择裸露的荒地修建生产、生活设施，避免因临时工程修建的随意性而破坏地表植被而人为恶化生态环境。机械、车辆横向走便道，纵向走路基，严禁超越规定线路乱行驶，压坏草地、植被。

（2）为维护自然生态系统的平衡，对公路两侧的永久用地，按照环保及水土保持要求，根据实际情况，按照设计要求采用撒种草籽、移植草皮、恢复植被等措施，防止水土流失，维护和改善生态平衡系统。

（3）营造良好的生活环境。在施工现场各生活区设置足够的临时卫生设施，经常进行卫生清理，同时生活区周围铺植草皮。

3. 设置环境监测点

施工中，严格按招标文件和相关规定的方案，设置环境监测点，以监测施工对周边环境的影响，并采取相应的措施，以保证当地的环境。

4. 生态环境保护

在自然保护区、风景名胜区施工，应严格遵守相关规定，做好有关边界线、标示牌的设置，限制人员、机械的活动范围，严禁有关人员偷猎动物和采摘、践踏及随意铲除植物等。施工期间全体施工人员要遵守国家相关野生动植物保护法，做好自然区内的动植物保护工作，特别是珍稀野生动植物的保护。

（1）保护野生植物的措施。

① 自觉执行和接受国家、省及当地野生动植物保护部门的监督和检查，精心保护原有植被。对标段界内的有价值植物作到尽力维护，必要时采取迁移保护，工程完工后恢复。

② 请有关专家介绍被保护珍稀植物的种类，复制图片张贴在便道通过地段和临时场地，严禁施工人员随意采挖野生植物，如发现有珍稀植物时，立即进行移栽保护并上报有关部门。

③ 制定严格的管理制度，限制施工人员和车辆的活动范围，施工机械、运输车辆等按规定线路行驶，在划定的范围内作业，严禁碾压破环植被。

（2）保护野生动物的措施。

① 不追赶或惊吓野生动物，充分关心野生动物的自然习性。

② 严格执行《中华人民共和国野生动物保护法》等相关法规，施工期间，严禁施工人员伤残、猎杀野生动物，对违章者追究法律责任；在动物产羔、孵卵、交配季节，尽可能减少人为的惊扰，如机械轰鸣声等。

③ 施工期间为动物提供迁移或游串通道；如野生动物发生意外时，给予必要的救助并及时通知相关管理保护机构；污水及霉变食物、施工废弃物、生活垃圾按防止污染及卫生要求进行处理，防止对动物造成伤害。

④ 不在野生动物栖息地建造临时工程和设置取土场。

5. 大气环境保护

（1）施工现场临时道路采用山皮土压实，经常洒水润湿，减少道路扬尘。清理垃圾时，运输车辆必须加以覆盖，防止道路遗洒，弃土（垃圾）场通过当地环保部门的同意方可弃土。垃圾必须分拣分别处理，不得含有易挥发性物质。

（2）水泥尽量采取罐装，石灰尽量袋装运输，做不到时要加棚布遮盖。弃渣、工程用砂等在运输途中要采取措施防止沿途撒漏，并遮盖防止扬尘，确保运输车辆所经地区的大气不受污染。水泥、石灰等易飞扬的材料不得露天存放，必须采用封闭式库房。严禁燃烧煤、木材等发烟物质。食堂使用煤气灶，燃料采用罐装液化气。

（3）路基填土时保证土质的含水量，远运土方的车辆加后挡板并覆盖，防止道路遗洒和扬尘。对旱季施工扬尘，采用洒水降尘措施，减少粉尘污染，特别是在居民区和水源地应更加注意。

（4）运转时有粉尘发生的施工场地，如混凝土拌和站、填料拌和站等均须有防尘设备等措施。

6. 水环境保护

（1）施工及生活污水的排放遵循清污分流、雨污分流的原则，各种施工废油、废液集中储积，集中处理，严禁乱流乱淌，污染水源，破坏环境。

（2）施工作业产生的污水经过沉淀池沉淀，并经过净化处理，符合要求后进行排放。应防止严重漏油，禁止机械在运转中和维修时产生的含油污水未经处理直接排放，应对含油污水进行隔油处理后再行排放。

（3）食堂废水按规定设置隔油池，定期处理油污，污水经过处理后排入污水管道。施工、生活产生的经过处理的废水严禁排入农田。

（4）现场厕所采用封闭式，并经常冲洗。化粪池经常清理。

（5）施工物料堆放应严格管理，防止在雨季或暴雨将物料随雨水径流排入地表及附近水域造成污染。

（6）废弃垃圾中不得含有有毒有害物质，避免雨水冲洗后对地表、地下水造成污染。

7. 施工噪声、振动和光的控制

（1）施工噪声主要包括施工现场、机械作业时和车辆运输时产生的噪声。为减少噪声影响，机械设备选型配套时优先考虑低噪声设备，尽可能采取液压设备和摩擦设备代替振动式设备，并采取消声、隔音、安装防震底座等措施。加强机械设备的维修保养，保证机械设备的完好率，确保施工噪声达到环境保护标准要求。合理布置施工和生活区域。进入施工现场的机械车辆少鸣笛、不急刹、不带故障运行，减少噪声。

（2）为减少噪声等对周围居民的影响，施工中采取措施或改进施工方法，使施工噪声、振动达到施工场界环境标准，其措施和方法报监理工程师批准。

（3）作业辐射噪声强的施工机械（如搅拌机等）在夜间停止施工作业，夜间施工时大型运输车辆尽量绕开村庄行驶。

（4）合理安排工序，夜间施工要尽量降低噪声；搭设机械棚，将施工中声音较大的机械放入室内。

（5）夜间施工机械车辆经过居民区附近时尽量不开大灯；场内照明灯的照射方向也要注意不要直射居民区。

8. 有毒有害废弃物的管理措施

（1）设专人对现场有毒有害废弃物负责鉴定、统计、收集、存放和外运销毁。

（2）对有毒有害的废弃物做到不漏项、收集及时、存放集中，存放处做到全封闭，并防止渗漏。

（3）定期对现场有毒有害废弃物的管理情况进行检查，对有可能产生有毒有害废弃物的场所和施工部位跟踪监测，及时收集处理。

（4）对有毒有害废弃物的处理，遵循有关部门的规定，运到指定的场所或单位进行销毁，并保证运输过程中不泄漏。

9. 临时工程环境保护措施

（1）便道的修建，要尽量不占或少占农田，做好土石方调配方案，减少弃土、取土，修筑好便道两侧的排水系统，保证地表径流的畅通，减少和避免边坡的冲刷。在可能的条件下，便道尽量考虑与乡村道路相结合，以减少水土流失。

（2）生产、生活设施修建，要尽量避免对植被的破坏。施工、生活场地范围内要做好集水、排水工作，不阻塞地面径流自然通道，防止壅水和场地冲刷。

（3）施工中修建的临时设施，工程交验后必须在规定的时间内予以拆除，并尽可能恢复原有地形、地貌。

10. 生活区环境保护措施

（1）生活区临时工程的修建，本着方便生活、利于生产，少占农田及植被的原则，统筹安排，合理选址，并上报当地土地、环保部门审批，主动接受监督检查。

（2）生活区要相对集中，选择避风向阳，交通方便距水源近的地段修建，设公共卫生间。集中建垃圾站、废水净化池、化粪池，按照环保部门的要求，定期清理，避免生活垃圾污染环境。

（3）临时工程修建、拆除时，产生的废弃物，按当地环保部门的要求，弃于指定的地点处理。

11. 生产生活垃圾处理

（1）生产生活垃圾按照环保的要求，用密闭容器分类集中回收，定期采用垃圾清运车拉到就近的垃圾处理厂统一妥善处理，或按要求进行填埋处理。

（2）机械设备出现一般故障在现场修理时，在地面铺旧报纸和棉纱接吸废漏油，防止废油污染环境。

12. 完工清场的环境保护措施

（1）完工清场工作依据完工一段、清理一段、防护一段的工作原则进行。每当一段工程完工之后，对现场施工临时工程进行拆除，拆除的废物运至弃土场。

（2）清场工作加强对施工过程中遗留的污染源进行彻底调查，对固体污染物运至当地环保部门指定的垃圾场进行掩埋，不得就地处理。严禁现场焚烧固体污染物。

（3）临时用地工程进行复耕还种处理，并对施工过程中破坏原有植被的区域进行绿化。

（4）完工清场工作由负责本段工程的责任人执行，监督、检查完工清场工作情况，并将完工清场工作过程记录归档。

13. 水土保持具体措施

水土保持、防止水污染是文明施工，保持生态平衡，为人民造福的要求所在。水土保持的原则：重规划、少占地、少开挖、多利用、少弃渣、快恢复、严管理、少流失。遵守国家和省有关水土保持的规定，采取必要的措施防止施工中的燃料、油、沥青、污水、废料和垃圾等有害物质对河流、湖泊、池塘和水库的污染。

（1）桥梁工程施工水土保持措施。

① 桥梁基础弃渣按设计要求弃置，决不能堵塞河道或倾入河床。

② 在河床内施工、采取砂砾材料，应遵守《中华人民共和国河道管理条例》《中华人民共和国水法》中的有关规定，同时防止对河流状态造成改变，防止弃土、弃渣淤积河床、污染河流水质。

（2）路基工程施工水土保持措施。

① 在路基施工过程中，在边坡开挖之前，先行修筑排水沟，防止水流对边坡的冲刷。

② 路堤填筑是自下而上分层进行，边坡开挖（填筑）后立即进行防护处理，或分段开挖分段防护，以减少边坡的裸露时间。没有支挡的边坡要按设计要求及时进行施工防护。

③ 砂石料场地必须到当地政府主管部门申请办理有关手续后方可使用。

④ 在施工中，注意保护树木、花草。施工时争取少砍树或不砍树，不随意超出设计规划界限。路堤成型后及时施作防护工程或植被。

⑤ 在路堤施工过程中，设计的排水沟未能形成贯通时，先修建临时排水设施，保证施工期间雨水排放畅通。

⑥ 土石方施工配置洒水车洒水，尽量减少粉尘对周围环境的影响。

⑦ 工程竣工后，必须拆除临时设施和生活设施，对拆除后的场地和垃圾要进行平整和处理，防止污染环境和造成水土流失。

⑧ 路基边坡采取植物措施和必要的工程防护措施，并对工程征地拆迁范围内的野生植物，根据《中华人民共和国野生植物保护条例》，向有关部门申报，并根据野生植物行政主管部门的意见采取措施，以便合理保护植物资源。

⑨ 挡墙等构造物基础施工，对基坑开挖的土、石不得弃于河内，要设防护后弃土，防止遇雨时流入河内。基础施工完成，及时对基坑进行回填防护，防止基坑被冲刷。

（3）隧道工程水土保持措施。

隧道洞口尽量减少边仰坡开挖，减少对原地貌和植被的扰动。洞门设计考虑与周围自然景观相协调并适当美化。隧道施工前做好防排水设施。进洞前做好洞门工程及洞口仰坡、边坡的防护工程。洞内排水经过污水处理后达标后排放。隧道洞口严格按设计施工，施工过程中尽可能地减少开挖范围，降低对地表植被破坏程度。施工完毕，及时做好工程防护及生物防护措施，防止水土流失。生产区及生活区植树种草，设置防排水设施，防止壅水和场地冲刷。施工完毕后将临时房屋等临时工程拆除清运，将地表复垦或绿化。

弃渣原则：尽量用做路基、车站填方及建筑石材，当必须堆砌时，少占农田，不占好田，尽量利用荒坡、荒沟堆弃。沿较开阔沟谷一侧堆砌时，须流出水路，坡脚设混凝土或浆砌片石挡墙防护，挡墙高度按高于 50 年洪水位设计。压沟满铺堆砌时，坡脚须分级挡护，渣顶根据流量设完善的引排水沟槽系统。弃渣占用旱地时，渣顶面弃后必须复耕，当占用荒地时，也整平预留复耕条件或种草绿化，以减少对环境的破坏并保护渣体稳定。弃渣挡墙采用 M10 浆砌片石，墙身设泄水孔，渣底预埋透水软管，采用先挡后弃的办法，以充分发挥挡渣墙水土保持防护效能。

（4）大临工程水土保持措施。

① 施工主便道，由便道单位单独施工，我项目部负责后期养护。施工中修建的支便道，力求做到少占良田耕地，绕避不良地质地段，在可能的条件下，尽量考虑与地方道路或乡村的机耕道相结合，并做好土石方调配，减少弃土、取土，对填挖不平衡地段产生的弃土，有必要的支挡防护措施，修筑好便道两侧的排水系统，保证地面径流的畅通，减少和避免边坡的冲刷，保证施工运输正常运营，保持水土。

② 在施工过程中，还注意道路的养护和水土流失的控制，防止人为因素加剧其水土流失的程度。在少雨季节用洒水车进行洒水，杜绝尘土飞扬，污染周围空气。

③ 弃渣、土场选址依据设计文件规划或与地方有关部门协商，结合当地土地利用规划，并对弃渣场进行安全评估，做到万无一失。渣场一般选择在坡度较缓、易于形成坡度开发山坡荒地处，避开大面积汇水地带的滞留谷地，并避免下游有重要设施或集中居民点。

（5）小临工程水土保持措施。

① 施工现场生产、生活房屋的修建，料具、石料堆放和材料加工场等一切临时生产、生活设施的布置，做到分布合理，整洁有序，满足有关标准的要求，避免因临时工程修建的随意性而多占土地，破坏其水土保持功能。

② 施工场地范围内做好集水、排水工作，不阻塞地面径流自然通道，防止壅水和场地冲刷。

③ 施工中修建的临时设施，必须在工程交验后规定时间内予以拆除，尽可能进行造地复耕，恢复原有地形地貌。

14. 施工环保、水土保持达标标准

施工环保、水土保持主要控制指标如表 4-8 所示。

表 4-8　环保、水保主要控制指标

序号	检查项目	控制标准
1	噪声排放	① 排放同时符合国家、地方有关法规、规定等要求。 ② 施工场界噪声限值：6:00～22:00 小于 70 dB；22:00～6:00 小于 55 dB
2	生产、生活污水排放	① 生产生活污水排放达到国家二级排放标准。 ② 生活污水经过污水处理厂处理后排放，其 5 日生化需氧量即 $BOD_5 \leqslant$ 60 mg/L、化学耗氧量 $COD \leqslant 150$ mg/L，污水排放前无明显悬浮物
3	固体废弃物	① 节约材料、控制废弃物的产生。 ② 废弃物分类存放，提高废弃物的回收率。 ③ 充分利用钢材、木材等下脚料
4	扬尘	① 施工扬尘符合地方有关标准。 ② 施工时目测 1.5 m 以上无扬尘
5	运输遗洒	运输的材料、渣土、垃圾等无遗洒
6	化学危险品泄漏	① 尽量减少化学物品的使用，控制化学物品泄漏。 ② 试验用的化学试剂、混凝土施工外加剂等不遗洒、泄漏
7	火灾、爆炸事故发生	杜绝施工现场火灾和爆炸事故的发生
8	资源能源	① 节约资源能源、降低材料消耗。 ② 水电消耗不超过定额预算，尽量节约；钢材、水泥、木材不超过定额预算，尽量回收利用上一工序的废弃料

4.6 高速公路 PPP 项目施工总承包技术与创新管理

4.6.1 香丽高速公路技术文件管理

1. 设计文件复核

（1）设计文件复核遵循先整体后局部，先原则后细节，先分专业后沟通衔接的原则。

（2）收到设计文件与图纸后，总承包项目部总工程师制定复核计划，明确复核目的、方法、内容与重点、审核任务分工。

（3）总承包工程技术处组织各相关部门技术人员及总承包各工区、分包协作单位技术人员按照任务分工及复核要求进行复核，填写“设计文件复核记录表”并签字确认，并经工区项目部技术负责人进行复核，复核完成后在“设计文件复核记录表”中填写复核记录并签字确认。

（4）项目总工程师组织相关部门将复核中发现的问题及意见汇总报至监理、建设单位予以确认，并尽快获得处理回复意见。

（5）图纸会审是保证施工图纸具有可操作性的重要环节，是项目技术准备的重要内容，提出合理化的施工建议，纠正图纸矛盾，确保工程质量和安全，从源头上保证项目建设工期目标是施工图纸会审的主要任务。即工区项目部从接收到施工图纸后，组织各相关部门施工技术人员及施工单位技术人员认真阅读图纸，并根据项目的施工装备条件、是否需要采用非常规的施工技术措施、既有的施工习惯能否保证施工安全、围绕怎样降低施工成本等提出问题或建议并汇总整理出图纸会审记录的过程。

（6）图纸会审的重点内容：施工图纸是否经正规设计单位正式签章，是否通过有关部门评审；承包范围是否与图纸符合，承包范围内的图纸是否齐全；在可以满足设计功能的前提下，从经济角度可否对图纸进行优化修改；建筑与结构构造是否存在不能施工，或施工难度大容易导致质量、安全或增加费用等方面的问题；关键工序是否可以通过设计进行优化，以加快工程进度，减少工程成本；施工场地周围通信线路、电气线路标示是否与实际一致，碴场位置是否合理；施工图纸是否有特殊要求，施工装备条件能否满足设计要求，如需要采用非常规的施工技术措施时，技术上有无困难，能否保证施工安全；是否采用了特殊材料或新型材料，材料的来源和供应能否满足要求；是否有违反强制性条文的情况，所需标准图、定型图、参考图一览表，有无过时作废情况。

（7）设计交底应由丽香高速公路投资开发有限公司组织总包项目经理部、设计、监理、工区项目部四方参加。在交底会议上，设计单位向总承包项目经理部和工区项目部就设计意图、图纸要求、技术性能、施工注意事项及关键部位的特殊要求等进行技术交底，同时就图纸会审提出的相关问题进行答疑。设计交底会后，形成会议纪要，作为设计交底书。

2. 施工技术交底

施工技术交底是让所有参与项目管理与实施的人员了解、掌握所承担工程的施工内容、施工方法、工艺、质量安全要求及保证措施等。

（1）技术交底的分类。

技术交底分为总承包项目经理部总体施工组织设计交底、工区项目部施工组织设计交底、施工方案交底和分项工程施工技术交底。

① 总承包项目经理部总体施工组织设计交底。

总承包项目经理部总体施工组织设计交底由香丽高速公路工程总承包项目经理部以会议的形式由总包项目经理部总工程师向各处室及各工区项目部管理人员进行交底，明确项目的概况、施工条件、施工组织、计划安排、特殊技术要求、重要部位技术措施、新技术推广计划、项目适用的技术规范、政策等。参加施工组织设计交底的人员包括：项目经理部各处室人员，项目部项目经理、总工、全体技术管理人员。

② 工区项目部施工组织设计技术交底。

工区项目部施工组织设计编制完成后，以会议的形式由工区项目部总工程师向各级管理人员进行交底，明确项目的概况、施工条件、施工组织、计划安排、特殊技术要求、重要部位技术措施、新技术推广计划、项目适用的技术规范和政策等。参加施工组织设计交底的人员包括：工区项目部全体技术管理人员、参与项目劳务分包的施工队队长、技术负责人。

③ 工区项目部施工方案编制完成后，以会议的形式由工区项目部总工程师进行施工方案交底，明确各分部、分项工程（或重要部位、关键工艺、特殊过程）的概况、施工条件、施工组织、计划安排、特殊技术要求、技术措施、资源投入、质量及安全要求等。参加施工方案交底的人员包括：参与该方案施工的劳务施工队的队长、技术负责人及全体技术管理人员。

④ 在项目实施的各阶段，对于工区项目部的主要分项工程，由工区项目部专业工程师（施工员或技术员）负责向劳务施工队的队长、技术负责人进行分项工程施工技术交底。根据专业工程师（施工员或技术员）的分项工程施工技术交底的内容，由劳务施工队的技术负责人向班组操作工人进行技术交底。分项工程技术交底要让班组明确自己所要完成的分项工程的具体工作内容、操作方法、施工工艺、质量标准和安全注意事项，使操作人员任务明确，各工种之间配合协调和工序交接有序。

项目部总工程师负责向项目部全体技术管理人员进行施工组织设计交底。

（2）技术交底的要求。

施工技术交底必须以批准的施工组织设计、施工方案为依据，内容须满足设计图纸、现行规范、规程、工艺标准和项目经理部的合理要求。特别是图纸中的技术要求高的分项或部位，应作详细的交底。技术交底必须自始至终结合工程部位和工程量进行交底，甚至应说明为什么要这样做的原因，保证交底的适用性和可操作性，必要时应结合样板进行交底。技术交底内容要表达具体、准确，并突出要点，交底的形式应规范，如术语、符号、计量单位、章、条、段、表、图等应满足标准化工作规则的要求。技术交底以书面形式或视频、语音、PPT 文件等方式进行。交底后，交底人应组织被交底人认真讨论并及时回答被交底人提出的疑问。交底人负责将记录移交给项目部资料员存档。

技术交底必须在分项开工前进行，并办理好签字手续后方可开始施工操作，严禁实体施工与交底记录出现不相符现象。分项工程施工技术交底原则上应按部位并结合当时的环境情况进行，但至少保证同名的分项工程在不同的分部工程中有一次交底；同名的分项工程的结构、内容有变化时应分时段、分层次的交底。同时，分项工程技术交底还应结合实际情况进行，当施工条件发生变化时，也应进行交底。

（3）技术交底的内容。

① 施工组织设计交底的内容。

工程概况及特点；主要施工方法，关键性的施工技术及实施中存在的问题；特殊工程部位的技术处理细节及注意事项；新技术、新工艺、新材料、新结构施工技术的实施要求与注意事项；主要施工组织、施工部署、施工机械、劳动力安排；与劳务分包单位之间互相协作配合关系及有关问题的处理；施工质量标准、环境管理控制措施和安全技术要点。

② 施工方案交底内容。

工程概况和要求；主要施工方法，关键性的施工技术及实施中存在的问题；特殊工程部位的技术处理细节及注意事项；新技术、新工艺、新材料、新结构施工技术的实施要求与注意事项；主要施工组织、施工部署、施工机械、劳动力安排；各参与单位协作、配合关系及有关问题的处理；施工质量标准、环境管理控制措施和安全技术要点。

③ 分项工程施工技术交底内容。

基本要素；交底部位；交底分部、分项工程名称；交底执行标准名称及编号；分项工程基本情况介绍；施工准备（技术准备、现场准备、资源准备等）；施工工艺；质量标准；环境管理要求；安全措施；质量通病预防措施；成品保护措施；其他注意事项。

（4）技术交底的管理。

工区项目部总工程师负责工区的施工组织设计交底，施工组织设计交底会议纪要作为技术文件交资料员存档；项工区目部总工程师负责施工方案的技术交底，同时负责监督实施；工区项目部专业工程师或施工员负责分项工程施工技术交底，同时负责监督实施。

施工组织设计交底会议纪要、施工方案交底会议纪要按照文件发放程序，每位参加人员一份。分项工程施工技术交底以书面材料、会议传达、样板观摩等形式进行，交底实施后必须留有反映交底内容的技术交底记录。分项工程施工技术交底完成后，交底双方在技术交底书上签字确认。劳务施工单位的技术负责人必须按照技术交底和环境技术交底书的内容，如实、如数地向班组进行交底，交底后将一份技术交底书报送项目部备存。

技术交底的检查：项目经理部工程处负责对项目部技术交底情况进行检查。工区项目部总工程师对项目分项工程施工技术交底的情况进行检查。工区项目部对技术交底情况检查每月一次，检查结果报项目经理部工程处。

3. 技术资料的管理

技术管理资料是工程建设和工程竣工交付使用的必备条件，也是对工程进行检查、验收、管理、使用、维护的依据。技术资料的形成与工程质量有着密不可分的关系。在技术资料的组织协调管理工作中，总承包严格遵照按照《关于印发公路建设项目文件材料立卷归档管理办法的通知》《云南省公路工程竣工文件编制及立卷归档实用范本（2012 版）》的规定以及国标系列工程质量验收标准的要求进行。

（1）技术资料的管理职责。

根据合同规定和管理范围的要求，本工程总承包人在施工技术资料的协调管理中负责汇总整理各个分包单位编制的全部施工技术资料。从工程施工准备阶段开始，总承包人即进行竣工资料和竣工图组织协调管理体系的建设；在和各工区项目部充分协商的基础上，统一竣工资料的格式和形式，明确竣工资料和竣工图的技术标准和要求，明确各个分工区项目部资料管理责任制度和责任人。建立项目经理部技术资料管理职责，明确管理办法和奖惩条例。

（2）项目技术资料管理的实施办法。

① 要求各工区项目部进行技术资料自查。

根据工程需要，总承包将督促工区项目部按照工程需要分阶段、定期指定资料自查计划，在工区项目部自查的基础上进行内部检查。内部资料检查由总承包部项目总工和工区项目部总工共同负责，组织对所有工程施工技术资料、质量保证资料进行全面检查，出现问题及时整改。工程在进行分段验收及竣工验收前必须先对施工技术资料进行项目内部自查，由项目总承包方总工程师组织审查工作。

② 技术资料管理要求。

工程施工技术资料应随施工进度及时整理，按专业系统归类，认真进行填写，做到字迹清楚，资料齐全，记录准确、真实，且无未了事项，所有技术资料必须由各工区项目部技术负责人审核。

③ 竣工阶段的技术资料管理。

工程竣工前总承包将根据规范规程的要求，进行工程竣工资料的预检工作；总承包项目总工组织编制工程内部检查计划，并按计划组织项目各个主要工区项目部进行竣工工程自检，内部检查通过后方可进行四方验收及档案馆的核验。

4.6.2　香丽高速公路专项技术管理

施工组织设计、方案和技术交底编制的优劣，直接影响到现场施工、生产的组织、以及质量、进度、安全、成本的预控目标，为此完善相应的管理预控措施，对强化施工组织设计及方案的科学性、指导性、针对性和实用性具有重要意义。为加强总承包施工组织设计及专项施工方案的管理，同时为优化审批流程，加快方案审批进度，落实主体责任，使管理层级优化，责权清晰。依据《危险性较大的分部分项工程安全管理办法》（建质〔2009〕87 号）、《云南省公路建设项目危险性较大的分部分项工程专项方案安全管理办法》及相关技术规范要求，施工组织总设计和（超）危大工程专项施工方案审核、监审、审批由集团主控，专业分包施工组织设计和分部分项工程专项施工方案审核、审批按国家规定由专业分包单位负责，（超）危大工程方案报集团审查、备案。

（1）集团施工组织设计和专项施工方案监审范围。

施工组织总设计；需要专家论证的（超）危大工程专项施工方案（含专业分包工程）；变更金额大于等于 500 万元的危大工程专项施工方案（含专业分包工程）；（超）危大工程实施主体更换的专项施工方案（含专业分包工程）。

（2）报审要求。

① 施工组织总设计报审要求。

符合相关要求的施工组织总设计；技术调查报告；总体风险评估报告结论；临建场站、驻地选址安全风险评估结论；预审意见及修改说明。

② 专项施工方案（含专业分包工程）报审要求。

符合相关要求的专项施工方案；专项施工方案策划会议纪要；专项风险评估报告；专家

论证意见；专项施工相关的临建场站、驻地选址安全风险评估结论；预审意见及修改说明；专业分包工程专项施工方案预审查备案意见、专业分包资质证书、营业执照。

（3）预审核（审查、备案）规定。

施工组织总设计和控制性工程所涉及的（超）危大工程专项施工方案预审责任单位为集团各事业部、施工总包单位。预审责任人为集团各事业部、施工总包单位总工程师。施工组织总设计和控制性工程所涉及的（超）危大工程专项施工方案预审应当由集团各事业部、施工总包单位制定预审制度，并组织召开预审会。预审会由集团各事业部、施工总包单位总工程师组织，形成预审意见，由总工程师最终确定是否修改上报集团审核、监审或重新编制。其他参会部门及人员由各事业部、施工总包单位按管理办法确定。预审完成后必须形成预审意见书。

（4）监审、审核、备案规定。

施工组织总设计和（超）危大方案由集团总工办组织监审，同时，由集团各事业部、施工总包单位总工程师组织审核。

施工组织总设计及超危大方案监审人员：① 集团公路工程专业副总工程师；② 基投公司总工程师（施工组织总设计、控制性工程超危大方案）③ 基投公司专业副总工程师（超危大方案）；④ 总工办、生产管理部、安全监督管理部、企业管理部相关人员。

施工组织总设计及（超）危大方案审核人员：集团各事业部、施工总包单位总工程师、总经济师、安全总监、相关专业副总工程师、专业审核工程师（不少于 3 人）、相关职能部门人员。必要时生产副总参加（施工组织总设计、控制性工程超危大方案）。

施工组织总设计及（超）危大方案监审、审核会其他参会人员：项目管理公司总工程师、总承包项目经理部项目经理（施工组织总设计）、总承包项目经理部项目总工程师、专业副总工程师、相关专项工程施工项目经理部项目经理、项目总工程师、专业分包工程项目总工。集团各事业部、施工总包单位对专业分包（超）危大方案的审查、备案做说明，集团监督审查备案。

（5）其他施工组织设计和分部分项工程专项施工方案审核、审批由总承包项目经理部主控，审核、审批流程按总包承项目经理部管理规定执行。

（6）专项施工方案论证专家除项目所在地上级行业主管单位明确要求选取项目所在地专家库专家外，其余均需在集团最新发布的《危险性较大分部分项工程安全专项施工方案论证专家库论证专家及技术咨询机构名单》相关专家中选取，专家组不少于 5 名专家。组织专家论证前 3~5 天将专家论证申请表报集团，经集团同意后方能组织专家进行论证。因工程需要，新增专项施工方案论证专家必须在计划论证前 3 个工作日内将论证专家信息资料按入库要求进行填写，并报集团新增入库，经集团审核通过后，方能聘请该专家论证方案。集团原则上每年更新发布一次专项施工方案论证专家库名单。

（7）专项施工方案专家论证工作由施工总承包项目经理部组织。

论证专家组应由设计、施工、勘察等供职于不同单位、符合相关专业要求的论证专家组成；本项目参建各方的专家、专业类别不符的专家不得以专家身份参加专家论证会。

（8）专项施工方案论证参会人员：论证组专家；建设单位项目负责人或总工程师；监理单位的总监理工程师及相关专业监理工程师，施工总包单位总工程师（必要时或风险等级Ⅳ级及以上）、安全总监（必要时或风险等级Ⅳ级及以上）；工程总承包项目经理部项目负责人、项目总工程师；分包单位总工程师；专项方案编制人员、项目安全总监、项目专职安全生产管理人员；勘察、设计单位项目总工程师（必要时）及相关人员；集团总工办根据方案的技术复杂程度派人员参加；上级监督机构视需要派人员参加。

（9）论证工作主要流程应符合下列要求。

方案及相关资料审阅，现场踏勘（必要时）；召开专项施工方案专家论证会议；出具论证报告；依据论证报告，方案修改完善，按规定审批。

（10）专家论证会议主要程序应符合下列要求。

论证专家组成员及与会人员会议签到；明确论证组组长，论证组组长主持论证会议；方案编制单位详细介绍方案内容；专家参与询问及讨论，表达各自意见；论证组长主持收集、汇总与会各专家书面意见，并形成书面报告。

（11）论证的主要内容。

方案是否依据施工现场的实际施工条件编制，论证专项施工方案的技术路线以及内容的正确性、完整性和可行性；论证专项方案计算书、验算依据、施工图的正确性、有效性、规范性，是否符合有关标准规范；安全施工的基本条件能否满足现场实际情况。

（12）论证报告应符合下列要求。

论证报告结论应明确为“通过”“修改后通过”或“不通过”；论证报告中对方案提出的意见应明确理由以及修改要求；论证报告填写应规范，不得涂改；论证报告应由所有参与论证的专家签名；论证报告应在论证结束时出具给论证组织者，有特殊情况论证报告反馈时间不得长于论证结束后 2 个工作日。

论证报告结论“修改后通过”，施工单位应严格按论证意见修改，并将修改后的专项施工方案及时报专家组组长签字审核。论证结论为“不通过”的，由集团各事业部、施工总包单位监督方案重新编制，并组织原论证专家重新论证，因故需要调整的论证专家，更换不得多于 2 名原专家，原则上专家组组长不得调整；重新论证时应提交原论证报告及整改情况说明。对论证报告结论存在争议的，集团各事业部、施工总包单位报集团总工办组织专家复核。专项方案设计或施工条件发生重大变化时，施工单位应当调整专项方案并重新论证。

（13）施工组织总设计及（超）危大工程专项施工方案实施过程管理。

施工组织总设计及（超）危大工程专项施工方由集团各事业部、施工总包单位和总承包项目经理部按制度对实施过程进行监督管理。控制性工程的（超）危大工程专项施工方案应聘请具有相应能力的专家或专家团队，对实施过程进行现场指导。施工期间，各项目管理人员应严格按照已审批的施工组织设计或专项施工方案要求组织实施。施工组织设计或专项施工方案实施过程应进行动态管理，合同工期和重大施工条件发生变更，必须制定相应的技术、安全保障措施，经有相应资质和能力的专家论证，按专家出具的论证意见，配备现场的人员、设备、材料、资金，并重新编制施工组织设计或专项施工方案。（超）危大工程涉及的材料、设备进场验收，围堰、浮桥、支架、挂篮等临时结构预压验收，总承包项目经理部必须监督各相关的施工项目经理部项目经理、项目总工程师组织验收，并留存验收记录。

（14）各相关施工项目经理部项目经理、项目总工程师必须对（超）危大工程的关键节点，进行现场旁站检查，以下关键节点必须做好旁站的书面及影像记录：不良地质地段边坡锚索的预应力穿束、张拉等。40 米 T 梁首片运输与安装；40 米以上墩柱首节竖向移动模板安装；

特殊桥型上部结构关键节点等；隧道工程穿越偏压段、破碎带、高瓦斯地段、强涌水突泥地段、高地应力地段、隧道贯通、隧道交叉等。总承包项目经理部和各相关施工项目经理部项目经理、总工程师对实施过程检查时，发现与施工组织设计和专项施工方案不符的情况，项目经理必须督促及时进行整改。

4.6.3 香丽高速公路变更设计管理

施工图设计变更，严格按云南省公路工程变更设计管理办法实施细则，并按程序办理。工程设计变更按总包项目经理部工程技术处工程设计变更管理办法执行。方案增减金额在 30 万以下，由工程处各综合组牵头落实解决；方案增减金额在 30～150 万元的，由副总工程师李灿德主任牵头，带领工程技术处综合组共同落实解决；方案增减金额超过 150 万元的由副总工程师李灿德向总工程师汇报，由总工程师牵头解决。由设计单位提出的施工图设计变更，在收到监理工程师变更通知后组织实施。

施工中需变更设计，项目部提出设计变更申请，其内容主要包括：要求变更设计的原因；变更设计的依据；变更设计后的主要施工方法、技术依据、工程造价与工程工期等。

变更申请由总包项目经理部总工程师审核后报送监理，在收到监理正式下达的设计变更文件后方可组织实施。所有设计变更应及时通知合同部门办理相关手续。在施工过程中应注意变更图纸和文件的时效性控制。

4.6.4 香丽高速公路科技创新管理

1. “四新技术”的推广应用

在项目建设中积极推广使用新技术、新工艺、新材料，提高工程建设的科技含量和工程质量，控制工程造价，促进建设管理水平的提高。新技术的推广应用要进行充分论证，进行技术、质量、经济等多方面的综合分析比较，在保证技术先进、质量可靠、费用合理的前提下并报经上级交通主管部门批准后推广应用。项目经理部鼓励推广使用先进的工程施工机械、设备和检测监控仪器、工具，提高工程质量控制水平，配备先进的办公设备，充分利用工程管理软件进行工程质量、工程进度和工程费用管理，利用网络技术传递工程资料、报表、信息，提高工作效率，节省管理费用。

工区项目部独立引进的用新技术、新材料时，须提前申请上报总承包项目经理部、总监办和业主，并在报经上级交通主管部门批准后使用。

2. 科技开发管理

（1）组织机构。

项目部由总工程师负责技术开发与成果转化工作，工程部负责组织科技项目规划、论证，定期检查、分析和总结科技工作情况，组织参加重点项目的联合攻关，组织开展群众性技术革新，引进推广新技术和技术交流活动。

（2）科技攻关与技术革新。

针对本项目路基工程地基处理技术、桥梁工程施工技术、隧道施工技术等进行科技攻关，将对在科技攻关中成绩突出的单位和个人或技术先进、经济、社会效益显著的科技成果给予一定的奖励。

（3）工法开发与推广应用。

积极推广应用有关等级工法，同时对工程施工中的先进技术与管理经验要选题，择点和定人，总结编写工法。

5 高速公路 PPP 项目文化建设

5.1 工程项目文化建设概述

5.1.1 工程项目文化的特点与功能

1. 工程项目文化的特点

文化是水，项目是舟。在工程项目文化有益于组织时，完成项目就如顺水推舟，不怎么用力，河水自然的力量就会使项目向目标推进。一般而言，文化的构建需要相对稳定的组织，而项目组织具有很强的临时性。因此，工程项目文化具有一些不同于企业文化的特征。

（1）周期性。

工程项目从启动到最终交付项目成果表现出明显的寿命周期特性，工程项目文化也具有鲜明的生命周期特性，并且随着工程项目的进行阶段的不同，工程项目文化呈现出强度上的波动性。由于工程项目的不同阶段人员的更替、环境、工程项目的实施情况以及工程项目文化建设力度等影响，使工程项目文化要经历一个从无序到有序的发展过程，即不断认知、学习、提高的过程。

（2）影响性。

工程项目组织成员来自特定的组织，必然受到原所在组织文化的影响，从而表现出对工程项目文化建设的有意无意中的抵制或惯性作用。另外，工程项目文化必定会在一定程度上改变项目的组织成员，项目结束后，组织成员可将工程项目文化传播给新的项目，为新项目带来示范效应，从而引起组织文化某种程度上的改变。

（3）显型性。

在每一个项目上，多方行为主体各自履行项目建设的职责，但其行为都必须通过工程项目文化来约束、沟通和协调。例如，工程项目文化 CI 形象是一种统一现场标识和统一管理制度的显型文化，具有统帅项目多方行为主体的作用。项目文化不涉及各个行为主体的隐性文化，有利于化解现场的各种矛盾。

（4）开放性。

工程项目建设周期长、社会联系广，作业现场是向社会公众展示企业形象的重要窗口，体现着工程项目组织的综合实力，能够扩大企业的社会影响面，因而具有十分明显的广告作用。

（5）大众性。

工程项目是劳动密集的场所，许多成员聚集在一起，作业环境艰苦，各种作业队伍人员素质、文化取向千差万别，如何激发组织成员干劲，调节组织成员情绪，做好质量安全控制和文明施工，就需要依靠这种融合了作业层次的大众文化的力量来运筹。

（6）困难性。

工程项目文化建设比企业文化建设相对困难。工程项目由于其存续时间的有限，工程项目文化建设期限也相当有限，没有摸索和完善的充裕时间。工程项目的一次性特征使得工程项目文化建设也是一次性的，不可能像企业文化等那样有机会不断调整和改进，其不确实性和风险性也很大。另外，工程项目组织内的成员来自不同的组织，他们有巨大的文化背景差异，可以说工程项目是文化的大融合，工程项目文化建设必须对这些不同文化进行整合，使其产生合力，这无疑又增加了工程项目文化建设的难度。

2. 工程项目文化的功能

通过全面推进工程项目文化建设，能够促进工程项目管理的良性发展，给工程项目组织带来生机和活力。具体来说，工程项目文化的功能主要体现在以下几个方面：

（1）增强凝聚力。

一个项目的成员各有不同的背景，健康的工程项目文化犹如润滑剂，给有各种期望抱负和技能的工程组织成员以互相了解的时间和条件，创造良好的沟通、团结氛围，凝聚人心，形成整体协同作战。文化的魅力在于对心路历程的塑造，共同价值观的培养，达到从主观上调动人的积极性的目的。通过工程项目文化的建设能够增强组织的凝聚力，可以培养一支相互支持，密切协作，目标一致，精诚团结的优秀团队。

（2）优化管理力。

适宜的工程项目文化可以建立一种有利于实现项目目标的无形机制，引导工程组织成员对项目目标的认同，增强工程组织成员的责任意识。工程项目文化建设是对项目管理规划和道德规范的双重构筑，是刚性约束和柔性约束的相互结合，由它所建立起来的项目管理体系，更多体现了沟通与互动式的交流，信息渠道畅通，为缓解和解决冲突打下良好的基础。

（3）提升辐射力。

工程项目文化建设，能很好地解决企业文化建设易于浮于表层，推动不深入的问题，使其更加贴近基层，深入人心。能对广大基层员工进行良好的精神塑造，可实现企业文化在项目管理中各层面的渗透，达到提升企业整体形象的目的。

（4）产生导向力。

文化就是导向，它明确告诉员工什么是大力提倡的，什么是道德所不允许的，这种导向作用，引发了员工奋发进取，追求完美，不甘失败，敢于挑战的意识。同心生合力、共识出良谋，正是这种导向力，分散的力量被集中起来，就能形成强大的凝聚效应。

（5）发挥激励力。

工程项目文化提高工程组织成员对工程项目的参与度、适应性，唤起组织成员的进取精神和克服困难、主动改善工程环境的意识。一种健康的工程项目文化，会使工程组织成员的潜能获得解放而为项目目标的实现积极工作，人的自我价值也可以在较高的境界上得以实现，使人获得极大的精神满足。

（6）起到约束力。

工程项目文化约束组织成员的不良心理和行为，使之遵守项目行为规范，不偏离组织目标。

5.1.2 工程项目文化的层次

工程项目文化作为企业文化在工程项目中的延伸，也可以分为四个层次，各个层次有各自特定含义，各层次之间又有紧密的内在联系，如图 5-1 所示。

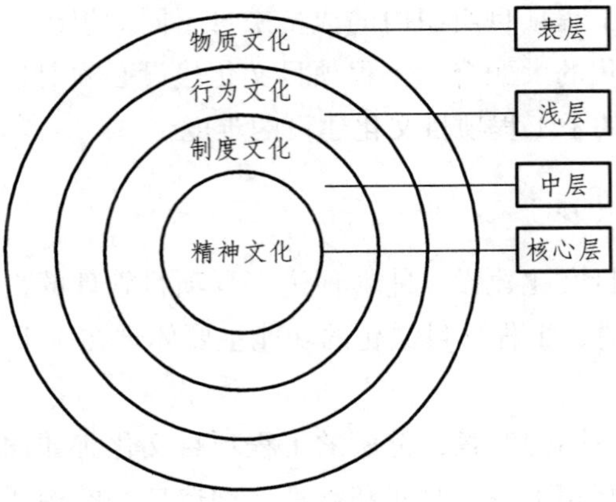

图 5-1　工程项目文化层次结构示意图

这四个层次并不是平行的关系，而是沿着物质文化→行为文化→制度文化→精神文化的路径不断由表及里，从低级到高级进化，如图 5-2 所示。

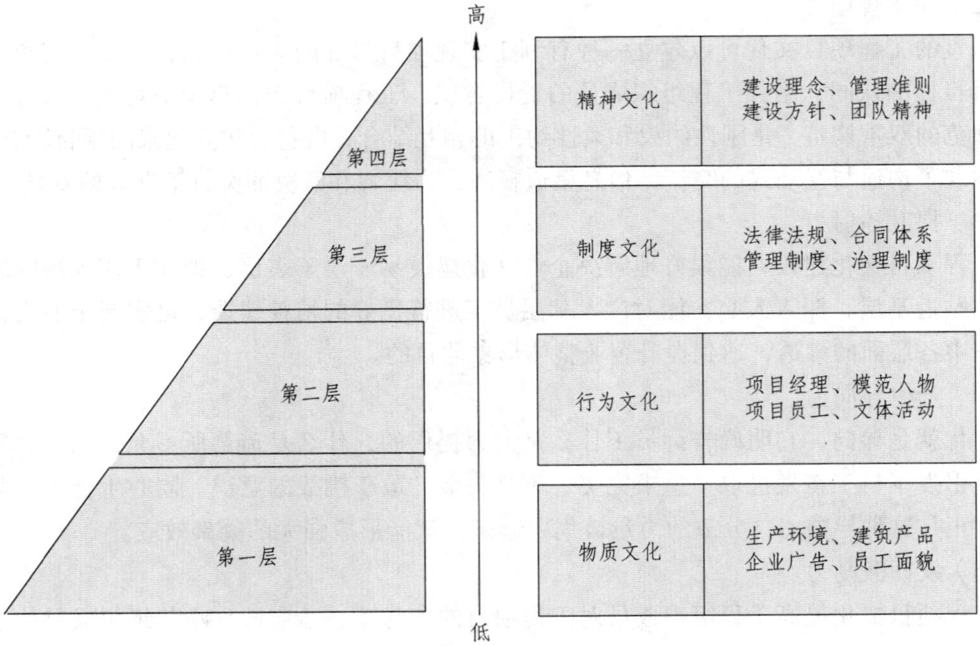

图 5-2　工程项目文化层次关系示意图

精神文化位于工程项目文化的核心层，统领着工程项目文化的建设，集中体现一个工程项目独特的、鲜明的经营思想和个性风格，反映着工程理念和方针，是工程项目组织整体意识的集中体现；制度文化位于工程项目文化的中间层，是由工程项目管理的法律法规、组织形态和管理形态等构成的外显文化，它是工程项目文化的中坚和桥梁，把工程项目文化中的物质文化和精神文化有机地结合成一个整体。行为文化位于工程项目文化的浅层，是项目员工在生产经营、学习娱乐中产生的活动文化，它是项目经营作风、精神面貌、人际关系的动态体现，也是项目宗旨、项目价值观的折射；物质层位于工程项目文化的表层，是以物质为载体，是工程项目文化的外部表现形式，它包括生产环境、建筑产品、企业广告和员工面貌等。

5.1.3 工程项目文化的内容

1. 物质文化

以物质形态显现出来的表层项目文化，主要包括工程项目的生产环境、建筑产品、企业广告和员工面貌等内容。

工程项目文化由于工程项目的流动性特点，因此其物质文化不同于企业文化的物质文化，诸如文化娱乐设施、员工生活设施等不可能很完善，但是应充分利用一切可以利用的条件和时机，为员工营造一个干净整洁的生产和生活环境，使员工的身心得到舒展。

物质文化主要体现在有形的项目产品上、鲜明的企业宣传标示牌上和先进的施工技术及设备上。首先，体现在项目产品上，项目产品的布局、造型和特色等都给人一种美的文化享受，优良的工程项目体现着工程项目文化，反映着工程项目管理的水平和实力。同时，物质文化还通过工程项目的广告宣传标语、工程项目员工的工作服等形式展现出来，工程项目的这些象征物不仅可视，而且可感可摸，社会公众可以通过视觉、感觉和触觉了解和认识一个工程项目。其次，物质文化还包括先进的施工技术和使用现代化的设备和机具，技术和设备是物质文化的保证。工程项目的员工在采用先进的科学技术，驾驭现代化装备的时候，形成的新思想，会冲击传统的思想沉积，破除旧的价值观念，萌生新的价值追求，给工程项目带来新的生机和活力。

2. 行为文化

行为文化是工程项目全体员工在经营管理、施工劳动、学习娱乐中产生的活动文化。它是项目员工的工作作风、精神面貌、人际关系的动态体现，也是团队精神和价值观的折射。

工程项目文化中的行为文化主要由项目经理的行为、先进模范的行为、员工群体的行为以及文体活动体现出来。项目经理的行为是工程项目文化中行为文化的重头戏，起着导向作用。项目经理是工程项目的统帅，总揽全局，既要运筹帷幄，又要临阵指挥，但绝不是不分巨细，事必躬亲，而是要运用宏观思维方式，采取分权，承担责任，加强民主管理。项目经理的临阵指挥要表现在哪里有问题就到哪里去，哪里最危险就在哪里出现，遇到困难临危不惧，沉着镇定，克服前进道路上的一切阻力，增强员工实现项目奋斗目标的信心和决心。

先进模范人物是工程项目的中坚力量，在员工中占有重要地位。他们的行为集中体现了工程项目的价值，使项目的价值观“人格化”，常常被树为员工效仿的行为规范，是员工们学习的榜样。先进模范人物产生于项目员工内部，他们在各自的岗位上做出了突出的成绩和贡献，在我国，先进模范的称谓很多，有“劳动模范”“先进工作者”“新长征突击手”“革新能手”“三八红旗手”等。先进模范也是普通人，他们能做到的事情，别人通过努力也能做到，把他们作为员工的效仿对象，很有现实教育意义。

工程项目员工是工程项目的主体，员工群体行为体现着工程项目队伍的精神风貌和文明程度，因此，员工群体行为的培育和塑造，是工程项目文化建设的重要组成部分。要塑造好的群体行为，必须做好思想政治工作，加强纪律教育，开展文体娱乐活动，促进人际交往，鼓励员工学知识、学技术，开发智力，引导员工把自己的工作与项目的奋斗目标联系起来。工程项目工作是实现自己人生价值的重要组成部分，通过努力工作去描绘自己光辉灿烂的人生，如果员工都能这样去想，这样去做，员工群体的行为就会形成一股巨大的推动力量。

3. 制度文化

制度文化包括法律法规、工程项目治理制度、工程项目合同体系和工程项目管理制度，是为了实现工程项目的目标对员工的行为给予一定限制的文化，具有强制性、约束性、规范性和保证性。《诸葛亮·兵要》上说："有制之兵，无能之将，不可以败；无制之兵，有能之将，不可能胜"，可见制度文化的重要性。在工程项目文化中，制度文化是人与物的结合部分，是人的意识与观念的反映，是由一定物的形式所构成的。同时，制度文化具有中介性，既能适应物质文化的固定形式，又是塑造精神文化的主要机制和载体，对工程项目文化建设具有重要作用。

制度文化首先体现在工程项目的治理制度上，项目的治理制度是指在工程项目的实施过程中由业主、承包商、设计方、供货商等通过合同契约形式进行联系，通过合同的规则、程序和安排来规范业主和其他各方之间的责、权、利关系，形成的有别于企业组织的治理机构。业主拥有工程项目的所有权和最终决策权，与其他各方存在委托代理关系。在项目管理中，业主、承包商和监理工程师三方是独立的，形成了治理上的三角关系，这是工程项目管理特有的治理文化的体现。

制度文化体现在工程项目的合同体系上。在工程实践中，业主、承包商和众多的供应商之间都会签订合同，构成了复杂的合同体系。任何一个工程项目的实施，都是通过签订一系列的合同来实现的。通过对合同内容、范围、价款、工期和质量标准等条款的制订和履行，业主和承包商可以在合同环境下调控工程项目的运行状态。通过对合同管理目标责任的分解，可以规范工程项目管理机构的内部职能，紧密围绕合同条款开展工程项目管理工作。因此，无论是对承包商的管理，还是对项目业主本身的内部管理，合同始终是工程项目管理的核心。同时，通过合同明确承发包双方的职责、权利和义务，可以合理分摊承发包双方的风险，合同中明确约定的各项权利和义务是承发包双方的最高行为准则是双方履行义务、享有权利的法律基础，也是处理工程项目实施过程中各种争执和纠纷的法律证据。

制度文化还体现在工程项目管理的管理制度上，管理制度是为规定和调整项目管理中各项工作和团队成员行为而制定的一整套规定、程序和条例。管理制度是工程项目文化建设中必须使用的工具和手段，是工程项目文化建设的重要维度和保证手段。

4. 精神文化

精神文化相对于物质文化、行为文化来讲是更深层次的文化，在整个工程项目文化系统中处于核心地位。它受一定的社会背景、民族文化、意识形态的影响，其内容包括团队精神、建设理念、建设方针、价值观念、品格风貌等，是项目意识形态的总和，是物质文化、行为文化的升华。

精神文化是工程建设理念、价值准则、管理信条的集中体现，它可以支配员工的行为，控制员工的活动和修正员工的作风。工程项目的成功，需要全体员工透射出强烈的向心力和凝聚力，将全部的力量和智慧投入到工程项目的工作中去，精神文化恰好能发挥这方面的巨大功能。

5.2 高速公路项目文化建设的必要性及内容

5.2.1 工程项目文化建设的特殊性

1. 工程项目组织的临时性和开放性

工程项目组织有很大的临时性、开放性和柔性，在工程项目不同的阶段呈现不同的组织形式，组织边界模糊，这就对工程项目文化建设提出了新要求。组织的易变性无法给工程项目文化建设提供一个相对稳定的实施环境，不利于工程项目文化推进和文化特征固化，初步成型的工程项目文化对组织变化的反应具有迟滞性，工程项目组织的临时性和频繁的变更往往使工程项目文化不能很好地适应组织的要求，发挥理想的功效。模糊的组织边界对工程项目文化建设也是一个挑战，如果文化建设与组织边界不匹配，很可能使工程项目文化缺乏全面性，效果大打折扣。同时，工程项目相关制度的变化将导致团队成员价值观念和行为方式等的改变，形成工程项目文化变革的压力。

2. 项目经理的权变性

项目经理是项目的主要责任人，是工程项目组织的灵魂，是工程项目文化建设的领导人、倡导者和培育者。项目经理对工程项目文化的形成和完善具有不可替代的示范效应，对组织成员有着极大的潜移默化的影响。

工程项目组织成员具有不同的文化背景，具有各自的动机和需要，根据工程项目特征和成员的文化特点设计出适合的工程项目文化，并通过其领导、控制、推动和示范，使团队成员共同遵循和接受，这是项目经理在工程项目文化建设中的艰巨任务。另外，工程项目文化有不同的层次，分散于不同组织成员、不同部门，如何进行整合是一个难点。利益相关者对项目有着不可忽视的影响力，工程项目文化建设离不开利益相关者的支持。如何使工程项目文化建设兼顾项目利益相关者的利益，体现利益相关者的意志以获得支持和配合，也是项目经理的重要任务。

3. 时间的制约性

工程项目组织临时组建，存续时间相对有限，而文化的形成通常需要较长时间的实践及调整，采取企业文化的建设策略，其结果是工程项目文化尚未形成，可能项目就已结束。文化建设的长期性与项目的相对短期性成为一对矛盾，怎样使工程项目文化快速见效成了工程项目文化建设的难点。

4. 文化融合的困难性

工程项目参建方多，且都来自不同的组织，文化背景差异大，工程项目文化建设需要对这些不同的文化进行融合，这个融合过程具有一定的难度。其次，工程项目的建设周期一般都较短，有限的时间也增加了文化融合的困难性。同时，参建各方来自不同的利益主体，利益诉求差异大，要在各个利益主体相互博弈的过程中完成文化的融合显然具有相当的难度。

5.2.2 高速公路项目文化建设的意义

1. 项目文化有利于培育项目的团队精神

建设项目文化的意义在于培育相互协作、有效沟通的项目团队，其对项目团队精神的培育主要体现在以下几个方面：

（1）培养项目相关利益主体之间的协作精神。项目相关利益主体之间的团结协作是项目建设所追求的最终目的。在项目建设中，项目的利益主体由于追求利益上的偏差和自身素质的不同，不一定能相互配合，相互理解，因此就需要项目业主倡导一种核心价值观去营造团结协作的项目文化，培养一种团结协作的环境。良好的项目文化能树立起项目上下级之间、部门之间、不同参建单位之间的敬业精神、团结协作精神和奉献精神，实现工作中、生活中的沟通、协调与合作。

（2）培养项目各成员间的团队精神。项目各成员来自不同的组织，受原有组织价值观的影响，在新的项目团队中，项目业主应将项目的所有的参与人员作为团队的一分子，在整个项目中来培养成员的团队精神，在成员之间形成高度的信任感，形成团队成员之间的尊重、信任、宽容、团结协作，形成共同的价值观，通过团队成员之间的团结协作，实现个体和集体的全面发展。

2. 项目文化影响项目的决策

如前所述，项目文化是项目组织成员的共同价值观，或是成员对环境的共同基本假设。该价值观会影响成员对环境的感觉，也会影响其生活态度，进而会影响其处事原则，所以项目文化就如同组织的灵魂一般，是成员行为的最高指导原则。而项目决策是项目运作中必须面对的工作，决策过程包括对时间的认知、识别目标、数据收集、发展可行方案、选择最佳方案、执行控制等。同样，项目文化也影响项目每一个决策过程，主要表现在以下几个方面：

（1）项目文化影响项目成员对问题的认知，同一问题在某一文化中被视为无足轻重，在另外一种文化则可能被认为事态严重，对问题严重程度的认定不同时，会影响制定决策的形式与过程。

（2）项目文化影响项目决策者对决策的目标认定，影响其制定决策的手段，如果项目成员大部分抱定无法改变环境的态度，其做决策的模式可能比较倾向于垃圾桶决策模式，由概率来决定结果。

（3）决策的信息搜集也受项目文化的影响，有些项目执行控制以科学方式收集分析信息，有些则以专家的意见来形成所需要的信息，信息搜集方式来自成员共同的价值观，项目文化影响信息收集的方式，同样对信息的解释将影响对信息判断的有效性，因此项目文化在此判断上将扮演举足轻重的角色。

（4）项目文化也影响方案设计的重点及特性，因为方案设计来源于对问题的分析与对信息的理解，而这两者都会经由项目文化的筛选而进入组织成员的思考范围内。制定可行方案后，接下来就是在可行方案中选择一个最佳的方案，所谓最佳方案常因项目文化不同，而有不同的含义。

5.2.3 高速公路项目文化的建设内容

高速公路项目文化建设与企业文化建设一样，也具有层次性，主要包括精神文化建设、制度文化建设、行为文化建设、物质文化建设四个方面。项目的价值观、理念、宗旨等是项目文化的核心层，起着最根本的指导作用；项目的制度是项目文化的制度层，起着保障和支撑的作用，是项目文化的载体；项目的环境、项目成果、项目所有人员的行为等构成了项目文化的物质层和行为层，是它将项目文化生动具体地表现出来。

与传统的企业文化建设不同，项目文化建设的直接目的是营造有利于项目目标执行的文化氛围，因此项目文化在建设初期就必须确立项目建设的目标；项目管理团队必须亲自参与文化建设；此外，项目利益相关方要积极配合项目的文化建设。当上述的前提条件满足时，项目文化建设才能顺利有效地开展下去。项目文化建设的内容如图 5-3 所示。

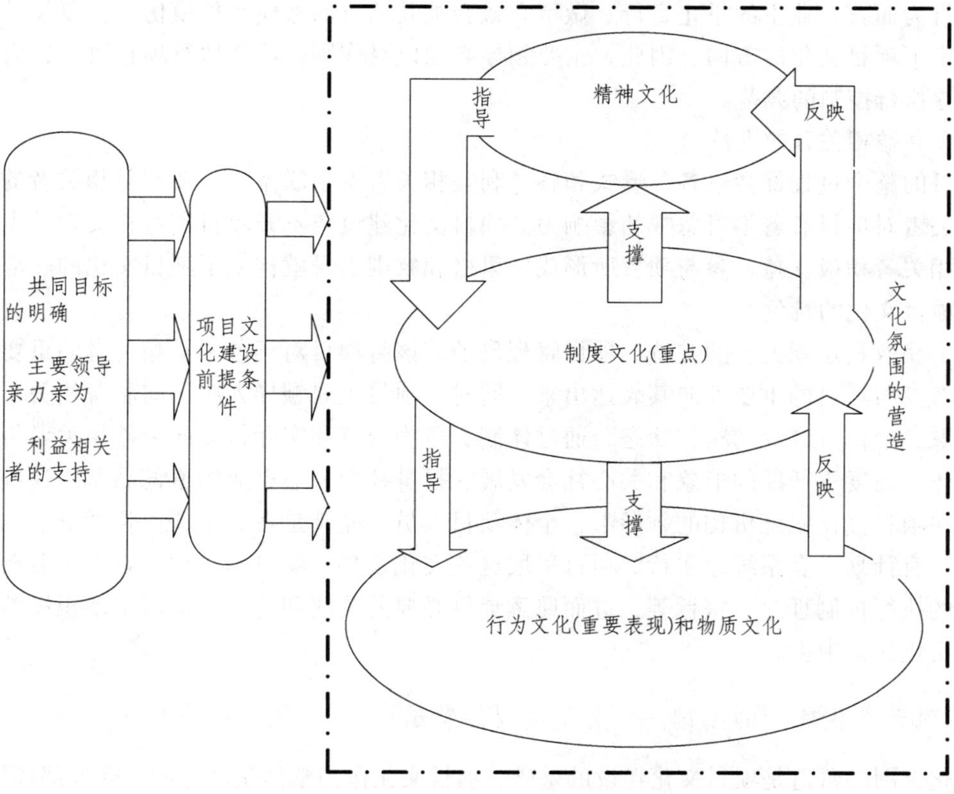

图 5-3 项目文化建设的内容

1. 项目文化建设的必要前提

（1）共同目标的明确。

项目文化价值观推广的一个重要因素是建立共同目标。共同目标也是执行控制主体产生协作意愿、互相认同的前提。只有项目参建各方充分认识到共同目标的存在，才能明确他们为什么而协作，通过共同目标的实现能使自身目标和利益得到一定程度的满足。所以要提升项目目标的执行力，就必须要有一个共同的目标，这个共同目标必须要为系统成员所理解和接受。各个执行主体要自我克制，交付个人行为的控制权。实际上就是要求各自愿意为合作系统目标的实现而共同协作，做出个人的努力和牺牲。项目参建各方之所以愿意为组织目标的实现而做出各自目标的牺牲，是因为项目参建主体认为通过相互合作使组织目标得以实现，从而会有利于自身目标的实现。

（2）主要领导的亲力亲为。

建立项目执行力的文化是需要主要领导亲力亲为的系统工程。在主要领导的亲自倡导和积极参与下，项目文化才能贯穿于项目生存和发展的方方面面。就项目目标实现而言，任何一个项目目标实现都需要项目业主以执行控制者的踏实心态，对项目所处的宏观经济环境与行业发展特点进行透彻的分析与研究，实事求是地结合自身的资源、能力和优势来确定切实可行的方案和规划。而对于项目成员问题，除了要以执行能力为标准，主要领导人不但要积极选拔合适的人员到恰当岗位、挑选适当的参建单位投入到项目建设中来，还要培育和提升项目成员的执行力。最终主要领导的领导力要通过管理流程，通过共同的管理设计来体现。就组织行为而言，业主的举止言行、做事方式会被其项目的参建单位模仿，主要领导的行为往往决定了项目文化的方向。因此，主要领导必须以身作则，严格执行项目决策，为自己的项目树立执行控制的典范。

（3）利益相关者的支持。

项目的整个过程都会以各种形式和各种利益相关者发生联系，需要利益相关者的参与，利益相关者对项目有着不可忽视的影响力。项目文化建设离不开项目利益相关者的支持，并且利益相关者积极支持、参与项目所形成的风格和氛围本身就构成了项目文化的一部分，体现出了项目文化的特色。

为了获取利益相关者的支持，项目管理班子应该将项目对于各利益相关者的重要性和利益相关者参与项目的重要性向其表达出来。同时，项目主要领导人应该向利益相关者展示团结、进取、合作、高效的精神状态，通过体制、行为规范和实际行动向利益相关者传达其诚信、合作、高度责任感的形象和关心社会发展、投身社会公益事业的道德品质。这些措施应该都是在项目文化实施机构的领导下，全体项目人员，尤其是在业主项目管理班子成员共同参与下，有计划、有系统地实行。通过采取这些文化攻势，项目利益相关者必定会尊重和认同项目的执行控制理念、宗旨等，进而愿意提供必要的关注和支持，甚至主动积极参与到项目项目文化建设中去。

2. 项目文化建设的基础——文化氛围的营造

文化氛围的营造是项目文化建设的基础，项目文化作为整体是动态的，受外部环境制约，时代的变化，消费模式的变化，都会影响着项目文化的发展变化。文化氛围的营造主要体现在以下几点：

（1）强调以人为本。以人为本在项目内部其核心是解决员工与工程项目的关系问题。在信息时代，员工多元化的价值追求，不仅仅是追求满足自己的需要，而且也在追求展示自我，发挥自我才华的机会，这反映出新构建的项目文化，人的自我实现的价值在于创造而不在于权利，在于工作的好坏而不在于等级的高低。信息时代，知识和能力将构成建筑企业项目的价值基础，它将使人们对地位和等级的竞争趋于淡化，有利于项目文化的净化以及人际关系的改善。

（2）突出民主管理。项目管理者要重视员工参与，加强协作，树立奉献精神。为了引导员工积极参与工程项目管理，要经常把项目当前的工作重点、市场形势和项目的奋斗目标传达给员工，使员工有明确的参与方向。欢迎和鼓励员工开动脑筋，进行技术革新，多提合理化建议，对实施后获得成效的应给予奖励。

（3）重视协作分工。项目文化必须强调协作分工的重要性，没有协作，项目将无法运作。项目对外有协作，对内也有协作，而且协作更多。对外协作要抱着予人方便自己方便的态度，求同存异，宽容包涵（指非原则问题），以诚信取人，争取热情的支援和合作。对内则上下级之间要协作，各工序之间要协作，各工种之间要协作，班、组之间要协作，员工之间要协作。因此，对项目全体人员要加强协作的宣传教育，阐明协作的必然性和必要性，协作是建筑企业项目正常运作的内在需要。各工序、各工种、各班组要以能为下道工序和其他工种、其他班组创造出有利的工作条件为己任，要正确认识自己的一切努力都是在为整个工程项目做贡献。组织一些有意义的活动，加强员工之间的联系，加深感情，实现工作上主动协作，主动支援。

（4）提倡奉献精神。提倡奉献精神是与项目的社会责任感相联系的。就是说在项目的整个建设运营过程中始终关注社会的进步和发展，坚持公众利益至上思想，争取社会公众的好评和支持。同时也在潜移默化地孕育着项目员工为项目做奉献的自觉性，促进项目奋斗目标早日实现。

3. 项目文化建设的重点——制度文化

（1）执行控制制度文化建设的原则。

通过倡导制度创新能实现与提高项目成员对项目价值理念以及新制度的认同，最大限度地挖掘项目成员的潜能，通过制度创新指导项目管理，解决项目面临的各种具体问题。而要实现这些目的，制度建设在实践与操作的过程中，应该有所侧重，遵循一定的原则，这些原则主要有：

① 潜能化原则。

制度没有“有无”之分，只有“好坏”之分。那些能够释放、挖掘项目成员潜能，能得到高度认同的好制度即是潜能制度。通过制度潜能化减少项目文化变革过程中项目成员的反感和逆反心理，充分调动项目成员的积极性，使得项目文化变革取得事半功倍的效果。

制度潜能化要求建立的制度体系应该蕴涵物质激励、精神激励、公平激励、竞争激励和发展激励五方面的激励因素，充分符合“人性化”要求，最大限度地激发项目成员的潜能。在制度化初期，潜能应注重体现新制度的冲击与震撼效果，从实践来看，新制度产生的冲击与震撼越强烈，项目成员对其认同与接受的过程就会越顺利，也就越有利于项目文化变革的推进。制度潜能体现在奖惩的设计上，就是要坚持两个“强调”，即：在惩罚上，强调“精神成本”大于“物质成本”，充分利用人们“自律”的主观能动性；在奖励上，强调“物质奖励”优于“精神奖励”，有效发挥物质“他律”的强大驱动力。

② 制度严格化原则。

制度化的核心在于把新制度落到实处，即严格执行控制新制度。如果有制度不执行控制或不能严格执行控制，这将会比没有制度的后果更严重。制度的潜能化强调对制度的认同性服从，而制度执行控制严格化则强调对制度的强制性服从，它们是一个问题的两个方面，两者缺一不可。假如制度没有得到严格和强制的执行控制，项目成员们就会肆意破坏和践踏制度，使制度成为一种摆设，从而导致项目成员和项目的行为规范无所适从，那么制度化必定会无疾而终。所以必须要确保新制度得到不折不扣的执行控制，而这就需要在项目内营造一种重视执行控制、严格执行控制制度的氛围，同时要加大监督执行力度，严厉惩处各种违反制度的行为。此外，管理者更要以身作则，身体力行带领项目成员在项目中建立起一种真正的项目文化。只有当项目内的每个人都重视“执行控制”的时候，价值理念制度化才可能真正实现。

③ 反馈控制原则。

制度的建设本身是一个循序渐进的过程，不能一蹴而就。项目的外部环境及内部条件的变化往往会影响到项目价值理念的变化，进而影响制度化的实施，使得制度化的过程变得具有不确定性。所以，项目需要不断地对新制度进行跟踪反馈，以确保其对项目的适应性，从某种意义上说，对新制度的反馈和控制也就是新一轮项目文化变革的开始。反馈，是将制度实施的实际效果准确地反映出来，以便将制度化的实际效果与预期目标进行比较，从而对制度本身的合理性与适应性做出正确客观的评价，对产生偏差的深层原因进行深入的分析研究，然后给出可行的解决措施和方案，控制是指当制度实施的实际效果与预期目标相差甚远时，就需要采取相应的措施对制度进行调整、修正，必要时甚至要重新构建，以确保制度对项目内外部环境条件变化的适应，使制度既能准确反映项目价值理念的要求，又能有效地指导项目成员的工作及项目的经营管理。制度的反馈控制原则上要求项目在通过制度化把新制度建立起来后，应定时和不定时地对新制度的实施情况进行严格的审查，然后采取必要的调整和控制，确保价值理念制度化目的的实现。

④ 自上而下原则。

项目价值理念制度化必须要自上而下地进行。这是因为，一方面，制度化建设存在极大的困难，需要强大的权利支撑；另一方面，项目内部各级机构存在相互依赖性，这种相互依赖的内部关系必然要求进行全局的重大改革，而不仅仅是局部机构的改革。制度化势必要求项目管理层给予高度重视，而且还要大力参与，采取自上而下的方式实现全体项目成员对项目价值理念的最终认同与接受，正所谓“只有上行，才能下效”。

（2）制度文化的建设内容。

项目要通过构建项目文化保持和提高项目执行力，就必须建立一套科学、完善的制度。首先，用制度促使项目成员与组织达成共识。这是因为项目执行力在现代项目的运作过程中，并不是简单地由个人来达成，而是由项目组织来达成，因此，执行力的表现就必须在个人和项目组织之间形成一种平衡和统一的关系，既不因过分强调个人执行力的提高而忽视了组织的力量，又不会违背个人的特性和价值体现。其次，用规范化的制度来完善项目文化体系，项目成员必须按照项目文化的标准规范自己的行为。项目制度文化建设的内容主要包括：

① 信息沟通制度。

项目内的信息沟通系统好像人体内的神经系统，为项目目标的实现提供依据，同时也能够将项目的愿景、业主的指令反馈到项目实施操作层面，为业主决策提供依据，从而使得目标制定和执行控制形成一个闭环。因此建立良好的信息沟通制度对提升项目执行力具有十分重要的意义。

信息沟通包括项目内部个人与个人、个人与组织、组织与组织之间的信息沟通，以及项目与外部环境之间的信息沟通。信息沟通的目的是要建立项目的知识共享平台。内部沟通是为了保障战略制定完毕后的辅助实施。与外部沟通是为了确保项目成员的思想意识与外部环境保持同步。项目从上而下的传统沟通系统固然重要。但是，确保组织内成员适时地从多渠道收到全方位的信息，不是从上而下一个沟通系统能实现的，还应包括横向的信息沟通，它将有利于解决从上而下信息沟通的失真及损耗问题，避免信息到达最终执行控制层时已经不能起到辅助实施的作用。

② 绩效评估制度。

国内很多项目都曾试图通过绩效管理来推动执行力，也取得了一些成效。要提升项目的执行力，必须建立一套可执行的绩效评估制度，包括日常管理中的及时评估和对结果的最终评估两个方面。引导、激励所有项目成员努力的方向。通过绩效考核可以帮助项目成员找出自己的差距，激发项目成员的潜能，督促项目成员进行自我改进，促使项目成员将精力集中到努力工作、提高执行力、提升工作业绩上。不过，这些都只是属于人力资源层面上的绩效管理。以人为核心的绩效管理对项目执行力的有效推动离预期仍有很大的距离。正确的绩效评估制度不仅包括人力资源上的绩效管理，还包括项目绩效管理。人力资源层面上的绩效管理着重提升个人执行力，而项目绩效管理的目的则是提升项目的整体执行力，促使战略有效执行控制。

③ 奖惩制度。

项目通过建立一套行之有效的奖惩制度，促使项目成员全心全意地投入到的自己工作中，使其行为向着有利于项目执行控制的方向转变。根据美国心理学家斯金纳提出的强化理论：人的行为是对其所获刺激的一种反应，如果刺激对他有利，他的行为就有可能重复出现；若刺激对他不利，则他的行为就可能减弱，甚至消失。因此，管理人员要能够通过奖惩制度，来强化一种有利于组织目标实现的行为，以提升项目的执行力。

对于项目成员而言物质奖励与精神奖励同样重要。通过加薪、发奖金、晋升、表扬等正强化手段以及减薪、扣发奖金、批评、处分等负强化手段来激励项目成员将组织的意图或要求执行控制到底。如果只有高层管理者的说教，而缺乏这些强化手段的配合，那么项目文化也就难以真正形成。优秀的管理者总能深刻洞察到项目成员之间不同的需求、不同的目标，并从表象挖掘出实质，采取针对性强、行之有效的奖惩方式，做到奖惩分明、有功必赏、有过必罚，从而使项目成员长久保持最佳的工作状态。

4. 项目文化建设的重要表现——行为文化

（1）项目行为文化的内涵。

项目行为文化是指项目成员在生产、学习娱乐、人际交往中产生的活动文化，是项目经营作风、精神面貌、人际关系的动态体现。项目的行为文化以制度文化为准绳，受项目精神文化的制约，同时体现精神文化建设。

在项目行为文化建设过程中，项目管理者应善于将执行控制这一思想通过日常的沟通学习逐步渗透到项目每个成员的思想中，在实际操作中形成执行控制的行为即在执行过程中不但要有明确的目标、坚定的意志、有效的沟通，同时还要做到有条不紊，谨慎周到。

（2）行为文化建设的途径。

行为是以人为载体，是人们思想活动的具体体现，并不能通过制定一系列的规章制度来达到最终约束的目的。因此行为文化建设更多应从人的角度出发，根据不同主体在项目建设中扮演的不同角色，来推动项目行为文化建设，具体从以下三个方面进行：

① 业主的行为文化建设是行为文化建设的重头戏，起着导向作用。业主人员是工程项目的统帅，遇到困难临危不惧、沉着镇定、发挥自己丰富的想象力、集思广益、勇敢、顽强地去战胜困难，增强项目成员实现项目奋斗目标的信心和决心。

② 先进模范人物是项目的中坚力量，在行为文化建设中占有重要地位。他们集中体现了项目的价值，使项目的价值观“人格化”，成为员工学习的榜样。先进模范人物产生于员工内部，他们在各自的岗位上做出了突出的成绩和贡献，把他们作为员工的效仿对象，很有现实教育意义。

③ 项目各参建单位是工程项目的主体，群体行为体现着项目队伍的精神风貌和文明程度。因此，员工群体行为的培育和塑造是执行控制行为文化建设的重要组成部分。要想培育、塑造参建单位好的群体行为，必须做好思想政治工作，加强纪律教育，鼓励各参建单位学知识、学技术，引导员工把自己的工作与项目的奋斗目标联系起来，把项目工作看作是实现自己人生价值的重要组成部分。

④ 行为文化建设最终要落实到具体制度建设上。首先，业主通过合同化管理明确双方权力和义务关系的协议，规范各参建的最高行为准则和经济活动；其次在项目建设中推行格式化管理，在实际工作中有利于约束各参建单位的日常工作行为，特别是能够促进承包商提高施工现场的管理水平，推进施工过程中的精细化管理；而程序化管理有利于任务明确、权责清晰，使得每个岗位工作人员既然有了明确的责任和权限，也就拥有了较强的自主意识，有利于提高管理工作的积极性和主动性。

5.3 香丽高速公路项目文化建设的具体措施

香丽高速公路项目文化建设的具体措施是以云南建投集团文化建设为导向，同时还需要整合各个参建单位的文化，最终形成项目整体的项目文化。

5.3.1 总承包管理单位的项目文化建设

在建设项目文化的过程中，项目总承包管理方的示范作用非常重要，从某种意义上说，项目总承包管理方的行为将对项目内部其他参建单位的行为产生直接影响。项目文化建设，首先应当有一个务实的项目总承包管理方，会运用项目文化的理念来指导项目建设、人事、薪酬和绩效管理政策的制订和实施。

为了培育项目文化，项目总承包管理方必须亲身参与项目的运作，对于项目的运营细节要了解得越多越好，优秀而卓越的项目管理者无一不是对本身业务知之甚详。在建设项目文化的过程中，项目总承包管理方应当做到下面几点：

1. 身体力行

项目总承包管理方必须学会全心全力地体验自己的项目，亲自参与项目运营当中。深入了解公司的真实情况和项目成员心理，关心和了解项目成员。正所谓“细节决定成败”，深入实际可以和项目成员建立更为密切的联系，和项目成员建立起真正诚实的对话关系，有利于培养项目各参建方的使命感和忠诚度。

2. 实事求是

“实事求是”是项目文化的核心。项目总承包管理方自己必须坚持实事求是，用一种客观的态度来看待自己的项目，才能了解项目的真实状况。项目总承包管理方应确保在组织中进行任何谈话的时候，都以实事求是为基准。

3. 目标明确

项目需要有明确的目标，才能保证其正常运行。项目总承包管理方必须为自己的项目设定明确并且顺序清晰的目标。这样的目标设定之后，通过目标分解下达，确定每个部门和各个岗位承担的重点工作和主要目标。目标分解要尽可能量化和具体化，让每个人都清晰明了，最终达成组织内部的共识。

4. 及时跟进

仅确立目标，如果不严肃对待，就没有意义。项目总承包管理方必须养成追踪目标进程的习惯。很多项目在建设过程中都是由于没有及时跟进，而白白浪费了很多人力、物力和财力，这也是执行控制不力的一个主要原因。

5. 奖惩分明

不管是口头的褒扬，还是物质的奖励，项目总承包管理方都应该奖罚分明，并把这一精神传达到整个项目上，否则项目参建各方就没有动力为项目建设做出更大的贡献。如果希望项目参建方能够完成具体的任务，就要对他们进行相应的奖励。

6. 辅助支持

项目总承包管理方重要工作之一就是把知识和经验传递给参建单位以及自身内部成员。通过这种方式，不断提高项目中个人和团队的能力。项目总承包管理方要把每一次和参建单位的会面，看成是一次对其指导的好机会，掌握提问的艺术，通过提出一针见血的问题，迫使他们对问题更为深入地思考和探索，以此提高参建单位的执行力。

7. 自我认知

要想获得真实信息，项目总承包管理方必须容忍与自己相左的观点。只有认识自己，才能客观评价和对待自己的优缺点，做到真诚坦率，言行一致；也只有了解自己，才能够控制自己，超越自我，真正对自己的行为负责。一个成熟的项目总承包管理方都有自己坚定的道德标准和坚毅的精神力量，这两者是其克服重重困难、完成任务的源泉。

5.3.2 项目总承包管理方对项目文化的整合

1. 项目文化整合的内涵

项目中各个参建单位进行各自的文化建设并不能构成完整的项目文化，项目文化建设中，项目总承包管理方应该系统地、全面地整合项目各参建单位的文化，做到相互依赖，相互促进，产生合力，才能有效体现出项目文化的整体特色和作用。项目文化分散在项目各相关单位及其各个部门中，因此需要将各个部分的建设活动进行统筹规划，从整体上进行配合和协调。

另一方面，借鉴的优秀文化必须适应项目实际情况，并融入项目文化体系才能对项目文化建设有所帮助。因为项目各参建主体各自有不同的文化背景，只有通过整合才能发现各自认同的项目的价值观、宗旨、精神等内容，才能形成能够凝聚不同项目组织及人员的项目文化，才能使所有项目各个参建单位团结一致为项目目标的实现而奋斗成为可能。

2. 项目文化整合的策略

项目成员来自不同的部门或组织，其他项目相关组织及人员也来自不同的单位，他们有着不同的文化背景，这些文化影响着项目人员的言行，并且不易改变。而项目文化建设需要有统一的愿景、意志和价值观，因此必须对项目各参建单位进行项目文化培育。选择破坏他们原有的价值观、信念、宗旨等文化内容的策略，将引起他们严重的反感、摩擦和抵触，并不利于项目文化观念被项目各执行控制主体所接受和运用。而运用求同存异策略，即不寻求项目各执行控制主体原有文化的改变，而是寻求他们原有的文化与项目文化的共同之处和共存的办法来推动他们对项目文化各个方面的认同和支持，从而自觉实践项目文化，使项目文化快速、有效地形成和发挥作用，项目文化整合的策略如图 5-4 所示。

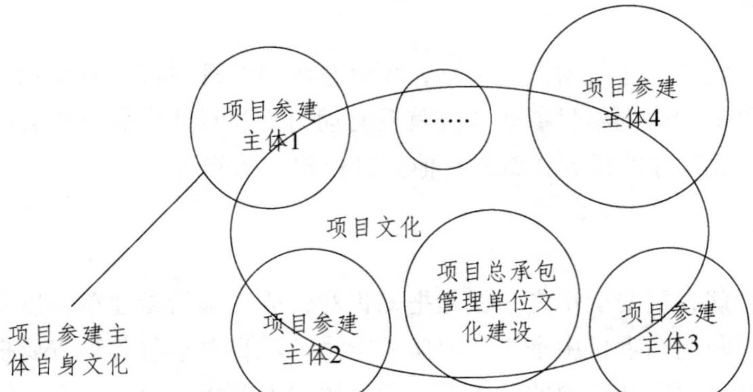

图 5-4 项目文化整合的求同存异策略

由图 5-4 可知，项目文化与项目组织及人员各自文化的共同点是基本点；相互尊重，相互认同对方的文化，能够设计出为各方所接受的文化并以此团结人员和队伍是根本保证。运用这种策略既可以使项目文化有统一的价值观、愿景、传统和风格等，又能使项目各执行控制主体体现出各自的文化个性，使项目文化建设充满生机。这种策略要求有较高素质的项目人员参与，项目的整体团队与项目各执行控制主体之间需要建立“相互尊重，相互促进，相互负责”的心理契约，以保证他们在项目运行期间是按项目文化的精神去行事而不是以自己的原有文化去处理项目范围内的事情。

6 高速公路 PPP 项目绩效管理

6.1 项目组织绩效内涵

6.1.1 绩效的含义与特征

1. 绩效的含义

绩效，单纯从语言学的角度来看，绩效包含有成绩和效益的意思。用在经济管理活动方面，是指社会经济管理活动的结果和成效；用在人力资源管理方面，是指主体行为或者结果中的投入产出比；用在公共部门中来衡量政府活动的效果，则是一个包含多元目标在内的概念。绩效是一个组织或个人在一定时期内的投入产出情况，投入指的是人力、物力、时间等物质资源，产出指的是工作任务在数量、质量及效率方面的完成情况。从管理学的角度看，是组织期望的结果，是组织为实现其目标而展现在不同层面上的有效输出，它包括个人绩效和组织绩效两个方面。组织绩效实现应在个人绩效实现的基础上，但是个人绩效的实现并不一定保证组织是有绩效的。如果组织的绩效按一定的逻辑关系被层层分解到每一个工作岗位以及每一个人的时候，只要每一个人达成了组织的要求，组织的绩效就实现了。绩效有两个层次，对组织而言（组织绩效），绩效就是任务在数量、质量及效率等方面完成的情况；对成员个人而言（个人绩效），绩效就是上级、下级以及同事对其工作状况的评价。因此，绩效是一个多维结构，观察和测量的角度不同，其结果也会不同。

（1）绩效是完成工作任务：这一相对较早的定义简单明了，其主要使用的对象是一线生产工人或体力劳动者，但是在如今，对于知识工作者而言，“任务是什么”就变得异常模糊、难以鉴定。

（2）绩效是成员的“工作结果”或“产出”：它是从考核的内容上将考核划分为绩效考核、能力考核和态度考核三种，相对于能力考核和态度考核来讲，绩效考核强调的是“结果”或“产出”。

（3）“绩效”就是“行为”：过去将绩效与任务完成情况、目标完成情况、结果或产出等同起来的观点在许多心理学的文献中受到了质疑，因为一部分产出或结果可能是由个体所不可控制的因素决定的；再者，过分强调结果或产出，会使得管理者无法及时获得个体活动信息，从而不能很好地进行指导与帮助，而且可能会导致短期效益，正是如此，绩效是“行为”的观点开始流行。

（4）绩效是结果与过程（行为）的统一体：一般意义上来讲，绩效一词的使用相当宽泛，既包括产出，也包括行为，也就是说，不仅看你做了什么，也要看你是怎么做的，优秀的绩效，不仅取决于做事的结果，还取决于做这件事所拥有的行为和素质。从实际意义上讲，将绩效界定为“结果+过程”是很有意义的，它不仅能很好地解释实际现象，而且一个相对宽泛的界定往往是绩效更容易被大家所接受，这对绩效和管理是至关重要的。

（5）绩效是做了什么（实际收益）同能做什么（预期收益）：它实际上已经将个人潜力、个人素质纳入了绩效评价的范畴，它强调的一点在于，将绩效不再作为对组织工作过去成绩评价的工具，而更在于关注组织未来的工作状况。

2. 绩效的特征

（1）多因素性：现代科学技术与心理学研究表明，绩效主要是受能力、激励、机会、环境四种因素的影响。在上述四种因素中，环境和机会对成员来讲是客观的，但对项目来讲是可以争取和创造的，技能完全取决于成员的主观因素，激励主要取决于成员的主观因素，但与项目的政策有关，项目应当科学有效地利用各种方法，调动成员的积极性。

（2）多维性：多维性是指绩效表现在多种维度上，因此应该从多个方面去考核绩效，例如：对于一名生产工人，他的绩效不仅表现在工作数量，还表现在工作质量、原材料消耗、出勤状况、合作性等；对于一名部门经理，他的绩效不仅表现在他的部门的管理指标上，还包括他对下属的监控、指导以及整个团队是否有创新性。因此，只有沿着多种维度对工作人员进行考察，才能做出评价。

（3）动态性：动态性是指绩效不是一成不变的，由于绩效受到众多因的制约，随着时间的推移，这些因素会随之变化，因此绩效也会随之发生应变化，切忌以主观僵化的观点看待绩效。

6.1.2 项目组织绩效

1. 组织绩效的含义

组织绩效就是用来衡量管理者利用资源满足消费者或服务对象的需要并实现组织目标的效率和效益的尺度。组织绩效包括三个层次的绩效，即人力资源绩效、运营绩效及财务绩效，三者之间逐级支持、逐层推动。一般而言，在成员个人的绩效水平一定的情况下，组织绩效水平越高，项目组织整体绩效水平也越高；相反，组织绩效水平越低，项目组织整体绩效水平也越低。因此，项目组织绩效管理不仅是要提高项目组织中每一位成员个人的绩效水平，而且要努力提高组织的绩效水平。

组织绩效是具有一定素质的团队在职位职责要求下，实现的工作结果和在此过程中表现出来的行为。组织是将许多人集中起来，发挥团队精神，以达成一个共同的目标。将 3 ~ 5 个人组织起来比较简单，把许多人组织起来且较好的达成目标在人力资源管理中仍属难点问题。在社会中，个人被称作为个体，个体的家庭与社会背景不同，修养与见解各异。这就需要健全合理的组织机构和进行组织设计，才能最大程度地使组织发挥绩效。

2. 项目组织绩效的含义

项目组织是针对某特定工程目标，由组织各部门调集专业人才，并指派项目负责人在特定时间内完成目标。项目组织绩效是在特定时间内为了完成特定工程目标而对建设参与各方组织的人力资源绩效、运营实施绩效以及财务绩效的综合反映。

工程项目组织作为一种利益相关者共同协调、作用的委托／代理结构。工程项目组织运行绩效必须能够反映各参与方及工程项目不同利益相关者的认同。

6.2 项目组织绩效管理

6.2.1 绩效管理与项目组织

1. 绩效管理的内涵

绩效管理是绩效计划、绩效沟通、绩效考核和绩效反馈四个环节构成的一个完整的系统，在这个系统中，组织、经理和成员全部参与进来，经理和成员通过沟通的方式，将项目组织的战略、经理的职责、管理的方式和手段以及成员的绩效目标等管理的基本内容确定下来，在持续不断沟通的前提下，经理帮助成员清除工作过程中的障碍，提供必要的支持、指导和帮助，与成员一起共同完成绩效目标，从而实现组织的远景规划和战略目标。作为一种崭新的管理模式，绩效管理兼有理性管理与非理性管理的特点，是这两种管理模式的统一。绩效管理是一个完整的系统，在这个系统中，组织、经理和成员全部参与进来，经理和成员通过沟通的方式，将项目组织的战略、经理的职责、管理的方式和手段以及成员的绩效目标等管理的基本内容确定下来，在持续不断沟通的前提下，经理帮助成员清除工作过程中的障碍，提供必要的支持、指导和帮助，与成员一起共同完成绩效目标，从而实现组织的远景规划和战略目标。绩效管理相对于其他项目组织管理活动具有以下几项特性：

（1）全面性。

绩效管理是一个完整而全面的系统，它涉及项目组织的方方面面。具体来说，绩效管理通常包括如下环节：针对整个项目组织订立发展目标，并将项目组织整体目标分解到各部门及每一个成员，各自订立相应的绩效考评指标和标准。同时，在时间维度上把全年的目标分解月、日。以绩效考评指标为指导，监控实现目标的成员的能力、实现目标的条件。定期实施绩效考评，检查完成目标的绩效。根据考评的结果分析为什么会有这样的结果，反馈信息给成员本人以及其他相关人员，并采取相应的措施，包括奖励、惩戒、培训、指导、岗位调整、改善工作环境、调整目标等以确保下一阶段每个人都有更好的表现。

（2）目标性。

目标管理的一个最大的好处就是成员明白自己努力的方向，经理明确如何更好地通过成员的目标对成员进行有效管理，提供支持帮助。同样，绩效管理也强调目标管理，目标加沟通的绩效管理模式被广泛提倡和使用。只有绩效管理的目标明确了，经理和成员的努力才会有方向，才会更加团结一致，共同致力于绩效目标的实现，共同提高绩效能力，更好地服务于项目组织的战略规划和远景目标。

（3）强调沟通。

沟通在绩效管理中起着决定性的作用。制定绩效要沟通，帮助成员实现目标要沟通，年终评估要沟通，分析原因寻求进步要沟通。总之，绩效管理的过程就是成员和经理持续不断沟通的过程。离开了沟通，项目组织的绩效管理将流于形式。许多管理活动失败的原因都是因为沟通出现了问题，绩效管理就是致力于管理沟通的改善，全面提高管理者的沟通意识，提高管理的沟通技巧，进而改善项目组织的管理水平和管理者的管理素质。

2. 绩效管理的流程

绩效管理流程是一个完整的系统，一般由以下五个环节组成：

（1）绩效计划：它是绩效管理过程的起点，项目组织的战略要落实，必须先将战略分解为集体的任务或目标，落实到各个岗位上，然后再对各个岗位进行相应的职位分析、工作分析、人员资格条件分析。这些工作完成后，考评者就应该和被考评者一起根据本岗位的工作目标和工作职责来讨论，搞清楚在绩效计划周期内成员应该做什么工作，做到什么地步，为什么要做这项工作，何时应该完成，以及成员的权利大小和决策权限等。

（2）绩效实施：制定绩效计划之后，被评估者就开始按照计划开展工作，在工作的过程中，管理者要对被评估者的工作进行指导和监督，对发现的问题及时纠正，并随时根据实际情况对绩效计划进行调整。在这个过程中，管理者要不断对评估者进行持续的绩效沟通。

（3）绩效考核：绩效考核是按照事先确定的工作目标及其衡量标准，考察成员实际完成的绩效情况的过程，发现绩效与标准之间"差距"。

（4）绩效反馈：绩效反馈是绩效管理过程中的一个重要环节，它主要通过考核者与被考核者之间的沟通，就被考核者在考核周期内的绩效情况进行面谈，在肯定成绩的同时，找出工作中的不足并加以改进。被考核者可以在绩效反馈过程中，对考核者的考评结果予以认同，有异议的可以提出申诉，最终使绩效考核结果得到认可。由于绩效反馈在绩效考核结束后实施，而且是考核者和被考核者之间的直接对话。因此，有效的绩效反馈对绩效管理起着至关重要的作用。

（5）绩效改进：绩效管理的目的不仅是将考核的结果作为确定成员的薪酬、奖惩、晋升或降级的标准，而且要求成员的能力不断提高以及绩效的持续改进和发展才一是其根本的目的，寻找改进方法、作为下一循环开始、不断提高。

3. 绩效管理对项目组织的重要性

无论从组织的角度，还是从管理者和成员的角度，绩效管理都能给我们带来益处。首先绩效管理能为物质激励（工资调整、奖金分配）、人员调配和日常精神激励提供依据与评判标准，有效地激励成员。其次，通过绩效计划的设定、绩效考核和反馈工作，改进和提高管理者的管理能力和成效，促进被考核者工作绩效的改进，最终实现组织整体绩效的提升，使绩效管理成为管理者有效的管理手段。再次，通过层层目标分解，绩效管理成为保证组织战略目标实现的重要手段。

（1）组织需要绩效管理。

从整个组织的角度来看，组织的目标是被分解到了各个业务单元的目标以及各个职位上的每个工作者的目标；而个人目标的达成构成了业务单元目标的达成，组织的整个目标是由各个业务单元的绩效来支持的，也就是由每个成员的绩效来支持的。既然这样，那么组织就不可避免地关心以下这些问题：

① 组织需要将目标有效地分解给各个业务单元和各个成员，并使各个业务单元和成员都积极向着共同的组织目标努力。

② 组织需要监控目标达成过程中各个环节上的工作情况，了解各个环节上的工作产出，及时发现阻碍目标有效达成的问题并予以解决。

③ 组织需要得到最有效的人力资源，以便高效地完成目标。一方面，通过人员的调配，使人员充分发挥作用；另一方面，加强对现有人员的培训和发展，增强组织的整体实力。

绩效管理恰恰是解决上述问题的有效途径。通过绩效目标的设定与绩效计划的过程，组织的目标被有效地分解到各个业务单元和个人。通过对团队和个人的绩效目标的监控过程以及对绩效结果的考核，组织可以有效地了解到目标的达成情况，可以发现阻碍目标达成的原因。绩效考核的结果可以为人员的培训和发展提供有效的信息。因此，绩效管理是组织需要的一项活动。

（2）管理者需要绩效管理。

管理者承担着组织赋予自己的目标，而每个管理者都是通过自己的业务单元或者团队来实现自己的管理目标的。

① 管理者需要有机会将组织的目标传递给团队中的成员，并取得他们对目标的认同，以便团队成员能够共同朝着目标努力。

② 管理者需要把组织赋予的目标分解到每个成员的头上，因为他们知道这些目标不是通过自己一个人的努力就可以实现的，而必须通过团队中的成员共同努力才能实现。

③ 管理者也需要有机会告诉成员自己对他们的工作期望，使成员了解哪些工作最重要，哪些工作成员自己可以做出决策；管理者也需要让成员知道各项工作的衡量标准是什么。

④ 管理者还常常希望能够掌握一些必要的信息。这些信息既有关于工作计划和项目执行情况，也有关于每个成员的状况等。这些问题也是在绩效管理过程中需要解决的。绩效管理提供给管理者一个将组织目标分解给成员的机会，并且使管理者能够向成员说明自己对工作的期望和工作的衡量标准。绩效管理也使管理者能够对绩效计划的实施情况进行监控。

（3）成员需要绩效管理。

成员在绩效管理中通常是以被管理者和被考核者的角色出现的，考核对他们来说是一件有压力的事情，是与不愉快的情感联系在一起的。当理解了成员对工作的内在需要后，就会发现绩效考核与管理对于成员来说也是他们成长的过程中所必需的。

根据马斯洛需要层次理论，我们知道成员在基本的生理需要满足之后，更多的高级需要有待于满足。每个成员在内心都希望能够了解自己的绩效，了解自己的工作做得怎样，了解别人对自己的评价。这首先是出于对安全和稳定的需要，避免由于不了解自己的绩效而带来的焦虑。其次，成员也希望自己的工作绩效能够得到他人的认可与尊重。另外，成员也需要了解自己目前有待于提高的地方，使自己的能力得到提高，技能更加完善。成员希望了解自己的绩效表现，更多的是为了提高自己的绩效，提高自己的技能，增强自己的竞争力。因此，成员特别需要通过绩效管理来了解和提高自己的绩效，了解自己在哪些方面还有待发展，以提高自己的胜任能力。

6.2.2 项目绩效管理手段

影响项目组织绩效另一方面的因素是绩效管理的各个步骤，在本节将这些绩效管理步骤视为项目绩效管理的手段影响于项目组织绩效。

1. 项目组织绩效计划

（1）项目组织绩效计划制定。

① 项目组织绩效计划。

项目组织绩效计划作为整个绩效管理过程的起点，是项目组织绩效管理循环中十分重要的环节。因此对项目组织绩效的影响是非常显著的。

从静态角度看，项目组织绩效计划是一个关于工作目标和标准的契约；从动态角度看，项目组织绩效计划就是建设方和其他参与方一起讨论以确定其他参与方在评价期内应该完成什么工作和达到什么样的绩效的过程。在绩效计划阶段，建设方和其他参与方应该经过充分的沟通，明确为了实现项目的运行计划与管理目标、其他参与方在评价期内的目标。从具体的表现形式看，项目组织绩效计划是用于指导其他参与方行为的一份计划书。通过制定这样一份计划书，其他参与方可以了解本周期内的工作安排和目标，并了解将会遇到的障碍和可能的解决办法。项目组织绩效计划的内容除了最终的个人绩效目标之外，还包括双方为达到计划中的绩效结果应做出什么样的努力、应采取什么样的方式、应进行什么样的技能开发等等。

建立项目组织绩效计划的过程是一个双向沟通的过程，这个过程中建设方和其他参与方双方都负有责任，它强调通过互动的沟通手段使建设方与其他参与方在如何实现预期绩效的问题上达成共识。在这个双向沟通的过程中，建设方主要向其他参与方解释和说明的是：项目的整体目标是什么；为了完成这样的整体目标，目标绩效管理的发展及应用研究是什么；为了达到这样的目标，对其他参与方的期望是什么；对其他参与方的工作应该制定什么样的标准和期限。其他参与方应该向管理者表达的是：自己对工作目标和如何完成工作的认识；自己所存在的对工作的疑惑和不理解之处；自己对工作的计划和打算；在完成工作中可能遇到的问题和需要申请的资源。让其他参与方参与绩效计划的制定，实际上就是让其他参与方感到自己对绩效计划中的内容是做出了公开的承诺，这样其他参与方就会更加倾向于遵守这些承诺，履行自己认可的绩效计划。

② 项目组织绩效计划的准备。

项目组织绩效计划是建设方与其他参与方共同讨论以确定其他参与方考核期内应该完成哪些工作和达到怎样的绩效水平的过程。很多人认为绩效评价是绩效管理最为重要的环节，但实际上绩效计划要重要得多，究其原因，主要在于评价仅仅是从反光镜中往后看，而绩效计划是往前看，以便在不久的将来能获得更好的绩效，而不是分析和关注那些过去的、不能改变的绩效。另一方面，绩效计划可以帮助建设方和其他参与方明确目标和努力的方向，避免事倍功半。绩效计划通常是通过建设方与其他参与方双向沟通的绩效计划会议得到的，那么为了使绩效计划会议取得预期的效果，事先必须准备好相应的信息。这些信息主要可以分为三种类型。关于项目的信息。为了使其他参与方的绩效计划能够与项目组织的目标结合在一起，建设方与其他参与方将在绩效计划会议中就项目组织的战略目标、项目运行计划进行沟通，并确保双方对此没有任何歧义。因此，在进行绩效计划会议之前，建设方和其他参与方都需要重新回顾项目的目标，保证在绩效计划会议之前双方都已经熟悉了项目组织的目标。关于部门的信息。每个部门的目标是根据项目组织的整体目标逐渐分解而来的。不但经营的指标可以分解到生产、销售等业务部门，而且对于财务、人力资源部等业务支持性部门，其工作目标也与整个项目组织的经营目标紧密相连。

③ 项目组织绩效计划的沟通。

项目组织绩效计划是双向沟通的过程，绩效计划的沟通阶段也是整个绩效计划的核心阶段。在这个阶段，建设方与其他参与方必须经过充分的交流，对其他参与方在本次绩效期间内的工作目标和计划达成共识。绩效计划会议是绩效计划制定过程中进行沟通的一种普遍方式。以下是绩效计划会议的程序化描述。但是绩效计划的沟通过程并不是千篇一律的，在进行绩效计划会议时，要根据建设方和其他参与方的具体情况进行修改，主要把重点放在沟通上面。选择适宜的沟通环境。建设方和其他参与方都应该确定一个专门的时间用于绩效计划的沟通。并且要保证在沟通的时候最好不要有其他事情打扰。在沟通的时候气氛要尽可能宽松，不要给人太大的压力，把焦点集中在开会的原因和应该取得的结果上。回顾有关的信息。在进行绩效计划会议时，首先往往需要回顾一下已经准备好的各种信息，在讨论具体的工作职责之前，建设方和其他参与方都应该知道项目建设的要求以及对讨论具体工作职责有关系和有意义的其他信息，包括项目组织的实施计划信息，其他参与方的工作描述和上一个绩效期间的评估结果等。

④ 项目组织绩效计划的确定。

在制定绩效计划的过程中，对计划的审定和确认是最后一个步骤。在这个过程中要注意以下两点。

第一，在绩效计划过程结束时，建设方和其他参与方应该能以同样的答案回答几个问题，以确认双方是否达成了共识。第二，当绩效计划结束时，应达到以下的结果：其他参与方的工作目标与项目组织的总体目标紧密相连，并且其他参与方清楚地知道自己的工作目标与项目组织的整体目标之间的关系；其他参与方的工作职责和描述已经按照现有的项目组织环境进行了修改，可以反映本绩效期内主要的工作内容；建设方和其他参与方对其他参与方的主要工作任务，各项工作任务的重要程度，完成任务的标准，其他参与方在完成任务过程中享有的权限都已经达成了共识；建设方和其他参与方都十分清楚在完成工作目标的过程中可能遇到的困难和障碍，并且明确建设方所能提供的支持和帮助；形成了一个经过双方协商讨论的文档，该文档中包括其他参与方的工作目标，实现工作目标的主要工作结果，衡量工作结果的指标和标准，各项工作所占的权重，并且建设方和其他参与方双方要在该文档上签字确认。

（2）项目组织绩效目标确定。

绩效目标是指被评估对象所期望的结果，即处于其他参与方在绩效评估初期，根据自己的工作对象、任务、自身能力，结合部门目标、组织目标和上一期的实际工作绩效，在部门建设方的指导下，设定未来努力工作会达成的行为水准、结果水准。它是其他参与方工作努力的方向，是组织目标与部门目标的组成部分和基石，是建立绩效标准的重要参照。

绩效指标的设定必须符合 SMART 原则。目标的 SMART 原则为：Specific，具体的，绩效目标必须尽可能具体，缩小范围；Measurable，可衡量的，目标达到与否尽可能有可以衡量的标准和尺度；Attainable，可达到的，目标的设定必须是通过努力可以达到；Relevant，相关的，尽可能体现其客观要求和其他任务的相关性；Time-bound，以时间为基础的，绩效目标的完成程度必须是与时间相关的。

2. 项目组织绩效沟通

绩效沟通是绩效管理系统的一个重要组成部分，是项目组织绩效的一个重要影响因素，也是促成绩效管理系统目标实现的重要手段。制定了绩效计划之后，其他参与方就开始按各自绩效计划来开展工作。在工作过程中，建设方要对其他参与方的工作进行指导和监督，对发现的问题及时予以解决，并随时根据实际情况对绩效计划进行调整。在整个绩效期间，都需要建设方不断对其他参与方进行指导和反馈，即进行持续的绩效沟通。

持续的绩效沟通能保证建设方和其他参与方通过共同努力，及时处理所出现的问题，并根据情况变化修订绩效计划。建设方与其他参与方在平等的交往中相互获取信息、增进了解、联络感情，从而保证其他参与方的工作能正常地开展，使绩效实施的过程顺利进行。绩效实施阶段的绩效沟通内容主要包括：现在工作开展的情况如何；哪些工作做得很好；哪些工作需要纠正或改善；是否努力实现工作目标；如果偏离目标的话，管理者该采取什么纠正措施；建设方能为其他参与方提供何种帮助和支持；如果目标需要进行改变，如何与其他参与方进行协调等。

绩效沟通的必要性对于一个建设方来说，绩效沟通具有十分重要的意义，如果不懂沟通就不可能拥有一个高绩效的团队，再完美的考核制度都无法弥补建设方和其他参与方缺乏沟通带来的消极影响。良好的绩效沟通对于考评效果至关重要，对于其他参与方的工作情绪、部门组织气氛、建设方与其他参与方的关系都有很大的影响。

3. 项目组织绩效反馈

在绩效管理中绩效反馈是在绩效考评之后的一个步骤，在本书中将这一步骤提前是因为绩效反馈是项目组织绩效考核能否得到实质性效果的最佳保障，从而使得项目组织绩效管理能顺利开展。因此，将它作为影响项目组织绩效的手段之一来进行阐述。

（1）项目组织绩效反馈的作用。

项目组织绩效反馈是绩效考评的最后一步，是由其他参与方和建设方一起，回顾和讨论考评的结果，如果不将考核结果反馈给被考评的其他参与方，考核将失去极为重要的激励、奖惩和培训的功能。因此，有效的项目组织绩效反馈对绩效管理起着至关重要的作用。

（2）项目组织绩效反馈与面谈。

绩效管理的过程不是为绩效评估打出一个分数就结束了，建设方还需要与其他参与方进行一次甚至多次面对面的交谈。通过项目组织绩效反馈面谈，使其他参与方了解建设方对自己的期望，了解自己的绩效，认识自己有待改进的方面；并且，其他参与方也可以提出自己在完成绩效目标中遇到的困难，请求建设方指导。

项目组织绩效反馈面谈是绩效评估中至关重要的一个环节，其重要程度甚至超过了绩效评估的本身。绩效评估的结果是拿来用的，而不是拿来存档的，而没有反馈就根本谈不上使用。没有反馈的绩效评估起不到任何作用。没有项目组织绩效反馈，其他参与方就无法知道自己工作是否得到了建设方的认可，就会乱加猜测、疑神疑鬼，进而影响心情；建设方就无法知道绩效评估是否真正起到了作用，对继续进行评估没有信心，而且建设方就不能有的放矢地指出其他参与方的不足，更无法给其他参与方提出建设性的改进意见，最终将导致其他参与方的进步受到限制，管理水平将无法得到有效的提高。如果建设方不组织反馈，其他参与方就不关心了，也就不可以安心工作了。绩效评估结束后的一段时间内，其他参与方的心情都不会专心于工作，那些担心绩效评估结果会对自己不利的其他参与方会坐卧不宁，因为他们不敢确定绩效评估的结果对他们会不会产生不利的结果，这些与其他参与方切身利益密切相关的问题在没有答案之前肯定会给其他参与方的心理造成严重的负担，降低其他参与方的工作效率，这种情绪蔓延开来更会严重影响其他参与方的工作积极性。如果真是这样，那么我们的绩效评估的作用将受到严重的质疑，绩效评估到底是为了提高其他参与方绩效，还是降低其他参与方绩效。如果是为了提高其他参与方绩效，那么我们应该和其他参与方平等地坐在一起，将其他参与方的绩效评估结果反馈给其他参与方。因此，组织一次成功的项目组织绩效反馈面谈将对绩效评估起到积极的促进作用，使之真正发挥作用。

（3）项目组织绩效反馈面谈的准备工作。

① 面谈的准备工作。

收集、整理被评估者的绩效考评结果和日常工作表现记录。很多建设方管理者会认为面谈的对象是同在一个项目上的参与者，对他们的情况应该很清楚。但是通过项目组织绩效反馈面谈就会发现，自己了解得还很不够。同时，通过面谈的机会，更多更深入地了解其他参与方，这不仅对绩效评估，对于今后的日常管理也大有益处。仔细翻阅其他参与方的绩效评估表，从中找出面谈的内容和侧重点，例如哪些问题需要改进，奖励的比例如何安排，工作项目是什么。

收集、整理和认真阅读其他参与方平时的工作记录、职位说明书、绩效目标等相关资料，这些是绩效评估的依据，也是面谈中当其他参与方提出异议时的有力证据。同时，还应该收集其他参与方个体资料，这样才能在面谈时提出适合其他参与方的个体发展计划，还可以采取有针对性的面谈策略和技巧，加强面谈的效果。

② 确定面谈时间。

面谈时间的选择非常重要。在进行面谈前双方要约定一个对彼此都合适的时间，往往是先由建设方提出 1～2 个可选时间，再征得其他参与方同意。在这段时间里，面谈双方要能够不受其他事情的干扰，静下心来，充分进行交流。并且面谈的时间不宜太长，时间太长容易让人产生疲劳感，影响面谈效果，一般以 1～2 个小时为宜。

③ 连择和布置面谈的场所。

面谈场所的选择也是关系到反馈面谈有效性的因素。最理想的面谈地点是在中立性的场所，如会议室。场所要让双方都感到舒适。会谈时要关上房间的门，保证会谈的保密性，让其他参与方没有心理负担，畅所欲言。场所布置也是有讲究的，布置好了，可以让面谈的气氛更加融洽。反之，则会影响面谈的效果。项目组织绩效反馈面谈是双方的交流沟通，在开始面谈前要采取措施杜绝电话和访客的干扰，确保谈话不会被打断。同时，双方座位的选择也是要注意的。切忌双方采用隔着办公桌坐的方式，这种面对面的谈判式的入座方式，容易造成双方的对立感和拉开彼此距离。要营造出较亲近友好的气氛。如果还有咖啡或茶那就更好了。

④ 提前通知被评估者。

建设方在进行项目组织绩效反馈面谈准备工作时，很重要的一项是提前通知被评估者，内容包括面谈的时间、地点、目的和内容。这样才能让被评估者有足够的时间做好准备。一般情况下，建设方应至少提前一周通知被评估者，使其有足够的时间对自己的工作进行自评和反省。面谈开始后同样有很多环节需要注意，作为主持项目组织绩效反馈面谈的建设方如果能够关注到这些细微之处，并熟练运用面谈的技巧，将给项目组织绩效反馈带来一些意想不到的效果。

（4）项目组织绩效反馈实施过程。

① 陈述面谈的目的。

面谈开始，管理者首先要清晰、明确地告知其他参与方沟通的目的在于对过去工作的回顾、总结，对下一阶段工作计划的安排，是就事论事的管理环节之一。清楚地让其他参与方明白此次面谈要做什么，尽可能使用积极的语句。

② 回顾计划及完成情况。

管理者应该根据绩效管理文件如绩效评估表等，对其他参与方的工作进行回顾，让其他参与方认识到自己的工作与公司目标、部门目标之间的关系以及自己的完成情况。在这个过程中，管理者要注意事实的准确翔实，描述的客观公正，进行积极正面的评价，善意地提出建设性意见。

③ 告知绩效评估结果。

这个考核结果是基于绩效管理文件做出的，而不是管理者主观的打分结果。这样的考核结果具有客观性、公正性，能够拿得出证据，让其他参与方心服口服。

④ 商讨其他参与方不同意的方面。

由于考核者与被考核者双方的地位不同、认识不同，因此对于考核结果的认可程度不一致是很正常的事，管理者需要以积极的态度，参与倾听，了解其他参与方的想法，了解其他参与方的困难和期望，积极予以协助。最终，双方争取能够达成一致，为后期的工作合作奠定良好的基础。

⑤ 与其他参与方商讨新的目标并制定具体的绩效改进计划。

不管反馈面谈在什么时间、场所，以何种方式进行，过去的行为已不能改变，而未来的业绩与发展是努力的目标。通过项目组织绩效反馈面谈，确定其他参与方年度绩效考核等级，制定来年的工作绩效目标，将年度绩效面谈记录副本交给其他参与方，并商定下次面谈的时间、地点。

6.3 项目组织绩效考评与改进

6.3.1 项目组织绩效考评

绩效考评就是依据绩效计划阶段建立的绩效标准和绩效目标对其他参与方在考核期内的绩效进行评价的过程。常见的绩效评估方法有关键事件记录法、强制分布法、量表考核法、配对比较法、行为锚定法等。绩效评估的评估主体，可以让被评估者自己参与。此外，业主和承包商有时候也会被选为评估主体，以了解特定组织外部人员对其他参与方绩效的感知。一是项目组织实施的工作流程；二是向业主提供的项目最终产出物；三是项目组织未来的工作能力。如图 6-1 所示。

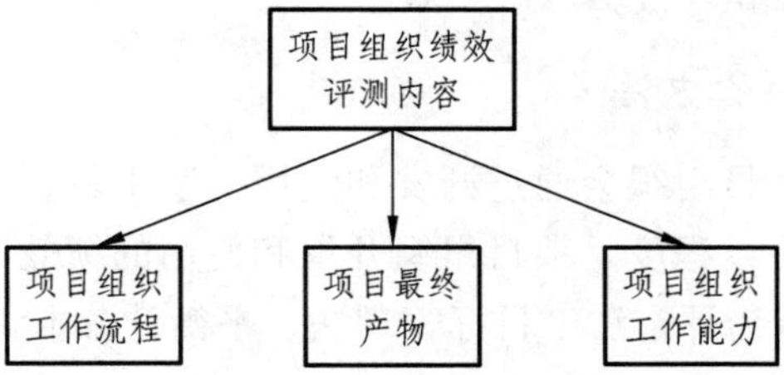

图 6-1　项目团队绩效评测内容

1. 项目组织绩效考评类型与作用

绩效考核就是针对项目组织中建设参与者所承担的工作，应用各种科学的定性和定量的方法，对建设参与者行为的实际效果及其对项目的贡献、价值进行考核和评价。绩效考核是奖励的合理依据，是薪酬体系设计的前提，同时也是激励建设参与者的重要因素之一。很多单位已经认识到考核的重要性，并且在绩效考核的工作上投入了较多的精力。但目前绩效考核工作仍然存在一些问题。

（1）项目组织绩效考评的基本类型。

项目组织绩效考评可以分为品质主导型、效果主导型和行为主导型三种。

① 品质主导型。

考评的内容以考评建设参与者在工作中表现出的品质为主。

② 效果主导型。

考评的内容以考评工作效果为主，重点在结果而不是行为。由于考评的是工作业绩而不是工作过程，所以考评的标准容易制定并且考评也容易操作。

③ 行为主导型。

考评的内容以考评建设参与者的工作行为为主，行为主导型重在工作过程，而非工作结果。

（2）项目组织绩效考评的作用。

① 绩效考评是分配报酬的依据。绩效考评为组织做出工资以及工程款的拨付方面的决策提供了信息，因为绩效考评的结论是对项目组织所有成员公开的，并且获得各成员的认同。所以，以它作为依据是非常有说服力的。

② 考评沟通为管理者和组织成员之间创造了一个正式的沟通机会。考评沟通是绩效考评的一种重要环节，它是指管理者（考评人）和组织成员（被考评人）面对面的对考评结果进行讨论，并指出的优点和缺点以及需改进的地方。利用这个沟通机会，管理者可以及时了解组织成员的实际工作状况及深层次的原因，同时组织成员也可以了解到管理者的思路和计划。考评沟通促进了管理者与组织成员的相互了解和信任，提高了管理的渗透力和工作效率。绩效考评为建设方及其建设参与者共同审查建设参与者的工作行为提供了一个机会，而反过来又可以使建设方及其建设参与者共同制定一个相应的计划，以纠正在绩效考评过程中所揭示出的有缺陷的工作行为，并同时强化那些良好的工作行为。

③ 管理者及时准确地获得组织成员的工作信息，为改进项目组织绩效提供依据。通过绩效考评，组织管理者和人力资源部门可以及时准确地获得组织成员的工作信息。通过这些信息的整理和分析，可以对项目组织的政策及制度等一系列管理政策的效果进行评估。及时发现政策中的不足和问题，从而为改进项目组织政策提供有效的依据。因此绩效考评可以帮助项目组织管理者更好地管理和改善组织的绩效。

2. 项目组织绩效考评的方法

在绩效考评过程中，项目组织会通过开发和使用一些工具，来确定每个参与方所取得的绩效及其绩效所达到的水平或程度。项目组织开发和使用的绩效考评工具很多，比较常用的有排序法、特征评定法、行为评定法、目标管理法、平衡计分卡评价法等。

（1）标杆法。

标杆管理法，是一项通过衡量比较来提升企业竞争地位的过程。它强调以卓越管理为比较对象，通过持续改善来强化本身的竞争优势。标杆测定始于 20 世纪 80 年代的美国，目前在英语国家应用也最为广泛。

标杆管理可以为一个工程项目组织的当前时间提供不同方面的对比分析，对于自我实践过程中组织绩效的自我评估与诊断从产业组织上来讲，标杆管理涉及的标准化工作过程意味着以下三个内容：

① 标准化工作工程。标准化管理工作的推进意味着工作的合作环节被设计和定义、细节工作过程已经被标准化处理。由于工作过程中每个环节都被预先设计，信息传递风险被大大降低。

② 标准化输出。工程项目输出被明确定义。组织成员十分明确知道工程输出结果。但采用什么方式、方法来实现却没有特殊规定。每个人都承担不同的任务，所有任务集成成为整个项目工作的一部分，项目的输出依靠的是每个参与者各尽其职。

③ 标准化工艺过程。标杆管理可以使各参与方在知识分享过程中不同程度提高自己的管理水平：实行标杆管理有助于不同组织成长为一种成功导向型的组织。全球范围内的标杆测定所涉及的内容广泛. 包括企业工艺流程、生产技术方面的最佳做法，和企业所处的环境、政府行政管理、教育制度和自然环境等影响企业战略定位、战略布局方面环境的评估和研究。目前，标杆管理这种组织绩效的评价方法已经被广泛地应用于制造业项目管理实践、自动化工业以及工程建设业。随着各国政府部门对其产业、企业和国家竞争力的重视，该方法已经在许多国家变成了持续提高竞争力的一种制度化工具，它已经变成西方发达国家和部分发展中国家改革政府工作程序和产业政策、促进其产业和企业国际竞争力提高的战略性武器。

（2）关键绩效指标法。

关键绩效指标（Key Performance Indicator，KPI），即企业运营中关键的业绩驱动因素，这些业绩驱动因素对企业整体的业绩目标实现至关重要。在项目实践过程中，项目绩效指标过多、工作巨细不分、重点不明会造成混乱和低效率，项目绩效指标大而化之、关键指标遗漏又会失去说服力，使考核作用失效。究竟应从哪些方面来评估项目绩效，标准的绩效评价体系应当包括哪些关键的指标，便成为一个非常关键的问题。

3. 项目组织绩效考评指标

根据工程项目绩效评价制度中存在问题和对决定工程项目绩效关键因素的分析，工程项目组织的绩效评价指标在由财务指标和非财务指标构成的基础上，应当做进一步改进，具体建议如下：

（1）财务指标。

财务评价是对项目经营效果的综合评价，财务评价指标具有容易量化，数据获取方便，可直接利用现存会计报表的特点，财务指标多属定量指标。施工项目部的财务绩效直接来源于生产能力、项目管理能力两因素，因此，应从这两方面设置相应的指标。

① 反映项目生产能力因素的指标。这方面指标主要是施工产值指标。施工产值是项目本期实现的工程结算收入。它是衡量项目施工能力和项目部对公司市场占有率的贡献大小的指标，指标越大表明贡献越大。

② 反映项目管理能力因素的指标。这方面的指标主要包括体现项目盈利能力的产值利润率和贡献利润（上缴公司管理费用）和体现项目盈利质量的工程款到位率和上缴款率（实际

上缴公司管理费用）指标，其中贡献利润是核心财务指标。产值利润率是工程项目一定时期利润与施工产值的比率。它表明项目的获利能力，是评价其经营效益的主要指标。

（2）非财务指标。

非财务评价是对项目部的影响其财务绩效的各个方面的评价，如工程创优、采用新工艺和新技术、文明施工、公众形象等。工程项目的非财务方面绩效主要取决于项目质量控制能力、安全管理能力和文明施工水平三个决定因素，应从质量指标、安全指标、公司形象和文明施工指标等方面考虑。

① 质量指标。质量是衡量项目的质量控制能力的指标，工程质量的高低直接决定企业的市场竞争能力和企业的盈利能力，是企业资质晋升的必备条件。评价工程项目绩效应选用的主要质量指标有：是否创优获奖、单位（分项）工程优良率、重大质量事故次数、返工损失率。

② 安全指标。项目安全是工程业主和政府最为关心的问题之一，安全管理能力的不足会制约施工企业日后的业务拓展。应选用的安全指标主要有：工伤死亡人数、重大事故次数。

③ 公司形象和文明施工指标。这类指标可以衡量企业与公众的关系，企业形象好坏，对此类指标的评价有利于驱动项目改善外部“软环境”。应设计的指标包括：重大工程投诉次数、媒体正面宣传程度。由于施工行业的企业资质是重要的无形资产，是企业绩效的源泉和决定因素，而企业资质的晋升主要依赖工程质量和安全，因此，上述指标中是否创优获奖和重大事故次数两项指标是最为重要的非财务指标。

4. 项目组织绩效考评的实施方式

（1）从执行主体进行分类。

① 由建设方主管人员进行评价。

由建设方主管人员对建设参与者的工作绩效进行评价是大多数工作绩效评价制度的核心。这是因为，建设单位是建设项目全过程的主要责任方，并且对建设项目的主要参与方有合同约束。因此从建设方那里对其主要参与单位的工作绩效评价相对来说较为容易。

② 由施工方主管人员进行自我评价。

施工单位是工程项目建设活动的主要实施主体，对建设活动中各个环节的细节都能掌握得很清楚，因此施工方的自我评价是非常有必要的。

③ 其他参建方自我评价。

工程项目建设是一项非常复杂的活动，参与建设的单位很多，如设计、监理、设备材料供应商等，并且由于建设项目涉及的专业多，还有其他的分包单位。每个参与单位都会有自身的工作范围，自身的工作特点，因此各参建单位的自我评价显得非常重要。但自我评价常会出现自我宽容、与他人的评价结果不一样的现象，因此比较适合个人发展，不适合人事决策。不难发现，有效的工作规范和建设单位与其他参建方之间的良好沟通是施工方和其他参建方自我评价发挥积极作用的前提。在对建设参与方绩效考核过程中，要求考核者有足够长的时间和足够多的机会来观察、了解建设参与方工作情况。同时，有能力将观察结果转化为有用的考核信息，尽可能减小绩效考核偏差，真正体现建设参与方绩效考核结果。

（2）从采用手段进行分类。

① 基于特征的绩效考评方法。

基于特征的绩效考评方法，就是假定相应的特征能够导致相应的绩效，通过对被考评者特定个人特征的考评来进行绩效考评。因此，进行基于特征的绩效考评，首先要识别所要考评的个人特征，然后，通过这些个人特征的状况来对工作绩效做出判断。基于特征的绩效考评方法具有许多特点，主要是重视个性特征，这些特征是普遍的并适用于所有建设参与者，以及根据特征展现的频率和程度来确定考评结果。

② 基于知识与技能的绩效考评方法。

基于知识与技能的绩效考评方法就是假定相应的知识与技能能够导致相应的绩效，通过对被考评者特定的知识与技能的考评来进行绩效考评。因此，进行基于知识与技能的考评，首先要识别所要考评的知识与技能，然后根据这些知识与技能的状况来对工作绩效做出判断。基于知识与技能的绩效考评具有许多特点，主要是重视建设参与者的能力，针对每一个知识与技能领域进行具体的考评，以及根据所拥有的知识与技能来确定考评结果。

③ 基于行为的绩效考评方法。

基于行为的绩效考评方法，就是假定相应的行为能够导致相应的绩效，通过对被考评者特定工作行为的考评来进行绩效考评。因此，进行基于行为的绩效考评，首先要识别所要考评的行为，然后根据这些工作行为的状况来对工作绩效做出判断。基于行为的绩效考评具有许多特点，主要是针对具体工作环境而言工作行为是特定的，考评以所表现出的行为为基础，以及根据所表现出行为的频率和程度来确定考评结果。

④ 基于结果的绩效考评方法。

基于结果的绩效考评方法，就是假定所获得的工作结果等同于工作绩效，通过对被考评者所取得的工作结果的考评来进行绩效考评。因为很多人都把工作结果与工作绩效等同起来，也就认为对工作结果的考评就是绩效考评，因此这种基于结果的考评最能得到人们的认同，也是考评方法中最为重要的类型。在进行基于结果的绩效考评时，首先要确定对工作的哪些方面结果进行考评。这些结果对组织来讲是最为重要的，所体现的就是工作绩效，在确定了所要考评的工作结果之后，要为每个方面的工作结果制定考评指标与标准，从而为对工作结果进行考评提供依据。最后，就是要把所取得的工作结果与所制定的考评指标与标准进行比较，从而完成基于结果的考评。基于结果的考评方法具有许多特点，主要是工作结果与职位或项目组织目标相联系，针对具体参与方确定所要考评的工作结果，以及根据工作结果实现程度来确定考评结果。

6.3.2 项目组织绩效改进

绩效管理的核心思想是要不断提升和改进建设方和其他建设参与各方两个层面的绩效，评估、扣罚或嘉奖都是激励形式，归根到底是要改进绩效。

项目组织绩效管理从建设方和项目层面来说，表现为绩效管理循环，即通过计划、实施、辅导、检查、报酬来引导建设参与各方实现项目组织的绩效目标并提升其绩效水平；从建设方和其他建设参与方层面来说，表现为不断提升的绩效改进循环，通过建设参与者和建设方的共同参与，通过绩效辅导、检查等几个环节实现建设参与者绩效的不断提升。

1. 项目组织绩效改进要点

绩效改进是绩效管理的一个重要环节。绩效评估的目的是通过对建设参与者的工作业绩进行评估，将评估结果作为确定建设参与者奖惩的标准。并且根据绩效评估的结果分析来对建设参与者进行激励。绩效管理的核心思想是要不断提升和改进项目组织和建设参与者两个层面的绩效，评估、扣罚或嘉奖都是激励形式，归根到底是要改进绩效。一个完整的绩效管理体系由绩效计划、绩效实施、绩效评估、绩效反馈几部分组成，并形成一个全封闭的循环，从项目组织层面来说，表现为绩效管理循环，即通过计划、实施、辅导、检查、报酬来引导建设参与者实现项目组织绩效目标并提升其绩效水平；从建设参与者层面来说，表现为不断提升的绩效改进循环，通过建设参与者和建设方的共同参与，通过绩效辅导、检查等几个环节实现建设参与者绩效的不断提升。项目组织对建设参与者的绩效评估只是人力资源管理的一种手段，评估的目的并不终止于评估结果。从绩效管理 PDCA 循环来讲，可以说是新的绩效管理的开始。绩效管理包括确定绩效计划（衡量标准）、执行、评估与改进四个环节。其中，绩效改进所采取的措施是建立在分析业绩成果基础上的。通过绩效评估文字性或数字型的结果挖掘更深层次的原因，提出有价值的综合性绩效改进意见，可以帮助建设参与者从客观、有针对性的角度制定绩效改进计划，达到改进建设参与者绩效的目的。

2. 项目组织绩效改进方法

了解了项目组织绩效的影响因素之后就是要选择适合项目组织的改进方法以保证绩效改进的顺利实施。

（1）基于项目组织自身的绩效标杆。

这往往是以项目组织已实现的绩效成果为基础，追求绩效水平的不断提高。例如，项目组织去年绩效目标中的“业主满意度”为 91%、“按时竣工率”为 95%，那么，新设计的绩效目标可能就是“业主满意度”为 95%、“按时竣工率”为 98%。问题在于，这种方式所蕴含的内向性容易产生封闭思维，往往与迅速变化的外部环境相脱离；同时，绩效标杆受制于项目组织本身，简单地以“强化优势，改革劣势，不断战胜自我”为努力目标，也许仍然与竞争环境的要求有差距，实现这些目标并不意味着项目组织在竞争中就具有强有力的优势。总之，封闭性的思维方式只能适应确定性的竞争环境，无法保证项目组织绩效的有效改进。

（2）六西格玛的思维方式。

六西格玛是一种决策方法。六西格玛主张消除偏差将会解决流程和业务中的问题。六西格玛的真正力量在于它是人的力量与流程的力量的结合。项目组织通过使用一系列的统计工具来了解流程的运动，管理者可预测流程的结果。如果结果不能让你满意，可以使用相关的统计工具去进一步剖析影响流程的输入要素。六西格玛指导项目组织在各个运营环节中尽可能少地犯错，从原材料的进场到工程的验收，在最早可能发生问题时避免质量错误。通过一套严格和结构性的测量方法，流程的要素可以被完全了解，整个流程的输出结果将会得到显著提高。六西格玛包含了定义（Define）、测量（Measure）、分析（Analyze）、改进（Improve）和控制（Control）五个步骤，通常被简称为 DMAIC。

（3）360 度绩效反馈。

所谓 360 度绩效反馈，是指由工作中与被考评者工作关系较密切、联系较多的人，对被考评者分别从不同的角度，以问卷调查的方式，按照一定要求进行统计、分析和管理，形成考评结果报告，并与被考评者的自我表现评价进行对比分析，将考评结果面对面地向被考评者进行反馈，以帮助被考评者总结成绩、寻找差距，进而促使其改进工作、提高绩效。

（4）持续性的沟通。

通过持续性的沟通，开展绩效面谈是建设方与其他参与各方共同确定下一绩效管理周期的绩效目标和改进点的主要方式。在建设方与其他方对绩效结果和改进点达成共识以后，双方就需要一同确定下一绩效管理周期的绩效目标和改进点。绩效管理是一个往复不断的循环，一个周期的结束恰好也是下一个周期的开始。面谈的一个重要内容就是确定下阶段改进重点和改进计划。在绩效面谈中，双方在讨论绩效产生的原因时，对于达成的共识应当及时记录下来，那么这些问题可能就是项目组织在下一期需要重点关注和提高的地方。实际上双方在面谈过程中，同时也对下阶段绩效重点和目标进行了计划，这就使整个绩效管理的过程形成一个不断提高的循环。面谈结束后，双方要将达成共识的结论性意见或双方确定的关键事件或数据，及时予以记录、整理，填写在考核表中。对于达成共识的下期绩效目标也要进行整理，形成新的考核指标和考核标准。

3. 项目组织绩效改进实施过程

（1）项目组织绩效改进过程。

① 制作绩效改进计划书。

绩效改进计划书的内容主要有：工作缺点、期望成果、管支持事项以及改善进度考核。责任人改善行动、建设方支持事项和改善进度考核。

② 绩效改进计划追踪绩效计划制定后，重点在落实。其他参建方在按改进计划步骤操作的同时，建设方应负起督导作用。

③ 改进计划考核及情况处理。

绩效改善计划执行后，会出现两种情况：一是其他参建方的工作成绩达到绩效标准；二是其他参建方依然无法达成工作目标。对后一种情况，在实施绩效面谈时，可以同时确定下一轮的绩效目标。由于刚进行了绩效分析，其他参建方总结了上一轮的经验、教训，制定的新目标将更加合理。

（2）项目组织绩效改进实施步骤。

① 建设方与其他参建方达成关于绩效问题的共识。许多时候，建设方认为其他参建方存在绩效问题，但是其他参建方并不认为这是个问题。让其他参建方认识到绩效问题的存在，并且让他们认识到他们的绩效问题对组织的影响，以及如果不改正错误对其他参建方将要产生的后果。对组织产生的影响主要是指其他参建方的不良绩效可能对组织中他人的工作产生的不利影响。

② 分析绩效问题的原因。其他参建方问题的原因是多方面的，可能是能力的问题，也可能是建设方在行为强化方面做得不适当，还可能是其他方面的原因。

③ 确定改善的目标。建设方必须准确地说出，建设方想要其他参建方做出怎样的改善，而且其他参建方也应该认同这一目标。

④ 共同探讨可能的解决途径。商定如何实现和监督绩效改进的过程。要让其他参建方了解，他们必须对自己的行为负责。

⑤ 鼓励其他参建方已经取得的进步。任何行为改善都是逐步的过程，当员其他参建方行为开始有所改善时，应该及时认可和称赞。

6.4 香丽高速公路的绩效考核与管理

6.4.1 香丽高速公路的物资供应绩效考核管理

1. 物资供应单位考核内容

指挥部要求上报的报表、数据资料；供应情况及能力；产品质量；服务质量和态度以及处理问题的能力。

2. 考核权重划分

上报指挥部的报表、数据资料占 10 分；供应及时性占 40 分；产品质量占 30 分；服务质量和态度以及处理问题的能力 20 分。以上分值权重可根据工程进度要求及管理需要进行调整。

3. 考核实施细则

上报指挥部的报表、数据资料考核，每延迟一天扣 2 分，扣完为止。供应不及时发生投诉（物资系统管理信息平台），经核实后发生一次扣 5 分。产品质量发生投诉，发生一次扣 15 分，发生两次直接扣完。服务态度及处理问题发生投诉，发生一次扣 5 分，发生两次扣 10 分，发生三次直接扣完。对供应单位主要领导在物资系统管理信息平台上发生投诉回复不积极、处理问题不及时的按上述办法执行扣分。

4. 考核加减分制度

对于现场管理较好以及供应服务较满意的项目部和供应单位，可由各项目部反应，物资处给予 5～10 分的加分奖励。总承包项目经理部物资管理处可根据工程进展管理的需要，加强某单项物资的管理（如炸材、油料等），召开专题会议，制订、补充管理办法，提出管理要求，对不按管理要求执行的项目部本月考核分数给予一次性扣完。针对各项目部，因自身内部原因（如打架、斗殴等社会治安问题）导致其辖区政府机关对本项目的物资供应进行处罚（如停止炸材供应等），由此造成的损失全部由责任项目部承担，且该项目部当月物资系统综合考核直接一票否决，评定为最后一名，并给予两倍罚款。

5. 考核奖惩

（1）各项目部奖惩。

由物资处每月组织进行评审，对排名在前三名和后三名的项目部书面上报指挥部分别给予一定金额的奖罚。

（2）各供应单位奖惩。

由物资处每月组织进行评审，对前两名和后两名的供应单位书面上报指挥部分别给予一定金额的奖罚。

6. 单项奖罚规定

（1）单项奖励规定。

物资处通过综合评分有权对项目部材料管理进行优良评价，做出较大贡献的人员给予物质奖励。对各项管理考核中进步较大和在管理中真正做到“出类拔萃”的单位给予一定的物质奖励。对于月度综合评比和考核连续排名第一的人员进行嘉奖。对积极举投违反统供物资管理行为的项目部人员，一经查实，将按处罚金额的一定比例给予奖励。设立最佳进步奖、最佳管理先进奖等各类单项奖。

（2）违反本项目集中供应物资管理规定的处罚。

物资处每月、季度安排进行现场材料检查，每月进行考核，对连续排名最后的项目部人员给予对应的处罚。对不按《香丽高速公路物资管理制度》执行，擅自采购、倒卖统供物资的，对材料管理人员、项目经理分别给予经济处罚。

（3）对供应不及时的处罚。

对发生提供材料及产品供应不及时，按批次计划规定的供货时间，出现缺供和少供情况，可由各项目部提出申请，报物资处经合同处核定损失，分管领导审批后给予办理索赔申请。

（4）对不及时卸货的处罚。

各项目应保证各施工便道的畅通，由于道路的影响造成供应不及时，造成的损失由项目部自行承担。物资到达现场后各项目部应及时组织卸货，如由于卸货不及时，影响总体安排的，指挥部将对各项目部处以违约金处罚。

6.4.2 香丽高速公路的施工质量绩效考核管理

1. 质量绩效考核的内容

（1）对工区项目部质量管理行为的考核要求。

按项目质量目标，建立有效的质量责任体系，健全并落实各项保障措施以及各项管理制度。按合同文件要求配置试验检测、质检、技术、安全等项目管理人员，并满足实际施工需求。工地试验室仪器、设备按工程试验要求到位齐全，并定期进行标定，进、出场机械设备数量、型号、规格能够满足工地实际要求，与工程质量要求一致。履行承包人质量责任要求，各级管理人员持证及挂牌上岗，工作的业务能力及职业道德符合岗位要求。在开工前按要求进行实施性施工组织设计，并经监理批准、业主同意，执行、落实业主、监理、总包指挥部制定的质量计划。

（2）对工区项目部施工质量行为的考核要求。

现场上严格按设计图纸、技术规范的要求或已批准的变更设计进行施工。施工行为符合监理质量控制程序，严格按施工组织设计中批准的工艺进行现场作业。工程材料来源符合规定，有试验检验证明，外购材料，成品、半成品材料有出厂合格证明及工地检验证明，执行项目部物资部落实对材料的相关管理措施，确保工地现场堆放和使用的工程材料符合质量要求。按公路工程质量检验评定标准进行检查、验收工作。检查验收资料齐全，数据准确、真实，检测频率符合要求。

（3）对实体工程质量的考核要求。

是否严格按施工图纸或批准的变更设计文件和施工技术规范、标准施工；砂浆、混凝土等混合料拌和物试验及击实试验、马歇尔试验等标准试验是否真实可靠，有无平行试验，使用前是否经监理工程师批准；工程开工是否按程序报批，手续资料是否完备；隐蔽工程是否按程序检验，手续是否完备；下道工序开工前，上道工序是否经过监理工程师检验，是否达到规定的质量标准；承包人工程施工所采取的施工方法、施工程序、施工工艺是否满足工程质量、进度、环境保护及安全的要求，是否经监理工程师批准。

2. 工程质量绩效考核的程序

各项目部于每月 25 日前完成《工程质量月报》，经项目经理、项目总工签字后报总承包项目经理部工程质量管理处，质量管理处根据质量月报反映的情况安排检查工作。《工程质量月报》应包含工程进度、质量保证体系运行、工程质量检验、工程质量评定及验收，以及施工质量大事记、工程质量问题的处理等相关内容，并对下月施工计划与重点控制内容进行详细说明。检查工作以事实为依据、排除人为因素，做到公平、公正、公开，检查工作依下列程序进行。

对承包人有口头警告、通报、警示教育、返工、停工整改、违约金处罚等处理方式。对作业班组、外协队伍采取返工整改、处罚等方式进行处理。

限期整改、违约金处罚、返工、停工整改，由工程质量管理处发出质量检查表与隐患整改通知单（或处罚通知单），项目部必须将其执行结果以隐患整改通知单的形式书面回复（项目经理签字）工程质量管理处。

总承包质量管理处按季度定期形成书面质量简报，质量简报应全面反映各工区项目部质量管理水平，并从试验室、质量管理行为、桥梁、路基、隧道工程施工工艺控制等方面进行全面评价、综合考评，并根据考评结果严格执行奖惩相关文件。

3. 对质量缺陷的处理

质量缺陷处于萌芽状态时：质量指标开始下降，出现有个别的与质量标准稍有偏离的检测数据，出现少量的不影响产品合格检验，但可处理修补的质量缺陷，如混凝土表面的麻面，小面积蜂窝等。这时应及时召开质量问题分析会，采取措施纠正，扭转质量下降的趋势。

质量缺陷正在发生时：若正在发生质量缺陷，或已经出现质量缺陷，应暂停施工。待采取保证施工质量的有效措施，并对缺陷进行了正确的补救处理后复工。当质量缺陷发生在某道工序或单项工程完工以后，而且质量缺陷的存在将对下道工序或分项工程产生质量影响时，应返工处理。

4. 对质量事故的调查与处理

由集团或国家相关部门组织进行的质量事故调查，总承包项目经理部应认真负责地做好配合工作，按照“四不放过”的原则，按规定开展事故调查。发生质量事故，从集团专家组中抽调专家组成事故调查组开展事故调查。与事故单位有利害关系的专家不得参加本单位质量事故调查。造成 100 万以下直接经济损失的质量问题，由各工区按本办法要求制订实施细则统一管理，组成调查组开展事故调查。查明事故原因，判定责任，于事故发生 30 日内向总承包项目经理部提交调查报告，总承包部 10 日内做出批复并审核备案，督促单位召开全员警示教育会。

发生质量事故，事故调查处理结束后 15 日内，由总承包项目经理部组织召开警示教育大会，通报事故情况，吸取事故教训，全员警示教育。警示教育大会应包括以下内容：通报事故经过、原因分析和责任判定；通报责任人处理决定；事故责任人汇报整改工作和对事故的认识；部门、基层单位谈认识、提建议；企业领导提出加强管理的主要措施和办法。

5. 质量事故责任认定

根据事故调查结论，由事故调查组将事故划分为质量责任事故和非责任事故。事故责任分为直接责任和管理连带责任，责任事故纳入处罚范围，非责任事故不再进行处罚。

确定事故责任人的基本原则：因技术方案错误和缺陷而发生的事故，由方案制定和审批者负主要责任。方案落实不到位，由方案执行者承担主要责任。因未做施工（生产）工艺交底或交底不到位而发生的事故，由交底人负主要责任。因制造、安装、施工、检修方面的错误和缺陷而发生的事故，由制造、安装、施工、检修者负主要责任。因擅自降低制造和施工质量要求，使用低于国家或行业标准规定的材料（以低代高）造成的事故，由责任单位的负责人、组织者、执行者、质量监管人员负主要责任。因未及时解决质量隐患而引发的事故，由有关管理者负主要责任。因未严格贯彻落实质量管理措施而发生的事故，由执行者、组织者和现场质量监管人员共同负主要责任。因管理不善，发生质量事故或重复性事故，由有关领导负主要责任。

有下列情况之一者，首先追究领导责任：质量管理机构不健全；质量管理人员配备不符合规定；质量检测仪器配备不齐全；质量管理规章制度或操作规程不健全；不遵守操作工艺，违章指挥，强令工人违章作业而造成的事故；使用材料以次充好、价格以低代高造成的质量事故；不按规定进行质量教育和培训，未具备执业资格上岗作业而造成的事故；事故发生后，不积极采取抢救和防范措施，导致事故扩大、伤害程度加剧或重复发生的事故。

6. 质量事故处罚

发生质量责任事故，总承包项目经理部调查组根据事故分类做出事故责任判定和处理建议，做出最终处罚决定，经济处罚由企业管理部实施、纪律处分由纪检监察部执行；当事故调查由政府有关部门主持时，按国家相关规定进行处理。事故单位因瞒报、谎报质量事故被举报查实的，除按程序开展补充调查，对责任人进行处理外，对瞒报、谎报事故的主要责任人追加处罚，给予举报者奖励。发生质量责任事故，除对事故责任人给予经济处罚外，总承包事故调查组应根据责任轻重判定提出对事故主要责任人的行政和党纪处分建议；事故责任单位应作书面检查，对负有领导责任的单位主要领导进行诫勉谈话，对负有直接管理责任的主要领导视情节给予处分。

7. 工程质量违约处罚细则

为确保香丽高速公路工程质量得以有效控制，完善质量管理制度，纠正和处理工程建设中不规范的施工，根据《中华人民共和国合同法》《中华人民共和国建筑法》等相关法律、法规、规章的规定，制定了工程质量违约处罚实施细则。总承包项目经理部质量管理人员须按《合同协议书》的约定对工程项目进行严格的质量监督，合同违约人以此为依据承担违约责任。总承包项目经理部质量管理人员应客观、公正的处理现场质量问题，对查出的质量问题隐瞒不处理者、假公济私、不秉公办事者，一经发现对当事人进行严肃处理，情节严重者可调离岗位。工区项目部应认真履行合同条款，凡是违反合同条款规定的，均按规定承担违约责任。

6.4.3 香丽高速公路的安全生产绩效考核管理

1. 安全管理与行为绩效考核要求

总承包项目经理部安全监督处每月对各参建单位开展一次安全执行、行为管理情况的监督检查。监督检查中必须公平公正、实事求是的原则，严肃认真的要求开展监督检查。对落实安全生产主体责任和监管职责不到位，落实交通厅、集团、路桥部安全相关的文件、通知、要求不到位，落实总承包项目经理部安全相关文件、通知、要求不到位，落实隐患整改责任和整改措施不到位，落实上级主管部门重大隐患整改不到位的，应严格按相关规定采取约谈、通报批评、纳入黑名单处理等措施。

2. 安全管理与行为绩效考核内容

（1）安全管理制度执行落实情况。

健全安全管理制度，制度审批完成并发文实施。制度必须符合上级政府单位相关管理要求与集团、路桥部、项目投资公司、总承包项目经理部相衔接。工区项目部必须严格按照制度要求执行相关的管理规定。

（2）安全检查执行落实情况。

严格按照制度要求开展各项定期、不定期、专项、特殊时段安全检查。检查内容及范围全面、书写认真。对查出的隐患，制定合理的整改措施。项目经理、总工程师、安全总监应积极参与定期检查工作。

（3）安全管理人员。

项目部必须设立独立的安全管理组织机构，文件需报备总承包项目经理部。人员发生变动要进行及时调整报批。文件的制定依据及要求符合相关要求。并严格按照要求配备符合标准的安全专职管理人员，专职安全管理人员必须持证、在岗，业务技能娴熟，按时、如实、填写安全日志，了解安全组织机构人员对各自的安全管理职责，并按照职责要求开展工作。

（4）安全教育培训。

制定教育培训制度和计划，制度中明确项目经理、管理人员、安全专职管理人员、特殊工种、转岗、新进场从业人员安全教育培训学时、内容、方法等要求，如实记录培训内容，及时汇总培训人数，培训人次与人员台账比例要相符。

（5）安全例会。

制定安全生产例会制度，及时召开例会。制度中明确安全生产例会的时间、频次、参会主要人员，项目经理、总工程师、安全总监参与例会的频次。会议记录要清晰、全面。会议要求落实到位，并有书面记录。

（6）安全技术交底。

制订安全技术交底制度。制度中是否明确交底责任人、对象、方法、内容。交底记录清晰、真实，内容可行。逐级建立交底台账，保证交底人数与人员台账相符。

（7）项目领导带班执行情况。

制订项目负责人带班制度及带班计划。计划报监理审批报总承包留存，及时对带班计划和带班生产情况进行公示。认真填写带班记录，对记录中存在的隐患进行跟踪、消除。

（8）安全管理风险源告知情况。

制订重大风险源安全管理方案，方案中明确责任人和预控措施。每年组织开展一次风险源识别，制定预控措施。按规定开展桥隧施工安全风险评估，并将风险评估报监理审批。及时将作业面存在的重大风险源对作业人员进行书面告知。

（9）应急救援安全管理情况。

制订可操作的各类应急预案及现场处置方案。结合施工现场实际情况制定使用的年度应急演练计划，并报监理审批。有针对地开展应急培训和演练，并及时总结。配备兼职的应急队伍和应急物资。定期对应急队伍人员变动情况进行更新调整，定期开展应急物资的专项检查工作。

（10）平安工地创建情况。

制订“平安工地”建设方案，“平安工地”建设要求落实到一线工人。严格按照方案开展自检自评工作，并将自评情况按时上报总承包项目经理部。

（11）政府主管部门安全专项工作落实情况。

严格落实政府主管部门要求的安全专项工作。制订相关的落实方案或工作计划。并按方案或计划执行到位。针对交通厅检查发现的隐患和问题及时进行整改，按时进行回复。

（12）集团路桥部安全管理专项工作落实情况。

严格落实集团路桥部要求的安全专项工作。针对集团路桥部检查发现的隐患和问题及时进行整改，按时进行回复。

（13）总承包项目经理部安全管理专项工作落实情况。

按照总承包项目经理部布置的安全管理专项工作，结合文件、通知等要求制订相关的工作方案，及时开展各项工作，按时将工作开展情况上报总承包项目经理部。认真落实总承包项目经理部组织开展的各项安全检查存在问题隐患的整改工作。按时上报整改回复情况。

（14）监理单位管理行为统计。

统计监理单位下发的监理指令及相关的考评检查频次。

（15）工区项目部母体公司管理行为统计。

（16）统计工区项目部母体公司到项目部的检查、帮助、指导频次。

香丽高速公路安全管理与行为绩效考核内容如表 6-1 所示。

表 6-1　香丽高速公路安全管理与行为绩效考核内容样表

单位名称：云南建投香丽高速公路工程总承包项目经理部　　　　检查时间：

序号	检查项目	检查内容	检查情况	整改要求及时间	备注
1	安全管理制度执行落实情况	①是否健全完善的安全管理制度。②制度是否审批完成。③制度是否发文实施。④制度是否符合上级政府单位相关管理要求。⑤制度是否都与集团、路桥部、项目投资公司、总承包项目经理部相衔接。⑥所检工区项目部是否严格按照制度要求执行相关的管理行为			

续表

序号	检查项目	检查内容	检查情况	整改要求及时间	备注
2	安全检查执行落实情况	①是否严格按照制度要求开展各项定期、不定期、专项、特殊时段安全检查。②检查内容及范围是否全面、书写是否认真。③对查出的隐患整改措施制定是否合理。整改资料是否闭合。④项目经理、总工程师、安全总监参与检查的频次			
3	安全管理人员	①是否建设安全管理组织机构文件，文件是否报备总承包项目经理部。②人员发生变动是否进行及时调整报批。文件的制定依据及要求是否符合相关要求。③是否严格按照要求配备符合标准的安全专职管理人员。④安全管理人员是否持证、在岗。安全管理人员业务技能是否娴熟。⑤安全管理人员安全日志是否认真填写、连续。⑥安全组织机构人员对各自的安全管理职责是否了解和执行			
4	安全教育培训	①是否制定教育培训制度和计划，计划是否合理。②制度中明确项目经理、管理人员、安全专职人员、特殊工种、转岗、新进场从业人员安全教育培训学时、内容、方法等要求。③并按要求开展教育培训。培训时间、培训内容、参加培训人员记录清晰。④培训人次是与人员台账。⑤是否及时汇总培训人数			
5	安全例会	①是否严格按照会议制度及时召开例会。②是否明确安全生产例会的时间、频次、参会主要人员。③项目经理、总工程师、安全总监参与例会的频次。④会议记录清晰、全面。⑤会议要求落实到位并有书面记录			
6	安全技术交底	①是否制订安全技术交底制度，制度是否合理。②制度中是否明确交底责任人、对象、方法、内容。③逐级交底记录清晰、真实，内容可行。④是否建立逐级交底台账。⑤交底人数与人员台账不符			
7	项目领导带班执行情况	①是否制定了项目负责人带班制度及带班计划。②项目负责人带班计划是否报监理审批报总承包留存。③带班计划和带班生产情况是否进行公示。④带班记录是否及时填写，填写内容是都真实，存在的隐患是否进行跟踪、消除			
8	安全管理风险源告知情况	①是否制定了重大风险源安全管理方案；方案中未明确责任人。②风险源识别不全或预控措施操作性不强。③未按规定开展桥隧施工安全风险评估，未将风险评估报监理审批。④重大风险源未对作业人员进行书面告知			
9	应急救援安全管理情况	①未按照要求制定各类应急预案及现场处置方案。②未结合施工现场实际情况制定实用的年度应急演练计划。③计划未报审批。④未严按照计划有针对性地开展应急培训和演练，未及时总结。⑤未配备兼职的应急队伍和应急物资。⑥未及时对应急队伍人员变动情况进行更新调整。⑦未定期开展应急物资的专项检查工作。未对应急队伍组织培训			

续表

序号	检查项目	检查内容	检查情况	整改要求及时间	备注
10	平安工地创建情况	①未制定“平安工地”建设方案，②“平安工地”建设未落实到一线工人。③未严格按照方案开展自检自评工作，未将自评情况按时上报总承包项目经理部			
11	政府主管部门安全专项工作落实情况	①未严格落实政府主管部门布置的安全专项工作。②未对安全专项工作制定落实方案或工作计划并按方案或计划执行到位。③对交通厅检查发现的隐患和问题未及时进行整改。④未并按时进行回复			
12	集团路桥部安全管理工作落实情况	①未严格落实集团路桥部布置的安全专项工作。②未对集团路桥部检查发现的隐患和问题及时进行整改。③未按时进行回复			
13	总承包项目经理部安全管理专项工作落实情况	①未按照总承包项目经理部布置的安全管理专项工作，结合文件、通知等要求制定相关的工作方案。②未及时开展各项工作。③未按时将工作开展情况上报总承包项目经理部。④未对总承包项目经理部组织开展的各项安全检查存在问题隐患及时进行整改。⑤未按时上报整改回复情况			
被检查工区项目部负责人签章：			检查人员签字：		

3. 安全管理与行为绩效考核奖惩规定

以工区为单位，每月开展安全执行、行为监督检查，未按照管理行为检查内容要求开展相关工作或应付式执行、多项工作执行不到位的工区项目部，按照以下规定进行处理：首次监督检查中存在多项工作应付式执行或执行不到位的，在香丽全线范围内进行通报批评。次月再次监督检查仍不符合要求的，给予一定金额的处罚，给予工区项目经理一定金额的罚款，并报集团路桥部约谈母体公司，集团内进行通报。一个季度内三次不符合要求的列入集团路桥部信用黑名单，同时抄报集团。

4. 安全生产绩效考核制度的适用范围

总承包项目经理部设立综合安全奖励基金，包括“平安工地”达标奖、每季度安全检查评优奖、安全专项基金。该制度适用香丽高速公路建设项目所属的1~13个土建工区项目部施工现场安全等过程管理，施工安全管理和内业资料的管理等。

5. 安全生产绩效考核的执行方式

安全考核，以安全过程管理问题处罚通知单、施工现场的场容场貌、施工现场的安全隐患整改情况及施工现场安全文明施工的情况。安全基础管理档案管理情况及对总承包项目经理部安全监督处安全管理工作的配合支持程度作为考核内容。

对于在总承包项目经理部安全监督处检查过程中发现的一般安全问题，检查组成员将以口头通知要求被检查工区项目部的相关部门现场进行整改或直接下发《整改通知单》通知被检查相关部门、个人并督促其限期整改。对多次重复出现的一般问题，检查组人员可以直接按照相关办法开具《罚款通知单》，同时对存在的问题下发《整改通知单》以督促其限期整改，如果在规定期限内没有整改或没有完成整改，总承包项目经理部安全监督处将对被检查单位和相关人员按照问责。

严重的安全问题或违反原则的问题，检查人员草拟处罚文件，主管领导签发后执行。《整改通知单》由主管部门根据检查情况问题填写（一式两份），部门负责人签字。一份发整改单位；另一份留安全监督处备查。《罚款通知单》由总承包项目经理部安全监督处检查情况问题填写（一式三份），检查人员、部门负责人、主管领导相继签字确认。一份发整改单位，一份发总承包项目经理部财务管理部，另一份发安全监督处备查。

安全奖励，由相关人员草拟奖励通知，主管领导签发。安全过程检查罚款，由被处罚工区项目部直接交到总承包项目经理部财务处，并充入安全综合考评奖励基金；安全过程检查奖励，安全监督处将以文件形式告知财务处依据奖励文件，对奖励单位进行支付，支付时从安全综合考评奖励基金中支付。

6.4.4 香丽高速公路的生产成本绩效考核管理

香丽高速公路的生产成本绩效考核管理分为过程绩效考核与竣工考核两部分。

1. 过程考核

（1）承包人岗位考核：承包人对各岗位考核的主要内容一般是各项基础工作的完成情况及成本控制目标的实现情况，根据考核情况在节点考核。绩效考核样表如表 6-2 所示。

表 6-2 香丽高速公路成本管理绩效考核样表

项目名称：GO613 云南香丽高速公路　　　　考核部门：合同处

被考核项目部：　　　　满分：100　　　　最终得分：

序号	考核指标	考核项目	考核内容	检查情况	评分
1	主要指标	工程计量（30 分）	每季度计量批复金额必须达到本季度产值金额的 88%时，得满分；在 80~87 时，扣 3 分；在 75%~79%时，扣 6 分；在 70%~74%之间时，扣 9 分。（小数点四舍五入取整）。计量比例在 69%以下时，按基础分考核，项目核算人员采取措施推进计量工作，计量比例仍然上不去，可得基础分 21 分。（计量措施是指能通过下发、上报文件、报告等形式，促进计量，并提供出证明材料）		
2	日常管理	人员履约（10 分）	项目负责人和技术、财务、计量、质量、安全等主要管理人员按合同约定到位，0.5 分/（次·人）		
			按照有关管理文件、分包合同文件要求检查，0.2 分/（次·人）		

续表

序号	考核指标	考核项目	考核内容	检查情况	评分
2	日常管理	合同管理（25分）	按时办理合同情况考核：合同办理不及时的，每检查一次扣分标准为：1分/份，累计扣分计算		
			合同台账建立情况考核：未建立电子台账或者建立了电子台账但未及时更新的，每检查一次扣分标准：1分/次		
			合同附件齐全情况考核：涉及合同签订时需要附附件资料（如开标资料、询价资料、分包单位资质、质量安全责任书、治安管理责任书等），每检查一次发现缺失者，扣分标准为：1分/份，累计扣分计算		
			合同内业管理工作考核：合同归档未分类（如：劳务分包、专业分包、材料采购、机械租赁、其他等）且文档盒里未附目录明细或者目录明细更新滞后的，每检查一次扣分标准为：1分/次		
			通知合同处开标、合同谈判情况考核：合同办理时涉及需要开标、合同谈判的，未提前通知合同处参与，自行组织开标、合同谈判，并办理合同的，每检查一次，扣分标准为：1分/份，累计扣分计算		
			合同履约管理情况检查考核：已经签订的合同应加强管理，如果发现乙方未按合同约定施工的，每检查一次扣分1分/份，累计扣分计算		
			合同交底情况考核：针对签订的各种劳务/专业合同、机械租赁合同、其他合同等，各项目部合同计量人员未组织合同交底工作的，每检查一次扣分标准为1分/份，累计扣分计算		
		计量管理（25分）	计量台账按要求建立情况考核：计量台账建立不及时或者数据混乱的，每次检查扣分标准为：1分/次，累计扣分计算		
			计量月报上报合同处情况考核:上报计量月报不及时或者上报内容混乱，不认真对待的，每次检查扣分标准为：1分/次，累计扣分计算		
			中间计量及检验资料按时上报情况考核：中间计量及检验资料不按时上报，或者上报内容不完整影响计量的，每次检查扣分标准为：2分/次。累计扣分计算		
			变更资料（涉及经济部分）台账建立情况考核：涉及经济部分的变更资料台账建设不及时或者建立内容不完善，不认真对待的，每检查一次扣分标准为：1分/次，累计扣分计算		
			新增单价组价上报情况考核：涉及新增单价组价上报不及时或者上报内容不完善，不认真对待的，每检查一次扣分标准为：1分/次，累计扣分计算		

续表

序号	考核指标	考核项目	考核内容	检查情况	评分
2	日常管理	计量管理（25分）	按时上报完整的变更资料（涉及经济部分）考核：涉及经济部分的变更资料上报不及时或者上报内容不完善，不认真对待的，每检查一次扣分标准为：1分/次，累计扣分计算		
			按时完成对劳务/专业分包队伍的计量及支付：未按照合同约定完成对劳务/专业分包队伍计量及支付的，每次检查扣分标准为：2分/次，累计扣分计算		
			合同交底情况考核：针对签订的各种劳务/专业合同、机械租赁合同、其他合同等，各项目部合同计量人员未组织合同交底工作的，每检查一次扣分标准为1分/份，累计扣分计算		
		成本管控（10分）	任务书开具情况考核：任务书未按公司要求及时开具，每检查一次		
			建立成本台账情况考核：成本台账未按月及时建立进行三算对比分析，每检查一次扣分标准：1～2分/次（视台账建立质量进行酌情考虑）		

（2）考核承包人：成本管理基础资料的编制及上报情况；各项成本控制目标的实现情况及其真实性；综合指标的完成情况；工程款的回收情况；上交款的完成情况等。

（3）总承包指挥部岗位考核：承包人对各岗位考核的主要内容一般是各项基础工作的完成情况及成本控制目标的实现情况，根据考核情况在节点考核。

（4）总承包指挥部部门考核：一般从以下方面考核，成本管理基础资料的编制及上报情况；各项成本控制目标的实现情况及其真实性；综合指标的完成情况；工程款的回收情况；上交款的完成情况等。

2. 竣工考核兑现

（1）承包人岗位考核：承包人对各岗位考核的主要内容一般是各项基础工作的完成情况及成本控制目标的实现情况，根据考核情况在节点考核。

（2）考核承包人：成本管理基础资料的编制及上报情况；各项成本控制目标的实现情况及其真实性；综合指标的完成情况；工程款的回收情况；上交款的完成情况等。

（3）总承包指挥部岗位考核：承包人对各岗位考核的主要内容一般是各项基础工作的完成情况及成本控制目标的实现情况，根据考核情况在节点考核。

（4）总承包指挥部部门考核：一般从以下方面考核，成本管理基础资料的编制及上报情况；各项成本控制目标的实现情况及其真实性；综合指标的完成情况；工程款的回收情况；上交款的完成情况等。

6.4.5 香丽高速公路的施工进度绩效考核管理

1. 考核原则

坚持以服务为原则，及时了解各工区项目部现场施工中存在的困难，参与协调解决项目生产推进中存在的困难。坚持“奖优罚劣，重奖重罚”原则，为加快工程建设，提高项目部的积极性，树榜样、立典型，在全线形成“赶、学、比、超”的良好氛围。

2. 绩效考核机构与职责

香丽高速公路工程总承包项目经理部设置进度管理督导督查组，负责督导督查全线生产推进情况，及时梳理解决全线生产推进中存在的困难和问题。

督导督查小组负责全线工程生产推进工作的相关服务与管理；负责根据项目全年营收指标和总体工期要求，合理分配、下达各工区项目部生产任务，对工区项目部年、季、月生产计划进行管理；督导督查全线生产计划落实情况，及时梳理生产推进过程中遇到的困难和问题，并协助解决；整理和统计进度数据，分析进度偏差并提出进度调整建议；负责定期撰写全线工各区项目进展报告，及时反映项目进展情况；负责考核评比全线各工区项目部生产完成情况，提出奖罚意见。

3. 施工进度绩效考核内容

（1）资料与报表。

根据全年营收指标，组织签订项目部《年度生产任务责任书》；审核项目部《月目标责任分解表》，汇编成册呈报总承包项目经理部领导和相关部门；组织编写全线工程进度旬报、半月报、月报等汇报材料；重点关注控制性工程进展情况，掌握其下一步施工计划，编制“六桥八隧一立交”控制性工程旬报；《工程施工进度督查通知单》的签发、闭合、归档；组织定期召开进度分析推进会，会同总承包项目经理部各职能部门联合解决生产推进中存在的困难；组织进度考核考评工作，形成考核结论报告。

（2）生产进度计划、节点目标的确定与调整。

各工区项目部根据合同工期要求制定总体施工计划，开工前报总承包项目经理部审批；总承包项目经理部根据总体工期要求，结合项目实际施工情况，下达各工区项目部年度生产任务目标及各项阶段性生产目标；工区项目部根据各项阶段性生产目标，制定年度施工计划、季度施工计划、月度施工计划并上报总承包项目经理部审批；工区项目部在实际生产推进中，须严格按照施工计划组织实施，确因客观因素或工区项目部自身原因造成当月生产目标未能完成的，要求在保证年度生产任务和总工期的前提下，对进度计划进行修订，并制定切实可行的保障措施，当月 25 日前报总承包项目经理部审批通过后，完成进度计划的调整；控制性工程节点目标根据总体施工计划确定，原则上不予调整，并作为日常督查工作重点严格督查。

（3）督查工作。

根据《月目标责任分解表》，进度管理督导督查组每月组织对全线各工区项目部组织管理情况、施工点管理人员、作业人员、机械设备、施工材料组织情况进行全面督查，全面掌握全线各施工点施工开展情况和施工保障措施落实情况；进度管理督导督查组根据现场施工推进情况，对推进滞后的单位工程设置节点目标和奖罚措施；根据项目实际推进情况，对工程进度推进滞后的工区项目部或施工点进行重点督查，掌握进度滞后原因，开具《工程施工进度督查通知单》督促工区项目部制定纠偏计划和保障措施，并跟踪督查督促落实；对控制性工程展开不定期现场督查，结合“六桥八隧一立交”控制性工程旬报，督促、协调解决存在的困难；根据《月目标责任分解表》，每月 20 至 30 日组织产值核实工作，形成进度考核报表。

4. 施工进度绩效考核工作方法

重大决策或领导批示交办的重要事项，按“一事一督”的方式进行督办；对重要批示的文件主动跟踪，及时了解办理情况；经领导授权直接到施工现场开展督查督办工作；组织相关职能部门联合督促检查；对已交办事项，及时跟踪提醒，督促按期上报；对周期性较长的督导督查事项，按节点进度反馈工作进展情况；对在运行中遇到梗阻的督导督查事项，通过沟通协调或组织召开专项会议，协调推进；对已办结的重要督导督查事项进行回访复核，防止弄虚作假或出现反弹。

5. 考核评比及奖罚

进度督导督查考核以工区项目部产值完成情况为主线，项目整体组织管理情况和现场实际生产推进状况综合考虑，最终形成考核结论。

（1）月度生产目标考核。

月度生产考核周期确定为每月 21 日至次月 20 日，考核目标为年度计划当月产值或经审批通过的调整计划月产值；如工区项目部存在上月未完成产值目标的情况，又未按要求完成进度计划调整审批的，则将上月未完成产值目标自动累加到本月产值考核目标中；工区项目部根据施工计划和《年度生产任务责任书》对下月生产目标进行分解，要求《月目标责任分解表》应与《年度生产任务责任书》签订的当月生产目标保持基本一致，月分解产值不低于《年度生产责任书》签订的当月产值目标（或调整后产值计划）的 90%，每月 25 日前报总承包项目经理部；工区项目部每月 20 日前，在云南建投集团投资项目管理系统录入月产值报表；进度管理督导督查组根据工区项目部当月完成产值报表，每月 20 日起组织对工区项目部产值完成情况进行现场核实；进度管理督导督查组在完成工区项目部产值核实工作后，对工区项目部产值完成情况进行汇总、评比，形成香丽高速公路全线月产值报表；对当月生产目标未按计划完成的工区项目部，需按相关规定，于当月 25 日前完成月、年施工计划调整。

（2）季度生产考核。

季度考核以产值完成情况为主线，结合关键工程节点完成情况、现场施工组织情况、日常报表完成情况等因素综合考虑，形成考核结论；季度生产考核以年度计划中当季应完成产值为目标，如有年度计划调整，则以本季开始前最近一期调整计划为准。

（3）年中生产考核。

进度管理督导督查组根据工区项目部上半年产值完成情况、现场施工组织情况等因素，对工区项目部进行综合评比，形成产值完成报表和半年生产推进情况汇报材料；年中生产考核以年初上报的年度计划中上半年应完成产值为目标，不考虑调整计划。工区项目部对上半年生产推进情况进行总结、分析，对现场施工进度滞后工程制定纠偏措施，调整下半年施工计划，上报总承包项目经理部，确保年度生产任务顺利完成。

（4）年度生产考核。

进度管理督导督查组根据工区项目部全年产值完成情况、现场施工组织情况等因素，对工区项目部进行综合评比，形成年度产值完成报表和全年生产推进情况汇报材料；工区项目部对全年生产推进情况进行总结、分析，根据总承包项目经理部下达的次年生产任务目标，调整总体施工计划，上报总承包项目经理部。

（5）控制性工程生产考核。

各工区项目部每月 10、20、30 日根据现场实际推进情况编制《控制性工程旬报》上报总承包项目经理部；总承包项目经理部根据评审通过的施工网络图和签订的《控制性工程责任书》对各施工节点目标进行考核。

总承包项目经理部根据各工区项目部生产目标完成情况和现场生产组织情况综合考虑，对工区项目部进行“奖优罚劣”，对月进度督导督查考核考核名次靠前且产值完成情况与计划目标对比情况较好的工区项目部进行奖励。对考核名次靠后，且产值完成情况较差或项目生产管理明显失控的工区项目部，采取约谈、撤换项目班子、罚款等处罚。奖罚根据《关键性工程考核责任书》所列相关节点进行考核奖罚。

7 高速公路 PPP 项目总承包管理模式的发展与完善

7.1 高速公路 PPP 项目总承包管理模式的对比分析

高速公路 PPP 项目采用总承包管理模式有利于充分发挥社会投资人在施工管理方面的优势，因此总承包管理模式在我国高速公路PPP项目的建设管理过程中得到了广泛采用。然而不同的社会投资人在 PPP 项目中对总承包模式的运用还存在显著的区别，这种区别主要体现为两个方面：一方面是不同管理模式下，项目投资公司与总承包单位责权利的划分不同；另一方面是总承包管理的范围有所区别。本章主要讨论以下三种总承包管理模式之间的区别。

7.1.1 建设指挥部领导下的 SPV+施工总承包模式

1. SPV 公司与施工总承包之间的关系定位

设立建设指挥部整合高速公路 PPP 项目的 SPV 公司与总承包项目部，建设指挥部 SPV 公司、总承包项目部实行合署办公，按照一套人马，三块牌子的模式进行组建。由集团公司委派建设指挥部指挥长，SPV 公司和总承包项目部分别委派副指挥长若干名，原则上 SPV 公司指派负责融资财务、征地拆迁、招投标与合同管理、工程质量管理、监理与设计管理的副指挥长；总承包项目部指派负责生产、工程技术、工程成本管理、安全与环境管理、信息管理等工作的副指挥长。相应的职能部门由 SPV、总承包管理部门分别负责管理，两者在各职能部门的人员应该进行适当的交叉与合作，一方面避免两者在人员和职能上的重叠，另一方面促进两方在具体业务上的合作，也方便 SPV 公司在项目移交和运营期全面了解项目的信息；副指挥长和各职能部门均在指挥长的统一领导下开展工作，各种管理会议也集中召开，共同商讨协调解决。项目建设期的风险、收益均由指挥部统一负责，并按一定的比例由社会投资人、总承包项目部共享。待项目建设工作完成后，建设指挥部与总承包项目经理部撤销，SPV 公司的相关人员全面接手项目的移交和运营管理工作，如图 7-1 所示。

2. 施工现场管理模式

建设指挥部对施工现场的管理可根据项目工程量的大小、建设指挥部的管理人员数量分别采取不同的管理模式。当项目线路不是太长，工程量不太大，建设指挥部的管理人员比较多且管理能力较强时，可采用建设指挥部直管小工区单价合同管理模式，通过建设指挥部依靠监理单位直接管理多个小工区，降低管理层级，提高管理效率，如图 7-2 所示。

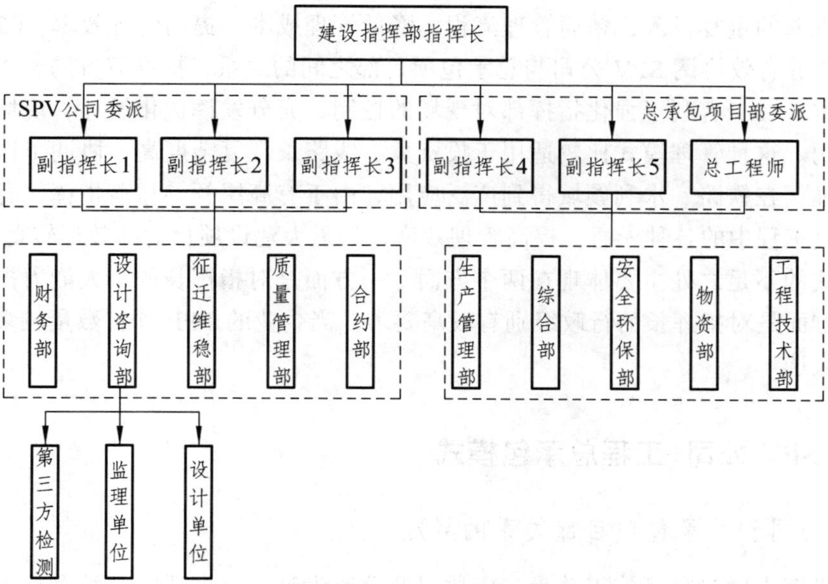

图 7-1 建设总承包项目经理部模式

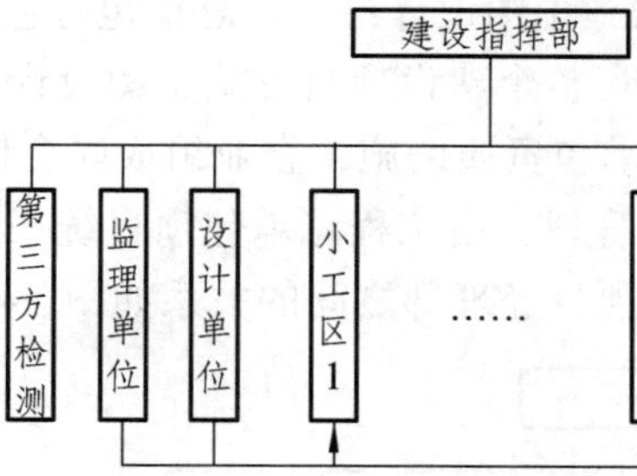

图 7-2 建设指挥部直管小工区模式

当项目线路长、工程量大时，如果建设指挥部的管理人员比较多且管理能力较强时，也可以考虑总承包项目经理部直管小工区单价合同管理模式；如果建设指挥部的管理人员比较精简时，更适合采用大工区总价合同管理模式，全线根据工程量大小划分为数个大工区，将建设指挥部的一部分职能授权给大工区项目部，建设指挥部更多地进行项目的总体控制，如图 7-3 所示。

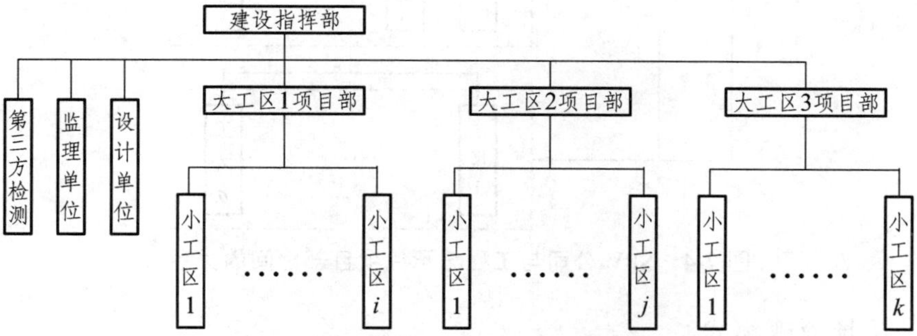

图 7-3 总承包项目经理部大标段管理模式

这种模式的优势主要体现为：（1）建设指挥部、SPV 公司、总承包项目部合署办公，可减少人员、资源的重复投入，精简管理流程，降低管理成本，提高管理效率；（2）在指挥长统一领导下能够有效协调 SPV 公司与总承包项目部之间的关系，提高双方的合作水平，降低内部协调成本；（3）有利于强化指挥部对现场的控制，充分发挥优化设计、现场监理、第三方检测的作用。这种管理模式比较适用于投资大、线路长、复杂度高、协调工作量大的重大建设项目管理，在铁路、水利领域得到广泛应用，由于有高层领导靠前指挥，有利于迅速决策，协调解决工程中的各种矛盾，提高管理效率，为重大建设项目的高效运转奠定了基础。

这种模式的不足之处主要体现在两个方面：一方面是对指挥长的个人能力提出了很高的要求；另一方面是对指挥长的行政级别有较高要求，当企业的 PPP 项目数量较多时，没有足够的指挥长人选。

7.1.2　SPV 公司+工程总承包模式

1. SPV 公司和总承包项目部关系的界定

当社会投资人同时具备施工总承包资质以及公路设计甲级资质时，社会投资人可以自行负责高速公路 PPP 项目的施工图设计与工程施工，SPV 公司可以与社会投资人签订工程总承包协议，将高速公路 PPP 项目的施工图设计与施工总承包打包委托给社会投资人，社会投资人组建工程总承包项目部具体负责整个建设项目的施工图设计及施工建设。当具备公路设计甲级资质的设计院与具备施工总承包资质的施工企业组成联合体作为 PPP 项目的社会投资人时，同样可以采用这种模式进行管理，由工程总承包项目统一管理项目的施工图设计以及工程施工。SPV 公司与工程总承包项目经理部之间的关系如图 7-4 所示。

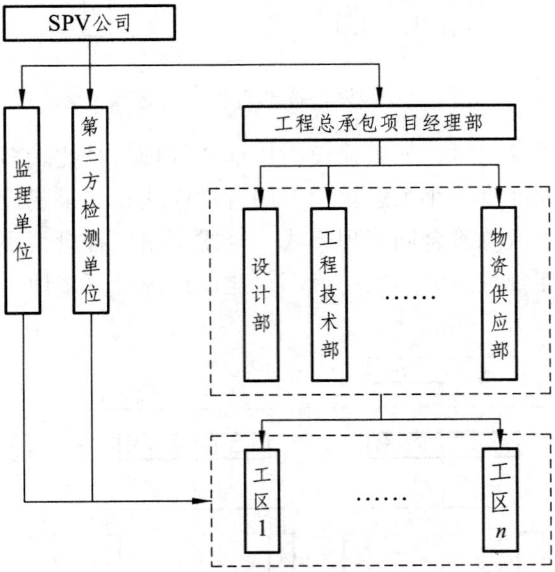

图 7-4　SPV 公司与工程总承包项目部之间的关系

2. 施工现场管理模式

工程总承包项目经理部根据高速公路 PPP 项目的大小、工程性质、总承包管理资源的多少可以分别采用不同的管理模式。当高速公路的线路比较长，不同里程的工程内容、地形地质条件变化显著时（比如跨越平原、山区的高速公路），可以采用设计施工承包管理模式；将全线按照工程特征的不同划分为若干个工区，每个工区实行设计施工承包管理模式，每个工区均配置有施工图设计与施工管理人员，负责本工区的施工图设计以及工程施工，总承包项目部负责多个工区的总体协调与控制，如图 7-5 所示。由于不同工区具有不同的工程特点，不同工区的设计施工管理团队可以发挥出专业化的优势，结合工程特点进行优化设计，提高管理效率。

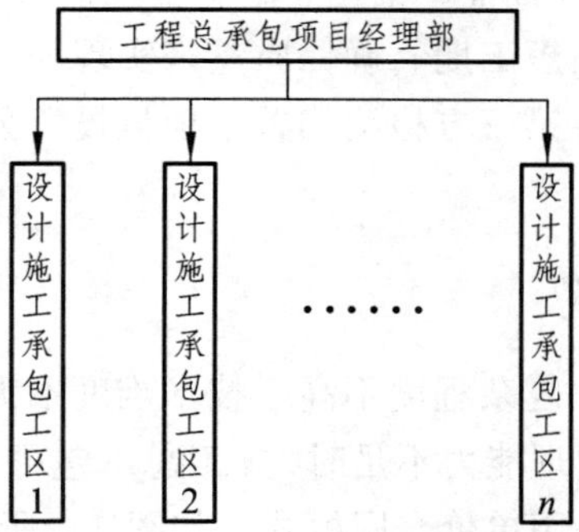

图 7-5　设计施工承包管理模式

当高速公路 PPP 项目的历程比较短或者不同里程的工程内容比较相近时，由工程总承包项目经理部统筹整个项目的施工图设计更具有技术优势，有利于提高总承包项目管理的规模效应，此时可采用施工工区管理模式，如图 7-6 所示。

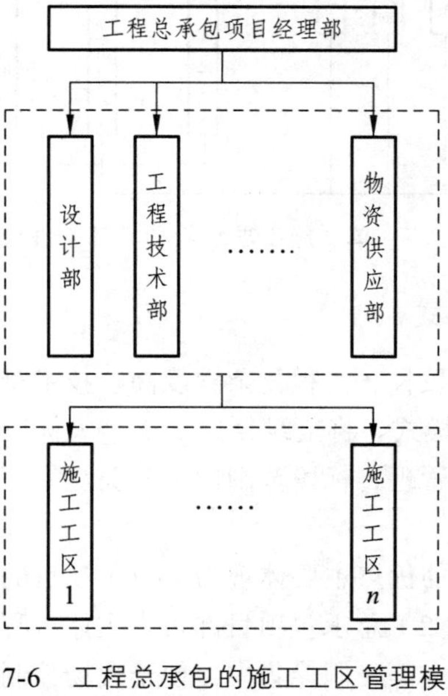

图 7-6　工程总承包的施工工区管理模式

SPV 公司+工程总承包模式的优点主要体现为：推行工程总承包模式，便于设计施工一体化管理，有利于总承包管理单位开展优化设计、深化设计工作，强化了总承包管理单位的投资控制手段。其不足之处在于 SPV 公司对项目的控制权被削弱，SPV 公司与总承包项目部的管理资源重复配置，管理链条较长。

7.1.3 SPV 公司+施工总承包模式

由于多数施工企业不具备设计能力，高速公路 PPP 项目招标时，一般不包含施工图设计的内容，因此 SPV 公司+施工总承包模式是目前应用范围最广的 PPP 项目管理模式，社会投资人在中标后即按 PPP 协议要求组建 SPV 公司，由 SPV 公司全面负责项目的设计管理、招标、物资采购、建设管理、运营收费等工作。在这种管理模式下，由一家单位全面负责项目的全过程控制，权力、责任、利益的界面非常清晰，SPV 公司的目标也很明确——即追求项目利益最大化，通过尽量减少投资、缩短工期、确保质量来实现项目利益的最大化。在项目投资公司负责制模式下，设计、监理、第三方检测均置于项目投资公司的管理之下，项目投资公司对整个项目实施统筹管理。

1. 单个总承包项目部模式

当项目的规模不太大、工程复杂程度不高、技术难度不大时，可委托单个施工总承包部负责项目施工，当 SPV 公司的管理能力不足时，施工总承包可采用总价合同管理模式；当 SPV 公司的管理能力较强时，也可采用单价合同模式。如图 7-7 所示。

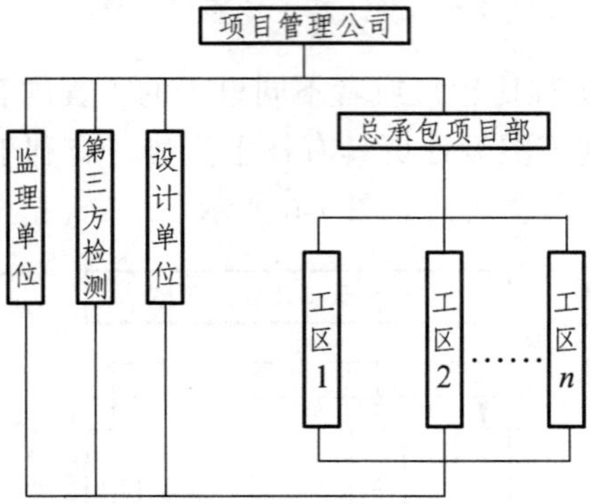

图 7-7 单个施工总承包项目部管理模式

2. 多个总承包项目部模式

当项目的规模较大、路线较长、工程复杂程度高、技术难度大，项目的不确定程度较高时，可推行多标段施工总承包模式。将全线分为 2~3 个大标段，由集团委托下属 2~3 个总承包管理部分别对项目进行施工管理，标段范围内部分关键工程由总承包部自己的队伍负责实施，如图 7-8 所示。

采用项目投资公司负责制的优点主要体现为：（1）项目的责权利主体集中、对等，便于调动项目投资公司的积极性；（2）总承包项目部负责主体工程的实施，关注的重点为项目的成本控制、施工现场的质量安全等，职能集中，便于现场控制；（3）当线路较长、工程量大时采用多标段施工总承包，总承包单位之间存在良性竞争关系，便于项目投资公司的管控。这种管理模式的主要缺点为：设计施工相分离，开展优化设计工作的难度较大，项目投资公司应承担项目实施的主要风险。

这种模式的不足之处在于设计施工之间的整合不足，SPV 公司与总承包项目部的管理资源存在重复配置的问题，此外管理链条比较长，降低了管理效率。

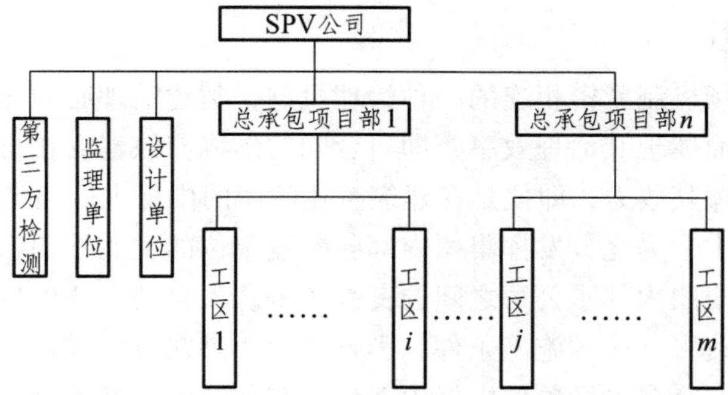

图 7-8　多个施工总承包项目部管理模式

7.2　高速公路 PPP 项目总承包管理多重项目治理机制的运用

项目治理通过项目管理影响建设项目的绩效，根据治理方式的不同项目治理机制被分为契约治理机制、关系治理机制、权威治理机制。契约治理机制依靠一套正式的合同来解决项目管理过程中的不确定性问题和代理问题；关系治理则主要依靠组织间的信任关系来降低交易成本，提高管理效率；权威治理则主要依靠行政命令来协调解决组织中的冲突和矛盾。在建设项目的运行过程中，如果运用得当，这三种治理机制均能发挥降低交易成本、提高组织效率的作用，反之如果项目治理机制运用不当，不仅不能降低交易成本，反而会降低项目的运行效率。

7.2.1　PPP 项目中契约治理机制的运用要点

在高速公路的建设过程中，参建单位多，单位之间的关系十分复杂，合理且完备的合同体系是维持各参建单位良性合作关系的核心，也是规范参建各方合作行为的基础。契约治理是一种正式的治理机制，具有正规性、强制性、明确性等特点，合同的内容是明晰的，合同一旦签订就必须遵守，同时也受到法律的保护，具有强制性。契约治理的优点很多，首先是激励强度高，由于契约的形成是一个自主、对等的过程，契约双方在契约的形成过程中对潜在的风险和收益都进行了详尽的分析，因此契约对合作双方的激励程度很高；其次，契约具有很强的市场适应性，合同双方都能够迅速适应市场的变化，提出有效的应对措施。项目参建各方通过正式的合同明确合作的内容，各自的权利、责任和义务，双方合作的方式、行为规范等。合同的签订能够有效地规制项目参建各方的行为，能够有效降低履约过程的交易成本。

1. 契约治理的范围

对于建筑企业集团主导的高速公路 PPP 项目而言，建设一套完备的合同体系显然是十分必要的，合同体系的范围应该覆盖主要参建单位，合同的范围不仅要包括集团的外部合作关系，如监理、设计、第三方检测监测单位；同时也应该覆盖集团的内部单位，包括 SPV 公司、总承包管理单位、标段施工单位、工区施工单位、物资材料供应单位。正式的合同在协调各方的合作关系时比其他手段更有效率。

2. 契约形成机制

契约治理始于市场机制紧密相连的一种治理机制，契约治理必须充分发挥价格机制、竞争机制的作用才能全面体现其治理效率，即：合同的形成应该建立在自主报价、自由竞争的基础之上才能充分发挥其效力，即便是在建筑企业集团的内部也应当如此。在高速公路 PPP 项目的建设管理过程中，为充分发挥集团内部各参建单位的主动性和积极性，应建立集团内部的竞标体系，鼓励集团内部子公司之间的良性竞争。项目的参建单位在参与集团内部竞标的过程中，需要对所负责标段的施工条件、影响因素、潜在风险进行全面分析的基础上进行自主报价，项目业主在众多投标单位中优中选优。与传统的竞争性公开招标相比，这种集团内部的竞标机制成本更低，程序更简单，但同样能够发挥促进良性竞争的作用。而集团内部子公司在内部竞标过程中，自主分析、自主报价，对施工过程中潜在风险的应对措施准备更加充分，在项目实施过程中，中标单位会更加主动地承担自己应当承担的风险。与集团分配任务、指定合同价格相比，这种内部竞争机制充分发挥了子公司的主动性和积极性，显然更利于保证项目实施过程中的履约行为。此外，为了规范参建单位的内部竞标行为，促进投标单位的理性竞标，集团应逐步建立自己的企业定额体系。

3. 契约治理机制的边界

契约治理机制的有效性与工程的确定性之间具有高度的正向关系，当工程的内容比较常规、非常明确时，用一个非常详尽合同条件就可以将履约行为描述得非常清楚，同时也可以将违约后果规定得十分周详，合同双方通过查阅合同条款就可以明确自己在履约过程中应该采取何种行为。反之，当工程的实施具有高度的不确定性时，由于人的有限理性，往往无法通过合同条款将合同执行过程中的各种不确定性因素及应对方式做出详尽的描述，此时，契约治理的有效性就要大打折扣。因此，对于常规的、不确定性比较低的工程应尽量签订详尽的、刚性的合同；而对于比较复杂、充满高度不确定性的工程则应尽量简化合同，合同条款应以原则性的、关系型的合同条款为主。

7.2.2 PPP 项目中权威治理机制的运用要点

权威治理又称为科层治理，指的是在等级分明的组织内部依靠上层领导的权力和指令主导组织的运行。权威治理的优点是直接、见效快，对于复杂问题能够达到迅速决策的目的。而权威治理的缺点也很明显，主要体现为：（1）激励强度低，权威治理依靠行政命令主导组织的运行，行为方一般必须无条件地按照上级指令采取行动，这种治理模式虽然直接有效，但是却很容易破坏行为主体的主动性和积极性，不利于复杂问题的群体决策，主要依靠权威治理来维持组织运行很容易导致组织内部员工的惰性和对抗情绪；（2）行为主体的自主适应性差，在权威治理机制主导的组织内部，员工主要依赖领导的行政指令采取行动，当项目具有高度的不确定性并产生突出事件时，员工往往会被动地等待来自高层的指令，很少会自主地采取应对措施。

对于复杂的高速公路建设项目而言，充分发挥参建单位的主动性和积极性是项目取得成功的关键所在，因此运用权威治理机制的原则为：在能够使用契约治理机制解决问题的领域，应尽量优先运用契约治理机制；只有在契约治理机制失灵的领域才使用权威治理机制。尤其是在高速公路 PPP 项目参建队伍的选择、价格形成过程等过程中，应尽量避免用行政命令的形式分配任务、指定价格，而应尽量发挥内部竞争机制的作用，尽量采用合同的形式明确合作双方的权利、责任和义务。当遇到关键性的决策、重大突发事件、矛盾冲突激化等问题时，权威治理机制可以发挥快刀斩乱麻的作用，防止冲突协调耗费过多的管理资源。

7.2.3 PPP 项目中关系治理机制的运用要点

关系治理理论认为所有的合同交易都嵌入在各种复杂的社会关系中，分析任何交易都要求理解其所包含的复杂关系的所有要素，关系治理与契约治理一样，都能够起到降低交易成本和减少交易风险的作用。关系治理是一种内生的机制，可以通过嵌入社会纽带环境中的私人和公共信息流，对于交易的执行，比采取合同或第三方强制执行，更有力度。

对于建筑企业集团主导的高速公路 PPP 项目而言，项目的大部分参建单位均来自集团内部，因此各参建单位之间是一种“兄弟单位”的关系，由于大家长期在同一个集团内共事，因此彼此之间不仅有较长的合作历史，还拥有共同的价值观、共同的管理规范，甚至是共同的利益。这种情形使得参建单位之间更容易形成相互信任的良性合作关系。与契约治理机制相比，关系治理机制是一种非正式的治理机制，关系治理机制与正式的契约治理机制结合在一起，在不确定性和专用性投资的背景下，能够更进一步维护交易。

对于高速公路建设项目而言，普遍复杂程度较高，在项目建设过程中常常具有高度的不确定性，这种高度的不确定性就导致合同条款不可能完备，即：项目治理主体无法在事先预见所有的突发事件，并通过合同明确不同情况下的权责利分担方式。因此，合理运用关系治理机制是十分必要的，在具有高度不确定性、合同不完备的领域，运用关系治理机制能够对契约治理机制形成有效的补充、修正甚至替代。

总的说来，关系治理与契约治理是一种相互补充的作用，但也有研究表明，过度强调关系也有可能会损害契约治理的效果，在委托-代理的背景下，合同双方的关系过于密切会导致合作双方忽视甚至违背合同的意志采取危害交易的行为。同样，在项目建设过程中，如果过分强调合同的刚性，要求合作双方严格按照合同条款办事，也会对合同双方的协作关系产生损害，过于刚性的合同条款同样会导致交易成本的增加，从而损害项目的效率和绩效。

7.3 高速公路 PPP 项目总承包管理的风险分担

7.3.1 高速公路 PPP 项目风险的主要特征

PPP 模式下高速公路项目的风险由于私人部门的参与，使它与由公共部门独自投资建设的高速公路项目风险略有不同。例如，PPP 模式中高速公路项目中私人部门参与者更看重项目的获益性，并且私人部门只需在特许经营期内与公共部门分担项目风险，期满后项目移交给公共部门，最终项目的所有权属于公共部门。而公共部门独自投资筹建的高速公路项目更考虑项目产生的社会效应，整个项目生命周期的风险均由公共部门承担。通过对 PPP 模式下高速公路项目实施过程中的风险存在以下主要特点：

（1）PPP 模式下高速公路项目风险分担具有层次性与模糊性。风险分担的层级性是指以签订项目特许权协议的双方即公共部门和私人部门为风险分担的第一层级，然后根据私营部门与其他利益相关者之间的合同关系，将风险逐级向下分担，形成第二级或多级层次。由于PPP 模式下高速公路项目参与方众多，风险分担呈现出多个承担主体。"各个风险因素应该由谁来承担"这个问题一直是风险管理的难题，而各个风险因素不是相对独立的，它们之间相互影响相互作用，这就导致了对于风险责任界限的划分的困难性。一般来说，对于界限比较明确的风险，可直接由相应的责任方独自承担；对于责任边界比较模糊的风险，需要公共部门和私人部门双方或某几个责任方共同承担。

（2）PPP 模式下高速公路项目的风险因素多。PPP 模式下高速公路项目面临的风险涉及到国家政策、建设、运营、不可抗力和市场机制等多方面，高速公路项目往往是野外作业，受天气、地理环境影响更为突出，人员作业受阻也会制约高速公路项目建设的进度。这些风险相互交织、相互影响，关系错综复杂，任何一方的因素都有可能制约高速公路项目的建设和运行。例如，公共部门对于 PPP 模式的经济政策、对于高速公路交通量的保证、私人部门融资风险等都会影响到项目运营风险的变化。此外，高速公路属于准公共物品，其根本是服务大众，公益性的。公共部门需承担高速公路项目的社会效益。在特许权协议下，公共部门会给私人部门相应的财政补贴、税收优惠、项目唯一性保证，但除了运用高速公路项目相关法律法规来控制私营部门的行为，公共部门还会介入项目进行监管，利用监管方式维持社会效益与私人部门的经济收益的均衡状态，必要时，甚至单方面终止或变更合同。

（3）不同阶段的风险表现形式不同。PPP 模式下高速公路项目的可研、建设、运营等不同阶段，有不同风险表现形式。一般来说，项目风险从可研阶段开始，逐步增加，最顶峰时是在项目建设期结束，之后风险逐渐降低，随项目的移交而转移。不同阶段风险也许不一样，如只在建设期才有的建设风险，在运营期会面临运营风险等。在整个项目期均有所体现的风险，如政治风险、不可抗力风险。因此，应重视风险的阶段性变化，以不同阶段的风险特征来进行风险识别，这样才能制定适宜的风险应对措施，进行合理的风险分担，对潜在或已存在的风险进行管控和预防。

（4）PPP 模式下高速公路项目参与者众多，他们对项目抱有不同的出发点，因此对风险持有不同的态度。公共部门更重视高速公路的社会效应，同时还要考虑项目带来的经济、政治以及生态效益；私人部门以利益至上，对风险持厌恶态度，同时更关注从项目获得的投资回报。正确对待风险，要清楚 PPP 模式不是公共部门把风险完全转移给私人部门。私人部门也不需担心承担 PPP 模式的高速公路项目就需完全承担风险。风险分担主体应对风险要有准确的认识，风险是要有相对承受能力一方承受相应的风险，尽最大可能降低风险管理成本。

（5）PPP 模式下高速公路项目风险贯穿整个特许经营期，具有动态性。一般公共部门独自投资筹建的高速公路项目所要承担的风险主要是建设阶段。而 PPP 模式下高速公路项目风险在 PPP 项目整个特许经营期每一部分都有所体现，在大跨度的时间范围内，风险随环境因素等在不断动态变化着。为实现共赢，公共部门和私人部门需共同努力，公共部门提高监督管理水平，制定相关政策为项目提供便利的条件。私人部门需运用雄厚的资本、先进的管理经验和技术水平来保证项目的顺利实施。

PPP 模式下高速公路项目风险既承袭了传统项目的风险因素，又有其独特的特点。在进行 PPP 模式下高速公路项目的风险管理中，私人部门首先应结合综合高速公路项目的特点识别其存在的风险因素，然后确定各风险因素的重要性程度，根据不同的关键风险对 PPP 模式下高速公路项目进行风险评价，并制定相应的风险应对策略。

7.3.2 高速公路 PPP 项目风险的类别

由于 PPP 模式下高速公路项目的特殊性和不同利益主体的合作关系，使得高速公路项目所面对的风险更加复杂。为有助于公共部门和私人部门更好地认识 PPP 模式的高速公路项目风险，制定相应的风险管理措施，可将 PPP 模式下高速公路项目风险划分为“政策”“自然”“市场”和“项目”四个层次，通过梳理总结大量文献，并结合高速公路项目的背景特点建立风险指标体系。PPP 模式下高速公路项目政策层级风险是指在政治、法律、社会、自然等方面潜在的风险，如政府的信用问题、腐败问题、法律变更、税收调整、政治/公众反对等；自然层级风险是指气候条件、地质条件、战争因素等方面潜在的风险，如气候/地质条件恶劣、不可抗力风险等；市场层级风险特指项目所在国内部的经济融资环境、PPP 模式下高速公路项目的市场环境中潜在风险，主要包括通货膨胀而引起的市场成本变化、融资的可能性带来的项目风险、项目吸引力和市场竞争需求变化引起的市场经济变化和第三方延误/违约风险带来的市场变化等；项目层级风险是指 PPP 模式下高速公路项目中可能遭遇的潜在风险，如施工安全、工程质量不达标引起的建设风险，设计标准落后、设计缺陷导致的设计风险，特许经营人能力不足、运营效率低增加了项目运营风险，合作关系人之间的权责、风险分配等引起的合作关系风险等。表 7-1 为风险因素汇总表。

表 7-1　高速公路 PPP 项目风险因素汇总表

政策层级风险因素	自然层级风险因素	市场层级风险因素	项目层级风险因素
腐败因素 政府信用因素 征用/公用化 税收调整 法律变更 审批延误 重大社会事件 政治/公众反对	气候/地质条件恶劣 不可抗力风险	项目吸引力 利率风险 融资条件 通货膨胀 市场收益低于预期 第三方延误/违约	费用超支 工程质量不达标 施工安全 运营成本超支 合同文件冲突/不完备 运营效率低 设计缺陷 设计标准提高 特许经营人能力不足 合作关系人之间的权责与风险分配

1. 政策层级风险

（1）腐败风险。

腐败风险是指政府决策流程的不透明，一定程度上加强了官员个人在决策的重要性，也加强了关系在高速公路项目运作的作用，对可能的腐败提供了条件，不但可能在项目审批、监管等方面付出不必要的代价，同时也可能增加政府违约风险。其风险主要归责于地方政府。

（2）政府信用风险。

政府信用风险主要指对于特许经营协议中有关政府需承担的责任和履行的义务，政府违约拒绝履行，比如没有履行保持项目唯一性的约定、不划拨财政补助或者由于政府人员的变更，而带给高速公路项目直接或间接危害的一类风险，可能出现支付停滞或延迟，工期延误等，甚至出现高速公路项目中止或终止的情况。其风险主要归责于地方政府。如某新机场 PPP 项目，就是由于政府换届后政府态度不一致使项目受阻。

（3）征用/公用化。

征用/公用化主要是指当宏观调控时，高速公路项目的部分具体合约条款违反中央政策/方向，政府在 PPP 模式高速公路项目建设期或者运营期间，强制收回项目，使项目国有化。对于私人部门，将产生特别大的不利影响。

（4）税收调整。

税收调整不仅包括税收制度的不健全带来的风险，还包括国家目前对高速公路项目的税收优惠政策的调整或者取消所给项目带来的不利影响，其风险主要归责于政府。如由于国家对于有关税法进行调整，使得某地铁 PPP 项目的特许协议里有关两免三减税收优惠政策作废，大大减少了私人部门的预期收益。

（5）法律变更。

法律变更主要指 PPP 项目建设、运营期长。在这期间，国家对相关法律法规的修改完善，可能会与特许经营合同的某些条款不一致，影响到高速公路项目的合法性、合同协议的有效性，可能引起项目成本增加、收益降低或者需要修改部分项目合同条款，需进行重新谈判，加长谈判时间，影响项目的正常运作。其风险主要归责于中央政府。由于我国对于 PPP 模式研究起步较晚，不可避免出现各种法律漏洞。而 PPP 模式下高速公路项目的特许经营期长，在这期间，国家会逐步完善 PPP 模式的相关法律法规，也许会损害私人部门的经济利益。如由于某市政隧道项目中的特许权合同中部分条款与之后国家颁布的政策相冲突，使得私人部门无法享受到原有的利益保证，致使投资方的经济利益受损。

（6）审批延误。

审批延误指的是高速公路采用 PPP 模式，其政府需要对项目生态、环境、经济等各方面进行考察，涉及的相关部门多，审批效率低，特别项目投资公司财力消耗大，等待时间长，对项目的建设有很大影响。其风险主要归责于地方政府。如某大桥 PPP 项目失败的原因之一就是土地审批延误。

（7）重大社会事件。

重大社会事件指的是社会发生恐怖袭击事件、规模较大的群体性事件以及其他社会影响严重的突发性社会安全事件而导致项目无法进行，从而影响项目进度，造成相关费用的增加。

（8）政治/公众反对。

政治/公众反对风险主要指项目预期收费过高，或者项目的环境评价或可行性研究不合理，导致社会公众或其他政府部门对项目的反对，政府为维护保护公众的利益、满足公众意愿而停止或启动项目或进行重新谈判修改具体合同条款。高速公路项目属于准公共物品属性，公众的阻力导致公共服务品价格上涨非常困难，为了保障维护社会安定和保障公众利益，政府也会控制价格提升所引起的一类风险。如政府为维护公众权益，使得某自来水厂无法提高水价，降低了私人部门的经济收益。

2. 自然层级风险因素

（1）气候/地质条件恶劣。

气候/地质条件恶劣指 PPP 模式下高速公路项目所在地的客观条件，有各种各样地形复杂的问题，如冻土层、地下水、断层破碎带等地形地貌状况和土壤地质情况，雨雪风霜等各种不利于施工的天气状况，往往不利风险同时存在，拖延高速公路项目的工期、减缓施工进度，导致各项费用的增加，对工程建设成本有直接影响。

（2）不可抗力风险。

不可抗力风险往往是难以预见，出现后又无法控制，没有风险应对措施的给高速公路项目带来巨大损失的一类风险，主要包括洪水、火灾、台风以及火山爆发、地震这类的自然灾害以及恐怖主义、战争、放射性污染、爆炸物质等。不可抗力风险一般会延迟项目完工，甚至导致项目失败或无法正常运行。

3. 市场层级风险因素

（1）项目吸引力。

项目吸引力指投资者对项目的兴趣。项目的未来预期效益高低对 PPP 项目投资公司能否在规定时间内得到融资和金融机构是否对项目进行贷款起到重要影响。

（2）利率风险。

利率风险主要指中央政府对利率的宏观调控而导致金融市场的利率变化，使得高速公路项目融资成本的增加。其风险主要归责于中央政府。

（3）融资条件。

融资条件指由于金融市场的不稳定，无法确定融资方案的可行性。PPP 模式下高速公路项目的特许经营协议中要求中标者在允许时间内完成融资。同时提供贷款服务的金融公司要考核 PPP 项目未来的预计收益。

（4）通货膨胀。

通货膨胀风险是指受国家政策调整、货币贬值等因素影响，项目所需的机械设备、原材料、半成品等价格上涨，工人的工资、市场中的物价水平等也受到影响。因此通货膨胀因素，在项目合同的制定中应予以考虑。

（5）市场收益低于预期。

市场收益低于预期是指项目运营后收益未能达到预期收益水平，市场风险的大小取决于交通量的大小，影响因素有相关运输方式及其相关路线竞争（特别是免费或低价线路）、经济衰退、市场需求预测过于乐观等。交通量是公路收入的基础，在对项目进行评估时，对交通量的预测是根据现有交通量情况、路网分布和周边地区的经济发展情况等因素估算的。项目建成后，其交通量有达不到预测量的风险。如运营初期，京通高速公路没有达到预期的车流量，就是受不收费的相邻辅路影响，使得项目市场收益不足。

（6）第三方延误/违约。

第三方延误/违约指的是除公私部门之外，第三方也就是其他项目参与者，如分包商或承建商不履行合同约定的责任和义务，或者延长履行的时间，导致 PPP 模式下高速公路项目工期延误、成本增加。甚至需要与新的合作方签约，使得交易成本增加。其风险主要归责于第三方。

4. 项目层级风险要素

（1）设计缺陷。

设计缺陷主要指在进行高速公路项目设计规划时，因设计单位出现差错，使得高速公路项目的技术经济指标不达标，需要返工弥补等，从而增加人力、物力、财力的浪费，严重时也可能导致项目失败。

（2）设计标准更改。

设计标准更改主要指高速公路项目建设过程中依据国家相关标准、相关施工安全标准、工艺设计标准非常多，若采用了落后的、先进性差的标准进行设计，有可能出现各种拆补工作，增加工程建设费用和运营维护成本，影响私人部门的经济利益。

（3）费用超支。

费用超支指的是 PPP 模式下高速公路项目建设过程中，由于项目前期对工程可能存在的技术、工程量等情况分析深度不够，在建设期会因设计问题、误工、不利的施工条件等因素，使得建设成本超出预算。如某收费公路二期项目在建设过程中不仅成本超支，制作、安装和维护导致成本巨大超支，没有取得预期的效率。

（4）工程质量不达标。

工程质量不达标指的是由于勘察设计、施工管理、工人技术能力、材料等种种因素而导致的各种工程质量风险，并且由于 PPP 模式项目周期长，资金量大、涉及的主体多，因此各方面的问题都有可能给项目带来质量风险，甚至使得高速公路项目在运营期无法使用某些功能。

（5）施工安全。

施工安全指的是 PPP 模式下高速公路项目施工复杂，大量的安全隐患不定期的发生，随时会造成建设成本的增加。

（6）运营成本超支。

运营成本超支指的是在 PPP 模式下高速公路项目运营阶段，政府强制提高服务标准、运营商运营能力低下、其他市场环境因素等引起的运营成本增加。

（7）合同文件冲突/不完备。

合同文件冲突/不完备主要指合同文件设计不完善，政府和投资者之间出现纠纷，可能导致高速公路项目中止，严重时也可能导致项目终止。其风险主要归责于私人部门或地方政府。

（8）运营效率低。

运营效率低指在高速公路项目的运营期间，运营调度协调不当等原因容易造成低效率，间接影响项目的运营收入。如延安东路隧道项目运营初期收益不足影响了项目的运营收入。

（9）特许经营人能力不足。

特许经营人能力不足主要指高速公路项目招标过程不合理、投资者资质造价等使得项目运营效率低下。其风险主要归责于私人部门或地方政府。

（10）合作关系人之间的权利、责任与风险的分配。

合作关系人之间的权利、责任与风险的分配指的公私双方在 PPP 模式下高速公路项目的合作中，因为不完善的合同、不平等的合作关系、利益分配不均等问题，而表现出权责、风险分配不合理。相对来说，政府部门地位较私人部门更具有优势，合同制定可能会牺牲私人利益而满足自身利益。

7.3.3 高速公路 PPP 项目风险分担的作用、内容与原则

1. 风险分担的作用

对于高速公路 PPP 项目来说，项目中的风险分担机制一经建立，它将直接运用到项目中，同时这套风险分担机制也会在一定程度上对项目造成影响，这套机制一般来说对该项目都有着两个方面的影响，分别是致弱以及助长作用。

（1）风险分担机制的助长作用：助长作用主要是指在项目中使用所建立的风险分担机制可以更好地管理风险，并且使得风险处于可控状态，其次制定的风险发生后的处理方案，能将风险的管理费用大大降低。

（2）风险分担机制的致弱作用：致弱作用主要是指在建立风险分担机制时，可能没有达到预期的实用性或者所建立分担机制本身就不完善，出现这些情况都会对风险分担主体去管理风险造成一系列的致弱作用。

2. 风险分担的内容

对高速公路 PPP 项目而言，建立风险分担机制的目的就是找出在项目风险分担的基本规律，并在此基础上编制一套适用于 PPP 项目的分担方案，实质上风险分担机制就是对项目参与主体之间相互作用结果的一种表现。对于高速公路 PPP 项目来说，风险分担一般包括以下内容：（1）明确风险分担主体；（2）建立行为导向制度，通过行为导向制度引导参与主体做出更有利于项目目标实现的行为；（3）建立行为规范制度，制订惩罚措施，对风险分担主体不符合合同的行为进行约束。

3. 风险分担的原则

（1）风险归因原则：如果某一类风险事件的发生主要是因为某一方的不当行为所导致的，或者说某一方的行为能够有效地预防这一类风险的发生，那么这类风险就应该由该行为主体来分担。

（2）风险管理代价最小原则：考察风险分担机制的合理性，主要是看在该机制下是否风险管理费用最小，并且风险发生的概率最小，更重要的是当风险发生以后造成的严重性最小。

（3）能力原则：任何一类风险的分担，应该考虑分配主体自身对每一类风险的控制能力，分担风险的主体对属于自己管理的风险，应当具有控制的能力，并且可以妥善地管理该风险。

（4）风险共担原则：在 PPP 项目的建设中不应由项目的任何一方去单独承担所有的风险，而应当让项目的所有参与主体去共同承担。

（5）成本、收益、控制权对等配置原则：在风险分配时，应当将该风险可能带来的收益一并移交给所承担风险的对象，以保证参与主体所承担的风险应与收益互相对称；除此之外，对项目控制权的配置应该与承担的风险相对应，如果某一方承担了项目的风险，而不具有相应的项目控制权，很容易引发消极的风险态度，反之如果另一方享有的项目控制权大于风险分担份额，又容易导致滥权行为。

7.3.4 高速公路 PPP 项目建设期风险分担

对于高速公路 PPP 项目建设期的风险分担不仅要考虑风险产生的原因，还要考虑风险管理成本、风险承担能力及权责对等等问题。高速公路建设期矛盾比较突出的风险主要有：国家税收政策调整导致的税率变化、劳动法等法规变化导致施工成本变化、审批延误导致工期拖延、征地工作滞后导致工期拖延、极端恶劣气候引发的地质灾害、施工时出现且勘察设计时难以发现的重大地质变化、主材价格变化、设计缺陷导致的设计变更、业主提出的设计变更，按照之前的分析，各类风险可以考虑参考表 7-2 的措施来进行分担与处理。

表 7-2 常见风险分担及处理措施

风险要素	分担原则	控制权分配	处理措施
国家税收政策调整导致的税率变化	根据 PPP 合同的约定，由政府方承担，或者由项目法人承担		应由社会投资人在与政府进行 PPP 合同谈判时约定此类风险的处理方法，如果合同中没有设置类似调控，风险应由项目法人承担
劳动法等法规变化导致施工成本变化	根据 PPP 合同的约定，由政府方承担，或者由项目法人承担		应由社会投资人在与政府进行 PPP 合同谈判时约定此类风险的处理方法，如果合同中没有设置类似调控，风险应由项目法人承担，可在 PPP 合同中约定增加的投资列入项目总投资
审批延误导致工期拖延	由政府方、项目法人分担	项目法人负责督促设计单位及早拿出设计图纸文件并准备相应的文件，政府方负责协调文件的报批工作	应由社会投资人在与政府进行 PPP 合同中约定此类风险中各自的责任及分担原则
征地工作滞后导致工期拖延	红线用地由政府方、项目法人分担；临时用地征迁工作主要由施工方承担	社会投资人主要负责落实征地拆迁资金，政府方主要负责协调征地拆迁工作	应由社会投资人在与政府进行 PPP 合同中约定此类风险中各自的责任及分担原则
极端恶劣气候引发的地质灾害	一般自然灾害风险由承包商通过基本预备费包干，并承担相应的责任和风险；特殊自然灾害风险由项目法人承担	一般自然灾害风险：负责项目现场管理的承包商应负责常规灾害的预防及止损工作。 特殊自然灾害风险：由项目法人利用基本预备费中的保险费用购买工程保险转移这部分风险；如果项目法人占有了这部分费用而没有购买保险则应承担相应的风险损失；如果项目法人将这部分费用移交给项目总承包单位，则总承包单位应购买工程保险或承担相应的损失	对于一般自然灾害引起的损失：原则上基本预备费中这部分风险费用由哪一方掌握，风险就应该由该方承担；从风险成本最低的原则出发，这部分风险的承担单位最好为项目的承包商，同时该部分预备费也应该由承包商包干使用。对于特殊自然灾害风险引起的损失：应归入不可抗力的范畴，项目法人一般可通过购买工程保险的方式转移这一部分风险

续表

风险要素	分担原则	控制权分配	处理措施
施工时出现且勘察设计时难以发现的重大地质变化	由项目法人承担	这类风险是一个有经验的承包商难以预见的，且没有列支相应的风险费用，应由项目法人承担此类风险	这部分风险应归入不可抗力的范畴，应由社会投资人在与政府进行PPP合同谈判时提出此类风险的分担原则，可在PPP合同中约定增加的投资列入项目总投资。有条件时，可通过购买工程保险的方式转移这一部分风险
主材价格变化	由项目法人承担	价差预备费由项目法人掌握，在总承包合同中约定调价方法及调价公式，主材价格上涨时价格调高，主材价格下跌时价格调低	价差预备费中预留了一定范围的涨价预备费，原则上这部分预备费应由项目法人掌握，这部分风险也应由项目法人承担
设计缺陷导致的设计变更	施工总承包模式下由项目法人承担风险；工程总承包模式下由总承包商承担风险	当采用施工总承包模式时，项目法人应负责设计方案的审查工作，对设计方案的质量承担责任	由于设计缺陷导致设计变更引起的费用增加，应由项目法人承担相应费用
业主提出的设计变更	部分风险包含在基本预备费中；部分风险由项目法人承担	当项目比较简单，不存在大的变更设计时，由承包商按照基本预备费包干该部分风险比较合理；当项目比较复杂，存在较多大的变更设计时，由项目业主掌握基本预备费，并承担相应的风险比较合理	基本预备费中包含了施工过程中设计单位对分部分项工程修改设计而增加的费用，但不包括因水文地质条件变化造成的基础变更、结构变更、标准提高、工程规模改变而增加的费用。 因此应区分变更设计的类型，分别进行风险分担

总的来看，当项目工期较长时，调价风险较大，价差预备费由项目法人掌握，并按照承包合同约的定调价方法及调价公式，主材价格上涨时价格调高，主材价格下跌时价格调低，由项目法人承担相应的风险更为合理。当项目工期较短时，也可以由承包商对这部分费用包干使用，以简化管理流程。

基本预备费按初步设计概算的基础上计算时包含了以下几个部分的内容：① 在施工图设计过程中，在初步设计及概算基础上增加的费用；② 在设备订货时由于规格型号改变的价差，由于货源、运输距离等变化而发生的价差等；③ 由于一般自然灾害所造成的损失，或预防自然灾害所发生的费用；④ 竣工验收时进行质量检验，验收委员会检查隐蔽工程开发与修复产生的费用；⑤ 工程投保所发生的费用。

基本预备费按施工预算为基础上计算时包含了以下几个部分的内容：① 施工过程中设计单位对分部分项工程修改设计而增加的费用，但不包括因水文地质条件变化造成的基础变更、结构变更、标准提高、工程规模改变而增加的费用；② 预算审定后，施工单位负责采购的材料由于货源变更、运输距离或方式改变等原因引起的价差；③ 由于一般自然灾害所造成的损失，或预防自然灾害所发生的费用。

因此，如果项目的复杂程度较高，且项目法人与项目总承包商签订的合同是以初步设计概算为依据时，由于第①、②项目产生变更造成的投资增加可能性很大，而项目法人对这两项风险具有更大的影响力和控制权，因此基本预备费由项目法人掌握、同时承担相应的风险更为合理。为了避免因现场管理不善引起的自然灾害损失，双方可以对第③ 项目风险所对应的风险成本进行测算，将这一部分风险成本从基本预备费中剥离出来交给承包商包干使用。如果项目比较常规时，由于第①、②项目产生变更造成的投资增加可能性较小，也可以将基本预备费交给总承包单位包干使用。

如果项目法人与项目总承包商签订的合同是以施工预算为依据时，由于施工图的深度一般都比较深，第① 风险发生的概率不是太大，而项目承包商具有第②、③风险的发生及风险损失的控制能力，因此由项目承包商对基本预备费进行包干使用并承担相应风险更为恰当。

如果项目采用设计施工总承包管理模式，则基本预备费均可由总承包商包干使用，同时由总承包商承担相应的风险。

7.4 高速公路 PPP 项目总承包管理能力的提升途径

7.4.1 逐步建立企业定额，提高成本管理能力

企业定额包括施工定额和预算定额，施工定额是根据本企业的施工技术和管理水平而编制的人工、材料、机械台班等的消耗标准；预算定额除了要反映各分项工程工料机消耗量标准外，还可以按企业内部人工单价、机械台班单价和材料、构件可能渠道的价格信息，测算出单位分项工程的工料机单价。企业定额体现了企业的综合管理水平，是企业对工程项目进行计划管理和成本核算的依据。

对 PPP 总承包商而言，建立一套科学完整的企业定额是提高企业投资控制能力的关键所在。对于没有企业定额的企业，主要依赖行业定额进行报价，在施工过程中常采用“包字当头”的风险转嫁模式。而公路工程的造价受到许多外部因素的影响，影响公路造价的因素包括：业主对质量的要求、不同施工方案和施工措施、施工企业的自身条件、施工环境、施工条件、施工季节等。而行业定额反映的是行业的平均消耗量，并不能全面反映个别企业的消耗水平，因此以行业定额为基础推行分层抽点式管理，很容易导致基层施工队伍的承包价格不合理。由于缺少企业定额，各级管理机构也无法对不同施工条件下的承包价格的合理性进行判断，因此造成管理部门与施工队伍之间的信息不对称，很容易导致参建各方的争端和对立情绪，进一步引发工程的质量问题、进度延迟、投资失控等问题的发生。

对于 PPP 项目的社会投资人而言，开发企业施工定额的作用和意义主要体现在以下几个方面：

（1）有利于 PPP 项目投标阶段的利润预估及风险评估：在没有企业定额时，社会投资人对于所投资公路项目潜在的施工利润是多少，潜在的投资失控风险有多大均缺乏判断的依据，只能判断出公路项目的平均利润水平，而建立了企业定额以后就能对潜在的施工利润和风险

进行全面的评估；

（2）有利于规范 PPP 项目的内部管理体系和竞争秩序：在没有施工定额的情况下，集团在对下属企业只能采用分层抽点的方式进行管理，而无法对不同施工环境、施工条件下的合理造价进行判断，建立企业定额以后就能以企业定额为依据进行内部竞标，规范集团内部的管理体系和竞争秩序；

（3）有利于提高企业的施工成本控制水平：企业定额的成本控制作用主要表现在对施工作业的组织和指挥等方面，如按照作业计划下达施工任务单和限额领料单等，此外企业定额还可以作为衡量班组工作数量和质量的标准，是考核班组工作成果的依据，对施工企业而言降低工程成本是增加利润的主要渠道，利用企业定额可以准确测算和评定直接影响成本的各种因素，这不仅是企业进行科学经营决策的依据，还对加强成本管理、挖掘企业降低成本潜力，提高经济效益具有重大意义。

7.4.2 逐步建立少量施工架子队，提高现场综合管控能力

架子队施工我国铁路行业特有的一种施工作业队伍管理模式。架子队是铁路工程建设项目施工现场的基层施工作业队伍，是以施工企业管理、技术人员和生产骨干为施工作业管理与监控层，以劳务企业的劳务人员和与施工企业签订劳动合同的其他社会劳动者（少量）为主要作业人员的工程队，架子队按照“优选队伍、加强培训、监管到位、过程控制、运作高效”的原则运行，如图 7-9 所示。近年来我国高速铁路建设事业蓬勃发展，大部分建设项目均能在较短的工期内保质保量地完成，其中以“架子队”为基础的施工作业队伍管理模式发挥了非常重要的作用，可以说“架子队”是我国工程建设领域值得推广的重要管理成果。

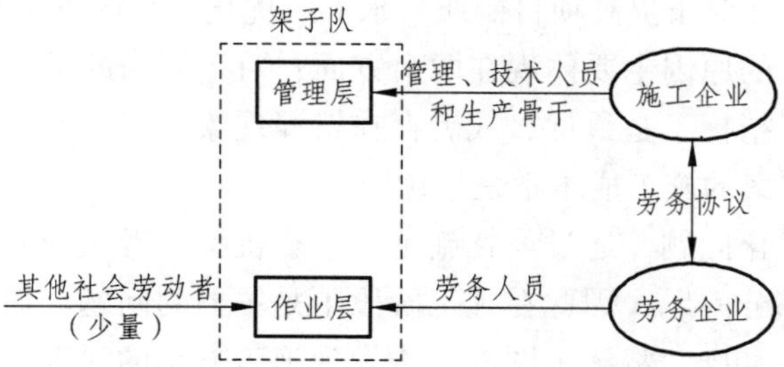

图 7-9 “架子队”施工作业队伍管理模式

从目前的高速公路 PPP 项目施工管理线状来看，各项目普遍采用的是专业分包和劳务分包的模式，这种专业分包和劳务分包模式主要存在以下弊端：

（1）容易产生工程的违法分包和转包现象，层层转包容易导致现场质量、成本、进度失控现象；

（2）容易滋生“包工头”拖欠农民工工资等不良社会现象，容易造成项目管理的被动局面；

（3）分包队伍的现场作业水平良莠不齐，不利于集团推广标准化作业及标准化管理；

（4）项目部对施工作业队伍的监管和控制力度较弱，难以实现对施工过程的严格控制和高效运转；

（5）由于总承包企业没有自己的骨干施工队伍，不利于企业的人才培养以自身施工技术水平的提高，不利于总承包企业打造自己的品牌。

对总承包企业而言，不一定要大规模地推广“架子队”模式，但很有必要在重要的专业施工领域（如隧道、桥梁、高边坡、路面工程等）各建设一两支“架子队”。成立“架子队”的优势主要体现为：

（1）将“架子队”放在关键性的控制工程项目上，保证对控制性工程的全面监管和过程控制，避免产生外包队伍利用控制性工程拖延工期、坐地起价的被动局面；

（2）建立“架子队”有利于专业人才培养，在目前的分包管理模式下，大部分施工管理人员缺乏一线施工经验，更多的是在办公室工作，即便是去工地也是走马观花，这就导致许多施工管理人员对现场技术的理解不如劳务施工队的技术人员深刻，长此以往，不利于技术人员和管理人员业务能力的发展，也不利于企业竞争力的获取；

（3）建立“架子队”有利于企业不断发展新的施工技术、提高施工能力和技术水平，近年来路桥施工领域的新技术、新设备、新方法不断涌现，如果仅依靠劳务队伍组织施工，企业就没有载体来学习和发展这些新技术，技术人员的能力无法落到实处；

（4）建立“架子队”有利于推动集团内部的标准化施工水平，通过“架子队”的示范作用，可以带动长期合作的劳务队伍的施工技术水平，逐步提高项目的标准化施工水平；

（5）“架子队”的存在能够为总承包企业提供了能打硬仗的应急队伍，当工程局部出现问题时，可以方便地调用自己的“架子队”顶上去，保证项目的顺利实施。

7.4.3 依托先进技术逐步提高优化设计能力

近年来由于高速公路建设速度不断加快，设计院的任务普遍比较饱满，因此高速公路的勘察设计质量普遍存在深度不够的现象。在项目实施工作全面铺开之前，组织对原设计方案进行深化设计、优化设计对于提高项目的质量水平、优化项目的投资具有十分关键的作用。

勘察设计质量不佳的原因主要体现在两个方面：（1）原来的勘察设计深度不够，导致部分方案技术经济的综合指标不是最优，或者存在错漏现象；（2）设计方案的可施工性不佳，综合考虑措施费以后方案的施工成本不是最优。

对于第一类设计优化问题，通过委托施工图审查机构或者组织专业的设计人员进行复核与审查就可以解决大部分问题，因此在施工阶段不是主要的问题。而对于第二类问题，优化设计必须以深化设计为基础，将施工图进一步做到施工方案的深度，在施工方案的基础上进行施工成本的测算，以施工成本为依据对设计方案进行进一步的优化。对于这类设计优化问题，单纯依靠施工图审查机构或者经验丰富的设计人员往往难以取得良好的效果；而必须依靠设计、施工人员的密切配合才能达到目的。此外，借助于 BIM 技术、GIS 技术、实景建模技术、3D 激光扫描技术等先进技术的相互配合，更有利于快速进行多方案比较，快速计算出多个方案的施工成本，实现优化设计工作。

因此，对于 PPP 项目而言，推进优化设计工作，不仅需要构建跨设计-施工的优化设计团队，还需要不断学习和引进新技术才能取得良好的效果。

7.4.4 逐步提高以“智慧工地”为代表的建设管理信息化水平

高速公路具有线长、面广、点多、工程量大、影响因素多、系统性强等特点，因此要实现高速公路建设项目的高效管控，很有必要不断提高项目的建设管理信息化水平。提高高速公路的建设管理信息化水平主要需要解决三个问题：（1）要构建一套简明、系统、高效的信息管理平台；（2）要能够快速、准确、低成本地收集到项目的建设信息；（3）要能够基于项目信息快速准确地对项目的实施状况及潜在的风险做出判断，并提出相应的对策。通过这三个方面工作的实施，即可实现高速公路的“智慧工地”管理，极大地提高项目的管理水平和管理效率。

（1）信息平台的搭建：高速公路属于典型的线状工程，从项目进度管理的角度来看，线状工程属于水平重复性项目，对于这种水平重复性项目而言采用线性计划技术（Linear Scheduling Method，简称 LSM 技术）进行项目管理具有突出的优势。目前国内的高速公路、铁路、城市轨道工程等线状工程管理主要采用甘特图和网络计划作为工具，甘特图简明易懂但信息量少，无法全面反应项目的真实进展状况；而网络计划又过于复杂且无法表达水平重复性项目的特点；LSM 技术是一种专门用于公路、铁路等线状工程进度管理的工具，采用时间、空间两个维度来构建线状工程的进度计划，具有简单、直观、信息量大，便于动态分析与调整的优势，如图 7-10 所示。对于复杂交叉地段，可以使用 BIM 技术作为 LSM 技术的补充，BIM 技术可以表达复杂的空间关系，适用于作为复杂交叉结构物的信息管理平台。LSM 技术与 BIM 技术相结合能够搭建一套满足高速公路建设管理雪球的简明、系统、高效的信息管理平台。

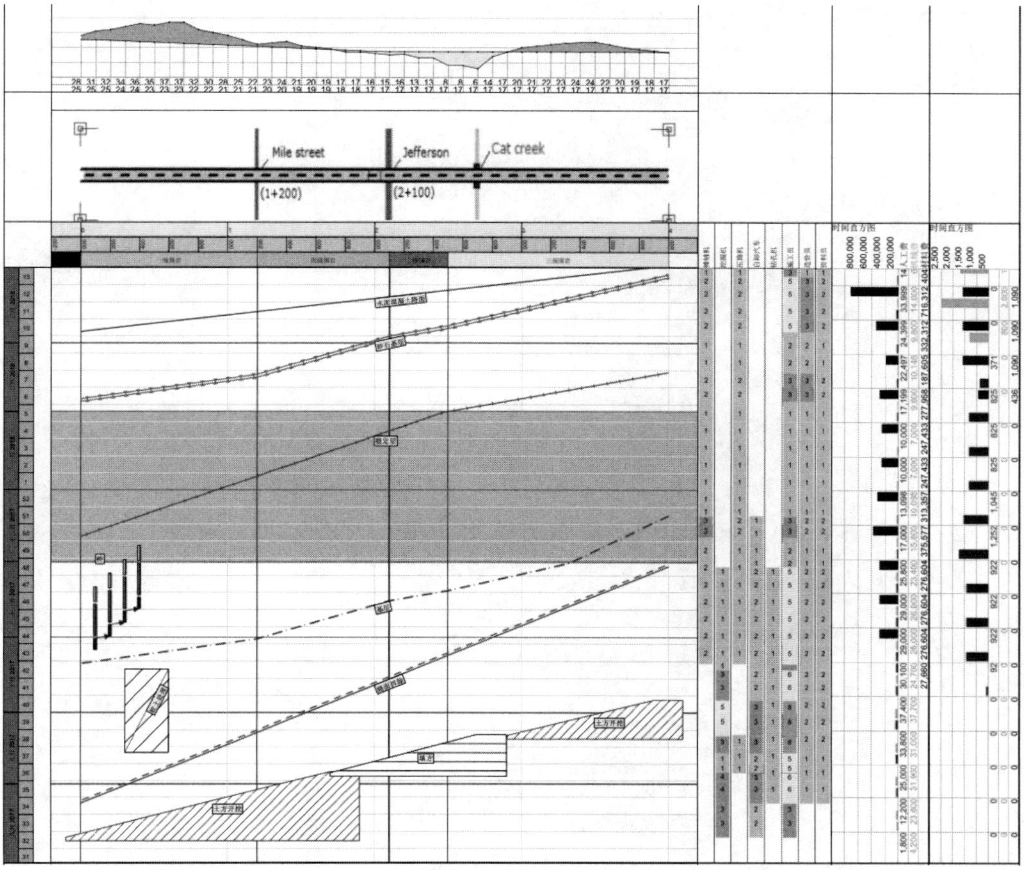

图 7-10　LSM 技术应用示意图

（2）工程信息的快速采集手段：传统的高速公路建设管理主要依靠报表的形式采集项目信息，这种手段的缺点是速度慢、精度低、信息不全面，而且一旦施工单位与监理单位相互勾结很容易导致工程量失控。对于高速公路这种以岩土工程为主的建设项目而言，采用 3D 激光扫描、倾斜摄影技术等手段采集项目现场数据具有快速、高精度等优势，如果这种技术大量使用，还能够带来成本上的优势。3D 激光扫描和倾斜摄影技术能够准确地获得施工现场的各种数据，可用于工程量精确计量、工程质量检验甚至于施工安全监控等目的，这种信息采集收到的引入还能极大地减少工程量计量的争议。

（3）项目实施状况及潜在风险的快速判断：依靠贝叶斯网络、神经网络等技术作为辅助，有助于管理者根据采集的信息迅速对项目的实施装了及潜在风险做出快速判断，并提出相应的对策。

参考文献

[1] MATSUSHITA J, OZAKI M, NISHIMURA S, et al. Rainwater drainage management for urban development based on public-private partnership[J]. Water Science and Technology, 2001, 44(2): 295-303.

[2] BRADFORD N. Public-Private Parnership? Shifting paradigms of economic governance in Ontario[J]. Canadian Journal of Political Science, 2003(36): 1005-1034.

[3] E S SAVAS. Privatization and Public Private Partnerships[M]. New York: Chatham House, 2000.

[4] LI BING. The allocation of risk in PPP/PFI construction projects in the UK[J]. International Journal of Project Management, 2005(23).

[5] E S 萨瓦斯. 民营化与公私部门的伙伴关系[M]. 周志忍，译. 北京：中国人民大学出版社, 2002.

[6] MICHAEL SPACKMAN. Public-private partnerships: lessons from the British approach[J]. Economic Systems, 2002(26): 283-301.

[7] S BROOKE, J G VAILU. Public and private sector partnerships in contraceptive research and development[J]. International Journal of Gynecology & Obstetrics, 1999(67): 125-139.

[8] DARRIN GRIMISEY, MERVYNK LEWIS. Evaluation the risks of public private partnerships for infrastructure project[J]. International Journal of Project Management, 2002(20): 107-118.

[9] MIKE GOODLIFFE. The new UK model for air traffic services, a public private partnership under economic regulation[J]. Journal of Air Transport Management, 2002(8): 13-18.

[10] 李秀辉，张世英. PPP: 一种新型的项目融资模式[J]. 中国软科学, 2002(2): 51-55.

[11] 陈伟强，章恒全. PPP 与 BOT 融资模式的比较[J]. 价值工程, 2003(2): 4-6.

[12] 王灏. 城市轨道交通项目 PPP 模式的结构分析[J]. 中国投资, 2004(7): 110-113.

[13] 王灏. 伦敦地铁 PPP 模式中的仲裁机制研究[J]. 中国投资, 2005(4): 111-112.

[14] 王灏. 加快 PPP 模式的研究与应用推动轨道交通市场化进程[J]. 宏观经济研究, 2004(1): 47-49.

[15] 王灏. PPP 的定义和分类研究[J]. 都市快轨交通, 2005(4): 23-27.

[16] 王守清. 关于 BOT/PPP 的对话[J]. 国际工程与劳务, 2005(6): 21-24.

[17] 陈柳钦. PPP: 新型公私合作融资模式[J]. 建筑经济, 2005(3): 76-80.

[18] 陈柳钦. PPP 模式与城市轨道交通建设融资[J]. 经济前沿, 2005(12): 22-25.

[19] 李永强，苏振民. PPP 项目的风险分担分析[J]. 经济师, 2005(9): 248-249.

[20] 刘新平，王守清. 试论 PPP 项目的风险分配原则和框架[J]. 建筑经济, 2006(2): 59-62.

[21] 陈爱国，卢有杰. 基础设施 PPP 的价格调整及风险分析[J]. 建筑经济, 2006(3): 20-23.

[22] 李静华，李启明. PPP 模式在我国城市轨道交通中的经济风险因素分析——以北京地铁四号线为例[J]. 建筑经济, 2007(10): 23-26.
[23] 何寿奎，傅鸿源. 基于风险分摊的 PPP 项目投资决策与收益分配研究[J]. 建筑经济, 2006(10): 9-12.
[24] 沈桂平. 城市基础设施公私合作模式所有权归属的模型分析[J]. 城市轨道交通研究, 2007(4): 1-3.
[25] 沈桂平. 城市基础设施 PPP 模式研究[D]. 北京: 北京交通大学, 2007.
[26] 赵欣. PPP 项目融资三方博弈分析及最优契约设计[D]. 大连: 东北财经大学, 2006.
[27] 张喆. PPP 三层次定义及契约特征[J]. 软科学, 2008, 22(1): 5-8.
[28] 张喆. 不完全契约及关系契约视角下的 PPP 最优控制权配置探讨[J]. 外国经济与管理, 2007, 29(8): 24-29.
[29] 科斯，哈特，斯蒂格利茨. 契约经济学[M]. 北京: 经济科学出版社, 2000.
[30] 科斯，阿尔钦，诺斯. 财产权利与制度变迁[M]. 上海: 上海三联书店，上海人民出版社, 1996.
[31] 巴泽尔. 产权的经济分析[M]. 上海: 上海三联书店，上海人民出版社, 2004.
[32] 张五常. 企业的契约性质，企业制度与企业组织[M]. 上海: 上海人民出版社, 1996.
[33] MICHAEL JENSEN, W MECKLING. Theory of the firm: managerial of behavior, agency cost, and capital structure[J]. Journal of Financial Economics, 1976: 305-360.
[34] ALCHAIN A A, DEMSETZ H. Production, Information Cost and Economic Organization[J]. Academia Economic Review, 1972, 62: 777-795.
[35] 哈罗德・德姆塞茨. 所有权、控制与企业[M]. 北京: 经济科学出版社, 2000.
[36] 哈罗德・德姆塞茨. 企业经济学[M]. 北京: 中国社会科学出版社, 1999.
[37] BENGT HOLMSTROM, JOHN ROBERT. The Boundaries of Firm Revisited[J]. The Journal of Economic Perspective, 1998, 12(4): 73-94.
[38] BENGT HOLMSTROM. Moral Hazard in Teams[J]. The Bell Journal of Economics, 1982, 13(2): 324-340.
[39] 阿道夫·A. 伯利，加德纳·C. 米恩斯. 现代公司与私有财产[M]. 北京: 商务印书馆, 2005.
[40] MICHAEL JENSEN. Agency Costs of Free Cash Flow, Corporate Financial and Takeover[J]. American Economic Review, 1986.
[41] MICHAEL JENSEN. Organization Theory and Methodology[J]. The Accounting, 1983, 58(2): 319-339.
[42] 张维迎. 企业的企业家——契约理论[M]. 上海: 上海三联书店，上海人民出版社, 2003.
[43] 周其仁. 市场里的企业: 一个人力资本与非人力资本的特别合约[J]. 经济研究, 1996(6): 71-79.
[44] 周其仁. 公有制企业的性质[J]. 经济研究, 2000(11): 3-12.
[45] KEITH LAMBERT. Project Governance[J], World Project Management Week, 2003, 27(3).
[46] BRIDGE A J, TISDELL C. The determinants of the vertical boundaries of the construction firm[J]. Construction Management and Economics, 2004, 22(10): 807-825.

[47] PRYKE S, PEARSON. Project governance: case studies on financial incentives[J]. Building Research and Information, 2006, 34(6): 534-545.
[48] TURNER J R, ANNE KEEGAN. The Versatile project-based organization, Governance and Operational Control[J]. European Management Journal, 1999, 17(3): 296-309.
[49] TURNER J R, KEEGAN A E. Mechanism of governance in the project-based organization, A transaction cost perspective[J]. European Management Journal, 2001, 19(3): 254-267.
[50] TURNER J R, S J SIMISTER. Project contract management and a theory of organization[J]. International of Project Management, 2001(19).
[51] TURNER J R. Communication and Co-operation on Projects Between the Project Owner As Principal and the Project Manager as Agent[J]. European Management Journal, 2004(6).
[52] WINCH G M. Governing the project process, a conceptual framework[J]. Construction Management and Eeconomics, 2001(19): 799-808.
[53] WINCH G M. Institutional reform in British construction, partnering and private finance[J]. International Journal of Building Research and Information, 2000, 28(2): 141-155.
[54] 严玲，尹贻林. 公共项目治理理论概念模型的建立[J]. 中国软科学, 2004(6): 130-135.
[55] 严玲，尹贻林. 基于治理的政府投资项目代建制绩效改善研究[J]. 土木工程学报, 2006(11): 120-126.
[56] 严玲，赵黎明. 论项目治理理论体系的构建[J]. 上海经济研究, 2005(11): 104-110.
[57] 严玲. 公共项目治理理论与代建制绩效改善研究[D]. 天津：天津大学, 2005.
[58] 沙凯逊. 从管理到治理：建设项目理论演进探析[J]. 建筑经济, 2008(6): 12-14.
[59] 丁荣贵，费振国. 项目治理研究的迭代过程模型[J]. 东岳论丛, 2008, 29(3): 67-73.
[60] 哈耶克. 个人主义与经济秩序[M]. 上海：上海三联书店, 2003.
[61] 严玲，赵黎明. 公共项目契约本质及其与市场契约关系的理论探讨[J]. 中国软科学, 2005(9): 148-155.
[62] 汪海舰. 基于治理理论的工程项目组织研究——中国工程项目组织的实证[D]. 天津：天津理工大学, 2005.
[63] 张维迎. 企业理论与中国企业改革[M]. 北京：北京大学出版社, 1999.
[64] 马克思，恩格斯. 马克思恩格斯全集[M]. 北京：人民出版社, 1972.
[65] 钟正生，饶晓辉. 论企业合作剩余的分配——基于要素谈判力的分析[J]. 求索, 2006(10): 25-27.
[66] 詹姆斯·布坎南. 财产与自由[M]. 韩旭，译. 北京：中国社会科学出版社, 2002.
[67] 青木昌彦. 企业的合作博弈理论[M]. 北京：中国人民大学出版社, 2005.
[68] 冯·诺依曼，摩根斯顿. 博弈论与经济行为[M]. 上海：上海三联书店，上海人民出版社, 2004.
[69] 亚当·斯密. 国民财富的性质和原因研究[M]. 北京：商务印书馆, 1979.
[70] 张维迎. 博弈论与信息经济学[M]. 上海：上海三联书店，上海人民出版社, 1996.
[71] 潘明空，孙林岩，汪应洛. 团队合作的剩余分配激励研究[J]. 工业工程与管理，2001(2): 22-25.
[72] 盖瑞·J. 米勒. 管理困境——科层的政治经济学[M], 上海：上海三联书店，上海人民出

版社, 2003.
[73] GEORGE A AKERLOF. Labor Contracts as Partial Gift Exchange[J]. The Quarterly Journal of Economics, 1982, 97(4): 543-569.
[74] GEORGE A AKERLOF. The Market for Lemon, Quality Uncertainty and the Market Mechanism[J]. The Quarterly Journal of Economics, 1970, 84(3).
[75] 孙永祥. 所有权、融资结构与公司治理机制[J]. 经济研究, 2001(1).
[76] 陈赤平. 公司治理的契约分析——基于企业合作效率的研究[M]. 北京: 中国经济出版社, 2006.
[77] OLIVER HART. Corporate Governance Theory and Implications[J]. The Economic Journal, 1995, 105(430): 678-689.
[78] 杨其静. 合同与企业理论前沿综述[J], 经济研究, 2008(1).
[79] 陈赤平. 论契约的不完全性及其经济影响[J]. 教学与研究, 2005(4).
[80] 奥利弗・E. 威廉姆森. 资本主义经济制度[M]. 段毅才, 王伟, 译. 北京: 商务印书馆, 2002.
[81] 奥利弗・E. 威廉姆森. 治理机制[M]. 王健, 方世建, 译. 北京: 中国社会科学出版社, 2001.
[82] OLIVER HART. Capital Structure as control Mechanism in Corporations[J]. Canadian Journal of Economics, 1988, 21(3).
[83] OLIVER HART, JOHN MOORE. Property Rights and The Nature of the Firm[J]. Journal of Political Economy, 1990, 98(6).
[84] OLIVER HART, JOHN MOORE. Foundation of Incomplete Contracts[J]. The Review of Economic Studies, 1996, 66.
[85] MICHAEL D WHINSTON. On the Transaction Cost Determinants of Vertical Integration[J]. The Journal of Law, Economics & Organization, 1998, 19(1): 1-23.
[86] BENJAMIN KLEIN. Transaction Cost Determinants of Unfair Contractual Arrangements[J]. The American Economic Review, 1980.
[87] 宋车梅. PERT 网络图绘制的研究[D]. 成都: 西南交通大学, 2003.
[88] 刘煌明. PERT 进度编制及其在资源约束下的优化[D]. 南京: 河海大学, 2006.
[89] 吴国有. 项目管理的计划及控制方法[J]. 当代石油石化, 2002(03).